느리게 읽기의 기적
영어
그림책
100

느리게 읽기의 기적
영어 그림책 100

초판 1쇄 발행 · 2024년 8월 12일

지은이 · 고광윤
발행인 · 이종원
발행처 · (주)도서출판 길벗
출판사 등록일 · 1990년 12월 24일
주소 · 서울시 마포구 월드컵로 10길 56(서교동)
대표 전화 · 02)332-0931 | **팩스** · 02)323-0586
홈페이지 · www.gilbut.co.kr | **이메일** · gilbut@gilbut.co.kr

책임편집 · 황지영(jyhwang@gilbut.co.kr) | **마케팅** · 이수미, 장봉석, 최소영 | **유통혁신** · 한준희
제작 · 이준호, 손일순, 이진혁 | **영업관리** · 김명자, 심선숙, 정경화 | **독자지원** · 윤정아

교정교열 · 장문정 | **디자인** · 정윤경 | **인쇄** · 영림인쇄 | **제본** · 영림제본

- 잘못 만든 책은 구입한 서점에서 바꿔 드립니다.
- 이 책은 저작권법에 따라 보호받는 저작물이므로 무단전재와 무단복제를 금합니다.
- 이 책의 전부 또는 일부를 이용하려면 반드시 사전에 저작권자와 출판사 이름의 서면 동의를 받아야 합니다.

ISBN 979-11-407-1024-9 03590
(길벗 도서번호 050224)

독자의 1초까지 아껴주는 정성 길벗출판사

(주)도서출판 길벗 | IT교육서, IT단행본, 경제경영서, 어학&실용서, 인문교양서, 자녀교육서 www.gilbut.co.kr
길벗스쿨 | 국어학습, 수학학습, 어린이교양, 주니어 어학학습, 학습단행본 www.gilbutschool.co.kr

느리게 읽기의 기적

영어 그림책 100

고광윤 지음

길벗

단 한 권의 책이라도
가장 좋은 것을 나누고 싶은 마음

　영어를 전공한 언어학자로서 30년 넘게 한국 아이들의 영어 문제에 대해 고민해왔습니다. 그동안의 연구와 경험을 통해 제가 알게 된 확실한 영어 습득 방법은 바로 영어책 읽기입니다. 그 효과를 저희 네 자녀를 통해 거듭 확인했고, 현재는 많은 아이들이 저와 함께 영어책을 읽으며 같은 방식으로 성장하고 있습니다.

　연세대학교 교육대학원 조기영어교육 전공 주임교수를 맡은 2015년부터는 학교 밖의 일반 대중들에게도 영어책 읽기의 가치를 널리 알리고 전파하기 위해 노력해왔습니다. 코로나19가 시작된 2020년부터는 온라인 상에 슬로우 미러클 마법학교를 설립하여 《영어책 읽기의 힘》을 읽고 모여든 전국의 많은 분들과 함께 지식과 희망을 나누는 일에 앞장서왔습니다. 엄청난 시간과 비용을 쏟아부으면서도 헛수고에 그치는 우리의 영어교육 현실이 안타까웠기 때문입니다.

　관련 학자들과 전문가들이 이구동성으로 말합니다. 영어책의 다독이야말로 유창한 영어를 위한 최선의 방법이라고. 한마디로, 많이 읽으면 영어가 해결된다는 뜻이지요. 하지만 무조건 많이 읽는다고 영어가 되는 것은 아닙니다. 영어책 읽기에 성공하려면 좋은 책을 골라 제대로 읽어야 합니다. 좋은 책이 아니면 효과가 떨어지고, 무엇이든 제대로 하지 않으면 소용이 없기 때문입니다. 비결은 느리게 가는 것입니다. 천천히 느리게 가면서 하나하나 제대로 읽다 보면 결국에는 기적과도 같은 일이 일어납니다.

   이 책은 홍수처럼 넘쳐나는 영어책들 속에서 어떤 책을 골라 어떻게 읽어야 할지 고민하는 분들을 위해 쓰인 책입니다. 이 책을 통해 많은 분들이 영어 그림책을 읽는 재미에 푹 빠져 느림이 가진 힘과 그것을 통한 '슬로우 미러클'을 맛보게 되시길 바랍니다.

2024년 여름
슬로우 미러클 마법학교 창립 4주년을 맞이하며
슬로우 미러클 고광윤 드림

당신을 초대합니다
느리게 읽기의 신비로운 세상으로

✦ 어떤 날은 글밥이 풍성하고, 어떤 날은 단출합니다. 내용이 좋다면 아무리 긴 그림책이라도 끝까지 읽으며 관심을 보이는 아이를 발견했습니다. 우리는 함께 그림책을 통해 과거의 추억을 끄집어내기도 하고, 낯선 책에서 진주 같은 내용을 만나기도 하며, 익숙한 책에서도 새로운 면을 발견하곤 합니다. 오늘은 또 어떤 책이 우리를 기다리고 있을까, 설레는 마음으로 책장을 넘깁니다. 아이와 나누는 이 시간이 계속되기를 바라는 마음에, 손을 놓지 않고 계속 함께하게 됩니다.

- 정지윤 님

✦ 슬로우 미러클이 엄선한 책과 소개글을 읽으며 아이와의 책 대화가 풍성해졌고, 같은 책도 여러 번 읽고 싶은 마음이 들었습니다. 그렇게 천천히 반복해 읽으며 책 속의 보물을 찾는 여정을 1년 정도 해온 지금 아이의 영어 실력뿐 아니라 저의 영어 실력도 정말 많이 늘었습니다. 단지 영어 실력만이 아닙니다. 그림책에 대한 애정과 관심 또한 늘었습니다. 마음의 안정, 창의적 생각, 사유하는 힘과 더불어 영어 실력까지…. 슬미를 만난 건 저에게 큰 행운이었습니다. 앞으로도 느리게 천천히 슬미와 함께하고 싶습니다. "Slow and steady wins the race."

- 김혜민 님

✦ 이제 자러 갈 시간이라는 말에 아이가 쪼르르 달려와, "오늘은 무슨 책 읽어요?"라며 책장 앞에서 기다립니다. 엄마가 읽는 책이 어떤 책인지 궁금해만 하던 아이가 이제는 제법 엄마와 생각을 나누며 도란도란 이야기꽃을 피웁니다. 내 마음의 위로가 되는 그림책 한 권이 아이와 나를 이어주는 마음의 다리가 됩니다. 가슴 먹먹해지는 감동적인 이야기를 아이와 친구가 되어 나누는 그 시간은 그야말로 제게 오롯이 주어진 행복한 시간입니다. 우리 함께 느리게 읽기의 기적 속으로 들어가보지 않으실래요?

- 이진희 님

✦ 영어 그림책을 꽤 많이 읽었다고 생각했는데 슬로우 미러클은 저에게 또 다른 세계의 문을 열어주었습니다. 아이의 영어를 위한 수단으로 여겼던 독서에서 책이 지닌 문학적 가치를 알게 해주는 새로운 차원의 길을 열어주었으니까요. 다방면으로 생각해보도록 이끄는 질문들은 상상력을 불러일으키고 삶에 어떻게 적용할지 고민하게 하는 자극제가 되었습니다. 제 생각의 작은 틀을 깨고 아이와 깊은 이야기를 나눌 수 있게 해주는 최고의 그림책 가이드입니다.

- 김경미 님

✦ 슬로우 미러클과 함께한 지난 4년, 최고의 영어 그림책을 매일 아이와 함께 읽고 함께 성장했습니다. 아동 영어교육과 영어책 읽기의 최고 권위자가 직접 최고의 작품을 엄선해주니 책 선택에 대해 고민할 필요가 없었습니다. 거기에다 꼼꼼한 리딩 가이드까지 제공되어 읽기 레벨에 상관없이 마음으로 읽고 이해하는 법을 배웠습니다. 어떤 영어책을 어떻게 읽어야 하는지 고민하고 계신 부모님들께 이 책을 강력 추천합니다.

- 이예린 님

최고의 그림책,
이렇게 엄선하고 안내했습니다

그림책 선정과 구성

수많은 영어 그림책들 중에서 최고의 작품만을 엄선했습니다. 단지 재미만 있는 책이 아닙니다. 문학적 가치와 사회·문화·역사적인 의미까지 담고 있어 깊이 읽기가 가능한 책들입니다. 느리게 읽으면 더 많이 보이는 책 100권을 고르고 고른 뒤, 각 그림책을 어떻게 읽어야 할지 안내했습니다. 이렇게 선정한 그림책들을 수천 명의 엄마 아빠, 아이들과 함께 읽으며 그 재미와 감동을 확인했습니다.

100권의 그림책은 수준에 따라 네 개 그룹으로 나누어져 있습니다. 선정된 그림책들을 먼저 AR 지수와 렉사일 지수를 바탕으로 분류했습니다. 그런 다음 설문 조사를 통해 한국인들이 느끼는 체감 난이도를 반영하여 각 책의 수준과 읽는 순서를 결정했습니다.

어휘력/문해력/사고력 지수

각 그림책에 대한 설명에는 책 읽기의 핵심을 이루는 세 가지 지표가 제시되어 있습니다. 세 가지 모두 아이들의 영어 및 지적 능력과 밀접한 관련이 있습니다. 어휘력 지수는 각 그림책에 사용된 영어 어휘의 수준을 나타냅니다. 문해력과 사고력 지수는 해당 그림책을 읽을 때 어느 정도의 문해력과 사고력이 요구되는지를 보여줍니다. 아이들의 어휘 실력, 글을 읽고 이해하는 능력, 그리고 생각하는 능력과 질문의 힘을 기르는 데 유용한 정보가 될 것입니다.

발문과 리드 글

작품의 핵심을 꿰뚫는 간결한 발문을 통해 독자들의 관심을 사로잡습니다. 궁

궁금증을 자아내며 작품 속 이야기를 살짝 들려주는 리드 글은 독자들의 호기심을 자극하여 책 읽기에 대한 기대감을 높여줍니다. 해당 그림책이 어떤 내용인지 알고 싶을 때, 혹은 본격적인 읽기에 앞서 약간의 엿보기와 흥미 유발이 필요할 때 읽어보시면 많은 도움을 받으실 수 있습니다.

리딩 가이드
리딩 가이드는 작품을 정확하고 깊이 있게 읽을 수 있도록 돕는 길잡이입니다. 작품의 이해에 꼭 필요한 사항을 최대한 쉽고 간결하게 정리했습니다. 영어를 잘 모르는 분이나 그림책 초보자들에게는 친절하고 유익한 안내자, 전문가와 교사들에게는 작품을 설명하고 책 대화를 이끌어가는 데 매우 유용한 참고 자료가 될 것입니다. 책을 읽기 전이나 읽은 후에 찬찬히 읽으며 작품의 주제와 핵심을 제대로 파악했는지, 놓쳤거나 잘못 이해한 부분은 없는지 주의하여 살펴보시길 바랍니다.

당신과 나누고 싶은 이야기
슬로우 미러클 마법학교에서는 2020년 7월 20일 '범국민 느리게 100권 읽기'를 시작한 이래 현재까지 20,000명이 넘는 많은 분들이 프로그램에 참여하여 함께 영어책을 읽고 자신의 느낌과 생각을 나누어왔습니다. 그 한가운데 '슬미 작가'로 불리는 분들이 있습니다. 저와 함께 책을 읽고 공부하며 글을 쓰고 책을 펴내는 일도 함께하는 사람들입니다. '당신과 나누고 싶은 이야기'는 바로 그 슬미 작가들의 진솔한 감상을 담은 글입니다. 글 하나하나가 책 읽기의 감동을 더해주고 독자들의 책 읽기 수준을 한 차원 더 높여줄 것으로 기대합니다.

어휘 해설
흔히 볼 수 있는 단어장이 아닙니다. 작품을 읽고 이해하는 데 꼭 필요한 단어들을 뽑아 각 단어가 지닌 다양한 의미 중에서 작품 속의 문맥에 맞는 뜻을 제시하고 있습니다. 주어진 어휘 해설을 참고하면 사전을 찾지 않아도 작품을 충분히 즐길 수 있습니다.

이 책의 100% 활용법

이 책은 '영어책 읽기의 재미'와 '영어 실력의 향상'이라는 두 마리 토끼를 동시에 잡을 수 있도록 설계되어 있습니다. 영어책 읽기의 효과를 충분히 누리려면 먼저 느리게 읽어야 합니다. 그리고 책을 읽는 것과 단어 공부를 구분해야 합니다. 일단 책 읽기에 들어가면 영어 학습에 대한 생각은 내려놓고 책 읽기에 집중해야 한다는 뜻입니다. 영어 그림책의 느리게 읽기는 다음과 같은 방식을 추천합니다.

1. 먼저 리드 글을 읽어 해당 영어 그림책에 대한 이해와 기대감을 높입니다.

2. 그런 후 오늘의 영어 그림책을 천천히 느리게 읽습니다.
   ① 모르는 단어가 있어도 멈추지 않고 끝까지 읽어나갑니다. 가급적 사전을 찾지 말고 그림과 문맥을 활용하여 내용을 파악하려고 노력하세요. 모르는 단어에 겁먹지 말고 모호함을 친구로 삼아야 합니다.
   ② 읽는 도중 모르는 영어 표현을 만나면 연필로 살짝 표시해둡니다.
   ③ 내용 파악이 충분히 되지 않았다고 느끼면 한 번 더 읽어봅니다.
   ④ 어렵게 느껴지는 책은 리드 글과 함께 리딩 가이드와 어휘 해설을 먼저 살펴본 후 읽어도 좋습니다.

3. 영어 그림책의 내용을 어느 정도 파악했다면 리딩 가이드를 읽습니다. 리딩 가이드의 각 내용을 천천히 곱씹으면서 작품에 대한 이해를 높이고 사고와 시야를 확장해봅니다.

4. '당신과 나누고 싶은 이야기'를 읽어봅니다. 슬미 작가들의 감상을 읽으며 자연스레 떠오르는 생각들을 메모합니다. 마음에 감흥이 일면 직접 작가가 되어 나만의 감상을 짧게라도 적어봅니다.

5. 오늘의 영어 그림책을 다시 읽습니다.
   ① 이번에는 어휘 해설을 참조하여 모르는 단어의 뜻을 확인하고 문장의 의미를 더 정확하게 이해할 수 있도록 노력합니다.
   ② 단어를 굳이 암기하려고 애쓸 필요는 없습니다. 단순한 암기보다는 책 속에서 계속 만나 자연스레 친해지는 것이 더 효과적이며 효율적인 단어 학습 방법입니다.

6. 이제는 어휘 해설을 보지 않고 영어 그림책을 다시 한 번 읽습니다.
   ① 처음 읽을 때 몰랐던 내용과 보지 못했던 부분에 유의하며 새로워진 책 읽기의 재미를 즐깁니다.
   ② 몰랐던 영어 표현에도 눈길을 주며 마치 퍼즐을 맞추듯 그 의미를 앞뒤 문맥과 맞추어봅니다.
   ③ 천천히 소리 내어 읽으면 책 읽는 맛을 더할 수 있고 발음 실력도 향상시킬 수 있습니다.

7. 마지막으로, 책 읽기의 감동을 다른 사람들과 나눕니다. 책 읽기를 마친 후에는 자신의 느낌과 생각을 다른 사람들과 적극적으로 나누어야 합니다. 아이들과도 마찬가지입니다. 책을 읽으면서 느끼고 생각한 것, 마음에 와닿았던 것들을 서로 묻고 함께 대화해보세요.

목차

프롤로그 단 한 권의 책이라도 가장 좋은 것을 나누고 싶은 마음   004
당신을 초대합니다, 느리게 읽기의 신비로운 세상으로   006
최고의 그림책, 이렇게 엄선하고 안내했습니다   008
이 책의 100% 활용법   010

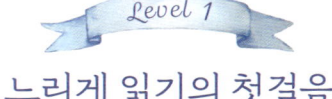

느리게 읽기의 첫걸음

001 ✦	Blackout	020
002 ✦	I Like Me!	024
003 ✦	The Duckling Gets a Cookie!?	028
004 ✦	Bear Is a Bear	032
005 ✦	We Are Growing!	036
006 ✦	Snail & Worm Again	040
007 ✦	All the World	044
008 ✦	The Bad Seed Goes to the Library	048
009 ✦	Harold & Hog Pretend for Real!	052
010 ✦	A Stone Sat Still	056
011 ✦	Fred Gets Dressed	060
012 ✦	Snow	064
013 ✦	This Is Not My Hat	068
014 ✦	Are We There Yet?	072
015 ✦	Say Something!	076
016 ✦	Just Grandma and Me	080

017 ✦ Lubna and Pebble	084
018 ✦ Round Trip	088
019 ✦ When Sadness Comes to Call	092
020 ✦ Rain Before Rainbows	096

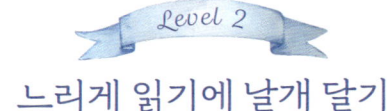

느리게 읽기에 날개 달기

021 ✦ Hug Me	102
022 ✦ Don't Worry, Little Crab	106
023 ✦ The Bad Seed	110
024 ✦ Unlikely Friends	114
025 ✦ What Is Love?	118
026 ✦ The Colour Monster	122
027 ✦ The Invisible String	126
028 ✦ Tiny T. Rex and the Impossible Hug	130
029 ✦ Grumpy Monkey	134
030 ✦ Nanette's Baguette	138
031 ✦ One	142
032 ✦ Papa, Please Get the Moon for Me	146
033 ✦ The Cow Who Climbed a Tree	150
034 ✦ It's a Book	154
035 ✦ Jabari Jumps	158
036 ✦ Leonardo, the Terrible Monster	162

037 ✦ Outside In	166
038 ✦ The Black Rabbit	170
039 ✦ The Storm Whale	174
040 ✦ There's a Nightmare in My Closet	178
041 ✦ Can I Be Your Dog?	182
042 ✦ The Book of Mistakes	187
043 ✦ Franklin's Flying Bookshop	192
044 ✦ Grandpa Green	196
045 ✦ How to Be a Lion	200
046 ✦ Mother Bruce	204
047 ✦ Happy Birthday, Moon	208
048 ✦ Knuffle Bunny Free: An Unexpected Diversion	212
049 ✦ The Very Hungry Caterpillar	216
050 ✦ I'll Always Love You	220

Level 3

느리게 읽기에 풍덩 빠지기

051 ✦ The Invisible	228
052 ✦ The Wolf, the Duck and the Mouse	232
053 ✦ Michael Rosen's Sad Book	236
054 ✦ Julius, the Baby of the World	240
055 ✦ Penny and Her Marble	244

056 ✦ Be You!		248
057 ✦ Mr. Putter & Tabby Pour the Tea		252
058 ✦ The Girl Who Never Made Mistakes		256
059 ✦ The Incredible Book Eating Boy		260
060 ✦ The Paper Kingdom		264
061 ✦ Winnie and Wilbur: Winnie the Witch		269
062 ✦ Katy and the Big Snow		274
063 ✦ Love Is		278
064 ✦ Alexander and the Wind-Up Mouse		282
065 ✦ Possum Magic		286
066 ✦ Ruby Finds a Worry		290
067 ✦ Grandad's Island		294
068 ✦ The Memory Tree		299
069 ✦ The Tomten and the Fox		304
070 ✦ Tidy		308
071 ✦ Up and Down		312
072 ✦ Bats at the Library		316
073 ✦ The Dark		320
074 ✦ The Name Jar		324
075 ✦ Elmer		328
076 ✦ Extra Yarn		332
077 ✦ The Missing Piece		336
078 ✦ Can't You Sleep, Little Bear?		340
079 ✦ Love You Forever		344
080 ✦ Nana Upstairs & Nana Downstairs		348

느리게 읽기 맘껏 즐기기

081 ✦ How the Grinch Stole Christmas!	354
082 ✦ I Talk Like a River	358
083 ✦ The Sour Grape	362
084 ✦ Those Shoes	368
085 ✦ The Frog Prince, Continued	372
086 ✦ When Jessie Came Across the Sea	376
087 ✦ Emily	380
088 ✦ Last Stop on Market Street	385
089 ✦ Chester's Way	390
090 ✦ Town Is by the Sea	394
091 ✦ A New Coat for Anna	398
092 ✦ Thunder Cake	402
093 ✦ When I Was Young in the Mountains	406
094 ✦ Fanny's Dream	410
095 ✦ Fish Is Fish	414
096 ✦ It Could Always Be Worse	418
097 ✦ Mr. Lincoln's Way	422
098 ✦ Eric	428
099 ✦ The Empty Pot	432
100 ✦ Somebody Loves You, Mr. Hatch	436

찾아보기   440

용어 설명

* **슬로우 미러클** 저자의 닉네임. 영어책 읽기를 통해 얻을 수 있는 유창한 영어 실력을 가리킨다. 천천히 느리게 갈 때 가능한 기적이라는 뜻을 가지고 있다.

* **슬로우 미러클 마법학교** 〈슬로우 미러클〉 네이버 카페를 기반으로 하는 온라인 영어책 읽기 학교. 지식과 희망 나눔을 모토로 하고 있다.

* **느리게 100권 읽기** 슬로우 미러클 마법학교의 대표적인 영어책 읽기 프로그램. 1년을 4학기로 나누어 다양한 주제와 방식으로 고광윤 교수가 직접 엄선한 영어 그림책을 함께 읽는다.

* **슬미** '슬로우 미러클'의 줄임말.

* **늘백** '느리게 100권 읽기'의 줄임말.

* **《영어책 읽기의 힘》** 고광윤 교수의 저서. 영어책 읽기의 바이블로 통하는 책이다.

* **즐다잘** '즐독, 다독, 잘독'의 줄임말. 슬로우 미러클의 핵심 모토로서 읽는 것이 즐거우면 많이 읽게 되고, 많이 읽으면 잘 읽게 되며, 잘 읽으면 더 즐거워 더 많이, 더 잘 읽게 된다는 원리를 말한다.

* **슬미 작가** 슬로우 미러클과 함께 책을 읽고 공부하며 글을 쓰고 책 펴내는 일을 함께하는 사람들을 말한다.

No book is really worth reading at the age of ten which is not equally—and often far more—worth reading at the age of fifty and beyond.

– C. S. Lewis –

Level 1

느리게 읽기의 첫걸음

BOOK 001

어휘력 ●○○○○　문해력 ●●○○　사고력 ●●○○

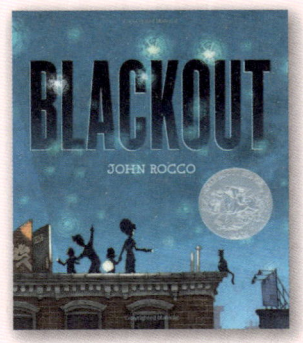

Blackout
by John Rocco

도시에서의 대규모 정전을 잠시라도 경험해본 적이 있으신지요? 그때 어떤 생각이 가장 먼저 떠올랐나요? 그 경험을 통해 무엇을 느끼셨나요? 오늘 우리가 함께 읽을 그림책은 갑작스러운 정전과 그 정전을 통해 삶을 재발견하게 되는 이야기, John Rocco의 《Blackout》입니다.

　무더운 어느 여름밤, 갑자기 전기 공급이 끊기면서 도시 전체가 암흑으로 변하게 됩니다. 돌발적인 정전 사태에 놀란 소년은 큰 소리로 엄마를 부릅니다. 누나의 전화 통화도, 엄마의 컴퓨터 작업도, 아빠의 저녁 식사 준비도 모두 중단되었지요. 아무것도 할 수 없게 된 가족들은 더위를 피해 옥상으로 올라갑니다. 그런데 이게 웬일입니까? 한여름 밤 전기 없는 옥상에는 전혀 예상치 못했던 새로운 세상이 펼쳐지고 있었습니다. 전깃불 대신 하늘의 아름다운 별빛이 있었고, 옥상으로 몰려나온 수많은 사람들이 있었습니다. 마치 하늘에서 열리는 커다란 파티 같았지요. 집 주변의 골목과 거리도 다르지 않았습니다. 예기치 않게 찾아온 휴식을 즐기는 사람들로 가득 차 있었거든요. 소년과 그의 가족은 처음으로 바쁘지 않은 시간을 보내고 보드게임까지 함께 즐깁니다. 하지만 전기 없는 세상도 잠시뿐 드디어 전기가 복구되어 모든 것이 다시 '정상'으로 돌아옵니다. 그런데 그 정상의 회복을 모두가 기대했던 것은 아니었나 봅니다. 정상적인 일상으로 돌아가는 것을 바라지 않는 사람들이 있다니, 대체 무슨 말일까요?

> **리딩 가이드**

- ✦ 정전이 가져다준 갑작스러운 어둠을 통해 전기가 밝혀주는 스크린 속의 세계와 촛불이 밝혀주는 가족 간의 따뜻한 상호작용을 절묘하게 대비시켜 찬사를 받고 있는 작품입니다.
- ✦ 가족 간의 유대, 기술이 인간관계에 미치는 영향, 전기 플러그를 뽑아 두고 즐기는 아날로그적인 활동의 기쁨 등 어둠 속에서 발견하게 된 삶의 소중한 것들을 강조하고 있습니다.
- ✦ 현대 문명의 이기와 도시 생활의 공해에서 벗어나 바쁜 일상에 치여 잊고 있었던 삶의 본래 모습을 찾아보세요. 가던 길을 잠시 멈추고 일상의 고민과 염려를 내려놓은 후 가족과 이웃의 존재를 느껴보세요.
- ✦ 어둠 이전과 이후의 차이에 유의하세요. 더위를 피해 올라간 옥상에서 밝을 때는 보이지 않던 별빛과 사람들을 보게 됩니다. 도시 전체가 어둠에 빠졌을 때 혼란을 느끼기보다는 바쁜 일상을 멈추고 서로 인사 나누며 소통합니다. 서로 분리되어 있던 가족들이 정전으로 인해 기술 문명과의 분리를 경험하면서 서로 연결되고 함께 행복을 느낍니다.

> 당신과 나누고 싶은 이야기

김수미

우리 집에는 TV가 없습니다. 이는 아이들의 교육을 위해서라기보다 오로지 저의 문제 때문이었습니다. 저녁 식사를 하며 무심코 튼 TV는 가족 간의 대화를 단절시켰습니다. "엄마는 이것 좀 집중해서 봐야 할 것 같아"라고 말하며 계속 TV를 보느라 아이들에게 집중해야 할 시선이 TV로 향했습니다. 아이들은 함께 놀아주지 않는다는 불만을 표현하다가 나중에는 제 옆에서 함께 TV를 보았습니다. 그러던 어느 날 멍하니 TV를 쳐다보는 아이들의 모습을 보니 '이대로는 안 되겠다' 싶어 과감히 TV를 없애버렸습니다.

그때부터 우리 가족은 대화하고 음미하며 식사를 할 수 있게 되었습니다. 아이들과 놀 때도 오로지 아이에게만 집중할 수 있었지요. 아이의 질문에 대충 대답하지 않고 말 한마디, 표정 하나 놓치지 않을 수 있어 참 좋았습니다. 아이들도 자신에게 더 많은 관심을 보여주는 엄마가 있어 훨씬 즐겁게 놀고, 놀이의 집중도도 향상되었습니다.

《Blackout》 책에서 정전이 된 후 가족이 함께 옥상에 올라가는 장면에는 'And found… THE LIGHTS. AND PEOPLE!'이라는 문구가 적혀 있습니다. 예전 구글 회장이었던 에릭 슈밋이 "컴퓨터를 꺼라. 휴대전화도 꺼라. 그러면 주위에 사람들이 있다는 것을 발견하게 될 것이다"라고 말했던 것이 생각났습니다. 디지털은 먼 곳에 있는 사람들과 가깝게 만들고 많은 지식을 줄 수 있지만, 정작 가장 가까이 있는 사람들은 멀어지게 만드는 것 같습니다.

일주일에 한 번은 모든 디지털 기기를 끄고 나와 가까이에 있는 사람들, 특히 가족과 함께 아날로그식으로 지내는 시간을 가져보면 좋겠습니다. 인터넷을 통해 정보를 얻는 것이 아니라 책을 통해 지혜를 얻는 건 어떨까요? SNS를 통해 이야기하는 것이 아니라 대화를 통해 서로의 생각을 공유하는 시간을 가져보는 건 어떨까요?

어휘 해설

blackout 정전

block party 이웃 주민과 함께 파티, (도시 내의) 마을 축제

go on (어떤 상황이) 계속되다

go out (전깃불 등이) 나가다, 꺼지다

huddle 옹기종기 모여 있다, 옹송그리며 모이다

normal 보통의, 평범한, 정상적인

rooftop (건물의) 옥상

sticky 끈적거리는, 달라붙는

still 고요한, 정지한

work (기계, 장치 등이) 작동하다

Note

BOOK 002

어휘력 ●●○○○ 문해력 ●●○ 사고력 ●○○

I Like Me!
by Nancy Carlson

아이가 자신에 대해 부정적인 모습을 보일 때, 남과의 비교로 인해 낙담하고 있을 때, 여러분은 무슨 말로 위로하고 어떻게 격려하시나요? 오늘 우리가 함께 읽을 늘백의 그림책은 세상의 모든 아이들에게 자기 긍정의 힘을 불어넣어 줄 작품, Nancy Carlson 의 《I Like Me!》입니다.

주인공 돼지 소녀는 열의와 열정, 생기와 활력 가득한 목소리로 외칩니다.
"나는 내가 좋아요! 나의 모습도 좋고, 내가 하는 모든 것이 좋아요. 그래서 난 나 자신을 소중하게 대하지요. 몸을 언제나 깨끗하게 유지하고, 건강에 좋은 음식을 먹어요. 운동도 잊지 않고요. 물론 기분이 좋지 않을 때도 있어요. 하지만 그럴 때 내가 나 스스로를 격려하지 않으면 누가 날 도와주겠어요? 실수하거나 실패했을 때는 또 어떻게 하느냐고요? 그것도 아무 문제 없어요. 실수는 누구나 하기 마련이고, 실수와 실패는 성공을 위해 꼭 필요한 과정이라고 믿으니까요. 그래서 창피하거나 실망스러운 마음이 있어도 힘을 내서 다시 해봐요. 잘할 수 있을 때까지 몇 번이든지요. 그러면 결국 잘하게 되더라고요."

물질만능주의와 외모지상주의가 팽배한 사회 속에서 우리의 생긴 것과 가진 것을 비교당하다 보면 어느새 자신감을 잃고 절망과 좌절에 빠지기가 쉽습니다. 그런 세상을 살아갈 때 당신을 지켜주고 이끌어주는 신념과 삶의 지표는 무엇인가요? 만일 아직 이렇다 할 만한 것이 없다면 오늘의 책 읽기를 통해 당신만의 좌우명을 찾아보는 것은 어떨까요?

리딩 가이드

- ✦ 자신의 모습과 자기만의 독특한 특성을 자랑스럽게 여기며 스스로를 있는 그대로 사랑할 줄 알고 자존감과 자신감을 증진시키기 위해 노력하는 한 작은 돼지의 자기 대화와 자기 고백, 자아 선언입니다.
- ✦ 독자들을 자기 발견의 여정으로 이끌어 건강한 자기 이미지 형성과 행복한 삶의 초석을 다지도록 도와줍니다. 어느 누구, 그 어떤 것과도 대체할 수 없는 자기 자신의 가치를 알고 스스로를 소중히 여기며 존중하라고 말해줍니다.
- ✦ 단순한 언어, 다채롭고 생동감 넘치는 그림을 통해 어린아이들도 주인공 소녀의 확신에 찬 목소리를 명확히 듣고 자기 긍정의 메시지를 쉽게 이해할 수 있습니다.
- ✦ 우리의 주인공 초긍정 돼지 소녀의 명랑한 목소리를 들으며 아이들과 함께 즐겁게 대화 나누고 서로를 격려하며 사랑을 표현하는 기회로 삼아보세요.

> 당신과 나누고 싶은 이야기

성경미

　자신감 넘치는 멋진 사람을 만나고 싶은가요? 주위에서 찾기 힘들다고요? 그렇다면 그림책 《I Like Me!》를 곁에 두는 건 어떨까요? 여기 자기 이해와 자기 사랑을 실천하는 건강한 자아상을 가진 그녀가 있습니다. 바로 '자존감 뿜뿜' 피기 언니입니다! 단지 멋진 피기 언니를 곁에만 두었을 뿐인데 자기 자신을 사랑하게 만드는 마법을 부립니다. 멋진 사람을 만나고 싶었는데 나 스스로 멋진 사람이 됩니다. 항상 부족하고 서툰 자신을 부끄러워하기보다 자신을 최고의 친구로 삼아 스스로를 응원하고 사랑하게 됩니다.

　현재 당신은 어떤가요? 자신을 많이 사랑하나요? 혹여 축 처진 뱃살 때문에 고민하고 있진 않나요? 피부 탄력 시술을 받고 젊어진 친구가 부럽진 않나요? 저는 몇 년 전 #loveyourself #loveyourbody #bodypositivity #livefree 등의 해시태그와 함께 자신의 몸을 당당히 드러내고 사랑하자는 챌린지 초대장을 받은 적이 있습니다. 대학원 시절 친하게 지냈던 일본 친구에게서 온 것이었죠. 당시에는 그것이 왜 그리도 불편하고 어색했는지 모르겠습니다. 타인의 시선을 의식하며 친구를 평가했던 과거의 행동이 부끄럽습니다. 또한 용기 내서 자신을 사랑하겠다고 노력하는 친구를 지지하지 못했던 것이 후회스럽습니다.

　반면 오늘의 그림책을 같이 읽고 전해주는 딸의 말에 감동합니다. "엄마, 난 내 자신이 베스트프렌드라고 생각한 적이 없었어. 그런데 이 책을 읽고, 나 자신이 베스트프렌드가 될 수 있다는 게 너무나 좋아." 오늘 하루, '자존감 뿜뿜'인 피기 언니의 기운을 받아보는 건 어떨까요? 하나밖에 없는 절친과 좋아하는 일을 맘껏 하며 오늘을 즐기세요. 우리 아이들 모두를 응원합니다! Your best friend is YOU! Enjoy your company!

어휘 해설

cheer up ~을 격려하다, ~의 기운을 북돋우다
curly 동그랗게 말린, 곱슬곱슬한
good-looking 잘생긴 (사람)
no matter where I go 내가 어디를 가더라도

pick up ~을 일으켜 세우다; (넘어졌다가) 일어서다, 회복하다
take care of ~을 돌보다
tummy 배

Note

BOOK 003

The Duckling Gets a Cookie!?
by Mo Willems

남들은 모두 자기가 원하는 것을 받아 누리는데 유독 나에게만은 아무것도 주어지지 않는 것 같아 화가 나고 세상과 주변이 온통 원망스럽게 느껴졌던 적은 없으신지요? 오늘 우리가 함께 읽을 늘백의 그림책은 삶에 대한 우리의 태도를 돌아보고 마음가짐을 새롭게 하도록 해줄 이야기, Mo Willems의 《The Duckling Gets a Cookie!?》입니다.

아기 오리가 정중하게 쿠키를 달라고 요청하자 어디선가 금세 맛있는 쿠키 하나가 두둥실 내려옵니다. 지나가던 비둘기가 탐을 내며 그 쿠키를 어떻게 얻었는지 묻자 아기 오리는 그냥 요청했을 뿐이라고 말합니다. 물론 예의를 갖추어서 '정중하게(politely)' 말이지요. 그 말을 들은 비둘기는 갑자기 밀려드는 불만과 서러움의 감정을 주체할 수 없었습니다. 자신은 그동안 계속해서 온갖 것을 부탁하고 또 부탁했는데 단 한 번도 소원을 성취한 적이 없었거든요. 그런데 아기 오리는 그토록 쉽게 자기가 원하는 것을 얻게 되다니! 아니, 원하는 모든 것을 갖게 되다니! 생각하면 생각할수록 비둘기의 원통한 마음은 커져만 갑니다. 그래서 결국엔 폭발하고야 마는데…. 비둘기의 마음속에 치밀어 오르는 이 억울한 심정과 불공평한 세상에 대한 분노를 대체 어찌하면 좋을까요?

리딩 가이드

✦ 우스꽝스러우면서도 진지하고 단순하면서도 깊이가 있는 작품입니다. 하지만 먼저 온몸으로 실감나게 소리 내어 읽으며 그냥 함께 즐기는 것이 우선입니다.

✦ 예의 바른 태도와 합리적인 요청의 중요성에 대해 아이들과 제법 진지한 대화를 나눌 수 있도록 도와줍니다.

✦ 작가 자신의 다른 작품들을 두루 참조하는 스토리텔링 방식이 작품의 외견적인 단순함에 깊이와 다채로움을 더해줍니다. 특히 〈The Pigeon〉 시리즈의 거의 모든 이야기가 언급되고 있어 그 내용을 이미 알고 있다면 더욱 풍성한 읽기가 가능합니다.

✦ 바라는 것을 얻는 요령과 나눔의 기쁨, 채워짐의 비밀을 엿볼 수 있습니다. 아기 오리가 바라는 것을 얻어내는 비법의 핵심은 바로 'politely'. 여러분에게는 이 단어가 어떤 의미로 다가오나요? 아이와 함께 이야기 나누어보세요.

✦ 아기 오리가 쿠키를 양보한 이유는 자신이 좋아하지 않는 견과류가 들어 있었기 때문일 수도 있습니다. 하지만 그런 경우에도 나눔은 받는 상대와 내게 기쁨을 주고 다시 채워짐의 놀라운 경험을 하게 해줍니다.

당신과 나누고 싶은 이야기

성미진

　2020년 마지막 날 밤 자정, 가족 단톡방에 알람이 울립니다. '2021년은 새로운 가족과 함께해요!' 남동생이 보낸 메시지였습니다. 지난하게도 이어지던 코로나19 팬데믹으로 답답하고 지친 온 가족의 마음은 단숨에 무지갯빛 희망으로 벅차올랐지요. 무럭무럭 자라 벌써 두 돌을 훌쩍 넘긴 조카는 이제 못 하는 게 없습니다. 걷고 뛰는 것은 물론 한두 개 단어와 간단한 문장으로 감정 및 의사 표현하는 것도 제법이지요. 가끔 원하는 걸 얻고자 비둘기처럼 고집부리고 떼를 쓰는 모습도 고모의 눈에는 그저 귀엽고 사랑스럽기만 합니다. 불과 몇 년 전, 우리 아이들에게는 새끼 오리같이 공손한 모습을 기대하며 두 손을 곱게 모아 "주세요~"라고 말하도록 수없이 반복하며 가르쳤으면서도 말이지요.

　조카의 지금 모습에 미소 지으면서 우리 아이들의 과거를 잠시 추억하다 현재로 돌아와 책을 들여다봅니다. 덩치 크고 성격 급한 비둘기는 저를, 앙증맞고 예의 바른 새끼 오리는 우리 아이들을 똑 닮았네요. 멀리 돌아볼 것도 없습니다. 지난해 여름방학 동안에도 저는 그리 상냥하지 않은 말투로 아이들에게 끊임없이 할 일을 요구하고 지시했던 '비둘기 엄마'였거든요. 티격태격했지만 결국 아이들은 새끼 오리가 그랬듯 저의 요구사항을 들어주었고 지금껏 제가 '승자'라는 착각에 빠져 있었습니다. 그런데 'So I could give it to you' 이 한 문장이 비수처럼 가슴에 박힙니다. 아이들의 마음을 대변해주는 듯해서이지요. 사실은 아이들이 우는 아이 달래듯 투정 많은 엄마의 바람을 들어주었던 건 아닐까요? 오늘밤 아이들과 함께 책을 읽으며 그림책 나이 고작 3세인 어리디어린 엄마를 용서해주길 '정중히' 부탁해보려 합니다.

어휘 해설

all the time 늘, 내내, 시종일관

ask for ~을 요청하다

chomp 우적우적 (씹는 소리)

cool 멋진, 끝내주는

every now and then 때때로, 가끔

fair 공정한, 공평한

Flappy, Flip, Flap! (의성어) 새의 날개 치는 소리

hubba-whaa (감탄사) 헉, 와, 뭐라고? (놀람, 혼란, 예기치 못한 상황에서)

iceberg 빙산, 빙하

politely 공손하게, 예의 바르게

scoot 빨리 가다

Scooty scoot scoot! (의성어) 슉슉! (빠르게 움직이는 모습 혹은 그 소리)

stay up late 늦게 자다, 늦게까지 깨어 있다

walrus 바다코끼리

Note

BOOK
004

어휘력 ●○○○○   문해력 ●●○   사고력 ●●○

Bear Is a Bear

by Jonathan Stutzman,
Dan Santat (Illustrator)

살다 보면 어린 시절의 기억들이 문득문득 떠오를 때가 있습니다. 그 가운데 어떤 기억들이 여러분의 마음을 따뜻하게 해주고 미소 짓게 하는지요? 오늘 우리가 함께 읽을 늘백의 그림책은 어린 시절 모든 것을 함께했던 애착 인형에 대한 기억과 엄마와의 가슴 찡한 추억을 몽글몽글 피어오르게 해줄 귀엽고 사랑스러운 그림책 《Bear Is a Bear》입니다.

내가 누구인지 한번 맞혀보실래요? 나는 지금 한 아이와의 첫 만남을 앞두고 있습니다. 수줍어하면서도 잔뜩 기대에 부풀어 있지요. 마음에 사랑이 가득한 나는 새로운 친구가 되어 아이에게 간식이 되어주고, 티슈가 되어주며, 부드럽고 따뜻한 베개가 되어주기도 합니다. 때론 예쁘게 차려입고 함께 차를 마시는 숙녀가 되기도 하고, 용감한 해적이나 무시무시한 유령이 되기도 합니다. 대범한 탐험가나 책벌레 혹은 예술가가 되기도 하며, 밤하늘의 별을 관찰하는 과학자나 꿈을 꾸는 몽상가가 되기도 하지요. 무엇이 되든, 무엇을 하든 나는 언제나 아이의 든든한 보호자이자 조력자입니다. 그런데 슬프고 안타깝게도 아이가 커갈수록 나의 역할과 존재감이 줄어드는 것 같네요. 이러다가 아이의 삶과 마음속에서 완전히 잊혀 먼지 쌓인 존재로 전락하게 되는 것은 아닐까요? 당신에게도 혹시 나와 같은 존재가 있나요? 나는 대체 누구일까요?

> **리딩 가이드**

◆ 애착 인형으로서의 곰 인형이 삶의 각 단계에서 가지는 의미와 역할을 설명한 작품입니다. (반복되는 표현 'Bear is a bear full of love'에서 알 수 있듯이) 역할은 달라지고 많은 우여곡절이 있어도, 가득한 사랑만큼은 언제나 변함이 없음을 강조하고 있습니다.

◆ 책 속에 나오는 곰의 다양한 역할을 하나하나 찬찬히 살펴보세요. 어떤 역할이 가장 마음에 와닿나요? 여러분의 실제 경험과는 어떤 부분이 같고 또 어떤 부분이 다른가요? 어떤 다른 역할을 추가하고 싶은가요?

◆ 곰이 가지는 역할의 상징적 의미를 알면 내용을 더 깊이 이해할 수 있습니다. 곰의 역할을 하나씩 살펴보며 각 역할이 문자적 의미를 넘어 무엇을 나타낼 수 있는지 생각해보세요.

◆ 곰은 단지 곰 인형만은 아닙니다. 여러분에게 곰은 누구인가요? 그 곰은 여러분에게 어떤 존재인가요? 그 곰이 나이 들고 낡게 된다는 것은 무엇을 의미할까요? 또 그것은 여러분에게 어떤 마음을 갖게 하나요? 곰곰이 생각해보고 아이와 이야기 나누어보세요.

> 당신과 나누고 싶은 이야기

김미경

　저는 삼 남매 중 장녀로, 연년생인 여동생과 막내 남동생까지 셋이 되는 바람에 자라는 동안 엄마의 사랑을 충분히 받지 못했다는 서운함이 마음 한편에 늘 자리 잡고 있었습니다. 이러한 결핍은 사람들과 깊은 관계를 맺어야 할 때 마음의 문을 열지 못하고 회피하는 방식으로 나타났습니다. 제가 정말 좋아해도 선뜻 다가가지 못했고, 저를 정말 좋아해서 다가와도 잘 받아들이지 못했습니다. 8년이 넘도록 저에게 헌신한 남편의 사랑을 확인하고서야 겨우 결혼할 수 있었지요. 아이를 키울 때도 마찬가지였습니다. 사랑을 잘 표현할 줄 모르는 제 자신을 마주하면서 애착 단계에 만들어지는 이 절대적인 사랑의 힘이 얼마나 크고 위대한지 지금에야 깨닫고 있습니다.

　'슬로우 미러클'을 만난 후 그림책 속에서 어린 시절의 저를 떠올립니다. 그리고 그때의 엄마도 만납니다. 감상문을 쓰려고 이 책을 보고 또 보는데… 곰의 그 큰 자리에 엄마가 있습니다. 천둥 번개가 칠 때 저를 꼭 안아주셨고, 입시를 준비하는 내내 한밤중에도 공부하는 저의 러닝메이트가 되어 침대에 잠시 누워 계시던 모습이 떠오릅니다. 아이를 키우며 엄마를 많이 이해하게 되었다고 생각했습니다. 그러나 가슴 한 켠에 꽁꽁 언 마음이 다 녹지 않았는지 엄마고 무뚝뚝했던 엄마가 늘 서운했습니다. 책을 읽으며 잊고 있었던 엄마의 기억들이 마구 떠올라 한참을 눈물짓습니다. 날카로운 딸의 가시를 견뎠을 마음까지 느껴져 가슴이 더 아파옵니다. 그럼에도 저보다 더 어렸을 나이에 엄마가 되어 세 명의 아이를 키워내며 희생한 그 큰 사랑을 제대로 다 알지는 못할 것 같습니다. 소녀는 곰 인형에게 느꼈던 절대적이고 따뜻한 사랑을 떠올립니다. 먼지 쌓인 정리함 속에서 곰 인형을 찾아 딸에게 꺼내어 줍니다. 그리고 또 아름다운 사랑 이야기가 시작되지요. 소녀처럼 저도 엄마에게서 받은 사랑을 기억하고 헤아려보려고 합니다. 낮에 하늘을 보니 따뜻한 햇살에 구름이 너무나 예쁩니다. 이 아름다운 계절이 가기 전에, 이번 주말은 엄마를 뵈러 가서 꼭 안아드리고 싶습니다.

어휘 해설

age 나이가 들다, 늙다
bold 용감한, 대담한
bookworm 책벌레, 독서광
brave 용감한
chalk 분필
covered in ~로 덮인
distraction 집중을 방해하는 것
dust 먼지
explorer 탐험가
faded 시든, 빛깔이 바랜
fancy 화려한
fuzz (특히 사람의 얼굴이나 팔에 난) 솜털
ghost 유령

hopeful 희망에 찬
memory 기억, 추억
pillow 베개
pirate 해적
protector 보호자
scholar 학자
shy 수줍음[부끄럼]을 많이 타는
snug 포근한, 아늑한
steadfast (태도나 목표가) 변함없는
tissue 화장지
torn 찢어진, 뜯어진
worn 해진, 닳은

Note

BOOK 005

We Are Growing!
by Laurie Keller, Mo Willems

사람은 누구나 인정받고 싶은 마음, 무언가에서 최고가 되고 싶은 마음이 있습니다. 우리 아이들도 마찬가지겠지요. 오늘 우리가 함께 읽을 늘백의 그램책은 자신만의 자랑스러운 무언가를 찾고 싶은 아이들의 순수한 마음을 재치 있고 유머러스하게 표현한 작품 《We Are Growing!》입니다.

Walt와 친구들은 모두 풀입니다. Walt의 친구들은 하나둘씩 빠르게 자라면서 각자 자기만의 독특한 모습을 선보입니다. 키가 가장 큰(tallest) 친구가 있고, 가장 꼬불거리는(curliest) 친구도 있습니다. 가장 우스꽝스럽게(silliest) 보이는 친구가 있는가 하면, 끝이 가장 뾰족한(pointiest) 친구, 가장 아삭아삭하게(crunchiest) 보이는 친구도 있습니다. 그리고 유난히 홀쭉했던 친구는 잔디가 아니라 민들레(dandelion)였었네요. 그래서인지 가장 멋쟁이(dandiest)가 되었습니다. 하지만 Walt는 안타깝게도 다른 친구들과 달리 전혀 내세울 만한 것이 없었습니다. 아무리 머리를 쥐어짜봐도 마찬가지였지요. 그러던 중 잔디 깎는 기계가 지나가면서 풀들의 개성을 완전히 없애버리고 모두를 혼란에 빠뜨립니다. 그런데 바로 그 혼란 속에서 Walt는 비로소 자신만의 특별한 것을 찾게 됩니다. Walt는 대체 무엇을 발견한 것일까요?

> **리딩 가이드**

- ✦ 하루가 다르게 부쩍부쩍 성장하는 우리 아이들의 모습을 보는 듯한, 세상에서 가장 개성 넘치고 웃기는 풀들의 이야기입니다.
- ✦ Mo Willems가 여러 다른 작가들과 협업한 《Elephant & Piggie Like Reading!》 시리즈의 두 번째 책으로서 쉬움과 재미, 감동의 세 박자를 갖춘 영어책의 대명사 가이젤상 수상작(Theodor Seuss Geisel Award, 2017)입니다.
- ✦ 유머와 위트, 매력적인 이야기, 경쾌한 스토리 전개, 생동감 넘치는 삽화가 아이들의 이목을 순식간에 사로잡아 책 읽기의 마법 속으로 빠져들게 합니다.
- ✦ 아주 쉽고 단순한 책이지만 진지한 주제들이 많이 담겨 있습니다. 다름의 수용과 존중, 다양한 재능의 발굴과 격려, 성장 과정에서의 아픔, 정체성에 대한 고민, 자아 발견과 자신의 모습에 대한 자부심 등.
- ✦ 한마디로 남과 다른 특별한 나, 나의 나됨에 대한 찬사라 할 만합니다. 우리 모두는 스스로 자부심을 느낄 만한 독특한 무언가를 가지고 있습니다. 따라서 누구나 자기만의 멋진 모습을 만들어갈 수 있습니다. 남과 다른 자신의 모습을 사랑하고 남이 아닌 자신이 되려고 노력한다면 말이죠.
- ✦ 풀들은 모두 풀 공동체의 일원입니다. 구성원들 사이의 차이를 존중하며 활발히 상호작용하고 격려를 아끼지 않습니다. 이를 통해 우정과 상호 지지의 가치를 강조하고 있습니다.
- ✦ 책의 제목부터가 성장과 변화에 대한 호의적인 시각을 보여주고 있습니다. 성장과 변화를 삶의 자연스럽고 흥미로운 부분으로 묘사하고 있으며, 그것을 통해 각 개인의 다양한 특성과 발전에 대해서도 긍정적인 태도를 갖도록 해줍니다.

> 당신과 나누고 싶은 이야기　　　　　　　　　　　　　**임수지**

　첫 아이를 낳고 도대체 어떻게 키워야 할지 몰라 막막했습니다. 그 와중에도 제 아이만은 완벽하게 잘 키워야겠다는 마음이 있었지요. 그러나 10년이라는 세월이 지나 돌아보니 그 마음 안쪽 깊은 곳에는 제가 정말 하고 싶었던 공부와 일을 할 수 없게 되면서 생긴 억울함이 자리하고 있었습니다. 저처럼 기회를 잃고 고생하지 않도록 아이를 키워야겠다고 생각했습니다.

　그런데 그런 마음으로 키워서 그럴까요. 아이가 건강하게 자라지 못했습니다. 만 36개월이 다 되었는데 간단한 대화도 되지 않을뿐더러 대소변 조절이 어려웠고 친구와 어울리지도 못했습니다. 뒤늦게 아이를 있는 그대로 사랑하고 존중하며 키워야 한다는 것을 깨닫고 마음을 고쳐먹자 아이가 몰라보게 좋아지기 시작했습니다.

　양육을 하며 실패했던 경험이 둘째, 셋째를 키울 때 큰 도움이 되었습니다. 심지어 교사로서 학부모의 마음을 이해하고 공감하는 능력까지 덤으로 얻었지요. 실패는 나쁜 것이 아니었습니다. 실패에서 깨달음을 얻고 앞으로 나아가니 오히려 성장할 수 있었습니다.

　사람은 성공(success)하기 위해 태어난 것이 아니라 성장(grow)하기 위해 태어난 것이라 믿습니다. 아기가 수백 번 넘어지면서 걸음마를 배우듯 손쉬운 성장은 없습니다. 실패했을 때 '역시 못할 줄 알았어. 이건 나랑 안 맞아.'와 같은 부정적인 생각을 내려놓고, 스스로 저를 다독이니 몸과 마음이 훨씬 편해집니다. '괜찮아, 이렇게 하면 안 된다는 것을 배운 거야. 또 다른 방법을 찾아보면 되지!' 하며 툭툭 털고 일어서서 다른 방법을 찾고 시도하며 조금씩 배웁니다. 실패해도 다시 일어설 수 있는 삶의 태도를 아이들에게 전해주고 싶습니다. 앞으로 살아갈 100년이라는 긴 시간 동안 끊임없이 변화하는 환경에 잘 적응하는 능력을 길러주고 싶습니다.

어휘 해설

all by myself (남의 도움 없이) 혼자
crunchy 아삭아삭한, 바삭바삭한
curly 동그랗게 말린
dandelion 민들레
dandy 훌륭한, 멋진
Let me think. 생각해볼게.
neat 깔끔한, 말쑥한

Never mind. 아무것도 아니야. 신경 쓰지 마.
pointy 끝이 뾰족한
something-est 최고로 훌륭한 무엇
thud 쿵, 털썩 (무거운 것이 떨어지는 소리)
weed 잡초
What a mess! 엉망진창이군!

Note

BOOK 006

어휘력 ●○○○○　문해력 ●●○○　사고력 ●○○

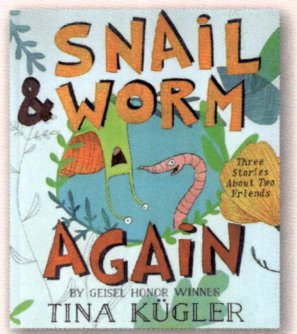

Snail & Worm Again
by Tina Kügler

우정이란 대체 무엇일까요? 어떤 친구가 좋은 친구일까요? 우정이나 친구를 어린아이들에게는 어떻게 설명하는 게 좋을까요? 오늘 우리가 함께 읽을 늘백의 그림책은 우정과 친구에 대해 생각하고 대화할 수 있도록 도와줄 Tina Kügler의 《Snail & Worm Again》입니다.

   달팽이와 지렁이는 친구입니다. 아주 좋은 친구이지요. 어느 날 나뭇잎 하나가 날아와 달팽이의 등에 앉습니다. 달팽이는 자신에게 날개가 생겨 날아갈 수 있다고 기뻐합니다. 지렁이는 달팽이의 날개가 멋지다고 생각하면서도 친구가 멀리 떠나버릴까 봐 걱정입니다. 이를 어찌하면 좋을까요?

   어느 날 발견한 동전을 거울이라고 생각한 달팽이가 지렁이에게 거울에 비친 자신의 잘생긴 모습을 보라며 자랑스럽게 말합니다. 달팽이는 거울에 비친 자신의 턱과 귀, 머리카락이 모두 멋지지 않느냐고 묻지만 아무리 보아도 동전 속의 모습이 달팽이와 닮은 것 같지는 않네요. 하지만 지렁이는 친구를 실망시키고 싶지 않습니다. 지렁이는 대체 어떻게 해야 할까요?

   상쾌한 아침입니다. 지렁이가 놀자고 하는데도 달팽이는 영 기분이 나질 않습니다. 이유를 물으니 달팽이는 자신의 껍질이 좀 특별하면 좋겠는데 너무 평범하다며 아쉬워하네요. 달팽이는 자신의 껍질이 풍뎅이처럼 아름다운 줄무늬가 있길 바라고, 바위처럼 빛나길 바라며, 오렌지색 꽃처럼 예쁜 색깔이길 바랍니다. 달팽이의 바람은 과연 이루어질 수 있을까요? 지렁이는 그런 달팽이에게 어떤 도움을 줄 수 있을까요?

리딩 가이드

- ✦ 《Snail and Worm: Three Stories About Two Friends》의 속편(sequel) 입니다. 이런저런 상황 속에서도 흔들림 없는 두 친구의 훈훈한 우정이 세 편의 짧은 이야기(Snail's Wings, The Mirror, Snail Is Sad)를 통해 펼쳐집니다.
- ✦ 짧고 단순한 글과 그림 속에 번뜩이는 재치와 기발한 유머, 긍정의 힘과 공감의 효과, 우정에 관한 깊은 통찰이 담겨 있습니다.
- ✦ 좋은 친구란 역시 진심으로 들어주고 공감해주며, 기쁨과 슬픔을 함께 나누면서 지지와 응원을 아끼지 않는, 생각만 해도 든든하고 기분이 좋아지는 그런 존재임을 다시 한 번 느낍니다.
- ✦ '달팽이와 지렁이에게 다리가 있다고 믿었던 Kate와 Teresa에게 이 책을 바친다'는 헌사가 눈길을 끕니다. 영감은 역시 많은 경우 아이들로부터 나와 어른들에게 깨달음을 주고 다시 아이들에게로 돌아가나 봅니다.
- ✦ 2018년 가이젤 아너북 수상작(Theodor Seuss Geisel Award Honor Book) 이라는 이름에 걸맞게 쉬움과 재미와 감동의 삼박자를 모두 갖추고 있습니다. 영어책 읽기를 막 시작한 아이들과 영어를 잘 모르는 영알못 어른들에게 적합한 책입니다.

당신과 나누고 싶은 이야기

이예린

주위에 자신의 이야기를 진심으로 귀담아듣고 함께 고민해주는 친구가 있나요? 엉뚱한 생각을 말하더라도 핀잔 대신 공감과 지지로 내 편이 되어주는 그런 우정 말이지요. 옛 속담에서 미약한 존재로 등장하는 지렁이와 느리기로 유명한 달팽이가 주인공인 오늘의 책입니다. 아무도 관심 없을 듯한 둘의 대화지만 저는 그들의 이야기를 여러 번 읽으면서 깊은 마음의 위로를 얻었습니다. 쉽고 단순한 그림책인 줄 알았는데 읽을수록 긍정과 공감이 주는 힘에 대해 고찰할 수 있었기 때문입니다.

말도 안 되는 이야기를 천진난만하게 펼치는 달팽이(화자)의 발상도 기발하지만, 청자 역할을 하는 지렁이의 언행은 둘의 대화를 더욱 가치 있게 빛내줍니다. 어떠한 비난이나 외면 없이 상대의 말에 귀를 기울여 들어준 다음 넓은 이해와 인내를 지닌 대답과 반응을 내놓았기 때문입니다. 세상의 모든 대화 상황에서 청자가 갖추어야 할 가장 이상적이고도 바람직한 태도가 바로 이것 아닐까요?

타인의 말을 들어주고 배려하기보다 자신의 의견을 내세워 관철하고자 하는 사람들이 더욱 많은 세상이지만, 사회를 혼란에 빠뜨리거나 법에 저촉될 말이 아니라면 서로의 이야기를 일단 잘 들어주는 건 어떨지 생각해봅니다. 특히 그 상대가 성장하고 있는 아이라면 더더욱 말이지요. 자아존중감을 높여주면서 긍정적으로 타인의 말을 존중하고 칭찬까지 곁들이는 부모와의 대화 속에서 아이는 배려하고 존중하는 방법을 배웁니다. 어쩌면 가장 가까운 가족에게 편하다는 이유로 즉각적인 비난의 반응과 상처 주는 대화를 하고 있진 않았는지, 이 책은 자신을 돌아보게 만듭니다. 서로를 인정하고 지지하는 대화를 통해 서로에게 힘이 되어주는 관계가 되길 바라봅니다.

어휘 해설

almost 거의

beard (턱)수염

beetle 딱정벌레

chin 턱

especially 특히

I don't think so. 그러고 싶지 않아; 그렇게 생각하지 않아.

notice 알아채다, 인지하다

reflection (거울 등에 비친) 상[모습]

shell (동·식물의) 딱딱한 외피, 껍질, 등딱지

stripe 줄무늬

suppose (~일 것이라고) 생각[추측]하다; (무엇이 사실이라고) 가정하다

wavy 웨이브가 있는, 물결 모양의

What is the matter? 무슨 일이니?

wish ~이면 좋겠다고 생각하다, ~하고 싶어 하다

Note

BOOK 007

어휘력 ●○○○○ 문해력 ●●○ 사고력 ●●●

All the World
by Liz Garton Scanlon,
Marla Frazee (Illustrator)

우리가 살고 있는 세상은 어떤 곳일까요? 누군가 묻는다면 어떻게 대답하시겠습니까? 오늘 우리가 함께 읽을 늘백의 그림책은 그런 질문에 대한 단순하면서도 심오하고 소박하면서도 아름다운 답변이 담겨 있는 작품 《All the World》입니다.

    우리가 사는 세상은 넓고도 깊습니다. 정원의 화단과도 같지요. 오래되었지만 새롭기도 합니다. 맑은 날이 있는가 하면 비 오는 날도 있습니다. 하지만 그런 날에는 더 좋은 내일을 기대하지요. 세상은 또 춥고도 따뜻합니다. 한없이 고요하기도 하고요. 세상은 무엇보다 당신과 나입니다. 우리가 보고 듣고 냄새 맡는 모든 것이지요. 그 모든 것이 바로 당신과 나이며, 우리의 소망과 평화, 사랑과 신뢰가 담겨 있습니다. 세상은 결국 당신과 내가 만드는 '우리'입니다. 그런데 하나하나가 아름다운 시구이며 수수께끼처럼 느껴지기도 하는 이 모든 말들은 대체 무슨 의미일까요?

리딩 가이드

- ✦ 우리가 사는 세상이 어떤 곳인지 알게 해줍니다. 책장을 넘길 때마다 사랑하는 가족, 친구, 이웃과 함께해온 행복했던 순간들을 떠올리게 합니다. 사랑하는 이들의 존재, 그들과 함께하는 평범한 일상과 그 속에서 느끼는 따스함, 그리고 우리가 살아가는 세상의 크고 작은 모든 것들이 얼마나 소중하고 아름다운지 느낄 수 있습니다.
- ✦ 평온함이 가득한 아름다운 그림과 함축된 글이 서로를 보완하며 하나의 완벽한 퍼즐을 만들어갑니다. 글이 그림을 요약해주고 그림은 글을 풀어줌으로써 한 편의 시와 노래를 완성해갑니다.
- ✦ 뚜렷한 줄거리가 있는 것이 아니기에 처음엔 이해가 쉽게 되지 않을 수도 있습니다. 하지만 천천히 반복해 읽다 보면 점점 더 많은 것들이 보이고 이해도 깊어집니다. 그림에 모든 이야기가 담겨 있어 글을 몰라도 내용을 충분히 파악할 수 있습니다.
- ✦ 아이들은 특히 그림을 읽어 내는 능력이 뛰어나 더 많이 더 깊이 느끼고, 작은 부분에서도 작가의 목소리를 들을 수 있습니다. 글보다는 그림을 읽고, 글도 해석하기보다는 자연스레 떠오르는 느낌과 시적 이미지를 즐겨 보세요.

> **당신과 나누고 싶은 이야기**　　　　　　　　　　　　　　　　　**서덕순**

　그림책 속에서 저의 잊고 있던 유년 시절의 모습을 발견하곤 합니다. 바로 《All the World》가 그런 책입니다. 내 안 어딘가에 흩어져 있던 무수한 기억의 조각들을 모으기 시작합니다. 마음을 파고드는 짧은 시구와 누구나 한 번쯤 경험해 봤을 자연스럽고도 아름다운 삽화들. 저의 어린 시절을 담은 한 편의 영화를 보는 듯합니다. 부모님과 형제, 나의 모습 그리고 내 자녀의 어린 시절과도 재회합니다.

　송사리 떼가 도망칠세라 큰 돌을 들어 물길을 막던 그날, 백 살 넘은 나무에 올라 우리만의 비밀 이야기를 나누던 그 어느 날, 한여름 장대비를 온몸으로 맞으며 집으로 걸어오던 그 시간, 차가운 겨울에도 방 안 가득 온기가 넘치던 그날 밤, 구수한 엄마표 옥수수빵 하나로 온 마음이 행복했던 그 하루, 어둠이 짙도록 던져 올리는 윷가락에 희로애락을 외치던 그 깊은 밤. 페이지를 넘길 때마다 우리가 함께했던 찰나의 순간을 마주하면서 가슴이 벅차오릅니다.

　칼데콧 수상작이어서 아름다운 책이 아니었습니다. 행간을 보고 그림을 읽으며 그리움과 위로를 온몸으로 느끼고 기억하는 경험. 바로 이 책을 꼭 읽어야 하는 이유입니다. 유년 시절의 경험은 지금의 제 삶을 살게 하는 원천입니다. 어머니와 아버지의 무한한 사랑, 형제자매에게서 배운 슬기와 재미는 가슴 한구석에 넣어둔 채 힘들 때마다 꺼내 보는 사진첩과도 같으니까요. 소녀는 작은 조개껍데기 속에 이 모든 세상을 담아둡니다. 힘들어 주저앉고 싶을 때면 귓가에 가만히 들려주겠지요. 소유보다는 경험을, 그리고 지난날에 대한 감사와 다시 오지 않을 지금 이 순간을요. 너와 내가 이 세상의 전부였다는 것, 그 모든 세상을 잊지 않고 싶습니다.

어휘 해설

bed (꽃이나 채소 등을 가꾸는) 화단, 모판

blossom 꽃이 피다

chill 냉기, 오한

cob 옥수숫대 (=corncob)

cousin 사촌

crown 맨 위, 꼭대기

hive 벌집, 벌떼

hum 웅웅[윙윙/웅성]거리는 소리

husk (특히 곡물의) 겉껍질

kin (집합적, 복수 취급) 친척, 친족

moat 호, 해자 (성 주위에 둘러 판 못)

nana 할머니; 유모, 아이 보는 사람

papa 아빠; 할아버지 (지역 혹은 상황에 따라 papa를 할아버지에 대한 애칭으로 사용하는 경우가 있음)

pebble 조약돌, 자갈

raft 뗏목

slip 미끄러지다

spill 쏟다

stumble 비틀거리다

tip 기울이다

trip 발을 헛디디다

trunk 나무의 몸통

tummy 배

trust 믿음, 신뢰

Note

BOOK 008

어휘력 ●●○○○   문해력 ●●○   사고력 ●○○

The Bad Seed Goes to the Library
by Jory John, Pete Oswald (Illustrator)

도서관에서 빌려온 책이 정말 마음에 들어 계속 갖고 있다가 도서관의 요청으로 어쩔 수 없이 반납한 적이 있나요? 친구에게서 빌린 책이 너무도 좋아 이런저런 핑계를 대며 돌려주기를 차일피일 미루고 있었던 적은요? 오늘 우리가 함께 읽을 늘백의 그림책은 책을 좋아하는 사람이라면 누구나 느껴 보았을 유혹과 갈등을 유머러스한 이야기로 풀어낸 《The Bad Seed Goes to the Library》입니다.

난 나쁜 씨앗일지도 몰라요. 하지만 지금은 기분이 좋습니다. 왜냐고요? 세상에서 내가 제일 좋아하는 도서관에 와 있거든요. 도서관에는 흥미로운 책들이 아주 많고, 친절한 사서 선생님과 편안한 의자, 그리고 커다란 창문이 있지요. 나도 모르게 밖에서처럼 큰 소리를 낼 수도 있지만 그러면 좀 어떤가요? 그런 것도 도서관의 재미 중 하나잖아요. 어쨌든 내게 딱 맞는 책을 찾아서 창가에 앉아 읽고 있는데 너무나도 재미있네요. 당연히 읽고 또 읽고 싶어서 그 책을 대출해 왔지요. 그런데 2주 후 도서관에서 날아온 편지 왈, 누군가가 그 책을 기다리고 있으니 반납하라고 하네요. '아니, 대체 누가 무슨 이유로 이 책을 원한다는 거지? 나한테 정말 중요한 책인데…. 그리고 그 어느 누가 이 책을 나만큼 즐길 수 있을까?' 정말 우울합니다. 어떻게 하면 좋을지 모르겠어요. 다른 책을 빌려오면 되지 않느냐고요? 물론 그럴 수도

있겠지요. 그런데 이 책만큼 좋은 책을 찾는 게 가능할까요? 이럴 때는 대체 어찌해야 할까요? 이런 고민을 하는 것이 내가 나쁜 씨앗이기 때문일까요?

리딩 가이드

- ◆ 도서관에서 빌려온 책을 다른 이들과 공유하고 싶지 않은 나쁜 씨앗의 이야기를 통해 나눔의 중요성과 새로운 것을 발견하는 기쁨에 대해 말해주는 책입니다.
- ◆ 자신이 좋아하는 것에 애착을 보이고 자신만의 것으로 소유하고 싶은 마음이 드는 것은 매우 자연스러운 일입니다. 하지만 욕심을 내려놓고 함께 나누면 다른 이들에게 기쁨을 줄 수 있습니다. 또 새로운 모험을 찾아 탐험을 계속 즐길 수 있습니다.
- ◆ 도서관은 모두를 위한 소중한 자원이며 함께 책을 읽고 즐기는 공간입니다. 이는 공동체 의식과 공유의 개념이 갖는 중요성을 의미합니다.
- ◆ 나쁜 씨앗은 결국 특정 책에 대해 가지고 있던 애착을 버리고 한 단계 더 성장할 기회를 얻게 됩니다. 이를 통해 '내려놓는 것(letting go)'의 중요성과 그로 인한 정서적인 성장을 강조하고 있습니다.
- ◆ 나쁜 씨앗의 과장된 반응이나 소유욕에 담겨 있는 유머와 웃음 코드를 놓치지 마세요. 이야기에 경쾌함을 더해주고 독자들의 마음을 사로잡아 지루할 틈이 없게 만듭니다.

> 당신과 나누고 싶은 이야기　　　　　　　　　　　　　　　　　김은영

　씨앗 사회의 빌런, 나쁜 씨앗(Bad Seed)이 도서관에 무슨 일로 왔을까요? 편견의 안경을 벗고 보니 성장하는 멋진 씨앗이 보입니다. 건축가 백희성이 자신의 메모 방법을 소개한 강의를 들은 적이 있습니다. 그가 평소에 메모하는 것 중 두 가지가 특히 인상적이었는데, 바로 부정적인 것과 편견이었습니다. 싫은 것, 나쁜 것을 메모해두고 부정적 감정의 실체를 구체화하면서 바로 그 부분을 개선하거나 재밌게 바꾸려고 노력한다고 합니다. 편견을 메모하는 이유도 신선했는데요. 편견이 왜 생겼는지 들여다보고 그렇게 생각하지 않을 수 있는 이유를 적는다고 합니다. 바로 편견을 부수기 위해서입니다. 백희성의 메모를 닮은 나쁜 씨앗의 비밀병기는 바로 성찰의 힘! 그 시작은 내면의 요구와 감정을 솔직히 드러내는 것부터입니다. 그러고 나면 당면한 사안이 객관화됩니다. '내 인생 최고의 책이지만 이렇게 좋은 책은 다른 씨앗들과 나누는 것도 중요해'라고 생각하게 되는 것이지요. 오직 자기 내면에 귀 기울여 내린 결론이 놀랍지 않나요?

　이따금 아이와 책을 읽으며 나누는 이야기에 깜짝 놀랄 때가 있습니다. 이 작은 아이가 지니고 있으리라고는 전혀 예상치 못한 한 인간의 고상함, 담대함, 타인에 대한 순수한 연민을 마주할 때입니다. 또 어른인 내가 생각지 못한 삶의 이치나 지혜를 단순하고 알기 쉬운 언어로 명쾌하게 드러낼 때 그렇습니다. 그럴 때면 멋진 친구를 가까이 알고 지내는 것 같아 뿌듯한 마음이 듭니다. 오늘의 나쁜 씨앗처럼요.

　깨달은 바를 삶에 적용하는 것은 또 다른 문제입니다. 내가 말하는 대로 내가 되려면 손과 발도 함께 움직여야 한다는 단순한 진리를 나쁜 씨앗에게서 배웁니다. 오늘은 아이와 함께 도서관에 가야겠습니다. 운이 좋으면 볕 잘 드는 소파에서 낄낄거리는 나쁜 씨앗을 만날 수도 있겠네요.

어휘 해설

accidentally 우연히, 뜻하지 않게
be in a good mood 기분이 좋다
check out (도서관 등에서) 대출하다
comfortable 편안한
due 만료된, 기한이 찬
gosh (놀람의 표현) 이크, 어이쿠, 이런
how dare (분노의 표현) 어떻게 감히
incredible (너무 좋거나 커서) 믿어지지 않을 정도인, 매우 좋은
indeed 정말, 확실히

instant classic 출간되자마자 명작으로 인정받는 작품
make sense 타당하다, 말이 되다
over and over (again) 반복해서
pack 가득 채우다
sheesh (놀람, 짜증의 표현) 쳇, 치
shelf 책장, 책장의 칸 (복수형: shelves)
spot (특정한) 곳, 장소, 자리
suppose (이미 아는 것을 토대로 ~일 것이라고) 생각하다, 추정[추측]하다

Note

BOOK 009

어휘력 ●●○○○ 문해력 ●●○○ 사고력 ●●○○

Harold & Hog Pretend for Real!

by Dan Santat, Mo Willems

그동안 살아오면서 이런저런 '척'을 꽤 많이 해보셨지요? 좋은 척, 싫은 척, 힘든 척, 아픈 척, 괜찮은 척 등등. 혹시 내가 아닌 다른 사람인 척도 해본 적이 있나요? 만일 있다면 왜 그렇게 했을까요? 그때 무엇을 느끼고 무엇을 깨달았나요? 오늘 우리가 함께 읽을 늘백의 그림책은 '나의 나됨'에 대해 생각해 보게 하는 책 《Harold & Hog Pretend for Real!》입니다.

이 책의 첫 장면에서는 그 유명한 《Elephant & Piggie》 시리즈의 Piggie가 책 한 권을 들고 친구 Gerald에게 달려옵니다. 그런데 책 표지가 지금 우리가 읽고 있는 책과 완전히 똑같네요. 표지를 여니 오늘의 주인공 Harold와 Hog가 책장을 밀어내며 등장합니다. 그리고 Harold는 자신이 좋아하는 Gerald와 Piggie를 보고 신이 나는지 Hog에게 흉내 내기 놀이를 하자고 제안합니다. Harold는 Gerald인 척, Hog는 Piggie인 척해보자는 것이지요. 하지만 문제는 Harold는 (Gerald와 달리) 너무나 활달하고, Hog는 (Piggie와 반대로) 매우 신중하다는 것이지요. Gerald처럼 안경을 써 보고 Piggie처럼 돼지 코를 달아 보기도 하지만 별 소용이 없는 것 같네요. Harold와 Hog의 가상(假想)놀이는 어떻게 될까요? Gerald와 Piggie는 절친인데, 만일 이들을 흉내 내기 어렵다면 Harold와 Hog는 서로 절친이 될 수도 없는 것일까요? Harold와 Hog는 대체 어쩌면 좋을까요?

리딩 가이드

✦ 각각 Gerald와 Piggie를 흉내 내려고 노력하다가 실패하는 Harold와 Hog의 경험과 깨달음을 담은 책입니다. 각자 자신이 지닌 고유의 모습과 특징을 받아들이고 존중하는 것이 중요함을 강조하고 있습니다.

✦ Mo Willems의 다른 작품에서처럼 장난기 가득한 삽화가 효과적인 스토리텔링에 크게 기여하고 있습니다. 등장인물들의 감정과 기분, 흉내 내기에 실패하면서 연출되는 유머러스한 상황을 잘 담아내고 있습니다.

✦ 진정한 친구는 상대에게 다른 사람이 되길 요구하지 않습니다. 서로의 차이를 받아들이고 있는 모습 그대로 상대를 존중합니다. 참된 우정은 상대에 대한 이해와 친절한 배려, 각자가 온전히 자기 자신이 되는 것을 바탕으로 합니다.

✦ 세상에 같은 사람은 단 한 명도 없습니다. 모두가 다르고, 각각이 매우 특별한 존재이지요. 유일무이한 자신을 사랑하고 자랑스럽게 여기며 잘 가꾸어 갈 때, 그리고 나와 다른 상대를 인정하고 존중할 때 가장 행복할 수 있습니다. Harold는 Gerald가 될 수 없고 Hog도 Piggie가 될 수는 없겠지만, 그들 각각은 Gerald와 Piggie 못지않게 개성 넘치고 서로에게 힘이 되는 최고의 친구가 될 수 있는 것이지요.

✦ 더 나아가 서로 다른 너와 내가 모여 조화롭게 어우러질 때 세상은 더욱 아름다워집니다. 혼자서는 불가능한 것도 함께라면 얼마든지 가능합니다. 이와 같은 메시지를 책 속에서 읽을 수 있습니다.

당신과 나누고 싶은 이야기　　　　　　　　　　　　　　　　**서덕순**

　Harold는 코끼리인 척, Hog는 돼지인 척! 서로 멋져 보이려고 연기를 하며 애쓰는 이야기입니다. 코믹하게만 보이는 이 책에서 아이러니하게도 제 가슴을 파고드는 메시지가 하나 있습니다. 무척이나 애쓰는 몸짓, 그런데도 떨리는 두 주인공의 눈빛, 결국 자신감마저 잃은 표정 속에서 꼭꼭 숨겨놓았던 저의 학창 시절을 돌아봅니다.

　공부는 물론 그림, 글, 노래, 게다가 키까지. 뭐든지 1등이었던 언니처럼 되려고 애쓰던 때가 있었습니다. 심지어 언니가 지은 시 한 편에서 마음에 드는 표현을 가져와 제 문장인 양 바꾸어 쓰기도 했지요. 마음가짐도 몸가짐도 언니인 척 노력했습니다. 과연 저는 언니처럼 1등이 될 수 있었을까요? 언니를 본보기로 삼고 애쓰는 동안 제가 얻은 것은 부족함과 불만, 얄팍한 경쟁 심리, 안 되는 것도 되게 하려는 집요함뿐이었습니다.

　그렇다면 제가 잃은 건 무엇일까요? 누구와도 견줄 수 없는 나만의 특기와 가치, 바로 개성이었을 겁니다. 나의 개성을 무시하고 단지 멋져 보이는 누군가의 삶에 발을 걸치려던 제 모습은 참으로 어리석었음을 고백합니다. 다시 학창 시절로 돌아가 그림책 속의 두 주인공을 미리 만났다면, 지금쯤 저도 개성 넘치는 삶을 살거나 혹은 누군가의 우상이자 본보기가 되었을지도 모르겠습니다.

　Harold와 Hog가 연기를 멈추었을 때 비로소 자신의 진짜 모습을 알아차리고 진짜 우정도 발견한 것처럼, 이제 어색한 연기 따위는 과감히 접을 수 있을 것 같습니다. 내가 가진 가장 자연스러운 모습이 어쩌면 가장 자랑스러운 '진짜 나'임을, 우린 그저 서로가 서로에게 반짝반짝 빛나는 별과 같은 존재임을, 괜찮고 또 괜찮다며 오늘에야 저를 토닥여봅니다.

어휘 해설

all at the same time 모두 동시에
carefree 근심 걱정 없는, 속 편한
careful 주의 깊은, 세심한
excited 신이 난, 들뜬, 흥분한
favorite 마음에 드는, 매우 좋아하는
for real 진짜의, 실제의
hog 돼지

prefer ~을 더 좋아하다
pretend ~인 척하다
scary 무서운, 겁나는
topic 화제, 주제
whoa (감탄사) 워 (소나 말 등을 세울 때 내는 소리)

Note

BOOK 010

어휘력 ●○○○○　문해력 ●●○　사고력 ●●●

A Stone Sat Still
by Brendan Wenzel

시간이 흐르고 또 흘러도 있던 자리에 여전히 그대로 있습니다. 스스로 모습을 바꾸지도, 움직이지도 않습니다. 그럼에도 변화무쌍하다 느껴질 정도로 다양한 모습을 보여준다면 그것은 대체 무엇일까요? 어떻게 그런 일이 가능할까요? 오늘 우리가 함께 읽을 늘백의 그림책은 바라보는 이의 관점에 따라 하나의 사물이 얼마나 다르게 보이고 또 얼마나 달리 이해될 수 있는지 알게 해주는 작품 《A Stone Sat Still》입니다.

나는 언제나 같은 자리에 가만히 있었습니다. 세상의 한구석 바로 그 자리에 있던 그대로 머물러 있었지요. 그런데 어떤 때는 어둡고 어떤 때는 밝으며, 어떤 때는 시끄럽고 또 어떤 때는 조용합니다. 누군가에게는 거칠고 누군가에게는 매끄러우며, 초록이 되었다가 빨강이나 보라, 파랑이 되기도 하지요. 또 누군가에게는 작은 조약돌이 되는가 하면 다른 누군가에게는 높은 언덕이 되기도 합니다. 누군가는 날 만져보고 느끼며, 누군가는 코로 냄새를 맡습니다. 그게 누구냐에 따라 야생의 자연이나 포근한 집, 부엌이나 왕좌, 이정표나 지도 혹은 미로가 되기도 하며, 위험한 곳이면서 동시에 안전한 피난처가 되기도 합니다. 하나의 이야기 혹은 무대가 되기도 하고 섬이 되기도 하며 또 파도가 되기도 하지요. 그리고 누군가에겐 찰나이지만 누군가에겐 아주 긴 세월이 되기도 합니다. 그리고 과거의 추억이 되는 경우가 있는가 하면 과거와 현재는 물론 미래에도 항상 존재하는 영속적인 것이 되기도 하지요. 나는 대체 누구일까요? 지금도 여전히 거기 그 자리에 가만히 있는데, 카멜레온처럼 색깔을 바꿀 수 있는 것도 아닌데 어떻게 그렇게 많은 모습을 지닐 수 있을까요? 내가 누구인지 당신은 혹시 알고 있나요?

리딩 가이드

◆ 자연의 불변성과 생명의 연속성, 생태계 안에서 자연의 각 요소들이 갖는 다양한 역할과 상호 연결성, 자연과 환경에 대한 책임을 핵심 키워드로 꼽을 수 있는 작품입니다.

◆ 지극히 단순하며 변화가 거의 없는 존재인데도 그것이 얼마나 다양한 모습을 가질 수 있는지 잘 보여주고 있습니다. 그렇게 함으로써 세상을 새로운 눈으로 바라보고 이해할 수 있도록 돕습니다.

◆ 인류 이전에도 존재했고 인류가 사라진 후에도 여전히 존재할 자연, 하지만 인간의 욕심 때문에 파괴되고 있는 그 자연에 대해 생각하게 합니다. 인류에게 커다란 위협과 재앙이 되고 있는 기후변화와 자연재해를 떠올리지 않을 수 없습니다.

◆ 각 페이지가 하나의 짧은 어구나 문장으로 되어 있어 책장을 빠르게 넘길 수도 있습니다. 하지만 천천히 느리게 가면서 찬찬히 살펴보고, 의미를 곱씹으며, 떠오르는 이미지와 생각에 충분한 시간을 허용해야 합니다. 그래야만 비로소 제대로 된 읽기가 가능합니다.

> 당신과 나누고 싶은 이야기

문상미

  이 책은 처음부터 끝까지 '돌'에 대한 이야기를 하고 있습니다. 안개 낀 날의 신비로운 돌, 칠흑 같은 밤에 부엉이와 함께 빛나던 돌, 싱그런 나뭇잎과 함께 푸르게 반짝이는 돌, 낙엽이 하나씩 떨어지는 날의 돌. '돌'은 어쩌면 '나' 자신의 또 다른 모습일지도 모르겠습니다. 지금 나의 빛깔은 어떤 색일까요? 내가 밝게 빛나는 순간은 언제였을까요? 나는 누군가에게 포근한 느낌을 주는 사람이었나, 은은한 향기를 주는 사람이었나 생각하게 됩니다. 나의 말과 행동이 누군가에게 거칠게 와닿지는 않았는지 돌이켜보게 됩니다.

  저는 책을 읽는 내내 돌을 바라보는 작가의 따스한 눈빛을 생각했습니다. 돌을 오래도록 매만지고, 돌 위의 동물들을 세심하게 관찰하던 작가의 수많은 시간을 떠올려보았습니다. 세상의 모든 발견은 어쩌면 '존재를 바라보는 따뜻한 시선'에서 시작되는 것이 아닐까 생각해봅니다.

  새가 날아간 흔적만 남은 '순간(blink)'이면서 달팽이가 가는 것처럼 '세월(age)'인 공간. 어쩌면 지금은 물에 잠겨 사라진 '기억(memory)'이면서 오래도록 나에게 남아 있는 '영원(always)'인 공간. 누군가와 함께 따뜻하게 손잡았던 시간이 물결처럼 남아 있는 공간. 당신도 이런 장소를 알고 있나요?

  사실 저에게는 고향인 제주도의 바다가 그런 장소입니다. 한때는 너무나 떠나고 싶었던 곳이었지만, 지금은 항상 돌아가고 싶은 곳이 되었습니다. 풍경을 떠올리는 것만으로도 깊은 위안을 주는 공간이 되었습니다. 오늘은 당신만의 기억이 담긴 영원의 공간, 당신에게 따뜻한 위로를 전해주는 공간을 떠올려보는 것도 좋겠습니다.

어휘 해설

age 긴 시간
as it is (있는) 그대로
blink 눈을 깜박거림; 지극히 짧은 시간
dirt 흙, 먼지
haven 안식처, 피난처
hill 언덕, (나지막한) 산
marker 표지(가 되는 것), 이정표

maze 미로
pebble 조약돌, 자갈
rough (표면이) 고르지[매끈하지] 않은, 거친
smooth 매끈한, 매끄러운
the wild (야생 상태의) 자연
throne 왕좌, 옥좌

Note

BOOK 011

어휘력 ●○○○○　문해력 ●●○○　사고력 ●○○

Fred Gets Dressed
by Peter Brown

어릴 때 엄마의 화장품을 얼굴에 바르거나, 엄마나 아빠의 옷을 입어본 적이 있으신지요? 어린아이들이 부모님이나 형 누나, 혹은 언니 오빠의 물건과 행동에 관심을 갖는 것은 어찌 보면 매우 자연스러운 일입니다. 오늘 우리가 함께 읽을 늘백의 그림책은 어린 시절 흔히 가질 수 있는 호기심을 따뜻한 시선으로 풀어낸 이야기, Peter Brown의 《Fred Gets Dressed》입니다.

　　Fred는 벌거벗은 것이 너무도 자연스러운 꼬마 소년입니다. 옷을 입지 않은 채 집 안 곳곳을 자유롭게 활보합니다. 자기 방은 물론이고 거실이나 엄마 아빠의 침실도 예외가 아닙니다. 어쩌면 옷은 절대로 입지 않을지도 모르겠네요. 그런데 어찌 된 일인지 Fred가 엄마 아빠의 옷장 앞에 멈춰 서 있습니다. 엄마 아빠의 옷을 바라보며 재미있는 상상을 하나 봅니다. 먼저 아빠의 옷과 구두를 꺼내 입어보는데 쉽지가 않습니다. 그래서인지 이내 포기하고 이번에는 엄마의 블라우스와 스카프를 꺼내 걸친 후 구두까지 신어봅니다. 그리고 화장대에서 엄마의 목걸이를 꺼내 목에 겁니다. 그런데 빨간색 크레용 같은 이 물건은 대체 뭘 하는 것일까요? 호기심이 동한 Fred는 그것을 얼굴에 쓱쓱 문질러봅니다. 아뿔싸! 근데 이를 어쩌지요? 갑자기 엄마 아빠가 들어오시네요. 엄마 아빠는 Fred의 모습을 보고 어떤 반응을 보이실까요? 말썽을 피우거나 이상한 짓을 한다고 꾸중하시는 것은 아닐까요?

리딩 가이드

✦ 작가의 실제 경험을 바탕으로 어린 시절 누구나 가질 수 있는 순수한 호기심을 다룬 작품입니다.
✦ 어린아이들이 있는 집에서는 흔히 마주할 수 있는 즐겁고 유쾌한 일이지만, 다른 한편으로는 무거운 주제와도 연결될 수 있는 이야기입니다. 성 정체성에 대한 논란을 떠올려 불편하게 느낄 수도 있기 때문입니다.
✦ Fred의 엄마 아빠는 Fred가 엄마의 옷과 장신구로 치장한 모습을 발견했을 때 혼을 내거나 무안하게 만들지 않고 온 가족이 함께 화장 놀이에 참여해 멋진 사진까지 찍었습니다. 엄마 아빠의 이런 반응에 대해 어떻게 생각하나요? 여러분이라면 어떻게 할 것 같나요?
✦ 혹시라도 내 아이가 실제로 성 정체성에 혼란을 겪거나 사회적 기준에 맞지 않는 다른 특성을 보인다면 부모로서 어떻게 해야 할까요? 이 책을 읽으며 그런 경우에 대해서도 생각해보는 기회를 가져보세요.

> **당신과 나누고 싶은 이야기**　　　　　　　　　　　　　　　　**김은영**

　시작은 엄마 아빠 놀이였는데 마지막은 패션쇼 무대가 됐던, 그날의 놀이 장면이 고조되던 흥분과 함께 떠오릅니다. 언제 엄마가 돌아올지 몰라 가슴이 두근거렸거든요. 인기 만점 아이템은 주로 엄마의 치마와 스카프, 블라우스였지만 저는 아빠의 양복바지와 잘 다린 와이셔츠를 꺼냈습니다. 언니의 도움으로 넥타이를 겨우 매고 재킷을 걸쳤을 때 어깨에 내려앉던 무게감, 아빠의 냄새, 어른이 된 것 같은 근사함과 어색함을 벗고 싶은 충동이 동시에 일었습니다. Fred도 그랬을까요? 이 책의 압권은 엄마의 옷으로 한껏 멋을 낸 Fred가 화장품으로 얼굴에 그림을 그리다 부모님과 '딱' 마주하는 장면입니다. 긴장감이 고조되지만, 이어지는 장면의 편안함과 유쾌함은 시사하는 바가 큽니다.

　평론가 신형철은 에세이 《정확한 사랑의 실험》에서 '정확하게 사랑받지 못하는 사람은 고통을 느낀다'라고 했습니다. "정확한 사랑이 뭔가요?"라는 기자의 질문에 "상대방의 가장 본질적인 부분을 이해하고 아끼는 것 정도가 아닐까요? 그래서 그가 다른 존재를 연기할 필요 없이 그냥 자기 자신이면 되도록 하는."이라는 멋진 답을 했는데요. 그의 말처럼 누군가를 '정확하게 사랑'하기가 쉽지는 않습니다. 우리는 자주 자신의 욕망을 사랑으로 포장해 상대에게 요구하기도 하고 반대로 상대의 인정을 받고 싶어서 그가 좋아할 만한 나를 연기하기도 합니다. 가장 가까이 있는 배우자나 친구, 심지어 아이에게 자신의 욕망을 투사할 때 비극이 시작됩니다. 있는 그대로 나를 긍정할 때 '나다움'이 자라납니다.

　Fred의 엉뚱한 행동을 가족이 함께하는 유쾌한 놀이로 바꾼 Fred 엄마의 지혜가 돋보입니다. 유연함과 친절함, 다정함을 재료로 보호의 울타리를 두르고 아이를 있는 그대로 사랑하고 아끼는 그녀는 '정확한 사랑'의 방법을 알고 있는 것 같습니다.

어휘 해설

do one's make-up/hair 화장하다[머리 손질하다]
drawer 서랍
follow along ~을 따르다, 따라서 하다
get dressed 옷을 입다
jewellery 보석류 (jewels)
join 동참하다
might (가능성) ~할지도 모른다

naked 벌거벗은
peek (재빨리) 훔쳐보다, 엿보다
pick out 선택하다, 고르다
romp (떠들어 대며) 즐겁게 뛰놀다
stomp 쿵쿵거리며 걷다
wardrobe 옷장, 벽장
wobbly (불안정하게) 흔들리는, 기우뚱한

Note

BOOK 012

어휘력 ●○○○○　문해력 ●●○○　사고력 ●●○○

Snow
by Uri Shulevitz

무언가에 대해 믿음을 갖고 그 믿음을 지켜나가는 것은 결코 쉬운 일이 아닙니다. 특히 주위의 모든 사람들이 나와 다른 생각을 갖고 있을 때는 더욱 그러하겠지요. 오늘 우리가 함께 읽을 늘백의 그림책은 눈 덮인 세상에 대한 자신의 기대와 믿음을 지켜낸 한 어린 소년의 이야기, Uri Shulevitz의 《Snow》입니다.

    하늘도 건물의 지붕도 모두 회색빛입니다. 아니, 도시 전체가 온통 회색빛이었지요. 그런데 바로 그 칙칙한 잿빛의 도시에 눈송이 하나가 떨어집니다. 그것을 본 소년이 외칩니다. "눈이 와요!" 하지만 소년과 그의 개를 제외한 어느 누구도 눈이 계속 내릴 것이라고는 생각지 않았습니다. 단지 한두 개의 눈송이일 뿐이며, 결국 모두 녹아 없어지게 될 것이라고 믿었지요. 소년의 할아버지를 포함한 주변의 어른들은 물론 TV와 라디오 방송까지도 모두 한목소리입니다. 괜한 기대에 들뜬 소년의 철없음을 나무라는 듯한 기색까지 느껴집니다. 그럼에도 소년의 생각은 전혀 흔들림이 없었습니다. 조금도 의심치 않고 금세 펑펑 내리게 될 눈을 맞이하기 위해 밖으로 뛰어나갔지요. 소년은 과연 하얗게 뒤덮인 눈 세상을 볼 수 있게 될까요?

리딩 가이드

◆ 한 소년의 시선을 통해 전해지는 첫눈에 대한 기대와 그것이 가져다주는 경이로움에 대한 이야기입니다. 간결하면서도 아름다운 이야기와 매혹적인 그림으로 호평을 받고 있는 작품입니다.

◆ 아주 작고 하찮은 것에서도 그 안에 담긴 위대한 것을 볼 수 있는 아이들의 순수한 마음과 믿음을 담고 있습니다. 제대로 보지도 않고 무시하며 다른 가능성은 생각조차 하지 않는 어른들의 아집과 편견 가득한 모습이 소년의 순수한 시각과 대비되어 그려지고 있습니다.

◆ "믿음은 바라는 것들의 실상이요 보지 못하는 것들의 증거"라고 말하는 성경 말씀(히브리서 1장 1절)이 떠오릅니다. 꿈꾸고 있는 것에 대한 소망을 잃지 말라고, 믿음을 가지고 마음을 지켜 목표를 향한 노력을 꾸준히 기울이라고 말해줍니다.

◆ 눈송이의 상징성에 주목하세요. 눈송이는 끊임없이 계속되는 마법으로서 자연 속의 아름다움과 일상에서 찾을 수 있는 순전한 기쁨을 나타냅니다. 또 잿빛 도시 전체를 하얗게 만듦으로써 눈이 가지는 긍정적인 변화의 힘을 보여주고 있습니다.

◆ 라디오와 텔레비전 등의 미디어도 눈을 인정하지 않았습니다. 이것은 자연과 그 경이로움이 인간이 만든 시스템과 독립적으로 존재한다는 것을 암시합니다.

◆ 작가 Uri Shulevitz는 1930년대 폴란드의 유대인 가정에서 태어나 난민으로 8년간 유럽을 떠돌았습니다. 그런 작가가 꿈꾸던 세상은 어떤 곳이었을지, 이 책을 통해서는 무엇을 말하고 싶은 것인지 생각해보고 이야기 나누어보세요.

> 당신과 나누고 싶은 이야기

정채린

　이 책을 읽으면서 가장 인상적인 것은 소년과 어른들이 서로 다른 이야기를 하는 모습입니다. 아이는 한두 송이 내리는 눈을 보며 눈이 온다고 말하는데 어른들은 하늘도 보지 않고 아니라고 말하거나, 곧 녹을 거라고 이야기합니다. 나이가 들면서 경험이 쌓이고 생각도 깊어졌다고 여겼는데, 정말 그럴까요? 오히려 이런저런 생각이 많아져 판단을 미루어버렸던 것 같습니다. 오히려 자명한 진실은 아이들이 더 잘 보는 경우가 있지요.

　누구나 세상이 좀 더 나은 방향으로 바뀌기를 바라면서 살아갑니다. 또 좀 더 의미 있는 삶을 살아가기 위해 꼭 해내고자 하는 무언가가 있을 겁니다. 그러나 정작 행동의 변화가 필요할 때 대부분 주저하거나 외면합니다. 중요하다고 생각은 하지만 하루하루의 일상에 밀리기도 하고, 현재의 삶에 너무 익숙해지면서 습관이 되어 변화를 맞이하는 게 힘들게 느껴지기도 합니다. 주변의 반대를 무릅써야 할 때도 있지요. 아무리 옳다고 생각하는 일이라도 다수의 반대를 무릅쓰고 굳세게 밀고 나가기란 어려울 수 있습니다. 혹시 우리도 이런저런 어려움을 감당하기보다 이 책의 어른들처럼 '눈감기'를 택하고 일상으로 돌아가 버리지는 않았던가요?

　눈은 라디오도 듣지 않고 텔레비전도 보지 않고 그저 내릴 뿐입니다. 우리도 눈의 모습을 따라가 보는 건 어떨까요? 남이 어떻게 생각하건 그저 해야 할 일을 묵묵히 해나가는 것이지요. 처음에는 녹아 없어지는 눈처럼 무의미한 시도같이 보일 수도 있습니다. 그러나 무수한 노력이 이어진다면 결국 뜻하는 바를 이루게 될 것입니다. 소년과 마더구스의 주인공들이 신나게 뛰어노는 하얀 마을은 한 송이 한 송이 묵묵히 떨어지던 눈송이가 있었기에 가능했던 것처럼 말입니다.

어휘 해설

beard (턱)수염
float (공중에서) 떠돌다, 떠가다
keep ~ing 계속 ~하다
melt 녹다
rooftop (건물의) 옥상
snowflake 눈송이

spin (빙빙) 돌다, 회전하다
swirl (눈, 먼지, 바람 등이) 소용돌이치다
take place 대체하다
twirl (춤을 추거나 하면서) 빙빙 돌다
umbrella 우산, 양산, 파라솔
whole 전체의, 모든

Note

BOOK 013

어휘력 ●○○○○　문해력 ●●○○　사고력 ●●●○

This Is Not My Hat
by Jon Klassen

누군가가 도둑질이 잘못이라는 것을 알면서도 남의 것을 몰래 훔친다면? 그러면서 그 물건이 단지 자기에게 더 잘 어울리거나 더 필요하기 때문이었다고 말한다면? 더구나 그러고 나서도 자신에게는 아무 문제가 없을 것이라고 확신하고 있다면? 혹시라도 그런 사람이 우리 주변에 실제로 존재한다면 어떤 생각이 들까요? 오늘 우리가 함께 읽을 늘백의 그림책은 그런 특이한 생각을 가진 한 도둑의 이야기 《This Is Not My Hat》입니다.

　　작은 물고기 한 마리가 곤히 잠들어 있는 큰 물고기로부터 모자를 훔칩니다. 그러고는 달아나면서 자랑하듯 말하지요. 큰 물고기는 한동안 깨어나지 않을 것이며, 깨어나도 모자가 없어진 것은 알지 못할 것이라고. 알게 된다 해도 자신이 범인인 것은 모를 것이며, 설사 눈치를 챈다 해도 자기가 어디로 가는지는 알지 못할 것이라고. 아무도 자기의 행방을 말해주지 않을 것이기 때문에, 그리고 자신은 수초가 우거진 어두운 곳에 숨을 것이기 때문에 절대 찾을 수 없을 것이라고. 그러는 사이 큰 물고기는 잠에서 깨어나 사라진 모자의 행방을 추적하기 시작합니다. 작은 물고기는 과연 자신의 기대처럼 무사히 도망칠 수 있을까요?

> **리딩 가이드**

- Jon Klassen의 모자 3부작 〈The Hat Trilogy〉에 속하는 두 번째 작품으로서 단순함과 심오함이 공존하는 역설적인 매력의 극치를 보여주고 있습니다.
- 영미 최고의 아동문학상이라 할 수 있는 칼데콧 메달(Caldecott Medal, 2013)과 케이트 그린어웨이 메달(Kate Greenaway Medal, 2014)을 동시에 석권한, 예술적 가치가 높고 생각할 거리도 많은 작품입니다.
- 텍스트와 그림의 상호작용에 특히 유의하세요. 그림이 묘사하는 것과 작은 물고기의 독백을 면밀히 비교하며 읽어야 제대로 이해할 수 있습니다. 등장인물의 생각과 감정이 주로 눈 모양을 통해 표현되고 있다는 점도 잊지 마세요.
- 결말이 열려 있습니다. 그림이 암시하는 결말과 무관하게 독자 스스로 다른 가능성을 얼마든지 생각해볼 수 있다는 뜻입니다. 담겨 있는 메시지도 다양하게 해석될 수 있습니다.
- 잘못된 일이라는 것을 알면서도 작은 물고기는 왜 모자를 훔쳤을까요? 작은 물고기는 왜 큰 물고기의 모자가 갖고 싶었을까요? 책을 읽으며 자연스레 떠오르는 질문들에 대해 생각해보고 함께 이야기 나누어보세요.

> 당신과 나누고 싶은 이야기   김수미

"빨리 내놔, 내가 가지고 놀 거야!"

오늘도 작은 자동차 하나로 첫째 아이와 둘째 아이의 싸움이 시작됩니다. 둘째인 딸은 평소 자동차 장난감은 가지고 놀지도 않으면서 꼭 오빠가 갖고 놀기 시작하면 갑자기 자동차 하나를 가지고 달아납니다. 그러면 오빠는 동생이 가지고 간 자동차를 지금 막 가지고 놀려고 했다면서 빼앗으러 다닙니다. 집에 수많은 장난감이 있는데 왜 하필 동생은 오빠가 놀 때 그 장난감을 가지고 놀고 싶고, 오빠는 동생이 가지고 있을 때 그 장난감이 더 좋아 보일까요?

책에서 작은 물고기도 이런 마음으로 큰 물고기의 모자를 훔친 것은 아닐까 하는 생각이 듭니다. 물속에 사는 물고기들에게 모자는 필수품이 아니기 때문에 'Need'보다 'Want'의 마음으로 모자를 탐했을 겁니다. 그리고 이 욕망은 그 물건이 내 손에 들어올 때까지 사라지지 않습니다. 큰 물고기의 모자가 가지고 싶었던 작은 물고기는 아마 이 전에도 몇 번이고 모자를 훔쳤을 것이고 그래서 큰 물고기는 모자가 없어진 것을 깨닫자마자 작은 물고기를 의심한 것이 아닐까요? 이 책의 제목인 《This Is Not My Hat》 뒤에 'But I want it'이 붙어 있을 것 같습니다.

생각해보니 저 또한 욕망으로 무엇인가를 구입할 때가 많았습니다. 예쁜 연예인이 입고 나온 옷이나 가방을 보고 따라 사거나, 다른 아이가 가진 장난감이 좋아 보여 우리 아이에게도 사주는 등 남들이 가진 것을 저도 가지려고 할 때가 많았지요. 아이에게는 꼭 필요한지 생각해보고 사라고 말하면서 정작 저는 욕구에 따라 살지 않았나 반성하게 됩니다. 내일부터는 우리 집 문 앞에 더 이상 택배 상자가 쌓여 있지 않도록 필요와 욕구를 구별하는 지혜를 발휘해보고 싶습니다.

어휘 해설

belong to ~의 소유이다, ~에게 속하다
close together 서로 가까이에
even if (설사) ~라고 해도
fit 맞다, 어울리다
I made it! 내가 해냈어!

it is (very) hard to ~하기 (매우) 어렵다
just right 딱 알맞게
notice 인지하다
probably 아마
worried 걱정하는

Note

BOOK 014

어휘력 ●●○○○　문해력 ●●○　사고력 ●●●

Are We There Yet?
by Dan Santat

조금이라도 먼 길을 함께 여행하다 보면 어린아이들은 금세 지루해하기 마련입니다. 그럴 때 여러분은 어떻게 하십니까? 오늘 우리가 함께 읽을 늘백의 그림책은 현재를 즐기는 것이 얼마나 소중한지를 가르쳐줄 Dan Santat의 상상력 가득한 책 《Are We There Yet?》입니다.

할머니가 우리를 생일 파티에 초대하셨어요. 나는 들뜬 마음으로 엄마 아빠와 함께 아침 일찍 자동차를 타고 출발했지요. 하지만 한 시간쯤 지나자 지루해지기 시작했어요. 그래서 자꾸만 물어봅니다. "아직 멀었나요?" 그 시간이 마치 영원할 것처럼 느껴졌지요. 1분이 1시간 같고, 1시간이 하루 같았으며, 하루가 한 달처럼 느껴졌습니다. 엉덩이도 아프고, 토할 것 같았으며, 또 화장실도 가고 싶었지요. 마치 백만 년은 지난 것 같습니다. 그런데 이게 웬일일까요? 갑자기 요란하게 으르렁거리는 소리가 들려 창밖을 내다보니 거대한 공룡들이 보이네요. 이제 보니 자동차는 그동안 미국 개척 시대의 황량한 서부와 험악한 해적들이 득실거리는 해적선, 그리고 중세 유럽과 고대 이집트까지 거쳐 왔나 봐요. 잠이 들어 꿈을 꾼 것일까요? 아니면 지루함을 이기지 못해 나도 몰래 상상의 나래를 펼치고 있었던 것일까요? 아무

튼 그러는 사이에 시간이 엄청나게 빨리 흘렀나 봅니다. 할머니 댁에 도착해보니 황당하게도 날짜는 2059년 10월 24일, 너무도 먼 미래로 와버렸네요. 할머니의 생일 파티는 2016년 10월 24일인데 우리는 이제 어찌하면 좋을까요?

리딩 가이드

- ✦ (시간이 너무도 지루하게 느껴져 느리게 가다 못해 거꾸로 흐른다는) 기발하고도 참신한 발상과 (책의 위아래가 바뀌고, 책을 왼편으로 넘기게 되는 등의) 독특한 읽기 방식이 아이들의 관심을 확 끌고 독자들의 마음을 사로잡습니다.
- ✦ 어른, 아이를 막론하고 긴 여행을 경험한 사람이라면 누구나 공감하게 됩니다. 여행 중에 느끼는 참기 힘든 지루함, 목적지에 속히 도착하길 바라는 간절한 마음이 국가와 문화를 뛰어넘는 보편적인 호소력을 지니고 있기 때문이지요.
- ✦ 상상력과 생동감 넘치는 삽화와 시나리오를 통해 지루함과 조바심에 대처하는 주인공 소년의 창의적인 방법을 보여줍니다. 특히 시대가 바뀔 때마다 앞자리에 앉아 있는 부모님의 모습(즉 옷과 헤어스타일, 표정과 동작)이 상황에 맞게 달라지고 있음에 유의하세요.
- ✦ 여행 자체를 즐기는 것이 목적지에 도착하는 것 못지않게 중요하다고 말합니다. 현재보다 더 큰 선물은 없습니다. 지금 이 순간의 소중함을 깨닫고 주어진 삶에 감사하세요. 과정에서 기쁨을 찾고 현재를 최대한 누릴 수 있는 창의적인 방법을 찾아보세요.

> **당신과 나누고 싶은 이야기**　　　　　　　　　　　　　　　　**문설희**

　소년은 과거와 미래를 다녀온 후에야 할머니의 생신 선물을 드릴 수 있는 현재 목적지에 도착합니다. 현재의 소중함을 새롭게 깨닫는 소년의 여정을 통해 우리 삶의 여정도 돌아보게 됩니다. 일생의 긴 과정에서 자신의 길을 애쓰며 나아가다 보면, 우리는 예측하지 못한 다양한 일을 마주합니다. 즐겁고 신나는 순간도 있지만, 그렇지 못한 시간이 대부분이죠. 자동차 안의 소년처럼 목적지에 언제 갈 수 있을지, 제대로 가고 있는지 그 모호함을 견디기 어려울 때도 많습니다. 예상치 못한 굴곡을 만나 돌아가야 할 때도 있고, 거꾸로 가는 것처럼 느껴질 때도 있지요. 남들보다 빠르게 가서 신날 때도 있지만, 잘못된 길로 들어설 때도 있습니다.

　소년의 옆에 놓인 선물을 보니, 제 옆에 있는 아이와 남편이 선물일 수 있겠다는 생각이 듭니다. 하루를 마무리하는 저녁 식사 시간에 각자의 오늘을 시끄럽게 이야기하는 순간이 새삼 소중하게 느껴지고요. 설렘, 지루함, 견딤, 멈춤, 우회, 놀라움 등의 과정 자체를 주어진 선물로 바라볼 용기를 얻습니다. 소년이 모험에서 새로운 친구들을 만나 활력을 찾듯 뜻밖의 여정에서 다양한 사람들을 만나 또 다른 삶의 매력을 찾을 수 있을 거라는 기대도 생기고요.

　"For Kyle. Be patient. We have all the time in the world." 작가가 아들에게 쓴 헌사입니다. 매일 24시간이라는 공평한 시간이 있습니다. 각각의 프레임에 담긴 그림처럼 나만의 풍경을 담을 수 있도록 선물 같은 지금을 살아가고자 합니다.

어휘 해설

Are we there yet? 아직 멀었어요?
bum 엉덩이
eternity 영원, 오랜 시간
feel sick 토할 것 같다
forever 영원히; 끊임없이; 아주 오랜 시간
miss 놓치다

savour ~을 음미하다, 흡족하게 즐기다
stare 빤히 쳐다보다, 응시하다
turn (도로의) 돌아가는 모퉁이, 구부러진 곳
twist (도로나 강의) 굽이, 급커브
yawn 하품하다

Note

BOOK 015

어휘력 ●●○○○ 문해력 ●●○○ 사고력 ●●●

Say Something!
by Peter H. Reynolds

알고 계셨습니까, 당신의 생각과 목소리, 당신의 말과 행동이 세상을 더 아름답고 더 멋진 곳으로 만들 수 있다는 사실을? 오늘 우리가 함께 읽을 늘백의 그림책은 우리 각자가 지닌 목소리의 중요성과 그 힘을 깨닫게 해주고 그것을 더 나은 세상을 위해 적극적으로 사용하라고 외치는 책, Peter H. Reynolds의《Say Something!》입니다.

    세상은 당신의 목소리를 필요로 합니다. 바로 당신의 목소리 말입니다. 완벽할 필요도 없고, 큰 소리가 아니어도 괜찮습니다. 마음에서 우러난 것이면 충분하고, 조용히 속삭여도 얼마든지 강력한 힘을 발휘할 수 있으니까요. 목소리를 낼 수 있는 방법은 매우 다양합니다. 말로 할 수도 있고, 행동으로 보여줄 수도 있으며, 그 외의 다른 방식도 얼마든지 가능합니다. 외로운 사람은 그냥 곁에 있어주면 되고, 빈 캔버스에는 붓으로 무언가를 그릴 수 있습니다. 빈 땅에는 씨앗을 심어 꽃이 피는 것을 지켜볼 수 있으며, 누군가가 괴롭힘을 당할 때는 멈추라고 용기 있게 소리칠 수 있습니다. 아름다운 것은 시를 써서 표현하고, 멋진 아이디어가 떠오를 때는 확신을 가지고 외쳐보세요. 우아하고도 고상하게 당신의 진면목을 보여주는 겁니다. 화가 날 때는 숨기지 말고 표현하여 상대가 이해할 수 있도록 해주시고요. 불의에 대해서는 평화로운 방식으로 당신의 생각을 표현하고, 다른 이들도 그렇게 할 수 있도록 영감을 주세요. 세상이 당신의 목소리를 필요로 합니다. 지금도 누군가는 당신의 목소리를 기다리고 있습니다. 당신은 무슨 말을 하고 싶나요? 그것을 어떤 방법으로 표현하길 원하나요?

리딩 가이드

✦ 세상을 더 아름다운 곳으로 만들기 위해 우리 각자가 자신의 목소리를 인식하고 사용하는 것이 중요하다는 메시지를 담고 있습니다.

✦ 각 개인의 목소리가 지닌 독특한 가치를 인식하여 그것을 자신만의 방식으로 표현할 수 있는 방법을 찾으라고 말합니다.

✦ 다양한 형태로 자신을 표현하라고 격려합니다. 특히 각자 지닌 생각과 감정을 표현하기 위해 상상력과 창의력을 적극적으로 발휘하라고 조언합니다.

✦ 목소리가 지닌 힘에 주목하고 있습니다. 우리가 내는 목소리는 다른 이들에게 영감을 주고 중요한 차이를 만들어낼 수 있습니다. 세상에 긍정적인 영향을 미치고 의미 있는 변화를 가져올 수 있습니다.

✦ 모든 사람의 목소리가 소중하다고 말합니다. 아주 작은 목소리도 의미가 있습니다. 작은 표현들이 모여 크고 위대한 결과를 만들어냅니다. 용기와 자신감을 가지고 옳은 일을 위해 목소리를 내세요. 변화를 만들어내기 위해 다른 이들과 연대하세요.

> **당신과 나누고 싶은 이야기**　　　　　　　　　　　　　　**임수지**

　초등학교에 다니는 첫째 아이가 수업 시간에 '가치 씨앗 일기'를 써와 제게 보여주곤 했습니다. 가치 씨앗을 하나씩 정해서 의미와 중요성을 알아보고, 각자가 생각하는 정의를 내려본 후 친구의 의견을 들어보는 활동이었습니다. 그리고 학교와 가정에서 가치를 실천하는 방법을 나름대로 적은 다음 일주일 동안 삶 속에서 실천하고 깨달은 바를 일기 형식으로 짧게 써보았습니다. 가치 씨앗 일기를 쓰면서 아이가 조금씩 달라지는 것을 느꼈습니다. 철이 드는 것 같다고 할까요? 자기 안에서 나와 주변을 돌아보며 세상과 연결되어 가고 있다고 해야 할까요? 왜 인성교육이 필요한지, 왜 행동으로 실천하고 글로 표현하는 게 중요한지 새삼 느꼈습니다.

　여러분이 중요하게 생각하는 가치는 무엇인가요? 사랑, 행복, 친절, 긍정, 너그러움, 배려, 존중, 협력, 공정, 정직, 용기, 감사, 자연 사랑, 책임, 평화 등 이러한 가치를 배우고 실천하는 것은 참으로 중요합니다. 나와 주변 사람들을 세상의 일원으로 존중하고 인정하는 것이기에 인간의 존엄성, 다양성의 공존과도 연결됩니다.

　저는 어린이들이 자기 생각과 느낌을 다양한 방식으로 표현해보도록 지도합니다. 노래, 그림, 말, 글, 움직임과 춤, 역할극 등 자신의 상상력과 창의적 사고를 발휘하여 놀이하고 표현하도록 돕습니다. 자신에게 적절하고 가능한 모든 방법을 동원하도록 적극 격려할 때 아이들은 내가 누구인지, 무슨 생각을 하는지 깨닫고 친구와 연대하는 방법을 조금씩 배워갑니다. 어린이가 자신의 정체성을 올바로 형성하면서 공동체 안에서 소통하는 적절한 방식을 배우도록 돕는 가운데 교사로서 보람과 가치를 느낍니다.

어휘 해설

as long as ~하는 한

beget (어떤 결과를) 부르다, 야기하다

bloom (식물이나 꽃이) 피다, 개화하다

brilliant 훌륭한, 멋진

compass 나침반

confidence 신뢰, 자신(감), 확신

creativity 창조성, 창의력

Go ahead. (격려의 의미로) 어서 해봐. 계속해.

grateful 고마워하는, 감사하는

injustice 불평등; 부당함

inspire 고무[격려]하다

invisible 보이지 않는, 볼 수 없는

karma (불교, 힌두교에서) 업보, 좋은 업보나 나쁜 업보를 쌓는 일

lot 부지, 대지

matter 중요하다

onward 전방으로, 앞으로; 나아가서; (구령) 전진!, 앞으로!

poem (한 편의) 시

respect 존중하다

right (잘못된 것을) 바로잡다

right the wrong 잘못을 바로잡다

take a stand 입장을 밝히다

United we stand, divided we fall.
뭉치면 살고 흩어지면 죽는다.

whisper 속삭임

Note

BOOK 016

어휘력 ●●○○○　문해력 ●●○○○　사고력 ●○○○

Just Grandma and Me
by Mercer Mayer

영어책 읽기는 첫째도 재미, 둘째도 재미, 셋째도 재미입니다. 재미는 즐독을 가능케 하고 즐독은 다독과 잘독을 가져옵니다. 그리고 그렇게 시작된 '즐다잘'은 영어책 읽기의 눈덩이 효과를 일으키며 유창한 영어라는 슬로우 미러클을 가능케 합니다. 마법의 주문 '즐다잘'을 외치며 우리가 함께 읽을 재미 만점의 그림책은 Mercer Mayer의 《Just Grandma and Me》입니다.

　우리의 주인공 Little Critter는 할머니와 단둘이서 바닷가로 놀러갑니다. 무사히 잘 다녀올 수 있을까요? 바닷가에 도착해 비치파라솔을 펴고 연을 날립니다. 핫도그를 사고 조개껍질도 줍습니다. 물놀이 튜브를 타다가 스노클링도 해봅니다. 구덩이를 파고 모래성도 쌓습니다. 하지만 안타깝게도 뜻대로 되는 일이 거의 없네요. 할머니와의 바닷가 나들이는 과연 어떻게 될까요?

　순수하고 아름다운 어린아이들의 세계를 수백 편의 그림 동화책으로 그려낸 Mercer Mayer의 대표작 중 하나입니다. 아이들의 마음속에 무엇이 들어있는지, 또 그것을 어떻게 표현해야 하는지 정확히 아는 작가, 바로 그런 작가들 덕분에 우리 아이들이 책 읽기를 즐기며 어린 시절을 행복하게 보낼 수 있는 것이지요. 세상을 알아도 물들지 않고, 세월이 흘러도 변하지 않을 수 있다는 기대와 희망도 갖게 되는 것이고요. 그런데 어른들도 책 읽기 속에 푹 빠지면 순수했던 옛 모습을 회복할 수 있게 될까요?

리딩 가이드

✦ Mercer Mayer의 《Little Critter》 시리즈에 포함된 작품입니다. 《Little Critter》 시리즈에는 무려 100권에 가까운 많은 책이 있습니다. 다음은 그 중에서도 최우선으로 추천하고 싶은 10권입니다.
《Just Grandma and Me》, 《Just Go To Bed》, 《Just for You》, 《Just Me in the Tub》, 《Just Me and My Dad》, 《I Was So Mad》, 《Just A Mess》, 《Just Me and My Mom》, 《I Just Forgot》, 《All by Myself》

✦ 어린아이들의 그림일기처럼 문장과 그림의 연결이 매우 직접적이고 직관적이어서 영어를 잘 몰라도 쉽게 이해하고 즐길 수 있습니다.

✦ 잠시도 가만히 있기 어려운 개구쟁이 Little Critter, 딱 우리 아이들 모습 그대로라 생각되실 겁니다. 자신과 똑같은 모습에, 혹은 그런 모습을 충분히 이해하고 공감하기에 아이들도 금방 좋아하게 됩니다.

✦ 분주하고 여유 없는 일상을 잠시 멈추고 아이들의 시선으로 그림을 바라보면 아이들의 순수한 마음이 보여 미소 짓게 되고 가슴에 사랑이 차오릅니다.

✦ 책장을 덮고 나면 특별히 대단한 것은 없었어도 오늘 하루의 건강함과 무탈함이 얼마나 감사한 일이며 큰 축복인지 새삼 깨닫게 됩니다.

> 당신과 나누고 싶은 이야기

배가란

　방학 중에 아이가 일기를 쓸 때면 꼭 "엄마, 매일 똑같아서 쓸 이야기가 없어요"라고 하던가요? 어릴 적 일기 쓸 거리가 없어서 한참을 미뤘다가 엄한 아버지 회초리에 눈물로 일기를 썼던 기억이 있습니다. 그때 이 작가님의 시리즈를 족보로 삼았다면 한 달 분량은 너끈히 쓰고도 남았을 텐데요. 평범한 일상이 어떻게 특별한 하루가 되는지 동심의 그림일기를 펼쳐봅니다.

　엉뚱한 사건마다 사랑으로 바라봐주시는 든든한 내 편인 할머니가 있습니다. 다사다난한 하루도 해피엔딩으로 마무리되는가 싶더니, 할머니만을 위해 만들어 놓은 모래성을 야속한 파도가 송두리째 휩쓸어갑니다. 이제껏 지켜만 보던 할머니가 진중한 한마디를 건넵니다.

　"모래성은 그런 거란다, 다음에 우리 새로 하나 만들어보자꾸나."

　아버지는 IMF를 겪으면서 더 열심히 일했습니다. 본인이 누리지 못한 것을 아이들에게는 채워주기 위해 덜 쓰고 덜 쉬었지요. 오롯이 자식 생각뿐이었습니다. 그런 아버지가 걱정되어 어린 딸이 아버지를 바라보며 쓴 동시가 있습니다. 〈아버지의 손〉이 그것이지요. 무뚝뚝한 아버지가 신문에 당선됐다는 소식을 듣고 뛸 듯이 기뻐하던 모습을 여태 잊을 수 없습니다. 많은 것이 필요한 게 아니었어요.

　《Just Grandma and Me》속, 그렇게 모래성이 무너져 사라져버린 그 자리에 아버지가 있다면 붙잡아 보고 싶습니다. 그저 "아빠" 하고 다시 불러보고 싶습니다. 당신의 모습을 그대로 눈으로 마음으로 담아두고 싶습니다. 그땐 왜 일상을 그대로 보고 쓰지 못했을까요? 그땐 너무 어려서 그랬다면, 지금 엄마가 된 나는 아이들과의 일상을 후회 없이 놓치지 않고 보고 있는 거겠죠?

어휘 해설

beach umbrella 비치파라솔, 해변용 큰 양산

blow up 공기를 주입하다

dig (구멍 등을) 파다

fin (수영, 잠수용) 물갈퀴, 오리발

on the way 도중에

sandcastle (보통 아이들이 바닷가에서 쌓는) 모래성

sea horse 해마; 해마 모양의 튜브

set up 설치하다

snorkel 스노클(잠수용 호흡관)을 쓰고 잠수하다

stop 정류장

tickle 간지럼을 태우다, 간지럽히다

wash off ~을 씻어 없애다

watch for (무언가를 기대하며) 잘 살피다, (~이 나타나기를) 기다리다

wave 파도

way 아주 멀리; 큰 차이로, 훨씬

Note

BOOK 017

어휘력 ●●○○○　문해력 ●●○○　사고력 ●●●○

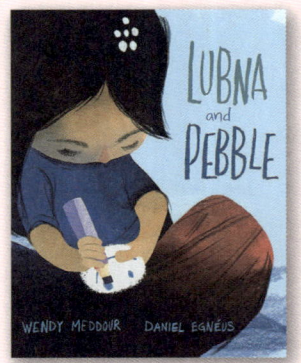

Lubna and Pebble
by Wendy Meddour,
Daniel Egnéus (Illustrator)

자신에게 가장 소중한 것을, 아니 자신이 가진 유일한 것을 다른 사람에게 내어줄 수 있을까요? 어떤 경우에 그런 일이 가능할까요? 오늘 우리가 함께 읽을 늘백의 그림책은 순수한 우정이 지닌 큰 힘을 느끼게 해줄 슬프고도 가슴 찡한 이야기 《Lubna and Pebble》입니다.

　Lubna에게 가장 친한 친구는 회색의 매끄러운 조약돌입니다. 아빠와 함께 난민 텐트촌에 도착한 날 밤 해변에서 발견한 것이지요. 그날 밤부터 Lubna는 조약돌과 늘 함께하며 자신의 이야기를 들려줍니다. 조약돌은 Lubna의 이야기에 항상 귀 기울여주고, Lubna가 두려움을 느낄 때는 언제나 미소 지어주었지요. 그렇게 그 둘은 서로에게 가장 소중한 존재가 되었습니다. 얼마 후 텐트촌에 침울한 모습의 한 소년이 도착합니다. Lubna는 그 소년에게 그녀의 조약돌을 소개해주었고, 그 후로 Amir라는 이름의 그 소년과 친구가 되어 함께 즐거운 시간을 보냅니다. 그러던 어느 날 Lubna는 아빠로부터 새로운 집이 생겼기 때문에 떠나야 한다는 말을 듣습니다. Lubna는 기뻤지만 또 슬펐습니다. 친구 Amir를 혼자 남겨두고 떠나야 했기 때문이지요. 조약돌에게 어떻게 하면 좋을지 물어보았지만 조약돌은 아무 대답이 없습니다. 이제 곧 아침이 되면 떠나야 할 텐데, Lubna는 대체 무엇을 어찌하면 좋을까요?

> **리딩 가이드**

- ◆ 전쟁의 고통과 생존의 위협 속에 있는 난민들의 어려운 처지와 그 속에서 피어난 아름다운 우정을 섬세하고도 호소력 있게 그려낸 작품입니다.
- ◆ 순수한 우정의 가치, 어려운 상황에서도 삶을 지탱하게 해주는 상상력의 힘, 공감과 연민의 마음, 회복력과 적응 능력, 감정의 표현과 의사소통의 중요성 등 여러 가지 진지한 주제가 이야기 속에 담겨 있습니다.
- ◆ 아름다운 삽화 속에서 잔잔하게 펼쳐지는 이야기가 암울한 난민촌의 현실과 묘한 대조를 이루며 독자들의 마음을 끌어당기고 깊은 여운을 남깁니다.
- ◆ 외롭고 힘든 시간을 견디며 조약돌에게 마음을 털어놓는 Lubna의 모습이 안쓰럽게 느껴지고, 그 조약돌을 혼자 남게 될 친구에게 건네주는 장면에서는 가슴이 먹먹해집니다.
- ◆ 아빠의 손과 조약돌 외에는 의지할 것이 없는 Lubna, 엄마나 아빠는 물론 조약돌조차도 없는 Amir, 그와 같은 아이들을 위해 우리는 과연 무엇을 할 수 있을지 고민하게 됩니다.
- ◆ 아직도 끊이지 않고 세계 곳곳에서 벌어지고 있는 전쟁과 분쟁, 그로 인한 엄청난 희생과 비참한 삶의 모습이 마음을 심히 무겁게 합니다. 전쟁은 왜 일어날까요? 어떻게 하면 분쟁을 종식시키고 평화를 가져올 수 있을까요? 그것을 위해 우리는 무엇을 할 수 있을까요?
- ◆ Lubna는 조약돌과 대화하며 위로를 받고 안정을 느낍니다. 비록 불완전한 형태라 할지라도 대화를 통한 의사소통이 정서적인 불안과 변화에 대처할 수 있도록 도와준 것이지요. 이는 자신의 감정을 표현하는 행위가 갖는 치유적인 속성을 보여주는 것입니다.

> **당신과 나누고 싶은 이야기**   김은영

둘째가 아직 젖먹이였을 때, 아이를 품에서 재우면서 '타박네야'라는 노래가 떠올라 자장가로 불러준 적이 있습니다. 곡조는 생각나는데 가사가 잘 떠오르지 않아 검색하다가 엉엉 울게 되었지요. 타박네는 엄마 젖이 그리워 죽은 엄마 무덤으로 찾아가고 있었습니다. 우리 아이가 세상에 나온 지 두어 달이 채 되지 않은 때라 아이와 저, 오롯이 둘만 존재하는 시공간에 자주 머무르곤 했습니다. 이 작은 세상이 아이에게 전부이고, 그것만으로 충분하다는 것을 잘 알고 있었습니다. 그래서 이 노래 가사가 더 절절히 와닿았습니다. 그때 저는 세상의 모든 엄마 잃은 아이들 때문에 울었습니다.

아이들은 직관적으로 많은 것을 알고 있습니다. Lubna가 자신을 지켜줄 것이라 믿고 꽉 움켜쥔 두 가지가 크고 단단한 동시에 얼마나 약하고 보잘것없는 것이었는지를 생각하면 마음이 아픕니다. Lubna와 Amir가 겪었을 일을 사실 저는 가늠하기 힘듭니다. 전쟁과 생존의 위협에 놓인 경험도, 집과 고향을 잃고 떠돈 경험도, 가족과 친구를 하루아침에 잃어본 경험도 없기 때문입니다. 그러나 아이를 키우고 있는 엄마로서 아이를 안정되고 따뜻하게 보호하는 일이 얼마나 중요한 일인지와 건강하게 제 몫의 삶을 살아내는 사람으로 아이를 키우려면 필요한 것이 무엇인지 알고 있습니다. 또 한 인간으로 '산다'는 것이 무엇인지, 소망 없이 사는 삶이 어떠한지, 가진 것이 없어도 나누는 마음의 가치에 대해서도 조금은 알고 있습니다.

한 인터뷰에서 읽었던 'Lubna가 의지할 것이 부모 외에 조약돌뿐이어서는 안 된다'라는 작가의 말이 마음을 떠나지 않습니다. 많은 것을 잃었음에도 불구하고 위로와 온기를 서로에게 나누어주던 아이들에게 조약돌 말고도 의지할 수 있는 다른 것을 주고 싶습니다. 더 안전한 세상을 줄 수 있는 어른이 되고 싶습니다.

어휘 해설

beam 활짝 웃다

blink 눈을 깜박이다

clutch 꽉 움켜잡다

cough 기침하다

felt-tip pen (끝이 부드러운) 사인펜

flap 퍼덕거리다, 펄럭거리다

get a cold 감기에 걸리다

grin (소리 없이) 활짝 웃다, 크게 웃다

grip 꽉 잡다

hold tight 꽉 잡다

land (비행기나 배를 타고) 도착[착륙/상륙]하다

leave (사람, 장소에서) 떠나다

nod (고개를) 끄덕이다

pebble 조약돌, 자갈

sigh 탄식하듯[한숨을 쉬며] 말하다

sneeze 재채기하다

somehow 왜 그런지 (모르겠지만), 왠지

stare 빤히 쳐다보다

tea towel (씻은 그릇의 물기를 닦는) 마른 행주 (=dishtowel)

underneath ~ 바로 아래에

what if ~? ~면 어쩌지?, ~라면 어떻게 될까?

Note

BOOK 018

어휘력 ●●○○○　문해력 ●●○○　사고력 ●●○○

Round Trip
by Ann Jonas

해와 달, 농장과 공장, 시골과 도시, 낮과 밤 등 두 가지 매우 다른 것들이 하나의 그림이나 사진 속에 동시에 존재할 수 있을까요? 오늘 우리가 함께 읽을 늘백의 그림책은 시골에서 도시로의 신기하고도 묘한 왕복 여행을 그린 작품, Ann Jonas의 《Round Trip》입니다.

　오늘은 도시로 여행을 가는 날입니다. 해가 뜨자마자 출발했지요. 마을은 조용했고 집들은 어두웠으며 가게는 모두 닫혀 있었습니다. 길은 계곡의 작은 농장과 밀밭을 지나 산과 숲을 통과하며 구불구불 이어지고 있었지요. 산길을 벗어난 후 고속도로를 타고 바다 쪽으로 향합니다. 그리고 해안을 따라 계속 달리다 보니 도시가 보였습니다. 마침내 도착한 것이지요. 다리를 건너 도시로 들어가 자동차를 주차한 후 전철을 탑니다. 영화관에서 영화를 보고, 높은 빌딩의 꼭대기에서 아래를 내려다보고 석양도 즐겼습니다. 그러다 보니 이제는 어느덧 돌아가야 할 시간. 하지만 집으로 가기 위해서는 독자들의 도움이 필요합니다. 어떻게 해야 하느냐고요? 아주 간단합니다. 책을 그냥 거꾸로 뒤집어 들고 다시 읽어가기만 하면 되거든요. 그렇게 하면 놀랍게도 완전히 다른 풍경이 펼쳐집니다. 영화관은 식당이 되고, 다리는 일렬로 쭉 늘어선 전신주가 됩니다. 그런데 그런 일이 어떻게 가능하냐고요? 말로는 설명이 쉽지 않으니 지금 당장 책을 펼쳐 직접 확인해보시기 바랍니다.

리딩 가이드

- ✦ 도시로 가서 즐거운 하루를 보낸 후 다시 시골에 있는 집으로 돌아오는 왕복 여행을 그리고 있습니다.
- ✦ 도시로 향하는 여정은 앞에서부터 읽어가고, 집으로 돌아올 때는 책을 뒤집어 뒤에서부터 읽어야 하는, 정말 기가 막힌 작품입니다. 신기하게도 책을 왕복하며 왕복 여행을 즐기게 되는 것이죠.
- ✦ 흑백의 이미지가 만들어내는 교묘하고도 절묘한 예술 작품, 탄성이 절로 나올 정도로 독창적이며 기발한 책, 아이들의 창의성과 상상력을 마구마구 자극할 것 같은 책입니다.
- ✦ 시각의 차이가 가져오는 전혀 다른 세상의 존재를 통해 무엇이든 섣불리 속단하거나 한 가지 입장만을 고집하지 말고 다양한 가능성을 인정하라고 말해주는 듯합니다.
- ✦ 1983년에 첫 출간되어 벌써 40년 이상이 되었는데도 현대적인 느낌이 물씬 풍깁니다. 앞으로 40년이 더 흘러도 그 세련미와 놀라움이 조금도 줄어들지 않을 것 같습니다.

당신과 나누고 싶은 이야기　　　　　　　　　　　　　　　　　**채지연**

　인생은 왕복 여행길인 것 같습니다. 새벽부터 나서서 해가 지면 다시 돌아가야 하는 여행길. 패기 넘치는 젊은 시절에는 높은 산도, 가파른 절벽도 두려움의 대상이 아니었습니다. 그곳이 늪지대인들 건너가지 않았을까요? 20대의 저는 그렇게 참 무모하고 엉뚱하고 겁도 없었습니다. 당혹스러운 옷차림에 얼굴이 화끈거립니다. 겉멋에 취해 썼던 일기장 속의 저는 낯설고 어설퍼 코웃음이 납니다. 시답잖은 문제를 고민이라며 괴로워했던 시절, 충분하지 않았던 배움과 방황으로 시간을 허비했는지도 모르겠습니다. 철없이 말도 안 되는 논리로 '나'를 주장했던 시간들이 모두 부모님 속을 태우는 시간이었음을, 그때 부모님의 나이가 되어보니 깨닫게 됩니다.

　인생에서 반짝반짝 별처럼 빛나는 순간들, 더없이 행복했던 순간들을 떠올려 봅니다. 대학 합격과 졸업, 결혼식, 두 아들을 처음 만났던 순간, 무엇보다 열정적으로 사랑했던 시간. 행복의 절정은 모두 '순간'이었습니다. 고통을 견뎌내고 미궁을 헤매던 시간이 지나고 나서야 찾아왔던 강렬하고 짧은 찰나의 순간들 말입니다. 여행을 마치고 돌아가기까지 해와 달이 번갈아 뜨듯 오르내리는 인생의 굴곡은 계속되겠지요?

　일몰을 바라보며 돌아가야 하는 길은 언제부터일까요? 해가 지고 집으로 돌아가는 길에 마주한 빌딩은 한참 내려다보았던 그 빌딩이 아니었습니다. 분명 올랐던 빌딩인데 한없이 높아 보이기만 합니다. 부모님을 애태웠던 철부지가 깎이고 다듬어지면서 어느 것 하나 쉽게 이루어지는 것이 없다는 걸 조금씩 알게 되었기 때문입니다. 하지만 다행입니다. 나의 길은 저물어가지만 내 아이의 찬란한 인생은 이제 피어날 것이기에, 여행을 마치고 돌아가는 발걸음도 그저 감사할 따름입니다.

어휘 해설

car (기차의) 차량
cottage (특히 시골에 있는) 작은 집
drift away (서서히) 이동하다, 움직이다
expressway (美) 도시 고속화 도로, 고속도로
flash 번쩍이다
form 형성되다
garage 차고
head (특정 방향으로) 가다, 향하다
highway 고속도로
inlet 작은 만
lightning 번개, 번갯불
line ~을 따라 늘어서다
marshy 늪[습지]의
moonlit 달빛에 비친, 달빛을 받은

pierce 뾰족한 것으로 찌르다
puddle (특히 비 온 뒤의) 물웅덩이
resettle (새로운 위치에 편안하게) 다시 자리를 잡다
rough 거친, 파도가 심한
searchlight 탐조등
set (해, 달이) 지다
shore 바닷가
starlit 별이 빛나는
telephone pole 전봇대
trail (시골의) 오솔길, 시골길, 산길
valley 계곡, 골짜기
wheat 밀
wind 꾸불거리다, 굽이지다 (wind-wound-wound)

Note

BOOK 019

어휘력 ●●○○○　문해력 ●●○　사고력 ●●○

When Sadness Comes to Call
by Eva Eland

잊을 만하면 다시 찾아오는 슬픔과 우울함, 이제는 좀 익숙해질 만도 하건만 마주할 때마다 여전히 낯설고 혼란스럽게 느껴지는 것은 무슨 까닭일까요? 오늘 우리가 함께 읽을 늘백의 그림책은 슬픔에 관한 깊은 통찰과 지혜가 담겨 있는 책 《When Sadness Comes to Call》입니다.

슬픔은 종종 예기치 않게 우리를 찾아옵니다. 어딜 가든 당신을 늘 따라다니지요. 당신 곁에 아주 가까이 앉아 숨 쉬는 것조차 어렵게 할 수 있습니다. 그 슬픔을 숨기려는 사람도 있을 겁니다. 기쁘고 즐거운 일을 생각하며 잊으려 노력하거나 이런저런 일을 하며 적극적으로 이겨내려고 할 수도 있겠지요. 하지만 우리 자신의 일부처럼 느껴지는 슬픔을 어찌하기는 어렵습니다. '본래부터 내가 그런 사람은 아닐까? 평생을 이렇게 살아야 하나?' 하는 생각까지도 들 수 있습니다. 아무리 노력해도, 이런저런 방법을 다 동원해도 좀처럼 떨쳐버릴 수 없는 이 슬픔과 우울함을 대체 어찌하면 좋을까요?

> **리딩 가이드**

- ✦ 슬픔을 대하는 태도와 대처 방법에 관한 책으로 천천히 읽는 것만으로도 마음에 위안을 주는 작품입니다.
- ✦ 슬픔이나 우울함을 극복해야 할 부정적인 감정으로 보지 않습니다. 어떻게든 이겨내거나 성급하게 쫓아내려 하지 말고 마치 우리를 찾아온 손님처럼 생각하며 대해보라고 조언합니다. 이름과 형태를 부여하여 그것이 지닌 막연함과 신비감을 줄여보라고, 그리고 마음의 여유를 가지고 일상의 이것저것을 함께 해보라고 말합니다.
- ✦ 슬픔도 우리 삶의 자연스러운 일부임을 이해하고 그 감정에 솔직할 방법을 가르쳐줌으로써 아이들의 정서 지능(Emotional Intelligence)을 높여줄 것으로 기대되는 책입니다.
- ✦ 어떤 때 슬픔이 찾아오는지, 슬픔이 찾아오면 어떻게 하면 좋을지, 책에서 말하는 방법 중 어떤 것이 가장 마음에 와닿는지 함께 이야기 나누어 보세요.

> **당신과 나누고 싶은 이야기**　　　　　　　　　　　　　　　　　　　　윤민이

　제 평생 가장 슬프고 절망적이었던 때는 예기치 않게 일어난 화상 사고를 겪었던 바로 3년 전입니다. 평소처럼 수업을 마치고 가족들과 먹을 저녁 식사를 준비하고 있었습니다. 그러다 갑자기 끓어오르던 미역국이 폭발하면서 냄비 뚜껑이 날아갔고 그 순간 비명을 질렀습니다. 그렇게 구급차를 타고 화상 전문병원에 도착한 저는 큰 절망에 휩싸였습니다. 화상 부위가 얼굴이기도 했고, 입원하게 되면서 아이와 남편, 그리고 학생들의 수업 걱정까지 더해져 치료에만 전념할 수 없는 상황이었습니다. 코로나로 인해 보호자 출입이 금지된 병실에서 홀로 얼마나 많이 울었는지 모릅니다.

　하지만 저를 위로하고 걱정하는 연락을 끊임없이 받다 보니 조금씩 마음이 달라지기 시작했습니다. 눈물과 함께 슬픔과 절망을 보내버리고, 긍정적으로 생각하며 극복해보기로 마음을 먹었습니다. 그래서 슬미 성우로서 배정되어 있던 《The Name Jar》를 낭독했고, 그동안 읽지 못했던 책들을 줄줄이 읽으며 북클럽에도 참여했습니다. 제 아들에게 차마 다친 모습을 보여줄 수 없어 영상 통화조차 하지 못했지만, 생각보다 씩씩하게 잘 지낸다는 소식을 들으니 힘이 났습니다. 그리고 입원해 있는 동안 모든 일을 챙기며 애써준 남편 덕분에 슬픔이 조금씩 사라지기 시작했습니다.

　직면한 상황을 슬프고 절망적이라고만 여겼다면 극심한 우울감이 찾아왔을지도 모릅니다. 그러나 저의 노력과 더불어 가족과 지인들의 도움과 응원 덕분에 슬픔을 긍정적인 생각들로 바꿀 수 있었습니다. 슬픔이 찾아왔을 때 있는 그대로 그 상황과 나의 감정을 인정하고, 그나마 다행이었던 점들을 하나둘 떠올리다 보니 오히려 감사함이 밀려왔습니다. 인생에서 겪는 슬픔이 그리 나쁜 것만은 아닌가 봅니다. 슬픔과 시련 속에서 삶의 통찰력을 얻게 되었으니 말이지요.

어휘 해설

breathe 호흡하다, 숨을 쉬다
follow (somebody) around ~를 계속 따라다니다
for a while 잠시 동안
go for a walk 산책하러 가다

hardly 거의 ~하지 않다
let out (감정을) 쏟아내다, 분출하다
sadness 슬픔
through ~을 통해, ~ 사이로
unexpectedly 예기치 않게

Note

BOOK 020

어휘력 ●●○○○　문해력 ●●○○　사고력 ●○○

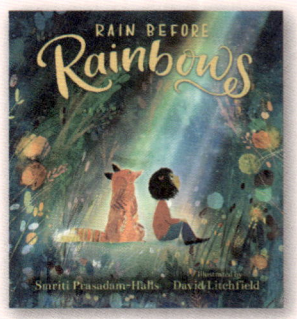

Rain Before Rainbows

by Smriti Prasadam-Halls,
David Litchfield (Illustrator)

비가 온 후에야 비로소 무지개를 볼 수 있고, 어두운 밤을 지나야 밝아오는 태양을 볼 수 있듯이 고난과 역경의 시간을 통해야만 진정한 기쁨과 즐거움을 맛볼 수 있습니다. 그런데 힘들고 어려운 일이 있을 때 우리는 왜 늘 실망하고 좌절하며 포기하려는 마음을 갖는 것일까요? 오늘 우리가 함께 읽을 늘백의 그림책은 그 어떤 시련 속에 있어도 희망의 날은 반드시 온다고 힘주어 말하는 책《Rain Before Rainbows》입니다.

한 소녀와 여우가 불에 타 폐허가 된 성을 뒤로 한 채 어딘가를 향해 긴 여행을 떠납니다. 태양은 비구름에 가려 보일 기미도 없습니다. 어느새 찾아온 깜깜한 밤을 작은 등불에 의지하여 헤쳐나갈 뿐이지요. 그리운 옛날은 이제 과거의 일일 뿐, 한 치 앞도 내다볼 수 없는 어둠 속에서는 과연 빛이라는 것이 있는지조차 의문입니다. 어두운 날들이 마음을 흔들고 걱정과 두려움이 가슴속 깊이 스며듭니다. 물리쳐야 할 무시무시한 드래건이 있고, 이겨야만 하는 싸움이 있습니다. '우르릉 쾅쾅' 천둥이 치고 번개가 번쩍입니다. 작은 조각배에 몸을 싣고 험난한 바다를 헤쳐 나가는데 거센 바람이 불고 높은 파도가 몰아칩니다. 사실상 모든 것들이 절망적이지만 그래도 좌절하거나 포기하지 않습니다. 따라갈 발자국과 귀 기울일 지혜의 말이 있으며, 어둠 속에서도 길을 보여주는 지도와 용감하고 친절한 친구들이 있으니까요. 하지만 어두컴컴한 터널 속을 걸어가는 것은 그 끝을 알 수 없기에 여전히 두렵고 힘이 듭니다. 이 막막하고 고통스러운 여정은 언제나 끝나게 될까요? 그래도 희망과 밝은 빛 가득한 새벽은 꼭 오고야 말겠지요?

리딩 가이드

- ✦ 인생의 어려운 시기를 상징하는 폭풍우를 뚫고 많은 도전과 장애물을 극복해 나가는 한 소녀와 여우의 여정을 통해 용기와 인내, 희망과 회복의 메시지를 전하는 작품입니다.
- ✦ 소녀와 여우처럼 어둠 속을 걷는 모든 이들을 위한 책입니다. 현재 상황이 아무리 어렵고 절망적이어도 밝은 내일이 반드시 있음을 기억하여 희망의 끈을 절대 놓지 말라고 당부합니다.
- ✦ 아름다운 그림 속으로 들어가 주인공을 따라 여행하며 지혜와 통찰 가득한 시구를 천천히 소리 내어 읽어보세요. 그러면 마음의 위로와 평안, 다시 일어설 용기와 힘을 얻게 될 것입니다.
- ✦ 지금 내리고 있는 비는 무지개를, 시커먼 먹구름은 밝은 태양을, 그리고 깊은 밤의 어둠은 동이 트는 새벽의 찬란한 빛을 의미하기에 우리는 희망을 잃지 않고 계속 앞으로 전진할 수 있습니다. 이런 믿음을 갖게 도와줍니다.
- ✦ 주인공 소녀가 혼자가 아니라 친구와 함께하고 있다는 점에 유의하세요. 이는 동료나 동반자의 중요성을 나타내며 그런 관계를 통해 얻을 수 있는 지지와 힘을 강조하고 있습니다.
- ✦ 책의 제목부터 시작해 거의 모든 표현이 은유와 상징을 담고 있습니다(예: rain, rainbow, cloud, sun, journey, night, daybreak). 어른들은 쉽게 유추할 수 있어도 아이들에게는 어려울 수 있으니 꼭 함께 이야기 나누어보시기 바랍니다.

> 당신과 나누고 싶은 이야기

임수지

　당신을 괴롭히는 걱정과 절망의 괴물은 무엇인가요? 학업과 업무라는 높고 험난한 산, 육아라는 깜깜하고 외로운 밤길, 인간관계라는 거친 파도에 압도당하고 있진 않나요? 살다 보면 어려운 일들이 끊임없이 일어나지만 아무리 힘들어도 그런 순간은 영원히 지속되지 않습니다. 다 지나가지요. 영원히 계속 내리는 비는 없습니다. 또한 비가 없다면 우리는 찬란한 무지개를 볼 수도 없습니다. 씨를 뿌리지 않으면 싹이 나지 않고, 양분을 만들어낼 잎이 없이는 열매를 맺을 수 없는 것처럼 어쩌면 행복이란 필연적으로 두려움과 고통을 수반하는 게 아닐까요?

　아무리 노력해도 바뀌지 않을 것 같은 불투명한 미래에 사로잡혀 있던 시기가 있었습니다. 하던 일을 접고 새로운 분야를 배우기 위해 닥치는 대로 책을 읽고 아침부터 밤늦도록 열심히 공부했지만, 시험의 관문을 넘기에는 턱없이 부족한 저를 보며 매일 조금씩 지쳐갔습니다. 뭘 해도 잘되지 않으니 답답하고 불행하다고 느꼈지요. 저의 상황을 저 스스로 조절할 수 없음을 인지하는 순간 모든 노력을 포기하고 무기력해지는 '학습된 무기력'에 빠져들었습니다. 그렇다면 힘든 상황 속에서도 용기를 잃지 않고 무언가를 꾸준히 하며 좋은 결과를 만들어내는 사람들은 무엇이 다른 걸까요? 비록 힘들어도 살다 보면 분명 좋은 일이 일어날 것이고, 잘될 것이라는 믿음과 희망의 끈을 놓지 않는 게 그 무엇보다 중요하다는 것을 느낍니다.

　'행복해서 웃는 게 아니라 웃어서 행복하다'는 말이 있지요. 어떠한 처지에 놓여 있든 그런 저를 받아들이려 노력합니다. 자존감을 먼저 세우고 저만의 속도에 맞추어 꾸준히 걸어갑니다. 좋은 친구들의 도움을 받아 새로운 시작을 하나씩 해봅니다. 어둠 속에도 길은 분명히 있으니까요.

어휘 해설

arise (특히 문제나 곤란한 상황이) 생기다, 발생하다

battle 전투, 싸움

break through (해나 달이 구름 뒤에서) 나타나다

courageous 용감한, 용기 있는

crash (세게 부딪쳐서) 요란한 소리를 내다

creep 슬슬 나타나다, (걱정이) 밀려오다

daybreak 새벽, 동틀 녘

done 다 끝난, 다 된, 완료된

duel 결투를 하다

eloquent (표정, 동작이) 감정을 드러내는, 무언의 웅변을 하는

flash 번쩍이다

hold on to ~에 매달리다, 의지하다

in the midst of ~(하는) 중에

irrepressible (감정 등을) 억제할 수 없는

lift (기분이나 사기를) 북돋우다

lightning 번개, 번갯불

rumble 우르릉거리다, 우르르 하는 소리를 내다

shoot (새로 돋아난) 순, 싹

sow (씨를) 뿌리다, 심다

stem 줄기

Note

I believe that a good children's book should appeal to all people who have not completely lost their original joy and wonder in life.

– Leo Lionni –

Level 2

느리게 읽기에 날개 달기

BOOK 021

어휘력 ●●○○○ 문해력 ●●○ 사고력 ●●○

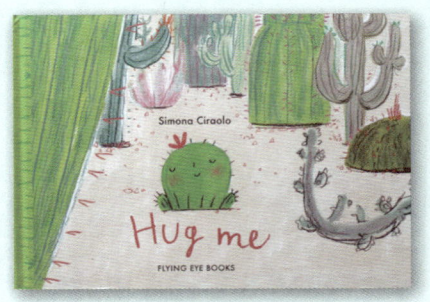

Hug Me
by Simona Ciraolo

험난한 인생길을 걷다 보면 누구에게나 힘들고 외로울 때가 있습니다. 그럴 때 누군가 조용히 다가와 따스한 눈길로 손잡아주고 말없이 안아준다면 매우 큰 위로와 힘이 될 것입니다. 오늘 우리가 함께 읽을 늘백의 그림책은 그런 관심과 애정에 대한 우리 주변의 필요를 돌아보게 해줄 위로와 감동의 책 《Hug Me》입니다.

    Felipe는 이름난 선인장 가문의 후손입니다. 그의 가족들은 멋진 모습으로 항상 예의 바르게 행동했으며, 모든 것을 깔끔하고도 정돈된 상태로 유지했지요. 그들은 무엇보다 다른 이들의 영역을 침범해서는 안 된다고 믿었습니다. 하지만 Felipe는 가족들과 생각이 매우 달랐습니다. 무엇보다 그는 누군가의 포옹을 간절히 원했지요. 하지만 온몸을 뒤덮은 가시 때문에 아무도 그를 안아주지 않았습니다. 포옹해줄 친구를 찾기 위해 많은 노력을 기울였지만 매번 실망과 좌절을 맛보아야 했습니다. 어느 날 그는 대담하고도 자신감 넘치는 친구를 하나 만납니다. 하지만 의도치 않게 그 친구에게 큰 피해를 주게 되면서 비난을 받고 마음에 상처를 입게 되지요. 그럼에도 불구하고 가족들은 그를 안아주려 하지 않았고, 실망한 Felipe는 결국 새로운 가족을 찾아 나섭니다. Felipe는 과연 자신을 진정으로 이해하고 함께해주는 친구를 만나 그동안 느꼈던 외로움과 결핍에서 벗어날 수 있게 될까요?

> **리딩 가이드**

- ✦ 몸에 가득한 가시로 인해 오해받고 외로움을 느끼는 어린 선인장 Felipe의 이야기입니다. 살아가면서 누구나 경험하는 공감과 동정 및 인간적인 관계의 필요성, 고독과 고뇌, 고통과 몸부림, 그 속에서 얻게 되는 깨달음과 변화를 단순한 언어와 인상적인 그림으로 풀어낸 작품입니다.
- ✦ 무관심과 차가운 반응, 실수와 오해, 남모를 아픔과 상처, 실의와 좌절 속에서 홀로 힘들어하는 이들에게 위로와 힘을 얻게 해줍니다. 모든 것을 상대의 입장에서 바라보고 생각하라는 역지사지의 마음을 되새겨보게 합니다.
- ✦ Felipe는 가시가 있어 다가가기 어렵기 때문에 외로움을 느끼고 힘들어 합니다. Felipe의 이 같은 외로움은 고독이 인간의 행복한 삶에 미치는 영향을 암시하고 있습니다.
- ✦ Felipe는 가시로 덮인 외형에도 불구하고 누군가의 이해와 수용, 따뜻한 포옹을 바라고 있습니다. 포옹은 공감과 동정, 진실한 관계 등을 상징합니다. 포옹을 원한다는 것은 그런 정서적 만족과 인간적 관계에 대한 갈구를 나타냅니다.
- ✦ Felipe는 자신을 포옹해줄 친구를 찾아 길을 나섭니다. 그리고 결국 자신을 따뜻하게 안아주는 친구를 만나게 되지요. 이러한 결말은 차이와 다양성의 수용을 의미하며 참된 우정의 힘을 보여주는 것입니다. 편견과 선입견을 이겨내고 그 너머에 있는 개인의 진정한 모습을 보고 본질에 집중하라는 메시지입니다.

> 당신과 나누고 싶은 이야기

채지연

　내 곁에 아무도 없고 나의 마음을 알아주는 이가 없다고 느껴질 때, 다시 말해 외롭고 힘든 그때가 저에겐 포옹이 필요한 순간입니다. Felipe 가족은 어린 시절 우리 가족 같았습니다. "공부 잘해라, 돋보이는 사람이 돼라." 이렇게 직접적으로 말씀하신 적은 없었지만 아버지의 모든 행동과 표정에서 전 그 뜻을 읽었습니다. 남다른 책임감을 가진 저에게 아버지의 큰 기대는 늘 부담이었는데, 그런 제 마음을 채워준 것은 엄마의 포옹이었습니다. "잘 다녀와, 딸!" 엄마는 제가 집을 나설 때마다 매번 문 앞에서 저를 꼭 안아주셨어요. 어색하고 엉성하게 상냥한 엄마의 포옹을 받았던 그때는 몰랐습니다. 그게 그렇게 큰 힘을 지녔는지.

　아버지가 위중하다는 이야기를 듣고, 병원에서 집으로 왔을 때 엄마가 갑자기 울음을 터뜨렸습니다. 저도 모르게 엄마를 안았습니다. 그렇게 힘없이 주저앉아 눈물을 흘리는 엄마의 모습이 몹시 낯설었습니다. 한참을 꼭 끌어안고 말없이 함께 울었던 시간. 아버지에 대한 걱정과 안쓰러운 마음, 앞으로 현실이 되어 다가올 아버지와의 이별, 말로 풀어내지 못한 마음을 눈물로 쏟아냈던 시간이었나 봅니다. 무언가 큰 짐이 가슴에서 내려가는 듯한 느낌을 받았습니다.

　감정 표현이 서투른 남편과 아들 둘, 그리고 저 이렇게 네 식구가 함께 사는 지금의 우리 집에서 미리 안아주길 기대하는 건 안타깝게도 있을 수 없는 일입니다. 다만 제가 아쉬우니 만병통치약이 필요할 땐 남편과 아들들에게 주문합니다. "나 좀 안아줘!" 그러면 남편은 성큼성큼 걸어와 육중한 몸을 오히려 저에게 기대며 안깁니다. 안기든 안아주든 포옹은 포옹! 오늘은 제가 먼저 다가가 아들과 남편을 꼭 안아주고 싶습니다.

어휘 해설

acquaintance 아는 사람, 지인
attack 공격, 폭행
behave 처신[행동]하다
belong 소속감을 느끼다
blame ~을 탓하다, ~의 책임으로 보다
bold 용감한, 대담한
cactus 선인장
company 함께 있는 사람들
confident 자신감 있는
descend (from) ~의 자손이다
disaster 재난, 재앙; 큰 불행
encourage 권장하다

enjoy one's own company 혼자 있는 것을 즐기다
neat and tidy 깔끔하고 단정한
notice (보거나 듣고) 알다
prickle ~을 쿡쿡 찌르다, 쑤시다
properly 올바로, 제대로; 예의 바르게
still 가만히 있는
strike 발생하다, 덮치다 (strike-struck-struck)
touchy feely 감정을 신체적으로 표현하는 데 적극적인
trespass 무단 침입[출입]하다
trespasser 무단출입자, 불법침입자

Note

BOOK 022

어휘력 ●●○○○   문해력 ●○○   사고력 ●●○

Don't Worry, Little Crab
by Chris Haughton

바닷가에 사는 작은 게들에게는 광활한 바다와 거대한 파도가 어떻게 느껴질까요? 엄마 아빠의 품을 떠나 세상에 첫발을 내디뎌야 하는 우리 아이들에게는 넓은 세상과 그 안에 가득한 모험과 도전이 어떻게 느껴질까요? 오늘 우리가 함께 읽을 늘백의 그림책은 낯선 세상에 대한 아이들의 불안한 마음을 어루만져 주고 용기를 북돋아 주는 책 《Don't Worry, Little Crab》입니다.

작은 아기 게와 커다란 게 한 마리가 바위틈의 작은 물웅덩이에 살고 있었습니다. 그 둘은 바다에 가기 위해 길을 나섭니다. 작은 게는 무척 기대가 되었지요. 바위를 넘고 웅덩이를 건너 미끄러운 해초를 지나면서 어디든지 갈 수 있다는 자신감이 가득해졌습니다. 그들은 드디어 바다와 맞닿은 바위 끝에 도착합니다. 그런데 작은 게가 넓은 바다와 큰 파도를 보더니 갑자기 덜컥 겁이 나나 봅니다. 더 이상 가려 하지 않고 집에 가고 싶다고 하네요. 걱정 말라고, 괜찮을 거라고 큰 게가 작은 게를 다독입니다. 그래서 용기를 내어 조금 더 가까이 가보지만 파도가 밀려와 부딪히자마자 두려운 마음이 다시 고개를 듭니다. 조금만 더 가보자고 큰 게가 다시 한 번 다독여보았지만 작은 게는 도저히 용기가 나질 않습니다. 파도는 계속 더 커지면서 거세게 밀려오는데 작은 게는 과연 바닷속으로 들어갈 수 있을까요?

리딩 가이드

✦ 미지의 세상에 대한 아이들의 기대와 설렘, 거센 풍랑과 파도 앞에 선 두려운 마음을 섬세한 터치로 그려낸 작품입니다. 늘 곁에 있어 따뜻하게 손잡아주는 엄마 아빠가 있음을 알게 해주어 아이들이 불안과 염려를 이겨내고 용기를 갖도록 해줍니다.

✦ 큰 게와 작은 게가 함께 손을 잡고 바다로 향하는 여정이 생생하게 그려져 있습니다. 특히 바위와 물웅덩이를 지나는 부분에 사용된 의성어와 고조된 감정을 나타내기 위해 대문자로 쓴 표현에 유의하세요. 그 부분을 강조하여 실감나게 읽어주면 책 읽기에 생동감을 더할 수 있습니다.

✦ 책 속의 등장인물이 되어 각 장면을 머릿속에 구체적으로 그려보세요. 커다란 파도가 밀려오는 장면에서는 아이와 함께 손을 꼭 잡고 파도의 무게를 느껴보세요. 실제로 바닷속에 들어가는 것 같은 현장감을 느낄 수 있을 것입니다.

✦ 이야기가 처음부터 끝까지 큰 게와 작은 게의 대화로 이루어져 있습니다. 내용과 표현에 익숙해지면 아이와 역할을 나누어 함께 번갈아가며 읽고, 또 서로 역할을 바꾸어가며 읽어보세요. 그렇게 하면 큰 게와 작은 게의 마음과 생각을 더 잘 이해할 수 있습니다.

✦ 세상을 바라보는 아이들의 마음속에는 기대와 불안이 공존할 수밖에 없습니다. 책을 읽은 후 아이들이 마음속 생각을 꺼내어 표현할 수 있게 도와주세요. 우리 아이들이 불안한 마음과 두려움을 이겨내고 넓은 세상을 용감하게 탐험할 수 있도록 용기를 북돋아주세요.

> 당신과 나누고 싶은 이야기　　　　　　　　　　　　　　　**문상미**

　문학이 제 인생의 전부였던 시절이 있었습니다. 작가가 되고 싶은 꿈을 안고 지방에서 서울로 올라왔던 스무 살, 저는 국문과에 입학하자마자 거친 파도 앞에서 물러서야 했습니다. 조심스럽게 문을 두드린 소설 동아리에서 저는 "문장의 기본이 되어 있지 않다"라는 선배의 말에 깊이 좌절했습니다. 감당할 수 없을 만큼 거대하게 휘몰아치는 글쓰기의 파도를 온몸으로 맞설 용기가 나지 않았습니다. 스무 살의 상처는 뼛속 깊이 새겨졌고, 그렇게 글쓰기에 대한 깊은 열등감으로 20여 년의 시간을 보냈습니다. 훌륭한 소설가가 되어 유명해진 선배를 볼 때마다 작아지는 제 모습이 너무나 괴로웠습니다.

　슬로우 미러클은 참 이상하고 신비로운 공간입니다. '나는 글을 잘 쓰지 못하는 사람'이라고 생각했는데, 이곳에서는 그림책을 읽으며 자꾸 글이 쓰고 싶어지니까요. 그러나 슬미 작가 모집 글을 볼 때마다 지난 기억이 떠올라 두려웠습니다. 타인의 평가에 저 자신을 옭아매왔던 시간들이었습니다. 그러나 다정한 이 공간에서만큼은 용기를 내도 좋지 않을까, 오랜 고민 끝에 저는 슬미 작가에 도전하게 되었습니다.

　깊은 바닷속에서 작은 게는 넋을 잃고 황홀한 바다의 풍경을 바라봅니다. 슬로우 미러클에 풍덩 빠져 다채로운 그림책의 세계를 온몸으로 헤엄치고 있는 저는 이제야 깨달았습니다. 내가 글쓰기를 얼마나 사랑하는 사람이었는지. 나의 글이 다른 누군가에게 흘러가고 그 마음을 함께 나누는 시간은 얼마나 가슴 벅차게 행복한 일인지. 슬로우 미러클에서 저는 비로소 잃어버렸던 제 존재의 가치와 빛깔을 다시 찾게 되었습니다.

　저는 그림책을 읽고 글을 쓰는 일이야말로 그림책을 가장 '제대로' 감상하는 방법이라고 믿습니다. 고단하지만 행복한 슬미 작가의 길, 더 많은 분들과 함께하고 싶습니다.

어휘 해설

edge 끝, 가장자리
enormous 거대한
floor (바다, 숲 등의) 바닥
further 더 멀리
Hold tight! 단단히[꽉] 잡아!
rockpool (해안) 바위 사이의 작은 웅덩이

seaweed (김, 미역 등의) 해조, 해초
slimy 끈적끈적한
slippery 미끄러운
squelch (진창 등에서) 질퍽거리는 소리를 내다
very (장소나 시간을 강조하여) 맨, 가장
(cf. the very edge 맨 가장자리)

Note

BOOK 023

The Bad Seed
by Jory John, Pete Oswald (Illustrator)

태어날 때부터 악한 사람이 있을까요? 만일 그렇다면 그런 사람이나 그렇게 보일 만큼 나쁜 사람도 변화가 가능한 것일까요? 오늘 우리가 함께 읽을 늘백의 그림책은 그런 질문에 대한 고민을 담은, 한 나쁜 씨앗의 남모르는 사연과 변화에 대한 이야기 《The Bad Seed》입니다.

아주아주 질이 나쁜 씨앗이 하나 있습니다. 얼마나 나쁘냐고요? 엄청나게 나쁩니다. 좋은 부분은 전혀 없고 나쁜 것투성이입니다. 성질도 더럽지만 예의라고는 눈곱만큼도 찾을 수 없습니다. 삶에 대한 태도나 마음속 생각도 마찬가지입니다. 상대에 대한 선의는 물론이고 그 어떤 긍정적인 구석도 찾을 수 없거든요. 지각은 필수이고, 물건도 제자리에 갖다 놓는 법이 없습니다. 손발을 씻는 일도 없고, 끼어들기 일쑤이며, 거짓말도 밥 먹듯 합니다. 그 외에도 셀 수 없이 많습니다. 그가 얼마나 나쁜지 누구나 잘 알기에 그를 보면 모두 손가락질하며 수군거리기 바빴습니다. 그런데 어느 날 갑자기 그런 그가 달라지기로 결심했답니다. 지금까지와는 달리 착해지기로 마음먹은 것이지요. 그는 대체 왜 그런 결심을 하게 된 것일까요? 그런다고 정말 달라질 수 있을까요? 너무도 형편없어 태생부터 나쁜 놈인 것 같은 그런 씨앗도 진짜로 변화가 가능한 것일까요?

> **리딩 가이드**

◆ 자신의 부정적인 행동 때문에 스스로를 '나쁜 씨앗'이라고 규정했지만 성찰을 통해 자신을 새롭게 인식한 후 꾸준한 노력을 기울여 긍정적인 변화를 만들어낸 한 해바라기 씨앗의 이야기입니다.

◆ 자아 성찰과 자기 인식, 변화를 위한 결심, 자신에 대한 신념과 지속적인 노력, 그리고 그것이 가져올 수 있는 큰 변화의 가능성을 다루고 있습니다.

◆ 진지하고 심각한 내용을 밝고 유쾌하게 풀어 나가는 재능이 돋보입니다. '착한 척을 계속하다 보면 진짜로 착해질 수도 있다는 말을 이렇게 멋지게 할 수도 있겠구나' 하고 생각하게 되실 겁니다.

◆ 아무리 나빠도, 모두가 구제불능이라고 여겨도 누구나 달라질 수 있고 또 행복해질 수 있다고 말합니다. 변화의 시작은 나의 마음과 의지에 달려있고, 포기하지 않고 착해지려는 노력을 계속해 나가면 결국엔 달라지게 될 것이라고 믿습니다.

◆ 나쁜 씨앗의 숨겨진 이야기와 그의 내적 갈등, 변화를 위한 노력과 그 결과를 통해 겉으로 보이는 것만으로 상대를 평가하는 것이 얼마나 위험한 일이지 보여주고 있습니다.

◆ 나쁜 씨앗은 과거의 나쁜 행동과 모습을 버리고 착한 씨앗이 되기 위해 노력합니다. 누군가 그런 노력을 기울일 때 과거의 실수와 허물을 용서하고 너그럽게 품어주는 것이 얼마나 중요한지 깨닫게 됩니다.

> **당신과 나누고 싶은 이야기**
>
> 서덕순

　12년째 매일 저녁 울리는 남편의 퇴근 전화를 바쁠 땐 굳이 받지 않고, 아이들 발은 주물러줘도 가장으로서의 무거운 어깨 한번 따스하게 주물러준 적 없는 참으로 고약한 아내. 사랑이라는 가면을 쓴 채 굳이 하지 않아도 될 말로 딸의 마음을 아프게 하는, 그 마음을 몰라도 너무 몰라주는 나쁜 엄마 중의 제일 나쁜 엄마. 부모의 마음은 헤아리지 못한 채 자식 마음을 이리도 못 알아주냐며 답답해하고 서운해하는, 세월이 지나도 여전히 고집 센 막내딸.

　나쁜 씨앗의 한껏 치켜올라간 눈썹을 보자마자 떠오르는 사람은 바로 다름 아닌 저였습니다. 아내와 엄마 그리고 딸로서 차마 인정하기 싫은 '나쁜 나'로 인해 책장을 덮고 난 후에도 한동안 마음이 무거웠습니다. 저의 이런 모습은 아마도 모든 것을 나의 뜻대로 이루고 싶어 하는 이기적인 마음 때문이었을 겁니다. 차라리 아무것도 안 하는 것이 최선이었을지도 모릅니다. 가족에게 더 이상 상처 주지 않겠다며 후회와 결심을 매일 반복하지만, 여전히 부족함을 느낍니다.

　나로 인한 가족들의 가장 충만한 순간을 떠올려봅니다. 아침에 일어나 그저 말없이 안아줄 때, 갓 지은 밥과 소박한 반찬을 두고 도란도란 앉아 밥을 먹을 때, 그 순간들 속에서 온전한 나의 모습으로 존재하고 서로가 편안함을 느낍니다. 사람은 고쳐 쓸 수 없다고 했던가요. 그럼에도 불구하고 저란 사람을 고쳐 써보겠다고 단단히 마음먹어봅니다. 삶의 경험이 충분하지 못해 그 방식이 서투를 뿐 남편과 아이들 그리고 엄마를 아주 많이 사랑한다는 사실만은 분명하니까요. 더 큰 상처를 입기 전에 그리고 서로의 충만한 순간을 위해 착한 아내, 착한 엄마, 착한 딸로 다시금 고백해보려고 합니다.

어휘 해설

at the last possible second (가능한) 마지막 순간에

be used to ~에 익숙해 있다

belong 제자리에

bleacher 지붕 없는 관람석, 외야석

blur 흐림, 흐릿한 것

cut in line 줄에 새치기하다

drift (확실한 목적 없이) 떠돌다

droop (지치거나 약해져서) 아래로 처지다

entirely 완전히

glare (at) 눈을 부릅뜨고 보다

goner (살리거나 구할) 가망이 없는 사람

hearing 청력, 청각

holler 소리 지르다, 고함치다

humble 변변찮은, 작은

I can't help it. 나도 어쩔 수 없어.

keep to oneself 혼자 지내다

kind of a blur 약간 흐릿한 것

mumble 중얼거리다

on purpose 고의로, 일부러

petal 꽃잎

pointless 무의미한, 할 가치가 없는

punch line (농담 등의) 들을 만한 대목

seed 씨, 씨앗

soften 약화시키다

spit out 내뱉다

stare (at) 빤히 쳐다보다

suit ~에게 맞다

take it 견디다, 참다

thud 쿵, 퍽, 툭 (무거운 것이 떨어질 때 나는 것과 비슷한 소리)

unremarkable 특별할 것 없는, 평범한

wad (솜, 껌, 종이 따위의) 작은 뭉치; 채워 넣는 물건

Note

BOOK 024

어휘력 ●●○○○　문해력 ●●○○○　사고력 ●●○○○

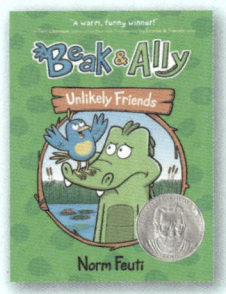

Unlikely Friends
by Norm Feuti

'유유상종(類類相從), 물이유취(物以類聚), 동기상구(同氣相求), 초록동색(草綠同色)', 우리말의 '가재는 게 편', 그리고 영어의 'Birds of a feather flock together'까지, 이 것들은 모두 '같거나 비슷한 부류끼리 서로 어울리게 되어 있다'는 것을 뜻하는 말입니다. 이처럼 우리는 흔히 서로 비슷해야 잘 어울릴 수 있고, 또 그래야만 좋은 친구가 될 수 있다고 믿는 경향이 있습니다. 그렇다면 서로 많이 다르면 친구가 되기 어려운 것일까요? 오늘 우리가 함께 읽을 늘백의 그림책은 친구와 우정의 조건에 대해 생각해 보게 하는 책, Norm Feuti의 《Unlikely Friends》입니다.

　Ally는 혼자서도 얼마든지 행복한 악어였습니다. 그런데 어느 날 Beak라는 작은 새 한 마리의 등장으로 Ally의 조용하고 평화롭던 삶은 완전히 달라지기 시작합니다. 얼마나 수다스러운지 Beak는 잠시도 쉬지 않고 계속 노래를 불러댔지요. Ally에게는 정말 곤혹스럽고 골치 아픈 일이었습니다. 그리고 그것으로는 부족했는지 Beak는 근처의 나무에 새로운 둥지를 만듭니다. 여기에 한술 더 떠 Ally와 자신은 무슨 일이 있어도 친구가 되어야 한다고 우깁니다. 그것도 최고의 친구가. 그러고는 자전거 타기, 영화 관람, 미스터리 풀기 등 Ally와 함께할 갖가지 계획까지 머릿속에 그리고 있었지요. Beak가 보기에 Ally는 외로워서 친구가 필요하다고 생각되었거든요. 자신은 혼자 있는 것이 좋다고 Ally가 아무리 말을 해도 전혀 소용이 없었습니다. 그런 식으로 Ally는 Beak와 반강제로 친구가 되어 버립니다. Beak는 그런 Ally를 새 둥지 축하 파티에 초대합니다. Ally는 썩 내키지는 않았지만 선물을 준비해 파티에 참석하려 했지요. 그런데 무슨 까닭인지 갑자기 Beak가 우울한 얼굴로 파티가 취소되었다고 하네요. 파티가 취소되다니 대체 무슨 일이 생긴 것일까요? Beak와 Ally는 둘 사이의 많은 차이에도 불구하고 진짜 친구가 될 수 있을까요?

리딩 가이드

- ✦ 모두 4권이 출간된 《Beak & Ally》 시리즈의 첫 번째 책으로, 이야기와 그림이 완벽하게 조화를 이루는 만화 형식의 그림책입니다. 마치 한 편의 애니메이션을 보는 듯한 느낌을 줍니다.
- ✦ 이야기 전체를 3개의 챕터로 나누어 들려주고 그림의 패널을 큼직하게 구성했기 때문에 다소 많은 분량임에도 불구하고 지루할 틈이 없습니다. 반전까지 있어 흥미를 더해줍니다.
- ✦ 가볍게 느껴질 수 있는 형식과 유머러스한 분위기와는 달리 사뭇 진지한 내용을 다루고 있습니다. 특히 '무엇이 우정을 만드는가? 우정은 어떻게 만들어지는가? 그리고 참된 우정을 위해 꼭 필요한 것은 무엇인가?' 하는 등의 질문을 던지고 있습니다.
- ✦ 공통점이나 유사점이 없을 뿐 아니라 굳이 표현하자면 먹고 먹히는 적대적인 관계라 할 수 있는데 어떻게 친구가 되려는 생각을 했을까요? 비록 그림책 속의 이야기이지만 친구의 조건에 대해 다시금 생각해 보지 않을 수 없습니다.
- ✦ 2022년 가이젤 아너북 수상작입니다. 쉽고 재미있으며 감동까지 갖추고 있어 이제 막 혼자서 읽기를 시작한 어린아이들에게 적합한 책입니다.

> **당신과 나누고 싶은 이야기**　　　　　　　　　　　　　　　　**서덕순**

　달라도 너무 달라 조화라곤 찾아볼 수 없는 조용한 악어와 시끄러운 새. 그 다름이 퍼즐 조각처럼 연결되어 마침내 절친한 친구로 거듭나는 모습을 보며, 그동안 차곡차곡 쌓아온 우정이라는 퍼즐 조각을 꺼내봅니다. 절친의 조건이나 목표처럼 미처 생각하지 못했던 관점에서 우정을 바라보기 시작합니다.

　"가장 절친한 친구가 있나요?"라는 질문을 받으면 막상 대답하기 어려울 것 같습니다. 보이지 않는 단단한 끈을 하나하나 당겨봅니다. 저에게는 남 부럽지 않은 34년 지기 친구가 있습니다. 서로가 어디에 있든, 무얼 하든, 회색 긴 부리 새처럼 방해꾼이 나타날지라도 흔들림 없는 우정이지요. 언제나 저의 내면까지 꿰뚫어 보는 20년 지기 친구도 있습니다. 지금은 예상치 못한 일로 커다란 구멍이 뚫린 외로운 퍼즐이기도 합니다. 닮은 점이 너무 많아 운명이라고 생각했던 친구도 절대 잊을 수 없습니다. 하지만 위기 앞에서 여실히 드러난 그 사람의 내면을 보고 저에게 그저 좋은 친구인 척했던 우정이었음을 알아차렸지요. 마지막으로 영어 그림책 한 권으로 오늘의 나를 성찰하고 서로의 내일을 만드는 '슬미(슬로우 미러클)'라는 친구가 있습니다. 한밤의 줌 미팅 안에서 따뜻함이 솔솔 피어나는, 마법을 가진 우정입니다. Beak와 Ally처럼 예상치 못한 장소에서 발견한 대단한 우정임이 틀림없습니다.

　우정의 순위를 떠나 서로 다름을 인정하고 부족함을 채워주는 것. 친구가 되기 위한 조건이자 친구를 지키는 가장 현명한 방법일 것입니다. 이제는 보이지 않는 단단한 끈을 함부로 놓지 않으려 합니다. 언젠가는 잃어버린 저의 우정도 Beak가 되찾은 둥지처럼 다시금 돌아올 것을 믿어봅니다.

어휘 해설

agree to ~에 동의하다

awfully 정말, 몹시

barely 거의 ~아니게

be born to ~이 될[~을 할] 운명을 타고나다

be out of ~을 다 써서 없다, ~이 떨어지다

cancel 취소하다

centipede 지네

exactly 정확히, 꼭, 틀림없이

get that a lot 그런 말을 자주 듣다

hangout 어울리기 (시간을 함께 보내는 것)

have ~ in common (특징 등을) 공통으로 지니다

howdy 안녕 (만났을 때 하는 인사)

I get it. 알겠어.

It's none of my business. 내가 상관할 일이 아니다.

neighbor 이웃

nest-warming party 둥지[집]들이

Now get lost! 이제 꺼져! (cf. get lost 길을 잃다)

officially 공식적으로

outta ~의 밖으로 (out of를 구어체 형식으로 표기한 것)

party pooper (파티, 모임 등의) 흥을 깨는 사람 (cf. poop 똥을 싸다)

snout 코, 주둥이

stinky 악취가 나는

swamp 늪, 습지

This will do. 이거면 돼. 이거면 될 거야.

weird 이상한, 기묘한

Note

BOOK 025

어휘력 ●●○○○   문해력 ●●○   사고력 ●●○

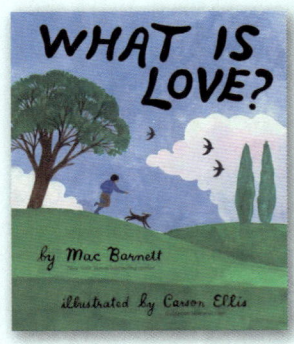

What Is Love?
by Mac Barnett, Carson Ellis (Illustrator)

여러분에게 사랑은 무엇인가요? 사랑하는 남편이나 아내, 혹은 아이가 물어보면 뭐라고 말해주실 건가요? 사랑이란 것만큼 익숙하면서도 정의하기가 힘든 것이 또 있을까요? 오늘 우리가 함께 읽을 늘백의 그림책은 사랑의 의미에 대해 깊이 생각하게 해줄 작품 《What Is Love?》입니다.

소년이 묻습니다. "할머니, 사랑이 뭐예요?" 할머니가 대답하지요. 그 답은 자신도 알 수 없으니 세상에 나가 직접 한번 찾아보라고. 소년은 세상의 곳곳을 다니며 사랑이 무엇인지 물어봅니다. 그런데 만나는 이마다 모두 답변이 다르네요. 어떤 이는 물고기, 어떤 이는 박수갈채, 또 어떤 이는 밤이라고 합니다. 어떤 이는 집, 어떤 이는 씨앗, 또 어떤 이는 칼이나 말이라고 하지요. 소년은 그런 것들을 어떻게 사랑이라고 할 수 있는지 의아하게만 느껴졌습니다. 그래도 포기하지 않고 계속 길을 가던 소년은 마침내 언뜻 보기에도 비범한 시인을 만납니다. 시인은 소년에게 만족스러운 답을 줄 수 있을까요? 소년의 탐구 여정은 언제까지 계속되어야 할까요?

리딩 가이드

✦ 사랑의 본질에 대한 진지한 탐구가 담겨 있는 작품입니다. 추상적인 언어와 철학적인 설명 대신 구체적이며 친근하게 느껴지는 이야기를 통해 아이들도 쉽게 이해하고 공감할 수 있도록 돕습니다.

✦ 사랑이 무엇인지 알고 그 사랑을 찾는 일은 나를 발견하고 더 깊이 알아가는 과정임을 알게 됩니다.

✦ 사랑에 대한 정의는 사람마다 다르고, 또 자신과 자신의 삶을 어떻게 바라보느냐에 따라 달라질 수밖에 없다고 말합니다. 중요한 것은 내가 사랑하는 사람, 내게 소중한 것이 무엇인지 깨닫고 사랑하는 일에서만큼은 후회 없는 삶을 사는 것이겠지요.

✦ 이야기의 시작 부분에서 할머니가 손자를 안아주는 모습과 마지막 부분에서 손자가 할머니를 안아주는 모습이 서로 대칭을 이루듯 호응하며 독자들에게 사랑이 가지는 의미와 가치를 가슴으로 느끼게 해줍니다.

✦ "What is love?"가 계속 반복되고 있습니다. 이 문장을 아이에게 말하게 하고 등장인물들의 답변을 들려주는 방식으로 읽어보세요. 책 읽는 재미를 돋워줄 것입니다.

> 당신과 나누고 싶은 이야기

조은영

 '사랑'이라는 말을 처음 썼을 때가 언제였을까요? 뜨겁게 연애하던 때였던 것 같습니다. 어느 겨울, 귤이 먹고 싶다던 그의 말에 망설임 없이 한달음에 달려 나갔던 그날의 행동이 사랑이었습니다. 손주 보러 오신 부모님 곁에 앉아 말없이 껍질을 까서 내어드렸던 귤. 드셔보시라는 말은 하지 않았지만 그것 역시 사랑이었습니다. 지금은 아이가 먹다 남긴 귤까지 먹을 수 있는 것, 그것이 사랑이 아닐까 싶습니다. 모두 다르게 생겼지만 같은 말, 그것은 '사랑'입니다.

 이미 사랑을 안다고 생각했지만 이 책을 처음 접했을 때 소년처럼 어리둥절했습니다. 사랑이 물고기, 박수갈채, 밤, 집이라고? 저마다 가치에 따라 사랑의 크기도 모양도 다릅니다. 하지만 여러 번 읽다 보면 기억 저 끝에서부터 선명해져 오는 사랑의 형태를 느낄 수 있습니다.

 집으로 돌아온 소년은 성장했습니다. 불빛, 밥 짓는 냄새, 강아지 짖는 소리, 집 앞뜰의 꽃 그리고 할머니를 보고 확신합니다. 긴 여정이었지만 결국 가까운 곳에서 찾게 됩니다. 하지만 떠나지 않았다면 영원히 몰랐을 수도 있죠.

 사랑이 뭐냐고 묻던 어린 손자를 꼭 안아 올리던 할머니, 그리고 성장해 돌아온 손자가 안아주던 할머니는 하얘진 머리가 무색할 만큼 같습니다. 손자의 부재와는 상관없이 할머니의 한결같은 정성으로 정원에 피어 있던 꽃, 성대한 환영 없이 담담하게 맞던 할머니의 모습, 그것도 사랑입니다. 시간이 많이 흘렀지만 답을 찾아올 거라는 믿음까지도 사랑임을 알 수 있습니다. 당신은 늙어가지만 손자의 성장을 위해서라면 시간 따위는 상관없었을 할머니의 사랑 앞에서 제 사랑의 크기가 작게 느껴지기도 합니다. 하지만 시간이 흐름에 따라 할머니의 사랑만큼 깊어질, 우리 모두의 사랑을 응원합니다.

어휘 해설

alter 바꾸다

applause 박수 (갈채)

blade (칼, 도구 등의) 날

bust 부수다

carpenter 목수

creak 삐걱거리다

creepy 오싹하게 하는, <u>으스스한</u>

crowd 사람들, 군중, 무리

curl (동그랗게) 감다

exist 존재하다, 실재하다

footlight 각광(脚光); 무대 (보통 'the footlights'로 쓰임)

glimmer (희미하게) 깜박이다, 빛나다

grizzly bear (북미와 러시아 일부 지역에 사는) 회색곰

hoot 폭소; 비웃음, 콧방귀

out of reach 손이 닿지 않는 곳에, 힘이 미치지 않는 곳에

pick up ~을 들어올리다

plank 널빤지, 판자

slimy (더럽고) 끈적끈적한, 점액질의

splash 철벅[후드득] 떨어지다

thumb 엄지손가락

wobble (불안정하게) 흔들리다, 떨리다

Note

BOOK 026

어휘력 ●●○○○ 문해력 ●●○○ 사고력 ●●●○

The Colour Monster
by Anna Llenas

빨주노초파남보, 검정, 하양, 분홍, 갈색, 이 많은 색깔 가운데 여러분은 어떤 색깔을 가장 좋아하십니까? 각 색깔에 대한 느낌은 어떻게 다른가요? 오늘 우리가 함께 읽을 늘백의 그림책은 우리의 감정과 색깔에 대한 흥미롭고도 아름다운 이야기, Anna Llenas의 《The Colour Monster》입니다.

    제 친구 컬러 몬스터를 소개합니다. 이유는 잘 모르지만 그는 오늘 온통 뒤죽박죽이라서 매우 혼란스럽습니다. 그래서 제가 좀 도와주려고요. 어쩔 생각이냐고요? 뒤섞여 있는 감정들을 모두 분리해내어 서로 다른 모양의 병 속에 담아보려고요. 그렇게 하면 하나씩 제대로 관찰할 수 있을 테니까요. 먼저, 행복(happiness)은 노랑입니다. 태양처럼 빛나고 별처럼 반짝이지요. 기분 좋게 웃고 즐기며 모두와 함께 나누고 싶은 감정입니다. 행복과 달리 슬픔(sadness)은 비가 내리는 날의 파랑입니다. 울고 싶고 고독하여 누군가의 따뜻한 손 잡아줌이 절실한 감정이지요. 한편 분노(anger)는 활활 타오르는 빨강, 두려움(fear)은 어두운 밤 같은 검정, 평온함(calm)은 차분하고 편안함이 느껴지는 초록입니다. 이와 같이 각 감정은 자신만의 고유한 색깔이 있지요. 그런데 제 친구 컬러 몬스터가 지금은 핑크색이네요. 그는 이제 어떤 기분, 어떤 감정일까요?

리딩 가이드

✦ 복잡하고 혼란스럽게 느껴질 수 있는 감정을 감각적인 색깔을 통해 직관적으로 느끼고 이해할 수 있도록 도와주는 책입니다.

✦ 행복한 삶을 위해서는 감정을 이해하고 표현하는 것이 중요하며 감정을 건강하게 다룰 수 있어야 한다고 말해줍니다.

✦ 여러 다양한 감정을 느끼는 것은 자연스러운 일이며, 각 감정은 저마다의 목적과 역할이 있다고 알려줍니다. 마음에서 일어나는 다양한 감정을 평가하거나 판단하려 하지 말고 있는 그대로 받아들이고 인정하라고 가르쳐줍니다.

✦ 감정을 건강하게 다루는 지혜로써 의사소통의 중요성을 강조하고 있습니다. 자신의 감정을 표현하고 다른 사람들로부터 공감과 지지를 받는 일은 정서적인 안정과 행복을 위해 매우 중요합니다.

✦ 색깔에 대한 느낌은 사람마다 다를 수 있음에 유의하세요. 책에서 제시하는 감정과 색깔의 매칭에 지나치게 얽매이는 것은 바람직하지 않습니다. 그동안 들어왔던 이야기, 일반적인 생각은 잠시 내려놓고 각 색깔에서 느껴지는 감정을 서로 자유롭게 표현하고 함께 대화해보시기 바랍니다.

> 당신과 나누고 싶은 이야기

문상미

　어두운 그림자가 가득한 숲속을 헤매는 것 같은 시간이 있었습니다. 코로나가 극심하던 겨울, 하루 종일 집에 갇혀 아이들을 돌보며 마음이 지칠 대로 지쳐 있었고, 그 화살은 남편에게로 향했습니다. 서로의 잘잘못을 날카롭게 따지며 감정의 골이 깊어지던 어느 날, 남편과의 다툼 끝에 저는 가방을 챙겨 들었습니다. 집안에 흐르는 냉랭한 기운에 잠깐이라도 나가 있지 않으면 못 견딜 것 같았습니다. 아이들이 먹다 만 밥과 어질러진 장난감으로 엉망인 집을 뒤로 하고 현관으로 향했습니다. 그 순간, 첫째 아이의 떨리는 목소리가 들립니다. "엄마, 가지 마요. 밖은 추워요."

　그때 아이는 고작, 다섯 살이었습니다. 다섯 살 아이의 간절한 목소리에 저는 차 안에서 운전대를 붙잡고 펑펑 울었습니다. 마음을 가다듬고 다시 집으로 돌아왔을 때 남편은 조심스럽게 사과를 건넸습니다. 둘 다 너무 지쳐 있었음을, 그래서 서로에게 가시를 세운 것임을. 서로를 휘감았던 붉은색 감정이 사그라지고 나니 조금은 알 것 같았습니다.

　잠자리에 들 무렵, 아이가 평소에 좋아하는 그림책을 가져옵니다. 한 장 한 장 넘기다가 파란 빗방울이 내리는 장면에 시선이 멈춥니다. "엄마 아까 슬펐지요? 엄마 마음이 파란색이었지요?" 아이는 어떻게 감정을 차곡차곡 병에 담을 줄 아는 걸까요? 육아를 하면서 아이와 함께 성장하는 사람이 엄마라지만, 때로는 아이들의 마음이 저보다 훨씬 커다랗게 자라고 있음을 깨닫게 됩니다. 그날 밤 저는 바람에 살랑살랑 흔들리는 나뭇잎 같은 아이의 평온한 말에 기대어 잠들었습니다.

　시간이 흘러 아이가 크면 엄마와 말하고 싶지 않다며 현관문을 쾅 닫고 나가는 날이 오겠지요? 아이와 나의 감정이 여러 색을 오가며 휘몰아칠 때, 다시 이 책을 아이에게 건네고 싶습니다. 그때는 아이가 제게 기댈 수 있게, 제 마음이 조금 더 자라있었으면 좋겠습니다.

어휘 해설

blaze 활활 타다
calm 침착한, 차분한
closely 자세히
confused 혼란스러워하는
feel at peace 마음이 편안하다, 평온함을 느끼다
jar (잼, 꿀 등을 담아 두는) 병

mixed up 머리가 혼란한, 정서가 불안한
scared 무서워하는, 겁먹은
scaredy-cat 겁쟁이
stir (저어 가며) 섞다
stomp 쿵쿵거리며 걷다

Note

BOOK 027

어휘력 ●●○○○　문해력 ●●○　사고력 ●●○

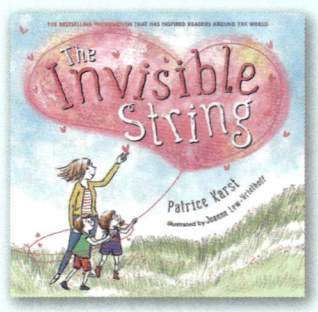

The Invisible String
by Patrice Karst,
Joanne Lew-Vriethoff (Illustrator)

사랑하는 사람과는 언제나 함께 있기를 원하지만 그럴 수만은 없다는 것을 우리는 잘 압니다. 하지만 서로 멀리 떨어져 있어도 진정한 사랑은 변하거나 줄어들지 않지요. 오히려 더 크고 더 분명하게 느낄 수 있습니다. 이러한 사실을 어린아이들에게 어떻게 설명해 주면 좋을까요? 오늘 우리가 함께 읽을 늘백의 그림책은 보이지 않는 사랑을 우리 아이들이 더욱 분명하게 느낄 수 있도록 해줄 이야기 《The Invisible String》입니다.

어느 날 밤 갑자기 내리는 세찬 비와 천둥소리에 놀라 잠에서 깨어난 쌍둥이 남매 Liza와 Jeremy는 엄마에게 달려갑니다. 다시 잠자리로 돌아가기를 원치 않는 아이들에게 엄마가 말하지요. "엄마는 너희와 늘 함께 있단다. 그 어떤 경우에도 말이야." 아이들은 이해할 수 없었습니다. 서로 다른 곳에 있는데 어떻게 함께 있을 수 있는지를 말이지요. 그러자 엄마는 아이들에게 자신이 어렸을 때 자신의 엄마가 말씀해 주셨던 '보이지 않는 끈'에 대한 이야기를 들려줍니다. "사랑하는 사람들 사이에는 아주 특별한 끈이 있어 언제나 서로를 연결해준단다. 가까운 곳에 있을 때는 물론이고 아주 먼 곳에 있을 때에도, 심지어는 하늘나라에 가 있는 경우에도 얼마든지 서로에게 닿을 수 있지. 또한 화가 났을 때에도, 서로 갈등을 빚을 때에도 그 끈은 결코 끊어지거나 사라지지 않는단다."

엄마의 설명대로라면 그 끈은 사랑하는 사람과 함께 있지 못해 느끼는 불안과 두려움, 슬픔과 외로움, 괴로움과 번민까지도 모두 이겨낼 수 있도록 해줄 것만 같습니다. 그런데 과연 그와 같은 끈이 정말 존재하는 것일까요? 얼마나 멀리까지, 또 얼마나 오랫동안 우리를 연결해줄 수 있는 것일까요? 보이지도 않고 만질 수도 없는데 그 존재는 어떻게 느끼고 어떻게 확인할 수 있을까요?

리딩 가이드

- ✦ 사랑하는 사람들은 누구나 서로 보이지 않는 끈으로 연결되어 있어 언제 어디서건 서로의 존재와 마음을 느낄 수 있다는 것을 깨닫게 해주는 작품입니다.
- ✦ '보이지 않는 끈'은 사랑하는 사람들을 서로 이어주는 사랑의 끈으로서 볼 수는 없지만 언제나 존재하는 정서적이며 심리적인 연결을 가리킵니다. 책을 읽기 전에 '보이지 않는 끈'에 대해 생각해보고 이야기 나누어 보세요.
- ✦ '보이지 않는 끈'이란 추상적인 개념을 실제 삶 속에서 구체적으로 느낄 수 있도록 노력해보세요. 소중한 사람들을 떠올리며 그들과의 관계 및 공유된 경험을 생각해보면 도움이 됩니다.
- ✦ 세상에 나 혼자인 것 같은 외로운 순간을 경험할 수 있지만, 그런 때에도 우리는 결코 혼자가 아님을 알게 됩니다. 눈에는 보이지 않아도 마음으로 그 존재를 느낄 수 있는 끈이 서로를 이어주고 그 끈에 연결되어 있는 사람들이 나를 항상 지지해주고 있기 때문이지요.
- ✦ 감정이 삽화를 통해 형상화되어 있습니다. 예를 들어, 다양한 크기와 색상으로 등장하는 하트 모양은 사랑의 시각적인 표현으로서 책의 주제를 강조해줍니다. 삽화를 자세히 살펴보며 감정이 어떻게 표현되고 있는지, 그것이 어떻게 이야기를 풍부하게 만드는지 함께 이야기 나누어보세요.

> 당신과 나누고 싶은 이야기

김수미

　퇴근길에 회사 앞에서 길고양이에게 먹이를 주고 있는 사람을 봤습니다. 어쩐지 그 고양이는 저를 볼 때마다 도망치지 않고 가만히 저를 쳐다보거나 쫓아오더니 사람의 손길을 아는 고양이였습니다. 집 근처에 와서 또 다른 길고양이 한 마리를 봤습니다. 이 고양이는 저와 눈이 마주치자마자 조용히 담 너머로 사라져 버렸습니다.

　문득 '두 고양이의 차이는 어디에서 오는가'에 대한 생각이 들었습니다. 사람에게 사랑을 받아본 고양이는 사람과의 'The Invisible String(보이지 않는 끈)'이 생겨 사람을 무서워하지 않지만, 사랑을 받지 못한 고양이는 사람을 두려워하고 도망치는 모습을 보이는 게 아닐까요? 이렇게 생각하다 보니 사람도 사랑을 받아보지 못한 경우 누군가를 만나는 것을 경계하고 외로움과 고독 속에 살 수 있겠다는 생각이 들었습니다. 이 세상에 나 혼자만 있는 것처럼 느끼며 사는 것이죠.

　사랑은 누구나 느낄 수 있는 보편적 감정이지만, 모든 사람들에게 공평하게 주어지는 것은 아닌 것 같습니다. 사랑을 주고받기 위해서는 사랑이 뻗어나갈 수 있는 연결고리, 즉 누군가와의 관계가 필요합니다.

　그간 당연한 듯 받았던 사랑이 얼마나 감사한 일이었는지 깨닫습니다. 그동안 저를 사랑해준 사람들에게 저를 혼자 두지 않고, 저와의 관계를 유지해 주고, 조건 없이 사랑해줘서 고맙다는 마음을 전하고 싶습니다. 그리고 이제 제가 받은 사랑을 적극적으로 나눠주고 싶습니다. 저와 연결된 사람들에게 사랑을 전하고 싶습니다. 이렇게 시작된 보이지 않는 끈이 끝없이 이어져 세상에 외로움을 느끼는 사람이 없기를 바랍니다.

어휘 해설

agree 동의하다
captain 선장, 함장
chase 몰아넣다
invisible 눈에 보이지 않는, 감추어진
no matter what 무슨 일이 있어도
rub 문지르다, 비비다

rumble (천둥, 지진 등이) 우르르[우르릉] 울리다
string 끈, 줄
submarine 잠수함
tug (세게) 끌어당기다
within ~이내에

Note

BOOK 028

어휘력 ●●○○○　문해력 ●●○　사고력 ●○○

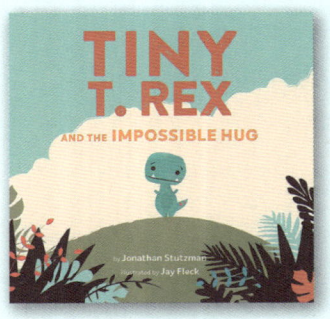

Tiny T. Rex and the Impossible Hug
by Jonathan Stutzman,
Jay Fleck (Illustrator)

아이가 불가능해 보이는 일을 꿈꾸고 그것을 어떻게든 해내고 싶어 한다면 정말 기특하겠지요? 그런데 그런 아이는 어떻게 도와주면 좋을까요? 오늘 우리가 함께 읽을 늘백의 그림책은 한 작은 공룡의 엄청나게 큰 도전 이야기 《Tiny T. Rex and the Impossible Hug》입니다.

　Pointy(뾰족이)는 꼬마 공룡 Tiny의 가장 친한 친구입니다. 그런데 오늘은 무슨 까닭인지 Pointy가 무척 슬퍼 보이네요. Tiny는 그런 Pointy가 안쓰러워 꼭 안아주고 싶었지만 그럴 수가 없었습니다. 누군가를 안아주기에는 두 팔이 너무 짧았거든요. 그래도 어떻게든 안아주고 싶어 방법을 찾아 나섭니다. 먼저 아빠에게 물어보니 그런 문제는 수학적으로 풀어야 한다고 하시네요. 숙모는 균형을 잘 잡는 것이 중요하다고 하시고, 엄마는 Tiny가 몸은 작아도 마음은 아주 크다고 격려해주셨지요. 하지만 어느 것도 Tiny에게 실제 도움은 되지 못했습니다. 그런데 형과 누나에게 물어보니 불가능한 것을 해내려면 계획을 세워 연습에 연습을 거듭해야 한다고 하네요. 형과 누나의 조언을 들은 Tiny는 희망이 생겼습니다. 그래서 계획을 세우고 전략을 짜서 훈련을 시작했지요. 그리고 누구를 만나든 안아주는 연습을 열심히 했습니다. 머지않아 친구를 안아줄 수 있을 거라는 기대를 가지고서 말이지요. Tiny는 과연 자신이 바라는 것을 이룰 수 있게 될까요?

> **리딩 가이드**

- ✦ 아이들의 정서에 부드럽게 어필하는 흥미로운 이야기를 통해 우정이 지닌 힘, 상대에 대한 친절과 배려, 불굴의 의지와 노력의 중요성을 자연스레 배우고 깨닫도록 돕는 작품입니다.
- ✦ 이야기의 재미와 감동, 유머와 위트, 교훈과 메시지까지 아이와 함께 읽을 그림책에 대해 기대할 수 있는 사실상의 모든 것을 갖추고 있습니다.
- ✦ 아빠, 엄마, 숙모, 누나와 형이 알려주는 해결책은 각각 무엇인지 살펴보고 그것의 장단점과 현실성에 대해 함께 이야기 나누어보세요.
- ✦ 친구 Pointy를 안아주고 싶은 공룡 Tiny는 해법을 찾기 위해 과감하게 모험적인 여정을 떠납니다. 어떤 어려움에 부딪혀도 포기하지 않습니다. 이를 통해 도전에 직면했을 때 필요한 결단력과 긍정적인 태도, 인내의 중요성을 가르쳐줍니다.
- ✦ 문제의 해결을 위해 노력하는 과정에서 Tiny가 보여주는 창의성에 주목하세요. 그는 불가능해 보이는 도전을 위해 다양한 방법을 탐험하고 시도합니다.
- ✦ 아이가 지닌 목표와 현실 사이의 갭이 너무도 클 때 부모로서 무엇을 어떻게 해주어야 할지 고민하게 됩니다. 어떤 선택이 아이의 행복을 위해 가장 현명한 것일까요?

> 당신과 나누고 싶은 이야기

정소라

    2008년 인문계 고등학교 3학년 담임교사를 맡았을 때입니다. 수시 상담으로 한창 바빴었지요. "연서(가명)가 대학에 간다고? 가능할까?" 많은 사람이 이렇게 말했습니다. 하지만 그때 저는 '아니, 연서는 대학생이 될 수 있을 거야'라고 생각했습니다. 대학 합격 여부에 대한 논란의 중심이 된 연서는 다운증후군으로 일반학급에 편성된 특수학생이었습니다.

    특수학생인 연서를 포기하지 않고 수시 입학 상담을 했던 이유는 연서의 성실함과 어머니의 열정 때문이었습니다. 연서는 장애가 있다고 해서 지각하거나 결석하지 않았습니다. 자신이 할 수 있는 것을 늘 열심히 하면서 학교생활을 했습니다. 연서만큼 어머니의 태도는 진로 지도를 하는 담임교사로서의 소임을 다하게 했습니다. 책에서 꼬마 공룡 Tiny의 가족들은 짧은 팔을 가진 Tiny에게 포옹을 못 해도 괜찮다고 위로의 말을 하거나, 포옹 외에 다른 대안을 제시합니다. 그러나 연서 어머니는 달랐습니다. 대학 정보를 수집하며 면접 비중이 높은 특수학생을 위한 전형에 응시해보자고 했을 때, A4 용지 빼곡히 자필로 특별 전형이 있는 대학 리스트를 적어 오셨습니다.

    연서도 저와 함께 자기소개와 지원 동기 등을 포함한 예상 질문에 대한 답을 적고 외우며 모의 면접을 준비했던 기억이 아직도 선명합니다. 이듬해 연서는 4년제 대학 사회복지학과 학생이 되었습니다. 뭉툭하고 자그마한 손에 붉은색 매니큐어를 바르고 예쁜 옷을 입고 학교에 왔습니다. 자신의 꿈을 이루기 위해 '불가능해 보였던 포옹'을 하려고 노력했던 연서에게서 당당함이 느껴졌습니다.

    제 아이가 혹은 가르치는 학생이 불가능해 보이는 꿈에 도전할 때 현실을 직시하라고 조언하기 전에 그 꿈을 위해 최선을 다할 수 있도록 용기를 주고 싶습니다. 저는 제 아이의 엄마이며, 학생들의 선생님으로 최고의 격려자이자 지지자이기 때문입니다.

어휘 해설

advice 조언
bonk 퉁, 펑 (부드러운 것이 부딪치는 소리)
disgusting 역겨운, 구역질 나는
do one's (very) best 최선을 다하다
instead of ~대신에
let go (잡고 있던 것을) 놓다
plunk 쿵 하고 떨어지는 소리

pointy 끝이 뾰족한 (=pointed)
squeeze 짜내다, 짜다
strategy 계획, 전략
T. rex 티라노사우루스 (=Tyrannosaurus rex)
tiny 아주 작은[적은]
whiff (잠깐 동안) 훅 풍기는 냄새

Note

BOOK 029

어휘력 ●●○○○ 문해력 ●●○○ 사고력 ●●○○

Grumpy Monkey
by Suzanne Lang,
Max Lang (Illustrator)

가끔씩은 특별한 이유 없이 우울하거나 기분이 좋지 않을 때가 있으시지요? 주위 사람들에게 괜히 짜증을 내기도 하고 또 그것 때문에 스스로를 자책하기도 하고요. 오늘 우리가 함께 읽을 늘백의 그림책은 우리의 내면에 왠지 모를 부정적인 감정이 차오를 때 그것을 어떻게 처리해야 하는지 고민하게 해줄 작품 《Grumpy Monkey》입니다.

어느 멋진 날 아침잠에서 깨어난 원숭이 Jim은 무엇 하나 마음에 드는 것이 없었습니다. 태양은 너무나 밝고 하늘은 지나치게 푸르며 바나나도 심히 달게만 느껴졌지요. 마음이 온통 어수선하고 언짢은 기분이었습니다. "이렇게 좋은 날 왜 그렇게 기분이 좋지 않냐?"고 묻는 친구들에게 아니라고 부정하며 애써 미소도 지어보고 기분 좋은 척도 해봅니다. 하지만 마음은 전혀 즐겁지 않네요. 친구들은 안타까운 마음에 기분이 좋아지는 저마다의 방법을 알려줍니다. 하지만 Jim은 어느 것도 내키지 않았습니다. Jim은 왜 그렇게 기분이 좋지 않은 것일까요? 그런 경우엔 대체 무엇을 어찌해야 할까요? 모든 것은 결국 마음의 문제이니 부정적인 생각은 모두 떨쳐버리고 행복해지려고 노력하는 것이 최선의 방법일까요?

리딩 가이드

✦ 어느 날 아침 뚜렷한 이유 없이 언짢은 기분으로 잠에서 깬 Jim Panzee 라는 원숭이가 자신의 부정적인 감정에 대처하는 지혜와 요령을 배워가는 과정을 담은 이야기입니다.

✦ 사람은 누구나 다양한 감정을 느끼기 마련입니다. 때로 짜증이나 화가 나는 것도 매우 자연스럽고 정상적인 일입니다. 따라서 자신의 감정을 억누르거나 숨기려 하지 말고 인식하여 인정하고 받아들이라고 조언합니다.

✦ 자신의 감정을 수용하고 표현하는 법을 배우면서 Jim은 정서적으로 더 성장하게 됩니다. 이러한 변화는 독자들에게 문제의 해결과 개인의 성장을 위한 긍정적인 사례가 될 수 있습니다.

✦ 이야기 속의 등장인물들은 언짢은 기분을 다루는 각자의 방법을 가지고 있습니다. 이것은 사람마다 주어진 감정에 다르게 반응할 수 있다는 것을 의미합니다. 그들은 또 저마다의 방식으로 Jim을 도우려 노력합니다. 이는 어렵고 힘들 때 나를 이해하고 응원해주는 친구의 존재와 우정의 중요성을 나타냅니다.

✦ Jim과 고릴라 Norman은 서로의 생각과 감정을 나누면서 기분이 한결 나아집니다. 이를 통해 문제의 해결과 바람직한 관계 형성에서 대화와 소통이 가지는 힘과 그 중요성을 엿볼 수 있습니다.

✦ 요약하자면, "누구나 그럴 때가 있습니다. 그렇게 느끼는 것은 결코 나쁜 것이 아닙니다. 그러니 애써 부정하거나 억누르려 하지 말고 솔직하게 인정하고 받아들이세요. 그리고 그런 감정이 자연스레 사그라들 때까지 조용히 나만의 시간을 가져보세요." 이렇게 말해주는 책입니다.

당신과 나누고 싶은 이야기

임가은

 Jim은 아침에 일어났는데 무엇 때문인지 기분이 좋지 않습니다. 태양은 눈부시고, 하늘은 지나치게 맑고, 바나나는 무척 답니다. 한마디로 '풍족'한 상태죠. 풍족한 상태면 반드시 행복해야 할까요? 충분하다고 해서 행복할 수 있을까요? 이 그림책은 행복에 대한 기준을 생각하게 합니다. 풍족하지만 어느 날은 우울할 수 있고, 어떤 날은 감사할 수도 있죠. 가진 것에 감사하고 만족해하는 게 중요하지만, 꼭 그것이 우선인 것은 아니란 걸 알려줍니다. 때때로 울적하고 짜증이 날 수도 있습니다. 그럴 때는 나의 감정을 들여다보라고 말합니다. 타인의 기준에 맞추는 것이 아니라 나의 감정에 집중해봅니다. Jim은 친구들이 말하는 온갖 좋은 방법들을 따라해봅니다. 노래 부르기, 목욕하기, 발 구르기 등을 시도해보지만 기분은 좀처럼 나아지지 않습니다. 나에게 맞는 방법이 아니기 때문이죠. 행복이란 실은 나에게 맞는 기준을 찾아가는 과정이 아닌가 싶습니다.

 우리 모두 Jim이 되어본 적이 있습니다. 소중한 이가 해주는 위로의 말도, 어떤 물건을 가져도 기분이 도저히 나아지지 않는 날들이 있지요. 그런 날엔 "I need to be grumpy"라고 말해보는 건 어떨까요? 그저 가만히 앉아서 내 감정을 인정하는 것부터 시작해보세요. 인정하는 것만으로도 한결 마음이 나아지는 걸 느낄 수 있습니다. 세상에 오직 나만이 느끼고 아는 감정이기에 특별합니다. 행복하지 않은 나도, 따뜻하게 토닥이고 안아주는 시간이 필요합니다. 우선 나에게 좋은 사람이 되는 길에 한 발짝 걸음을 내디뎌 봅니다. 나와의 공감이 시작되는 길에서 비로소 타인과의 공감도 만나는 지점을 기다립니다. "It's a wonderful day to be grumpy." 어깨동무를 한 채, 이렇게요.

어휘 해설

agree 동의하다, 찬성하다
beat 치다, 두드리다, 때리다
brow 눈썹 (=eyebrow)
bunch up 함께 모이다
chest 흉곽, 가슴
come upon 우연히 만나다
confused 혼란스러운
discover ~을 발견하다; ~을 깨닫다, 알다
feel like ~ing ~하고 싶다
frown 찡그림, 찌푸림
grumpy 기분이 언짢은
hunch (등을) 구부리다
insist (특히 다른 사람들이 믿지 않는 것을 사실이라고) 주장하다
lemur (마다가스카르산) 여우원숭이

loosen up (몸, 근육, 특정 부위를) 풀어주다
marabou 대머리황새
peacock 공작
porcupine 호저 (몸에 길고 뻣뻣한 가시털이 덮여 있는 동물)
raise 올리다
sigh 한숨 쉬다
slump 털썩 앉다; 푹 쓰러지다
storm off 화가 나서 자리를 박차고 떠나다
stroll 거닐다, 산책하다
suggest 넌지시 말하다; 제안하다
the last thing you need 절대 필요 없는 것
trip over ~에 발이 걸려 넘어지다

Note

어휘력 ●●○○○   문해력 ●●○○   사고력 ●○○

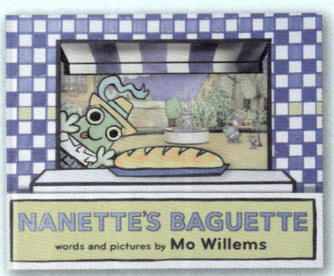

Nanette's Baguette
by Mo Willems

사람은 누구나 실수하고 실패합니다. 모든 것이 아직 미숙한 어린아이들은 더 말할 나위가 없겠지요. 어떻게 하면 우리 아이들이 실수와 실패를 통해 배우고 계속 성장하여 목표하는 바를 성취하도록 도울 수 있을까요? 오늘 우리가 함께 읽을 늘백의 그림책은 아이를 맡은 부모나 교사로서 우리 자신의 모습을 돌아보고 그 역할에 대해 생각해보게 할 이야기, Mo Willems의 《Nanette's Baguette》입니다.

오늘은 꼬마 개구리 Nanette에게 잊지 못할 날입니다. 엄마가 Nanette에게 처음으로 빵집에 가서 바게트를 사 오라고 하셨거든요. 생각만 해도 기분 좋은 맛있는 바게트 빵. Nanette는 즐거운 마음으로 집을 나섭니다. 가는 길에 친구들과 지인들을 만나지만 Nanette는 결코 엄마의 심부름을 잊거나 한눈팔지 않습니다. 정말 착한 아이지요? 드디어 빵집에 도착해 바게트를 건네받은 Nanette는 이제 집으로 향합니다. 그런데 따뜻하고 향긋한 냄새가 폴폴 풍기는 맛있는 바게트의 유혹을 도저히 이길 수가 없었지요. 그래서 한 입 베어먹고 또 한 입 베어먹었는데, 글쎄 그 커다란 바게트가 어느새 모두 사라져버렸지 뭐예요? Nanette는 갑자기 초조해지고 걱정이 되기 시작했습니다. '엄마가 화를 내시면 어쩌지? 나한테 바게트를 사 오라고 하신 걸 후회하실 거야. 저 멀리 티베트로 가버릴까? 티베트는 너무 멀어 비행기를 타고 가야 할 텐데….' 이렇게 온갖 생각이 들어 머릿속이 복잡한데 글쎄 비까지 억수로 내리네요. 그야말로 최악의 상황입니다. Nanette는 무사히 집으로 돌아갈 수 있을까요? 엄마 얼굴을 볼 자신이 없는데 대체 어쩌면 좋을까요?

리딩 가이드

✦ 책 읽기의 재미와 감동을 맛보며 맡겨진 일에 대한 책임감, 유혹과 실수, 용서와 회복에 대해 배우고 깨달을 수 있게 해주는 작품입니다.

✦ 책 전체에 가득한 명랑한 장난기와 흥미진진한 이야기 전개로 지루할 틈이 없습니다. 쉬움과 재미, 감동과 교훈의 네 박자를 모두 갖춘 유쾌하고도 유머러스한 책을 찾는다면 절대 빼놓을 수 없는 작품입니다. '역시 믿고 보는 작가, Mo Willems로구나!' 하는 생각이 절로 드실 겁니다.

✦ 흥겨운 라임이 계속 이어져 소리 내어 읽는 맛이 일품입니다. 아이에게 읽어주고 또 함께 읽다 보면 살아있는 영어 표현들이 절로 입에서 튀어나옵니다. "Are you ready? You bet!"

✦ Nanette의 상황이 낯설지 않은 아이들의 입장에서는 더없이 진지한 문제를 다루고 있어 쉽게 공감하며 많은 생각과 배움, 깨달음을 얻게 합니다.

✦ 아이가 실수하거나 잘못을 범했을 때 부모로서 해야 할 일은 추궁이나 꾸중, 비난이나 비판, 책임 전가가 아니라 마음을 헤아려주고 함께 고민하며 함께 책임지는 것, 따뜻한 사랑을 느끼게 해주는 것, 끝까지 버팀목이 되어주는 것임을 깨닫게 됩니다.

✦ 그렇지 않아도 걱정과 불안 속에 있을 아이에게 자책감은 물론 죄책감까지 느끼게 하고 자존감에 큰 상처를 준 적은 없는지 돌아보게 됩니다.

> **당신과 나누고 싶은 이야기**　　　　　　　　　　　　**문설희**

　7살, 3살 딸과 저 이렇게 셋이 호주 여행을 간 적이 있습니다. 계획했던 여정이 끝날 때쯤 아쉬운 마음에 유명한 공원에 다시 들러 일부러 먼 길로 걸어 다녔습니다. 어린 두 아이에게는 무리였는지 걷는 속도가 늦어져 숙소 가는 막차를 놓쳤습니다. 재빨리 근처 정거장을 검색해 남은 버스라도 타려고 다시 걸었습니다. 첫째는 발이 아파 신발을 벗은 채로 다녔고, 둘째는 유모차에 타고 내리기를 반복하며 다른 정거장에 도착할 무렵, 아쉽게도 눈앞에서 또 버스를 놓쳤습니다. 결국 해 질 녘이 되었고, 우리는 2km 떨어진 시내버스터미널까지 더 걸어야만 했습니다.

　발 아프고 배고픈 채로 밤늦은 시간에야 숙소에 도착했습니다. 그런데 아이들은 한 달 남짓한 여행에서 이날이 가장 기억에 남는다며 신나 했습니다. 몸은 힘들었지만 함께 노래를 부르며 끝까지 걸었고, 바로 앞에서 버스를 놓치는 상황에서도 셋이 웃으며 해지는 하늘의 노을빛을 봤거든요. 무엇보다 일부러 빙 돌아가서 시간을 못 맞춘 엄마의 실수는 신경 쓰지 않는 아이들이었기에 좋은 기억으로 남을 수 있었습니다.

　Nanette가 바게트 없이 빈손으로 돌아오는 모습에, 엄마는 애태웠을 아이의 모습이 그려지는 듯 따뜻하게 안아줍니다. 그리고 아직 끝난 게 아니라는 엄마의 반전 행동으로 더욱 잊지 못할 날이 됩니다. 실수로 생긴 피곤했던 여행의 순간이 가장 기억에 남는 것처럼, 이미 망쳐버렸다고 생각되더라도 유머 한 방울 더할 여유를 챙기고 싶습니다. 아이와 남편이 학교와 직장에서 돌아올 때 좋은 성적이나 실적이 없어도 그 빈손에 담긴 애환과 애씀을 알고 따뜻하게 반겨주려고 합니다. 아직 끝난 게 아니고, 다시 시작할 기회가 있으니까요.

어휘 해설

all set 만반의 준비가 되어

beset 괴롭히다, 시달리다

clarinet 클라리넷

face 마주보다, 직면하다

fret 조바심치다, 조마조마하다

gotta jet 빨리 가봐야 해

kaboom 우르르 쾅 (천둥소리, 폭발음)

kitchenette 작은 부엌, 주방

pet 어루만지다, 쓰다듬다

quartet 4인조; 사중주단, 사중창단

regret 후회하다

reset 다시 (새롭게) 시작하다

responsibility 책임, 맡은 일

set to (의욕적이며 진지한 태도로) 시작[착수]하다

upset 기분이 상한, 화난

You bet! 물론이지!

Note

BOOK 031

어휘력 ●●○○○   문해력 ●●○○   사고력 ●●○

One
by Kathryn Otoshi

'내가 곤란한 입장에 처해 있을 때 누군가가 나서서 내 편이 되어주고 날 위해 목소리를 내주었더라면 상황이 크게 달라질 수도 있었을 텐데!' 하고 생각해본 적이 있으신지요? 그리고 그 누군가가 바로 내가 될 수도 있다는 생각을 해보셨는지요? 오늘 우리가 함께 읽을 늘백의 그림책은 한 개인의 용기 있는 행동이 가져올 수 있는 큰 변화에 대한 이야기, Kathryn Otoshi의 《One》입니다.

Blue는 조용한 친구였습니다. 하늘을 바라보고, 파도 위를 떠다니며, 빗물이 고인 곳에서 첨벙거리며 노는 것을 즐겼지요. 때로는 Yellow, Green, Purple, Orange처럼 되고 싶은 마음도 있었지만 자기가 Blue인 것이 좋았습니다. Red와 함께 있을 때를 제외하면 말이지요. Red는 Blue를 괴롭혔습니다. 못된 말을 하며 Blue로 하여금 자신이 Blue인 것을 싫어하도록 만들었지요. 다른 색깔 친구들은 그런 Blue를 위로하고 친절하게 대했지만 누구도 Blue를 위해 나서주지는 않았습니다. Red가 두려웠고 Red 앞에서는 모두 움츠러들었기 때문이지요. 바로 그때 숫자 One(1)이 등장합니다. 다른 친구들과 달리 화려하지 않은 무채색에 생김새도 직선적이고 각진 모습이었지만 친구들에게 많은 웃음을 선사했지요. 친구들의 웃는 모습에 기분이 상한 Red가 웃지 말라고 외치자 모두 Red의 말에 따릅니다. 하지만 One만은 달랐습니다. 겁을 먹기는커녕 당당하게 맞서 Red에게 "No"라고 잘라 말했거든요. Red가 화를 냈지만 One은 꿈쩍도 하지 않았습니다. 그런 One이 친구들에게 말합니다. 누구든 자기를 함부로 대하면 자신은 가만히 있지 않고 No라고 분명히 말한다고. One은 어쩌면 그렇게 용감할 수 있는 것일까요? One의 용감한 태도와 행동은 과연 어떤 결과를 낳게 될까요?

리딩 가이드

- ✦ 단순히 숫자와 색깔에 대한 이야기가 아닙니다. 괴롭힘과 왕따 문제를 창의적이며 기발한 방식으로 풀어주고 문제의 핵심과 대처 요령을 배우도록 돕습니다.
- ✦ 서로 다른 모습의 수용, 자신에 대한 사랑과 자존감, 함께 연대할 때 가지는 힘, 용서와 뉘우침, 구원과 개인적 성장에 대해 알 수 있습니다.
- ✦ 모든 구성원이 각자 자신만의 개성 있는 모습으로 빛날 수 있음을, 그 순간에 이르기까지 한 사람의 용기 있는 태도와 목소리가 얼마나 중요한 역할을 하는지 잘 보여줍니다.
- ✦ 생김새도 언행도 둥글둥글하지 못하고 무엇보다 No라고 분명히 말하는 당돌함으로 인해 까칠하고 모난 사람으로 폄하되기 쉬운 One 같은 사람, 그런 사람이 우리 사회에서 얼마나 가치 있고 필요한 존재인지를 새삼 깨닫습니다.
- ✦ 중요한 핵심 표현들이 중의성을 띠고 있습니다. 다음과 같은 단어들의 다양한 의미에 유의하세요.
  - **blue** 푸른 vs. 우울한
  - **hot** 더운/뜨거운 vs. 매운 vs. 인기 있는, 훌륭한
  - **count** 세다 vs. 중요하다, 가치가 있다.

> **당신과 나누고 싶은 이야기**　　　　　　　　　　　　　　　　　김수연

　중학교 1학년 때 저는 그림책 속의 파란색이 된 적이 있습니다. '왕따', '따돌림'이라는 단어가 주는 무거움은 중학생인 제가 견디기엔 매우 힘든 일이었습니다. 빨간색과 제대로 화해하지는 않았지만 다양한 색깔을 지닌 다른 친구들을 새로 사귄 덕분에 저는 빨간색이 되지 않고 파란색으로서의 제 모습을 유지할 수 있었습니다.

　시간이 훌쩍 흘러 직장에서 일하는 2018년의 저를 떠올려봅니다. 그때 직장에서 발생한 비리 사건을 처음으로 저 혼자 목격했습니다. 빨간색이 보내는 무언의 압박이 느껴졌고, 빨간색을 제외한 다수는 목소리를 내기엔 겁도 나고 힘도 없었습니다. 하지만 저를 포함한 다수는 다양한 색깔로 이루어진 하나의 One이 되기로 마음먹었습니다. 저희는 거대한 One은 아니더라도 서로에게 서로의 등을 내주고 조심스레 그 등을 밟고 올라가 차곡차곡 쌓인 One이 되었습니다. 마침내 저희는 빨간색을 상대로 비리 사건을 해결하고 정의로운 결과를 쟁취했습니다.

　그림책을 읽는 내내 제가 겪었던 일들이 떠올랐습니다. 하지만 고통스럽기보다 다시 학창 시절과 직장에서의 그 순간으로 돌아가도 똑같은 선택을 했을 거라는 생각이 들면서 담담해졌습니다. 따돌림을 당한 것과 비리 사건을 목격한 것은 제가 저답기 힘든 상황이었습니다. 그러나 그럴수록 저는 더욱 내면의 목소리에 집중하려고 했습니다. 빨간색이 아닌 파란색인 저 자신이 좋았기 때문에 스스로를 속이거나 배신할 수 없었습니다.

　앞으로 새로운 인간관계의 문제를 마주할 때마다 그림책 《One》을 떠올리려고 합니다. 용감한 One까지는 아니더라도 소심한 One도 괜찮지 않을까요? 저만의 우직한 색깔을 지키며 다른 파란색 곁에 따뜻하게 머물러 있겠다는 다짐도 함께 해봅니다.

어휘 해설

agree 동의하다, 찬성하다
arrow 화살표
blow a fuse 분통을 터뜨리다, 화내다
bold 선명한, 굵은
budge 약간 움직이다, 꼼짝하다
call out 큰 소리로 말하다
comfort 위로하다
count 세다, 계산하다; (의미 있는 존재로) 인정되다
dare 감히 ~하다, ~할 엄두를 내다
daring 대담한
Everyone counts! 모두가 중요해!
feel blue 슬프다, 우울하다
feel left out 소외감을 느끼다
get hot 화가 나다
hot 인기 있는, 훌륭한, 멋진 (cf. Red is a great color. Red is hot. 빨강은 멋지고 훌륭해요.)
hot head 성급한 사람, 다혈질

in one's tracks 그 자리에서, 즉각
mean 못된, 심술궂은
outgoing 외향적인, 사교적인
overall 전반적으로, 대체로
pick on 괴롭히다
puddle 물웅덩이
red hot 시뻘겋게 단, (감정이) 격렬한
Red rocked and rolled. 레드는 신나게 흔들고 굴러다녔어요.
regal 제왕 같은, 위풍당당한
roll over 가볍게 물리치다, 해치우다
speak up 크게 분명히 말하다, 소신을 말하다
squared 직각으로 된
stroke (글씨나 그림의) 획
take a stand (단호한) 태도를 취하다, 입장을 분명히 밝히다
turn into ~으로 변하다

Note

BOOK 032

어휘력 ●●○○○   문해력 ●●○   사고력 ●○○

Papa, Please Get the Moon for Me
by Eric Carle

아무리 어렵고 힘든 일이라도 아빠라면 얼마든지 할 수 있을 것이라고 어린아이들은 믿습니다. 그 천진난만한 믿음, 그 순수한 마음을 어떻게 하면 지켜줄 수 있을까요? 오늘 우리가 함께 읽을 늘백의 그림책은 사랑하는 딸을 향한 아빠의 지극한 사랑과 환상적인 모험 이야기가 펼쳐지는 Eric Carle의 《Papa, Please Get the Moon for Me》입니다.

잠자리에 들기 전 창밖으로 하늘에 떠 있는 달을 본 Monica는 달과 함께 놀고 싶은 간절한 마음에 달을 잡으려고 손을 쭉 뻗어봅니다. 하지만 아무리 노력해도 달을 잡거나 만질 수가 없었지요. 그래서 아빠에게 부탁합니다. "아빠, 달을 따 주세요." 그 말을 들은 아빠는 어디선가 아주아주 기다란 사다리를 구해 오더니 높은 산으로 가져가 산꼭대기에 세워 놓습니다. 그러고는 그 사다리를 타고 한참을 올라간 끝에 마침내 달에 도착합니다. 자, 이제는 달을 따서 가지고 내려가기만 하면 되겠지요? 그렇지만 안타깝게도 달이 너무나 커서 도저히 가져갈 수가 없었습니다. Monica의 아빠는 이제 어떻게 해야 할까요? 달을 가지고 집으로 무사히 돌아갈 수 있을까요? 그리고 달을 따서 가져가도 아무 문제가 없는 걸까요?

리딩 가이드

✦ 사랑하는 딸이 원하는 것이라면 무엇이든 들어주고 싶은 아빠의 마음과 불가능도 가능으로 바꾸어버리는 지극한 사랑이 아름답게 그려져 있습니다.

✦ 달을 소재로 한 환상적인 이야기와 달의 변화에 관한 과학적인 요소가 결합된 작품으로서 아동문학의 고전 중 하나로 인정받고 있는 그림책입니다.

✦ 작가 특유의 선명하고 산뜻한 색상과 콜라주 기법, 단순하면서도 가슴을 따뜻하게 해주는 매혹적인 이야기가 아이들의 마음을 사로잡고 상상력을 자극합니다.

✦ 눈이 시원하게 아름다운 그림, 신기한 마법처럼 크게 펼쳐지는 페이지, 생동감 넘치는 단순한 표현들, 달의 차오름과 이지러짐을 교묘하게 이용한 흥미로운 사건 전개가 신비로운 분위기를 연출하고 독자들의 감성을 한껏 자극해 길고 순도 높은 여운을 남깁니다.

✦ 아이들에게 달의 변화 단계를 소개하고 설명하기 위해 자주 사용되는 책입니다. 먼저 이야기의 마법을 충분히 즐긴 후 지구의 공전에 따른 달의 변화를 살펴보고 그것을 바탕으로 한 음력에 대해서도 아이와 함께 이야기 나누어보세요.

당신과 나누고 싶은 이야기   윤민이

'아빠는 나를 사랑하는 걸까?' 어릴 적 종종 했던 생각입니다. 워낙 무뚝뚝하고 표현을 하지 않았던 아빠는 약주를 취하도록 마시고 들어오는 날이면 잠자고 있던 저의 볼에 수염이 나 까칠까칠한 아빠의 볼을 비비며 뽀뽀하곤 했습니다. 그러나 그 모습 말고는 아빠의 사랑을 느낄 수 있던 날이 흔하지 않았습니다. 보통의 아빠와 딸처럼 저도 커가면서 아빠와 조금씩 서먹해졌고, 아빠가 다른 지방에서 일하게 되는 경우가 잦아지면서 아빠를 만나면 어색하게 느껴지기도 했습니다.

아빠의 사랑을 의심하던 철없는 딸의 생각을 바꾸어준 건 바로 남편이었습니다. 줄곧 저에 대한 아버지의 사랑이 얼마나 깊은지 이야기해주었고, 틈만 나면 아버지께 전화해보라고 재촉했습니다. 그때는 남편이 이해되지 않았습니다. 그러다 가랑비에 옷 젖듯이 아빠에게 전화하는 횟수가 점차 늘어나고, 용건만 간단히 전하고 마무리되었던 통화 속 대화가 점점 길어지기 시작하더니, 어느덧 아빠의 시시콜콜한 일상을 듣고 저의 일상을 전하는 통화가 가능해졌습니다. 가끔 휴대폰이 뜨거워질 정도로 통화를 오래 한 날이면 저도 놀라곤 합니다.

남편 덕분에 어릴 적부터 아빠가 얼마나 저를 아끼고 사랑했는지 알게 되었습니다. 그 마음을 모르고 살아왔던 20년이 야속하게 느껴지는 동시에 아빠를 이해하고 낯간지러운 표현도 할 수 있게 된 지금이 얼마나 다행인지 모릅니다. '딸에게 달을 따다 주고 싶었던 Monica의 아빠처럼 나의 아빠도 나를 많이 사랑하는구나'라는 생각에 코끝이 찡해집니다. 그리고 아직 갈 길이 멀지만, 이제는 제가 아빠에게 달을 따다 주고 싶은 마음이 생깁니다. 순간순간 아빠 생각이 스칠 때면 미루지 말고 전화해서 표현해야겠습니다. 언제나 넓은 바다처럼 모든 것을 감싸안아 주고 사랑해 주신 아빠께 이 글을 바칩니다.

어휘 해설

altogether 완전히

disappear 사라지다

indeed (긍정적인 진술이나 대답을 강조하여) 정말, 확실히

ladder 사다리

no matter how much 아무리 ~해도

reach (손이나 팔을) 뻗다, 내밀다

reappear 다시 나타나다

right 맞는, 적절한

sliver (깨지거나 잘라 낸) 조각

stretch (신체나 손발 등을) 펴다, 뻗다; 잡아 늘이다

Note

BOOK 033

어휘력 ●●○○○　문해력 ●●○○　사고력 ●●○

The Cow Who Climbed a Tree
by Gemma Merino

코끼리나 하마가 하늘을 날고 싶어 하고, 사슴이나 토끼가 호랑이와 사자를 두려워하지 않는다면? 이러한 생각은 아무짝에도 쓸모없는 한낱 어리석은 공상에 불과한 것일까요? 오늘 우리가 함께 읽을 늘백의 그림책은 상상하기를 즐기고 모험도 두려워하지 않는 한 특별한 젖소의 이야기 《The Cow Who Climbed a Tree》입니다.

　　Tina는 호기심이 아주 많은 소였습니다. 늘 새로운 발견에 목말라 있었고 머릿속에는 놀라운 생각들로 가득 차 있었지요. 하지만 언니들은 그런 Tina가 못마땅했습니다. 그래서 Tina가 무슨 말을 하든 언제나 "IMPOSSIBLE! RIDICULOUS! NONSENSE!"라고 외치며 차가운 반응을 보였지요. 그러던 어느 날 숲을 탐험하던 Tina는 무언가 새로운 것에 도전하고 싶어 나무에 오르게 됩니다. 위로 위로 계속 올라가 마침내 나무 꼭대기에 도착한 Tina는 자신의 눈을 믿을 수 없었습니다. 그곳에서 책에서나 볼 수 있었던 용을 만났거든요. 더구나 그 용은 아주 다정하고 풀만 먹는 채식주의자였습니다.

　　용과 함께 즐거운 시간을 보낸 Tina는 집에 돌아와 언니들에게 용을 만났다고 말합니다. 하지만 언니들은 전혀 믿지 않았지요. 다음 날 아침 Tina는 '용과 하늘을 날기 위해 떠나요!'라는 메모를 남기고 사라집니다. 언니들은 그런 Tina를 찾으러 숲으로 향했지요. 처음으로 농장을 벗어나 숲으로 들어간 언니들은 자신들의 눈앞에 펼쳐진 새로운 세상이 신기하기만 했습니다. 그리고 곧 전혀 생각지도 못했던 놀라운 광경을 보게 됩니다. 언니들의 눈앞에는 대체 어떤 일이 벌어지고 있었던 것일까요? 언니들은 Tina를 찾아 무사히 집으로 돌아올 수 있을까요?

리딩 가이드

- ◆ 다른 소들과 달리 비범한 일을 믿으며 불가능하다고 여겨지는 일들을 꿈꾸는 소 Tina의 이야기입니다. 상상력과 모험정신, 용기와 도전, 꿈을 향한 끈질긴 노력, 스스로에 대한 믿음의 중요성을 다루고 있습니다.
- ◆ Tina가 터무니없어 보이는 일을 꿈꾸는 것은 상상력과 창의적인 사고의 힘입니다. Tina의 그러한 모습을 통해 상상력을 키우고 전통적인 사고의 경계를 넘어 적극적이며 능동적으로 사고하라고 촉구하고 있습니다.
- ◆ Tina는 탐험을 즐기며 모험을 마다치 않았습니다. 그런 Tina가 독자들에게 외칩니다. 현재의 편안한 상태에 안주하지 말라고, 꿈을 꾸고 그 꿈을 계속 키워 나가라고, 그리고 부정적인 시선이나 평가에 흔들리지 말고 실패를 두려워하지도 말고 과감하게 도전해보라고.
- ◆ 현실적으로 불가능하고(impossible), 터무니없으며(ridiculous), 말도 안 되는 짓(nonsense)이라 여겨지는 많은 것들이 사실은 우리의 편견이나 고정관념일지도 모릅니다. 과학기술과 사고의 혁신, 세상의 변화와 발전은 바로 그런 부정적인 생각을 극복하는 데서 시작되었음을 다시금 깨닫습니다.
- ◆ 아이들이 Tina의 모험에 함께하며 상상의 나래를 활짝 펼칠 수 있도록 도와주세요. 주변의 무시와 비웃음에도 불구하고 자신의 꿈을 좇았던 Tina의 용기와 흔들림 없는 모습을 본받을 수 있도록 격려해주세요.

> **당신과 나누고 싶은 이야기**　　　　　　　　　　　　　　　　**채지연**

　소가 나무를 타고 하늘을 난다고요? "Ridiculous! Impossible! Nonsense!" Tina의 언니들처럼 말도 안 된다고, 불가능하다고 혀를 내두르는 사람이 바로 저였습니다. 분수를 알아야지, 능력도 안 되면서 하던 것도 잘하기 힘든데 가당키나 하냐며 도전하지 못했지요. 내 옷이 아닌 옷을 입었다가 망신이라도 당하면 얼마나 부끄러울까 항상 소심한 마음이 앞섰습니다.

　사실 제 마음속의 이런 내적 갈등은 아무도 몰랐을 겁니다. 겉으로는 그저 가만히 있는 게으름뱅이로 보였을지도 모르겠습니다. 열정도 없고 무기력한 사람으로 보이진 않았을까요? 해보지 않아서 잘하는 줄 모르고, 해보지 않아서 그다음 길이 안 보이는 것은 아니었을지, 될 때까지 노력을 기울여보지 않았던 건 아닌지 이제야 제가 답답하게 느껴집니다.

　세 명의 언니가 모두 아니라고 하는데도 겁 없이 하고 싶은 일에 도전하는 Tina가 부럽습니다. 호기심과 바람, 흔들림 없는 자신감과 긍정 마인드가 무언가를 이뤄낼 것만 같았거든요. 결국 하늘을 날고자 하는 꿈을 이루고 언니들에게 "Yes, why not?"의 순간을 만나게 해주었던 그녀. 그녀의 성공은 간절히 바라고 원했기 때문만은 아니었을 겁니다. 타인의 시선에 나를 가두어 주저하는 것이 아니라 현재의 내 모습보다 이루고자 했던 꿈에 초점을 맞추고 한 발 내디뎠기 때문일 거라 생각합니다.

　Tina처럼 앞장서서 행동하기 어렵다면 나무에 한 발을 올려 본 1번 언니나, 그 언니를 따라가는 2번 언니라도 되어보면 좋겠습니다. 그렇게 첫발을 내딛고 따라가다 보면 어느새 나무 위에 앉아 친절한 용과 친구가 될 수 있지 않을까요? 또 "Why not?" 하며 저도 어느새 하늘을 날고 있을지도 모르지요.

어휘 해설

beyond ~ 저편에[너머]
come across ~을 우연히 발견하다[마주치다]
curious 호기심 많은
discovery (새로운) 발견
exist 존재하다
explore 탐험하다
extraordinary 기이한, 놀라운
fierce 사나운, 험악한
impossible 불가능한
impressed 감명[감동]을 받은
incredible 믿을 수 없는, 믿기 힘든

join (어떤 행위를) ~와 함께 하다
juicy 즙[물기]이 많은
nonsense 터무니없는 생각이나 말, 허튼소리
nowhere to be seen 어디에서도 보이지 않다
one after another 하나씩 차례로
ridiculous 말도 안 되는, 터무니없는
thirst 갈증
unlike ~와는 달리
venture 위험을 무릅쓰고 ~하다, 과감히 ~하다

Note

BOOK 034

어휘력 ●●○○○   문해력 ●●○○   사고력 ●●●○

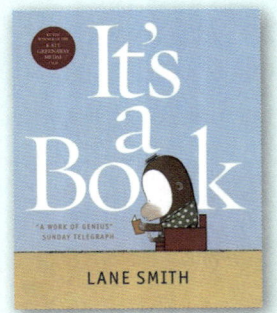

It's a Book
by Lane Smith

지구 밖으로의 우주여행이 현실화되고 유튜브와 수많은 인터넷 사이트에 온갖 정보와 자료, 다채로운 흥밋거리가 넘쳐납니다. 이와 같은 첨단의 디지털 시대에 굳이 책을 읽을 필요가 있을까요? 책을 읽는다 해도 편리한 전자책 단말기(e-book reader)와 태블릿이 있는데 굳이 종이책을 고집할 필요가 있을까요? 오늘 우리가 함께 읽을 늘백의 그림책은 두 등장인물의 우스꽝스러우면서도 선문답 같은 대화를 통해 종이책이 지닌 가치와 중요성을 일깨워 줄 Lane Smith의 《It's a Book》입니다.

한 원숭이가 책을 읽고 있습니다. 지나가던 당나귀가 원숭이에게 묻지요, 손에 들고 있는 것이 무엇이냐고. 원숭이가 대답합니다, 그것은 책이라고. 그 말을 들은 당나귀가 다시 묻습니다. 화면은 어떻게 스크롤 하느냐고, 마우스는 어디에 있느냐고, 문자를 보내거나 트윗을 할 수 있느냐고, 와이파이는 되느냐고. 그때마다 원숭이는 똑같이 대답하지요. 자신이 들고 있는 것은 책이며, 그런 것은 아무것도 되지 않는다고. 당나귀는 왜 자꾸 그런 질문을 하는 것일까요? 당나귀와 원숭이의 묻고 답하기는 그렇게 계속 평행선을 달리게 될까요?

리딩 가이드

✦ 첨단의 디지털 문명 시대에 전통적인 종이책의 가치와 중요성을 설파하는 선언문 같은 책입니다. 기술의 발전에도 불구하고 전통적인 독서 경험은 여전히 큰 가치가 있음을 암시하고 있습니다.

✦ 원숭이와 당나귀의 상반된 시각을 통해 종이에 인쇄된 전통적인 책과 현대의 첨단 디지털 장치 간의 차이를 유머러스하게 묘사하고 있습니다. 동시에 현대 사회가 기술에 지나치게 의존하고 있음을 풍자적으로 보여주고 있습니다.

✦ 시대를 초월하는 아날로그적인 독서의 매력을 깨닫게 해줍니다. 종이책은 비록 디지털의 편리함이나 다양한 쓸모는 없어도 흥미로운 스토리가 있어 우리에게 즐거움을 선사합니다.

✦ 전통적인 책의 단순함이 강조되고 있습니다. 손으로 책장을 넘깁니다. 그 외의 다른 것들은 일체 배제되어 있고 독자들을 산만하게 만들 요소가 전혀 없습니다. 따라서 주의를 빼앗기지 않고 이야기 속에 푹 빠져 읽기를 온전히 즐길 수 있습니다.

> 당신과 나누고 싶은 이야기

조은영

저는 사실 독서를 무척 싫어하는 아이였습니다. 어릴 적 부모님이 큰맘 먹고 사주신 전집으로 성을 만들며 놀다가 등짝 스매싱을 당한 이후로 책이 두려워졌지요. 게다가 가정의 달, 호국보훈의 달, 방학까지 줄줄이 내주는 독후감 숙제에 질려버리고 말았습니다. 책도 읽지 않고 미루고 미루다 독후감 제출 며칠 전에 서문과 결론 몇 문장으로 짜깁기해서 겨우 냈는데 덜컥 우수상을 받으니 겸연쩍더군요. 그러나 그것도 잠시 점점 더 쉽게 해보려는 꾀돌이가 되었습니다. 그러면서 더욱 멀어졌던 독서. 친정에 있는 제 책꽂이에 아직도 가득한 아이돌 음반이 그 사실을 증명하고 있습니다.

그러던 제가 우연히 슬로우 미러클을 만나 영어 그림책에 매력을 느끼게 되었고, 이제는 장르 가리지 않고 책을 사랑하는 어른이 되었습니다. 참신한 작가의 상상력, 울림을 주는 깨달음, 진한 여운 그리고 말로 다 표현할 수 없는 깊은 감동. 일찍이 책과 가까이하지 못한 시간이 아쉽기만 합니다. 그래서 저는 원숭이의 한마디에 많은 의미와 깊은 애정이 담겨 있음을 압니다.

"It's a book!"

하지만 당나귀가 그 말을 이해할 수 없는 처지임도 잘 알고 있습니다. 제 과거 때문이죠. 안타까움도 잠시, 시간이 흐르며 책에 몰입하는 당나귀의 모습이 귀엽고 재미있습니다. '그래, 그 재미 이제 알겠지?' 하며 응원하게 됩니다.

저는 올해부터 그림책을 읽어주고 함께 즐기는 그림책 활동가 일을 시작합니다. 수업과 활동을 준비하며 만난 이 책은 제가 앞으로 만나게 될 당나귀들을 상상하고 기대하게 합니다. 당나귀가 서서히 책을 좋아하는 원숭이가 되어가는 모습이 떠올라 무척 설렙니다. 초심을 잃을 때마다 이 책을 읽어야겠습니다.

어휘 해설

agreement 동의, 합의

blog 블로그를 기록하다

broad (폭이) 넓은

charge (up) 충전시키다

cutlass (과거 선원이나 해적들이 쓰던, 칼날이 약간 휜) 단검

jackass 수탕나귀; 바보, 멍청이 (작품의 처음 부분에서는 '수탕나귀'의 의미로, 뒷부분에서는 '멍청이'란 뜻으로 사용되고 있음)

lad 젊은이, 청년, 소년

letter 글자, 문자

LJS: rrr! K? lol! = LJS (Long John Silver): Arrrrr! OK? laugh out loud!

Long John Silver 루이스 스티븐슨 ((R. L. Stevenson)의 《Treasure Island(보물섬)》에 나오는 외다리 해적)

maniacal 미친 듯한

nod (고개를) 끄덕이다

petrified 극도로 무서워하는, 겁에 질린

play (빛, 미소가 가볍고 빠르게) 스치다, 어른거리다

screen name 인터넷상의 이름

scroll down 아래로 스크롤하다; 스크롤, 화면 이동

text (휴대전화로) 문자를 보내다

tweet 트위터로 메시지를 전달하다; 트위터로 전달한 메시지

unsheathe (칼 등을) 칼집에서 뽑다

Note

BOOK 035

어휘력 ●●○○○   문해력 ●●○   사고력 ●●○

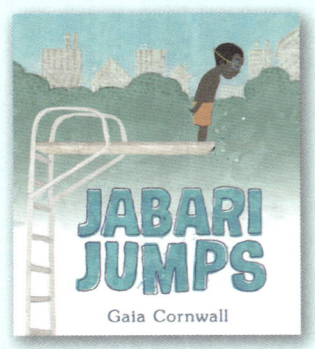

Jabari Jumps
by Gaia Cornwall

사람은 누구나 두려움을 느낍니다. 특히 무언가를 처음으로 시도할 때는 많은 준비가 되어 있어도 두려운 마음이 들기 마련입니다. 자녀들이 새로운 도전을 앞두고 불안과 초조, 공포를 느낄 때 여러분은 어떻게 하시나요? 오늘 우리가 함께 읽을 늘백의 그림책은 어린아이들의 여린 마음에 살며시 다가가 두려움을 이겨내는 것이 무엇인지 깨닫도록 도와줄 Gaia Cornwall의 《Jabari Jumps》입니다.

    Jabari는 수영 강습도 마쳤고 시험도 통과하여 이제 다이빙에 도전할 준비가 되었습니다. Jabari가 아빠한테 말합니다. "난 오늘 다이빙대에서 뛰어내릴 거예요! 난 점프도 아주 잘해요. 전혀 무섭지도 않고요." 하지만 오늘따라 다이빙대가 유난히 높아 보입니다. 그리고 무엇 때문인지 Jabari는 자꾸 뒷사람에게 순서를 양보합니다. 드디어 다이빙대 사다리를 오르기 시작했는데 웬일인지 도중에 다시 내려와 스트레칭을 하네요. 그리고는 아빠에게 "오늘보다는 내일이 더 좋은 날일지도 모르겠어요" 하고 말했지요.

    그런 Jabari에게 아빠가 말씀하십니다. "두려움을 느끼는 것은 아주 자연스러운 거란다. 사실은 아빠도 마찬가지야. 그럴 때 아빠는 심호흡을 하고 준비가 되었다고 아빠 자신에게 말해준단다. 그렇게 하면 신기하게도 두려운 마음이 사라지기 시작하더라. 그리고 무언가 뜻밖의 짜릿하고 재밌는 일이 있을 것 같은 느낌이 들기도 하지." 아빠의 말씀에 힘을 얻은 것일까요? Jabari는 천천히 심호흡을 하더니 다이빙대를 향해 걸어갑니다. Jabari는 과연 두려움을 이겨내고 다이빙에 멋지게 성공할 수 있을까요?

> 리딩 가이드

- ✦ 평범해 보일 수 있는 아이들의 일상을 특별하고도 흥미진진한 모험으로 만들고 있습니다. 아이들의 두려워하는 마음을 부드럽게 어루만져주고 두려움을 이겨낼 수 있도록 도와줍니다.
- ✦ 페이지를 꽉 채우는 그림, 절묘한 구도와 시각, 현장감 넘치는 디테일이 다이빙에 도전하는 소년의 마음과 심리 상태를 생생하게 느끼도록 해줍니다. Jabari의 심리와 행동을 묘사하는 표현과 그림 하나하나가 큰 공감을 불러일으킵니다.
- ✦ 주인공 소년 Jabari의 감정 변화에 유의하세요. 다이빙에 도전하기 전의 기대와 흥분이 이야기가 진행되면서 불안과 두려움, 용기와 자신감의 회복, 성공의 기쁨, 새로운 도전에 대한 기대 등으로 이어지고 있습니다.
- ✦ 어려운 도전에 나선 Jabari와 이를 지켜보는 아빠의 정서적 교감이 Jabari의 자신감 회복과 용기 있는 도전에 매우 긍정적인 영향을 미칩니다. 아이들이 두려움을 극복하는 과정에서 가족들의 격려와 지지가 얼마나 중요한지 잘 보여줍니다.
- ✦ Jabari의 아빠를 보며 아이의 두려움을 대하는 부모의 태도와 지혜를 배웁니다. 아이가 느끼는 두려움을 무시하거나 과소평가하지 않습니다. 용기를 강요하거나 서두르라고 다그치지도 않습니다. 두려움에 대한 솔직한 생각과 지혜를 살짝 건네줍니다. 자신감을 되찾고 용기를 내어 도전할 때까지 기다려줍니다. 두려움의 극복을 위해서는 무엇보다 불안한 마음을 가라앉히고 용기를 끌어모을 시간적 여유와 따뜻한 격려가 필요함을 느낍니다.

> 당신과 나누고 싶은 이야기

서덕순

"엄마, 나 이제 미끄럼틀 탈 수 있어."

유난히도 겁이 많고 두려움이 컸던 큰아이가 미끄럼틀을 혼자 타보겠다고 선언한 게 일곱 살 무렵입니다. 꾹꾹, 자신 있게 계단을 밟아 오르더군요. 마치 다이빙을 배웠다고 자신하는 Jabari처럼요. 드디어 미끄럼틀 시작점에 앉습니다. 아이는 자기 나름대로 긴 호흡을 가다듬습니다.

"아니. 잠깐만요…."

하지만 기다려달라고 외치기를 수십 번. 그 의기양양하던 표정은 사라지고 이내 아이의 온 얼굴에는 어둠이 차오르기 시작합니다. 세상 가장 높은 곳에 앉아 오래오래 서럽게 울고 맙니다. '두려움'이란 단어는 왜 그리도 야속하던지 아이와 저를 무던히 다그치던 그날, 결국 미끄럼틀 타기는 서로에게 실패의 기억으로 남았지요.

그때 제가 Jabari의 아버지처럼 기다려주는 부모였다면 어땠을까요? 아이는 두려움이라는 싸움에서 이기고 스스로 용기를 내어 분명 성취감을 맛보았겠지요. 그 경험치를 바탕으로 더 큰 자신감을 얻었을지도 모르겠습니다. 기다림에 있어서 지독하리만큼 견고하고 변함없는 부모의 인내심은 자식을 키우는 동안 풀어나가야 할 저의 영원한 숙제일 것입니다.

저 높은 곳을 향한 아득한 표정, 힘겨운 발걸음, 그리고 두려움의 끝에서 마지막 용기를 쥐어짜는 Jabari의 뒷모습에서 나의 모습을 발견합니다. 저 역시 매 순간 두려움을 느끼는 '어른아이'였으니까요. 친절한 가르침보다 더 중요한 것은 아마도 따스한 눈빛과 온전한 기다림일 것입니다. 아들을 바라보는 시종일관 따스한 아버지의 눈빛. 그 눈빛이 제 가슴속에 아로새겨지는 이유는, 때론 우리도 아이 같은 어른이기 때문이겠지요. 자식을 키우며 수많은 경쟁 속에서 지치고 흔들릴 때, 수면 아래 간신히 내려놓았던 복잡한 감정들이 다시금 솟구칠 때, 나지막하게 외치고 싶습니다. "조금 두려워해도 괜찮아"라고.

어휘 해설

all the way 완전히, 끝까지
backflip 뒤로 넘는 공중제비
bend (팔다리를) 굽히다
curl (둥그렇게) 감다
dive 다이빙하다
diving board 다이빙 도약대
double backflip 더블 백플립 (뒤로 공중제비를 두 바퀴 도는 것)
edge (가운데에서 가장 먼) 끝, 가장자리
jump off ~에서 뛰어내리다
leap 높이[멀리]뛰기, 도약
one-on-one 1대 1의, 단 두 사람 사이의
rough (표면이) 매끈하지 않은, 거친

scary 무서운, 겁나는
spread (접혀 있던 것을) 펴다
spring 휙 움직이다, (갑자기) 뛰어오르다
squeeze 특히 손가락으로 꼭 쥐다
stretch 팔다리 운동, 스트레칭
surprise 뜻밖의 일
take a deep breath 심호흡을 하다
terrific 빼어난, 대단한
tip 끝
whoosh 쉭 하는 소리 (공기나 물이 빠르게 지나가며 내는 소리)
work up (의욕, 용기 등을) 불러일으키다

Note

BOOK
036

어휘력 ●●○○○　문해력 ●●○○○　사고력 ●●○○○

Leonardo, the Terrible Monster
by Mo Willems

공주는 착하고 아름다워야 하고 왕자는 왠지 잘 생기고 용감해야 할 것 같지 않나요? 요정은 예쁘고 천사 같으며 마녀는 왠지 추한 외모의 사악한 노파이어야 할 것 같고요. 그렇다면 괴물은 당연히 무섭고 흉측한 모습이어야 하겠지요? 그런데 만일 괴물이 괴물답지 않다면 어떨까요? 오늘 우리가 함께 읽을 늘백의 그림책은 한 괴물의 자기 발견과 우정에 관한 이야기 《Leonardo, the Terrible Monster》입니다.

Leonardo는 정말이지 형편없는 괴물입니다. 아무리 애를 써도 사람들을 겁먹게 할 수 없거든요. 그래도 포기하지 않고 누군가를 어떻게든 겁먹게 하려고 연구에 연구를 거듭합니다. 그리하여 아주 소심하고 겁 많은 소년을 하나 찾아내 몰래 다가가 최선을 다해 겁주려 했지요. 그런데 정말 뜻밖에도 그 소년이 막 울기 시작합니다. 마침내 성공한 것이지요. Leonardo는 기분이 너무도 좋았습니다. 그래서 주먹을 불끈 쥐고 기뻐하고 있는데 갑자기 그 소년 왈, 무서워서 우는 게 아니라네요. 듣고 보니 소년이 엉엉 울었던 이유는 전혀 엉뚱한 것이었습니다. 사실 한두 가지가 아니었는데 그중에서도 특히 친구가 없고 배가 아파서 울었다고 하네요. 소년의 하소연을 다 듣고 난 Leonardo는 자신의 마지막 실패에 상처 입거나 좌절하는 대신 전혀 새로운 가능성을 발견합니다. 그리고 자신에게는 물론 소년에게도 매우 큰 변화를 가져올 중대한 결심을 하게 되지요. Leonardo는 대체 무슨 결심을 한 것일까요? 둘에게는 과연 어떤 변화가 기다리고 있을까요?

리딩 가이드

✦ 괴물은 괴물인데 다른 괴물들처럼 무섭게 생기지도 않았고, 또 사람들을 겁먹게 하지도 못하는 한 특이한 괴물의 자기 발견과 수용, 그리고 우정에 관한 이야기입니다.

✦ 괴물로서의 재능이 부족한 주인공이 겁쟁이 중의 겁쟁이(Scaredy-cat)를 찾아 겁주려 하다가 그마저도 실패한 후 무서운 괴물이 되기보다는 누군가의 친구가 되는 것이 더 신나고 더 큰 의미가 있는 일임을 깨닫게 됩니다.

✦ 친구가 된다는 것은 상대를 있는 그대로 인정하고 받아들이는 것이라고 말합니다. 무엇을 얼마나 가지고 있든, 어떤 평가를 받고 있든, 도움이 되든 되지 않든, 또 현재 어떤 처지에 있는지와 무관하게.

✦ 괴물과 두려움에 대해 여러 질문을 던집니다. 괴물을 괴물답게 하는 것은 무엇일까요? 다른 괴물들처럼 무섭지 않아도 여전히 괴물이라고 할 수 있을까요? 무섭다는 것은 무엇일까요? 또 무서운 존재는 어떤 요건을 갖추어야 하는 걸까요?

✦ 괴물로서는 낙제이던 Leonardo가 친구로서는 최고가 될 수 있었습니다. 여러분은 자신의 어떤 부분이 마음에 들지 않나요? 어떤 면에서 부족하다고 생각하나요? 나에게 맞지 않아 불편할 뿐 아니라 노력해도 의미나 기쁨을 찾을 수 없는데 뚜렷한 이유도 없이 그냥 계속 붙들고 있는 것은 혹시 없나요? 무서운 괴물이 되려는 노력은 그만두고 이제 다정한 친구가 되어 보는 것은 어떨까요? 이렇게 묻고 또 권하는 책입니다.

> 당신과 나누고 싶은 이야기

정채린

　무서워 보이지 않아 고민하는 괴물이라니, 본인은 심각하겠지만 무서워지려고 애쓰는 그를 지켜보는 독자는 그 모습이 무섭기는커녕 더 귀엽게 느껴집니다. 그냥 귀여운 모습 자체가 자신의 매력이라고 생각하면 좋을 텐데, Leonardo는 '괴물이라면 반드시 무서워야 한다'는 생각을 갖고 있는 듯합니다. 급기야 그는 비겁한 방법을 써서라도 누군가를 놀라게 해보겠다고 결심합니다.

　생각해 보면 저 또한 Leonardo처럼 스스로 부족해 보일 때가 많습니다. 다들 멋지고 무시무시하며 이가 1,642개나 있는 것 같은데 저만 잘하는 게 없는 것 같고, 열심히 해보려고 하는데 마음과 달리 일만 더 꼬여가는 것 같습니다. 엄마로서, 아내로서, 딸로서 남들은 참 괜찮게 살아가고 있는 것 같은데 저만 늘 모자라 보이지요. 그렇게 스트레스받고 마음이 힘들어질 때면 나보다 더 약한 누군가에게 괜한 화풀이를 하기도 했습니다. 사실은 어쩌면 우리 모두 Leonardo처럼 작고 연약한 존재가 아닐까요? 누구나 약점을 가지고 있으니까요. 그런 약점을 가리려 다른 사람보다 세고 강한 척을 하는데, 그 행동으로 우리가 얻는 것은 무엇일까요?

　스스로를 형편없다고 생각하는 Leonardo와 세상에서 가장 겁쟁이인 Sam이 친구가 되는 장면은 그래서 더욱 감동적이었습니다. Leonardo는 Sam이 "너 때문에 운 거 아니야!"라고 말했을 때 마지막 자존심마저 무너졌을지도 모릅니다. 그럼에도 Leonardo는 울고 있는 Sam에게 다가가 꼬옥 안아주었습니다. '연대(Solidarity)', '곁 내어주기', '친구 되기' 등 어떤 말이라도 좋습니다. 그것에도 저마다의 방식이 있을 겁니다. Leonardo는 Sam을 따뜻하게 안아주었고, 작가 Mo Willems는 이 책을 통해 독자의 다정한 친구가 되어줍니다. 우리는 또 어떤 방식으로 서로에게 위로가 되는 관계를 맺을 수 있을까요? 그 관계의 시작은 무엇에서 출발하는 것일까요?

어휘 해설

action figure (영화나 만화 속에 나오는) 영웅이나 캐릭터 인형

bird poo 새똥

candidate 후보자

cockatoo 앵무새

(every) now and then 때때로, 가끔

give it all he has 최선을 다하다

(just) plain weird (꾸미거나 감춘 것 없이) 단순명료하게 이상한

make a big decision 중요한 결정을 내리다

on purpose 일부러, 고의로 (cf. purpose 목적, 의도)

plain 단순히, 있는 그대로; 명백하게, 분명히

poop 똥을 싸다

reply 대답하다

research 조사하다

scare (tuna salad) out of ~를 기절시킬 만큼 무섭게 하다

scaredy-cat 겁쟁이

slip 미끄러지다

snap (보통 화난 목소리로) 딱딱거리다, 톡 쏘다

sneak up 살금살금[몰래] 다가가다 (sneak-snuck-snuck)

stub one's toe 발가락을 찧다

terrible 형편없는

tummy 배

unsuspecting 의심하지 않는, 이상한 낌새를 못 채는

weird 기괴한

Note

BOOK 037

어휘력 ●●○○○　문해력 ●●●○○　사고력 ●●●○○

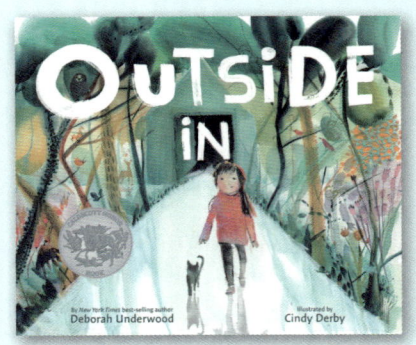

Outside In
by Deborah Underwood,
Cindy Derby (Illustrator)

코로나19 등의 전염병이 전 세계를 위협하고 기후 재앙이 세계 곳곳에서 일상의 현실이 되고 있는 요즘, 자연의 소중함이 더욱 크게 느껴집니다. 자연은 여러분에게 어떤 존재입니까? 하루에 몇 번이나 자연을 느끼며 살고 있나요? 오늘 우리가 함께 읽을 늘백의 그림책은 자연과 인간의 관계에 대해 깊이 생각하도록 도와줄 작품 《Outside In》입니다.

인간과 자연은 본래 하나였고 둘 사이에는 아무것도 없었습니다. 자연은 우리의 일부였고, 우리도 자연의 한 부분이었지요. 그런데 언제부터인가 우리는 밖에 있는 자연과 분리되어 안에서 생활하고 있습니다. 자동차와 집, 수많은 기술 문명의 이기 속에 파묻혀 자연과 유리된 삶을 살고 있지요. 심지어는 도시를 벗어나 산과 들에 나가 있을 때조차 정말 밖에 있는 것인지 의문이 들 때가 있습니다.

하지만 아무리 높게 담을 쌓아도 우리의 삶에서 자연을 완전히 차단할 수는 없습니다. 자연은 어떻게든 우리를 찾아옵니다. 끊임없이 손짓하며 곁으로 다가옵니다. 삶 곳곳에 깊숙이 스며들어 우리와 함께하고 있습니다. 그리웠다고 속삭입니다. 그리고 초대합니다. 자연 속으로 더 깊이 들어오라고.

리딩 가이드

✦ 자연은 처음부터 우리와 함께 있었고 지금도 바로 곁에 있다는 사실을 상기시켜 깨닫게 해주며, 자연과 인간 사이의 연결을 강조하는 책입니다.

✦ 설교하거나 가르치려 하지 않습니다. 다만 따뜻한 위로의 말을 건네며 자연과 다시 하나가 되라고 부드럽게 속삭입니다. 자연은 기다리고 있습니다, 우리가 응답하기를(Outside waits… and we answer).

✦ 작품 속에서 언급되고 있는 해, 비, 씨앗, 곤충과 벌레 같은 상징적 요소에 유의하세요. 이들은 모두 자연의 필수적인 부분을 나타냅니다.

✦ 책에서 묘사하고 있는 일몰(sunset), 그림자(shadows), 새나 곤충의 울음소리(chirps), 바스락거리는 소리(rustles), 빗소리(tap-taps on the roof), 산과 들의 향기 등을 느껴보세요. 이러한 감각적인 경험은 외부 세계와 우리를 연결해주는 역할을 합니다.

✦ 자연에 대한 우리의 책임을 생각하게 합니다. 자연을 보호하고 보존해야 합니다. 지구 환경을 오염시키는 일이 더 이상 없어야 합니다. 에너지와 자원의 소비를 줄이고 재활용하는 친환경적인 삶을 실천해야 합니다. 환경을 보전하면서 지속 가능한 발전을 이루어 건강하고 깨끗한 지구를 후대에 물려주어야 합니다.

> 당신과 나누고 싶은 이야기

박연주

파도처럼 쉴 새 없이 해야 할 일이 밀려드는 하루, 그 와중에 '때'를 만납니다. 언제 그 자리에 있었는지 이름도 몰랐던 나무에서 해사하게 핀 꽃과 눈이 마주칠 때, 실오라기 바람이 스치며 내 머리칼을 넘겨줄 때, 어디선가 들리는 새소리에 하늘을 올려다볼 때, 겨우내 컴컴했던 시간에 길어진 해를 느끼는 때가 바로 그 '때'입니다.

틈 없이 바쁜 일상을 사느라 자연이 보내오는 다채로운 감각을 잊은 채로 있다가도 이런 순간을 통해 내가 살아 있음을, 이 순간이 새로이 느껴짐을 깨닫습니다. 그렇게 잠시 잠깐 멈추어 그때를 누리고 무디어진 감각을 주섬주섬 깨우다 보면 내 안의 긴장과 시름을 자연스레 내려놓게 됩니다. 잠시 잠깐 멈춰 귀를 기울이고 향기를 맡고 소리를 듣고 만져볼 뿐인데, 신기하게도 마법을 부린 듯 삶이 가뿐하게 느껴집니다. 집안일도, 회사 일도 정말 끝도 없이 반복될 때는 한없이 지치기만 했는데 낮과 밤처럼, 사계절의 변화처럼 자연도 나도 때맞추어 순환한다고 생각하니 한결 마음이 편안해집니다. 아무것도 해결된 것은 없지만 해결할 수 있는 새로운 마음과 용기를 얻었달까요? 언제든 우리를 지켜봐주고 반기고 품어주는 자연이 주는 때, 그 순간 받지 않으면 다신 없을 '때'라는 선물을 오늘도 누려봅니다.

어휘 해설

beckon 손짓[고갯짓, 몸짓]으로 부르다
box-elder 네군도단풍나무
chirp 찍찍, 짹짹 (새, 벌레의 울음소리)
cuddle 껴안다
eager to ~을 하길 간절히 바라는
flash 번쩍임, 번쩍이는 빛
kale 케일 (타원형의 두껍고 오글쪼글한 잎을 가진 진녹색 채소)
puffs of cotton (부푼 모양의) 솜 뭉치
remind 상기시키다
rough 거친

rush 힘차게 움직이다
rustle 바스락거리는 소리
seek 찾다
shelter 피난처, 대피소; 쉼터, (학대받는 동물들의) 보호소
start fresh 새롭게 시작하다
steal 살며시 움직이다
sunbaked 햇볕에 구운[말린]
sunset 해넘이, 일몰
tap-tap 똑똑 (두드리는 소리)
weight 무게

Note

BOOK 038

어휘력 ●●○○○   문해력 ●●○   사고력 ●●○

The Black Rabbit
by Philippa Leathers

너무나도 싫거나 무서워 피하고만 싶었던 존재가 뜻밖에도 정말 좋은 친구나 커다란 우군이 되는 놀라운 일, 혹시 경험해본 적이 있으신지요? 오늘 우리가 함께 읽을 늘백의 그림책은 세상의 많은 것들이 눈에 보이는 것과 크게 다를 수도 있음을 보여주는 책, Philippa Leathers의 《The Black Rabbit》입니다.

밝은 햇볕이 따사롭게 내리쪼이는 아주 멋진 날입니다. 굴에서 나온 토끼는 자기 앞에 말없이 서 있는 커다란 검은 토끼를 보고 깜짝 놀랍니다. 무서운 생각에 저리 가라고 소리쳐보지만 검은 토끼는 꿈쩍도 하지 않습니다. 걸음아 날 살려라 달아나봅니다. 하지만 아무리 빨리 달려도 바로 뒤에 쫓아왔지요. 나무 뒤에 숨어 있다가 없어졌을 것이라 기대하며 나와보니 바로 앞에 턱 하니 버티고 있지 뭡니까. 설마 수영을 나만큼 잘하지는 못하겠지 생각하며 강물로 뛰어듭니다. 하지만 강 저편으로 기어오르자마자 검은 토끼가 바로 옆에 있는 것 아니겠습니까? 그래서 이번에는 어두운 숲으로 들어갑니다. 다행히 검은 토끼가 보이질 않아 안심했지요. 아니, 그런데 이게 웬일입니까? 배고픈 늑대가 어둠 속에서 토끼를 노려보고 있네요. 토끼는 이제 어찌해야 할까요?

> 리딩 가이드

- 우리 각자가 가지고 있는 그림자 같은 존재에 대해 생각해보고 스스로를 깊이 들여다볼 기회를 주는 작품입니다.
- 어떻게든 사라지길 바랐던 부정적인 것이 이제는 늘 함께하고 싶은 긍정적인 것으로 180도 달라지는 마법을 토끼의 그림자 이야기를 통해 경험할 수 있습니다.
- 독자들에게는 명확한 검은 토끼의 정체를 토끼는 전혀 모르고 있다는 점에 주목하세요. 매우 단순한 설정이지만 이야기의 긴장감을 높이고 책 읽기의 묘미를 더해주고 있습니다.
- 토끼의 이동 경로를 보여주는 앞뒤 면지의 그림을 놓치지 마세요. 면지의 그림을 살펴보며 전개될 내용을 예측하거나 읽은 내용을 함께 생각해볼 수 있습니다.
- 사람은 누구에게나 없었으면 하는 어두운 그림자가 있습니다. 그 그림자는 우리 자신의 일부이기 때문에 도망치거나 숨는다고, 부정하거나 잊으려 한다고 해서 사라지거나 해결되지 않습니다. (이야기의 결말에서 엿볼 수 있는 것처럼) 일시적으로는 해결된 듯 보여도 언제든지 다시 불거질 수 있습니다.
- 문제의 진정한 해결을 원한다면 먼저 그 본질을 파악하고 주어진 문제를 새로운 눈으로 바라볼 수 있어야 합니다. 어떤 문제이든 그 궁극적인 해법은 우리가 흔히 기대하는 형태의 해결이 아니라 그 문제의 해체에 있음을 다시 한 번 깨닫습니다.

> **당신과 나누고 싶은 이야기**　　　　　　　　　　　　　　　　　　**윤민이**

　나의 단점들이 꼬리표처럼 내 뒤를 졸졸 따라다니는 느낌이 들 때가 있습니다. 때로는 눈에 거슬리는 그 꼬리표를 싹둑 잘라버리고 싶습니다. 하지만 사고를 전환해 보면, 나에게 붙어 있는 그 꼬리표도 결국은 내 모습의 한 부분임을 알 수 있습니다. 내가 마음에 들지 않는 나의 모습을 부정하기만 한다면 결국 나의 자존감은 점점 낮아지게 됩니다. 하지만 나의 단점을 인정하거나 그것을 보완할 필요가 있는 것으로 여기기 시작한다면, 그 꼬리표를 당당하게 드러내고 다녀도 될 만큼 자신감이 차오를지도 모릅니다. 이렇듯 생각의 전환은 우리 삶에서 참 중요합니다. 특히 부정적인 생각들을 긍정적으로 바꾸어 생각하는 힘은 우리가 살아가는 데 꼭 필요한 부분입니다.

　이 책에 그려진 토끼의 여정은 우리의 인생 여정과 비슷합니다. 어린 시절에는 남들과 비교하면서 부족하고 못 하는 부분이 더 큰 것처럼 느껴집니다. 하지만 나이가 들면서 나의 단점을 인정하거나 보완하며, 나의 장단점이 조화를 이루어 '나'라는 정체성을 형성합니다. 어쩌면 많은 그림책에서 주는 '오롯이 나를 사랑하라'라는 메시지가 이 책에도 담겨 있는 것 같습니다.

　오늘은 문득 숨기고 싶은 나의 단점을 낱낱이 살펴보며 나의 진실한 모습을 마주해보고 싶은 용기가 생깁니다. 검은 토끼 덕분이지요. 가볍게 읽고 지나칠 수도 있었지만, 생각을 달리해 보니 나의 삶을 성찰해보는 계기가 되었습니다. 여러분도 저와 함께 '나의 단점'과 마주해보는 용기를 한번 내보시면 어떨까요?

어휘 해설

bank 둑, 제방
bounce off 깡충깡충 뛰어가다
burrow (토끼 등의) 굴
hand in hand 서로 손을 잡고
nibble 조금씩[야금야금] 먹다
relief 안도, 안심
reply 대답하다, 응하다

scramble (힘겹게 손으로 몸을 지탱하며) 재빨리 움직이다
sigh 한숨, 한숨 소리
step out of ~에서 걸어 나오다
straight 곧장, 곧바로
tremble 떨다
trip 발을 헛디디다

Note

The Storm Whale
by Benji Davies

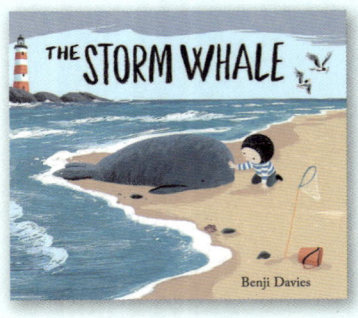

오늘도 정신없이 바쁘고 힘들었던 하루, 혹여 그 와중에 아이들이 외롭게 방치되는 일은 없었겠지요? 오늘 우리가 함께 읽을 늘백의 그림책은 한 외로운 소년의 아주 특별한 우정 이야기, Benji Davies의 《The Storm Whale》입니다.

Noi와 아빠는 바닷가에서 여섯 마리의 고양이와 함께 살고 있었습니다. 아빠는 아침 일찍 바다에 고기를 잡으러 가기 때문에 Noi는 늘 혼자 외롭게 지내야 했지요. 어느 날 폭풍이 거세게 몰아친 후 바닷가를 둘러보던 Noi는 뜻밖에도 해변에 쓸려온 아기 고래를 발견합니다. Noi는 그 아기 고래를 살리기 위해 물을 뿌려주고 서둘러 집으로 데려와 욕조에 넣어줍니다. 그러고는 최선을 다해 보살피고 자신의 이야기를 들려주며 고래와 친구가 되지요. 하지만 Noi는 아빠가 고래를 보고 화를 내실까 봐 걱정입니다. Noi는 과연 아빠한테 들키지 않고 고래를 잘 돌봐줄 수 있을까요? Noi와 고래는 앞으로도 계속 좋은 친구로 함께 지낼 수 있을까요?

리딩 가이드

✦ 한부모 가정, 외로움, 공감과 배려, 동물과의 우정, 가족의 회복, 아빠와 아이의 유대감 등에 대해 깊이 생각하게 하는 작품입니다.

✦ 부모의 부재로 인해 Noi가 느끼는 외로움이 단지 아기 고래와의 동질감과 우정을 낳는 데 그치지 않고 가족의 회복으로 이어져 이야기의 완성도를 높이고 있습니다.

✦ 욕조에 있는 고래를 발견하는 순간 Noi의 외로움을 깨닫고 미안함과 안타까움에 Noi를 꼭 안아주는 아빠의 모습이 쉽게 잊히지 않을 것 같습니다. Noi와 아기 고래가 경험한 우정과 행복을 우리 주변의 외로운 아이들도 함께 누릴 수 있다면 얼마나 좋을까요?

✦ 글로는 표현되지 않고 그림을 통해 전달되는 부분을 놓치지 않도록 조심하세요. 앞 면지 뒤쪽에 나오는 고래의 무리를 보면 새끼 고래 한 마리가 무리에서 떨어져 나오는 것을 볼 수 있습니다. 그 고래가 바로 해변으로 밀려온 고래일 것입니다. 여기에서부터 이미 이야기가 시작되고 있는 것이지요. 또 뒤 면지의 안쪽에서는 다시 가족의 곁으로 돌아간 새끼 고래의 모습이 나옵니다.

✦ 새끼 고래는 왜 가족들과 떨어지게 되었을까요? 책 속에서 아이의 엄마는 왜 등장하지 않을까요? Noi와 아기 고래는 왜 쉽게 친구가 될 수 있었을까요? 이런 질문들에 대해 생각해 보고 아이와도 대화해 보세요.

LEVEL 2

> 당신과 나누고 싶은 이야기

임가은

집에서 부모님을 오랫동안 기다린 경험이 있나요? 저는 미술학원을 운영하는 엄마를 애타게 기다린 기억이 있습니다. 학교를 마치고 집에 와서 텅 비어 있는 거실을 마주할 때마다 어쩐지 이상한 마음이 들었습니다. 가끔 엄마가 일하는 중간에 오셔서 간장에 버무린 계란밥을 해주시곤 했는데 그 맛이 아직도 기억납니다. 지금 돌이켜 보면 계란밥이 맛있었다기보다 엄마와 함께 있는 그 시간을 붙잡아두길 원했던 것 같습니다. 어린 시절 그것이 어떤 감정인지 미처 깨닫지 못했지만 시간이 흐른 뒤에야 '외로움'이었다는 것을 알았습니다.

Noi도 바다에 나간 아빠를 캄캄한 밤이 되도록 기다립니다. 그러던 어느 날, 아기 고래를 발견하고 아이는 고래를 통해 자신의 외로움을 채우죠. 그리고 아빠는 마침내 아이의 외로움을 발견합니다. 어두운 바다 한가운데에 아기 고래, 아이, 아빠가 함께 떠 있습니다. Noi는 아기 고래를 바다에 보낸 뒤 생각합니다. "He was glad his dad was there with him." 캄캄한 바다로 돌려보낸 건 고래이지만, Noi의 외로움도 함께 흘러갔습니다.

환한 집 안에서 홀로 창밖을 내다보던 Noi의 시간은 달라졌습니다. 아빠와 외로움을 함께 다루는 법을 배우고 있습니다. 여전히 Noi의 아빠는 바다에 나가야 하고, 아마 늦은 시간까지 오지 않을지도 모릅니다. 어두운 바다를 헤엄치는 고래 무리처럼 외로움도 나의 마음 밑에 숨어 부유하는 존재이겠지만, 이제는 다시 찾아온다고 하더라도 조금 더 다정하게 부를 수 있지 않을까요? 그의 이름은 이제, 가끔 언덕에서 바라보는 그리움이자 친구라고 말하고 싶습니다. 저도 이제는 계란밥에 담겼던 엄마의 마음이 보입니다. 딸을 생각하며 바쁜 마음으로 왔을 그 시간은, 외로움이 아닌 그리운 친구가 되었습니다.

어휘 해설

belong ~에 속하다
draw in 다가오다, 가까워지다
feel at home 편안해지다
fishing boat 낚싯배, 어선
in the distance 저 멀리, 먼 거리에서
last 지속되다
manage (힘든 일을) 간신히[용케] 해내다, 그럭저럭 해내다

rage 무서운 기세로 계속되다
shore 해안, 해변
sneak (흔히 허락을 받지 않고) 몰래 가져가다
somehow 어떻게든지 해서, 그럭저럭
spot 발견하다, 찾다
washed up (육지로) 쓸려 온

Note

BOOK 040

어휘력 ●●○○○　문해력 ●●○○　사고력 ●●○○

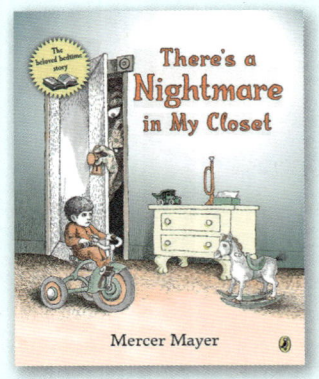

There's a Nightmare in My Closet
by Mercer Mayer

두려움을 느끼지 않는 사람은 아마 아무도 없을 것입니다. 어린아이들은 더 말할 나위가 없겠지요? 어떻게 하면 우리 아이들이 두려움을 잘 이겨낼 수 있도록 도울 수 있을까요? 오늘 우리가 함께 읽을 늘백의 그림책은 두려움을 친구로 만들어버린 한 소년의 이야기, Mercer Mayer의 《There's a Nightmare in My Closet》입니다.

　내 방 옷장 속에는 악몽과도 같은 무서운 괴물이 살고 있었어요. 그래서 난 잠자기 전에 옷장 문을 꼭 닫았지요. 뒤돌아보는 것조차 무서웠거든요. 침대 이불 속에서는 가끔씩 몰래 쳐다보기도 했지만요. 그러던 어느 날 나는 결심했습니다. 그것을 아예 없애버리기로요. 어둠 속에서 그 괴물이 다가오는 소리가 들렸을 때 나는 재빨리 불을 켰고 침대 발치에 앉아 있는 그 괴물을 잡았습니다. 그리고 떠나지 않으면 총을 쏘겠다고 위협했고 그러다가 그만 진짜 쏘고 말았지요. 아니 그런데 이게 웬일일까요? 그 괴물이 갑자기 울음을 터뜨리는 것 아니겠어요? 아무리 달래도 그칠 줄을 모르네요. 이렇게 계속 울어대면 엄마 아빠가 깨실 것 같은데 대체 어떡하면 좋을까요?

리딩 가이드

✦ 어둠이나 나쁜 꿈에 대한 두려움 등 상상 속의 괴물로 인해 힘들어하는 아이들과 그 부모들을 위한 책입니다. 잠들기 전 어두운 밤에 대해 두려움을 느끼는 아이들의 심리를 잘 반영하고 있습니다.

✦ 침대 밑이나 옷장 속 괴물과 친구가 된다는 독특한 발상이 아이들의 상상력을 자극하고 흥미를 돋웁니다.

✦ 소년은 상상 속의 괴물을 두려워하면서도 도망치지 않고 직면하여 맞서 싸웁니다. 그 과정에서 그것이 생각했던 것만큼 무섭거나 위협적이지 않다는 것을 깨닫게 되지요. 이를 통해 두려움의 대상을 피하지 않고 정면으로 맞서는 것이 중요하다는 점을 강조하고 있습니다.

✦ 아이가 두려워하는 대상에 대해 함께 대화하며 대응 방안을 생각해볼 수 있게 해줍니다. 용기 있게 두려움에 맞서도록 격려하고 창의적으로 생각하고 접근하도록 돕습니다.

✦ 두려움과 친구가 된다는 것은 무슨 의미일까요? 우리에게 두려움을 주는 대상과 친구가 된다는 것이 실제로 가능할까요? 그렇게 하면 정말 두려움을 극복할 수 있을까요? 두려움의 문제를 해결하는 가장 지혜로운 방법은 무엇일까요? 이런 질문들에 대해 생각해보고 함께 이야기 나누어 보세요.

> 당신과 나누고 싶은 이야기

이예린

"너무 무서워서 못 자겠어. 괴물이 올 것 같아. 괴물이 다 잡아먹어 버리면 어떻게 해?"

네 살 어느 날부터 갑자기, 매일 밤만 되면 아이는 상상 속의 괴물에 대한 걱정을 하기 시작했습니다. 처음에는 심각하게 여기지 않았습니다.

"걱정하지 마. 엄마 아빠가 같이 있잖아. 네가 잘 때 괴물이 오면 엄마 아빠가 물리쳐줄 거야."

금방 지나갈 줄 알았던 밤에 대한 공포는 해를 넘기면서까지 이어졌고, 잠자기가 무섭다며 침대 위에서 대성통곡하는 날도 늘었습니다. 결국 밤마다 아이와 다양한 해결책을 모색하기 시작했습니다. '괴물 접근 금지' 그림을 여러 장 그려서 현관문 앞에 붙여놓기, 괴물이 나타났을 때 물리칠 수 있는 발차기 및 권투 기술 연마하기, 괴물을 용감하게 물리치거나 좋은 친구가 되는 내용의 그림책을 찾아서 잠자리 독서 때 읽어주기, 수면등 환하게 켜고 자장가나 동화 소리 재생하며 꼭 안고 자기 등 매일 아이와 연구를 거듭했습니다.

괴물을 물리치기 위해 함께 고민하고 몸으로 놀며 안아주던 수많은 시간이 쌓이자, 아이는 점차 체력을 모두 소진하고 금세 꿈나라로 떠날 수 있게 되었습니다. 게다가 괴물을 물리치러 꿈나라에 가는 척만 했던 엄마가 아닌, 밤 9시가 되면 온 집안의 불을 끄고 진짜 잠들며 동행해주는 엄마에 대한 믿음이 생기자 더 이상 밤을 무서워하지 않게 되었습니다. 덕분에 저 역시 아이와 함께 일찍 자고 일찍 일어나는 건강한 습관을 덤으로 얻게 되었지요.

앞으로도 저는 아이의 든든한 꿈속 동행자가 되어주려 합니다. 이제는 아이가 자기 직전 웃으며 이렇게 말하거든요.

"엄마 잘 자. 우리 꿈에서 만나자. 사랑해."

어휘 해설

as soon as ~하자마자 곧

closet 벽장

creep 살금살금 움직이다

foot 맨 아랫부분 (cf. the foot of my bed 내 침대의 발치)

get rid of 제거하다, 없애다

nightmare 악몽

once and for all 최종적으로, 완전히

peek (재빨리) 훔쳐보다 (=peep)

suppose (~일 것이라고) 생각하다, 추정[추측]하다

take him by the hand 그의 손을 잡다

toward ~쪽으로, ~을 향해

tuck (in/into) (이불 등으로) 포근히 감싸주다, 잘 덮어주다

used to be 한때는 ~이었다

Note

BOOK 041

어휘력 ●●○○○   문해력 ●●○   사고력 ●●○

Can I Be Your Dog?
by Troy Cummings

길을 가다 주인 없는 강아지나 고양이를 본 적이 있으시지요? 그때 어떤 생각이 드셨나요? 혹시 그 생각을 행동으로 옮겨보신 적은 있나요? 오늘 우리가 함께 읽을 늘백의 그림책은 돌봄이 필요한 동물뿐 아니라 친구가 필요한 우리 주변의 모든 이웃에 대해 생각해보게 하는 작품, Troy Cummings의 《Can I Be Your Dog?》입니다.

주인 없는 강아지 Arfy는 자신을 입양해줄 사람을 찾아 나섭니다. 그런데 그가 택한 방법은 흥미롭게도 직접 편지를 써서 집집마다 보내는 것이었습니다. 마치 구인 광고에 자기소개서를 올리거나 전단지를 돌리듯 말이지요. 자신이 어떤 역할을 할 수 있는지, 무엇을 잘하는지, 그리고 자신을 왜 입양해야 하는지 등에 대해 구체적으로 적었습니다. 그리고 그런 편지를 Butternut Street에 있는 모든 집에 차례로 보냈지요. 하지만 안타깝게도 돌아온 답장은 모두 부정적인 것뿐이었습니다. 가여운 Arfy는 풀이 죽어 길거리의 종이 상자로 돌아갈 수밖에 없었지요. 비를 맞고 처량하게 돌아온 Arfy는 외롭고 쓸쓸한 밤을 지냅니다. 무엇보다 모두에게 거절당했다는 사실이 매우 가슴 아팠습니다. Arfy는 앞으로도 계속 길거리를 떠돌며 영영 혼자 살아야 할 운명일까요?

리딩 가이드

✦ 길거리에 사는 주인 없는 강아지 Arfy가 자신이 사는 동네에서 자신의 주인이 되어줄 사람을 찾기 위해 집집마다 손으로 직접 편지를 써 보내며 고군분투하는 이야기입니다.

✦ 책 내용이 실제 편지를 써 보내고 답장을 받는 형식으로 되어 있어 영문 편지는 어떤 형식으로 어떻게 작성하는지 배울 수 있습니다. 또한 컴퓨터와 스마트폰 등의 전자기기를 사용해 이메일이나 메신저로 안부를 주고받는 시대에 손으로 편지를 써서 보내고 답장을 받는 즐거움이 어떤 것인지 느껴볼 수 있습니다.

✦ Arfy는 과연 어떤 기준으로 대상을 골라 주인이 되어달라는 편지를 보냈을까요? 편지를 써서 보낸 후 답장을 기다릴 때는 어떤 마음이 들었을까요? Arfy가 보낸 편지의 내용과 해당 장면을 보며 함께 이야기 나누어보세요.

✦ 주인을 찾는 편지를 보낸 후 매번 거절하는 답장을 받은 Arfy의 심정은 어땠을까요? Arfy의 입장이 되어 답장을 읽어보고 Arfy의 표정을 살펴보며 그 심정을 헤아려보세요.

✦ Arfy가 보낸 편지와 그 편지에 대한 답장을 각각 아이와 나누어 맡아 소리 내서 읽어보세요. 그런 다음 역할을 바꿔 다시 한 번 읽어보세요. 그렇게 하면 서로 다른 둘의 입장을 더 잘 이해할 수 있습니다.

> 당신과 나누고 싶은 이야기 1　　　　　　　　　　　　　　**김미경**

　TV 동물 프로그램에서 본 개가 떠올랐습니다. 아파트 경비실 앞 같은 자리에서 몇 년을 하염없이 주인을 기다리는 개였습니다. 개의 보호자가 이사를 가며 개를 놓고 간 것이지요. 비가 오면 비를 맞고 눈이 오면 눈을 맞으며 행여나 주인이 올까 하염없이 기다리는 그 마음이 짠했습니다. '그 개는 자신이 버려졌다는 사실을 모르는 걸까? 그 주인을 얼마나 좋아했으면 저렇게 오랫동안 기다릴까? 다른 주인을 만난다는 것은 집 없이 떠도는 고단한 삶보다 더 두려운 것일까?' 이런 생각이 들어 마음이 아려옵니다.

　말만 못 할 뿐 다 알고 있고, 다 알고 있으나 또 모르고… 강아지와 소통하는 것이 참으로 쉬운 것 같으나 결코 쉽지 않지요. 먹이고, 씻기고, 치우고, 산책하는 등 많은 정성과 희생이 따릅니다. 그래서 힘들면 외면하고 버리기도 하는 일이 생기기도 합니다. 강아지를 사람과 잘 맞도록 훈련시키고 길들여야 하는 정성을 쏟아야 하는데, 그러기엔 우리의 삶이 너무 바쁜 건 아닌가 생각해봅니다. 내 마음과 몸이 편하지 않으니 약한 존재에게 정성을 쏟을 여력도, 따뜻한 마음을 품을 에너지도 없이 냉정해지는 것은 아닌지 모르겠습니다.

　우리 집 강아지인 아이를 대하는 저의 마음도 반성해봅니다. '엄마 저 좀 봐주세요! 엄마에게 이렇게 사랑받기 위해 노력하고 있어요' 하며 시시때때로 신호를 보내고 있는데, 정신없이 바쁜 엄마는 늘 알아채지 못합니다. 아니 외면하고 있습니다. 조그맣고 눈에 넣어도 아프지 않을 가장 사랑스러운 내 새끼인데 말이죠. 제가 기분이 좋을 때만 예뻐하고 사랑을 표현하고, 제 기분이 좋지 않을 때는 짜증을 내기 일쑤입니다. 아이가 받을 상처를 알면서 아랑곳하지 않습니다. 이성으로는 알면서 마음으로는 어찌 따뜻하게 품어내지 못하는지 모르겠습니다. 늘 모자란 엄마지만 이렇게 책을 읽으며 끊임없이 배우고 깨닫고 싶습니다. Arfy를 대하는 사람들을 보면서 제 아이를 바라보는 저의 모습을 각성하는 것처럼 말이지요.

> 당신과 나누고 싶은 이야기 2

이은주

　요즘 뉴스를 보면 반려견으로 살다 버려진 유기견들 이야기를 자주 접하게 됩니다. 제가 매주 가는 시골 농막 주변에도 여름 휴가철이면 논 주변을 돌아다니는 떠돌이 개들이 무척 많습니다. 이런 이야기를 듣다 보면 한 가족처럼 키우던 동물을 어떻게 버릴 수 있는지 화가 나기도 하고 매우 안타까운 마음이 들기도 합니다.

　처음 이 그림책을 보았을 때는 사람이 아닌 동물이 직접 주인을 구한다는 편지를 보내는 설정이 매우 참신하고, 어떻게 이렇게 똑똑한 개가 있나 마냥 신기하기만 했습니다. 그러면서 동시에 스스로 주인을 찾으려고 노력하는 귀여운 강아지 Arfy의 모습이 너무나도 대견해서 꼭 좋은 주인을 찾았으면 좋겠다는 간절한 마음이 책을 보는 내내 들었습니다.

　이 똑똑한 강아지 Arfy가 편지까지 써가면서 진정으로 원한 것은 과연 무엇이었을까요? 넓은 마당을 가진 멋진 집이 있는 그런 곳이었을까요? 아니면 언제든지 자신의 배를 채워줄 맛있는 음식을 준비하고 기다리는 주인이 있는 집이었을까요? 어쩌면 Arfy도 비가 오나 눈이 오나 바람이 부나 어렵고 힘든 상황 속에서도 한결같이 자신과 함께 있어줄 마음 따뜻하고 사랑이 가득 찬 주인을 원한 것은 아니었을까 하는 생각이 듭니다. Arfy의 그런 간절한 마음을 진심으로 알아주고 도움의 손길을 기꺼이 내밀어준 친절하고 배려심 많은 우편배달부 아줌마를 주인으로 맞이하게 되어 얼마나 다행인지 모르겠습니다. 외로웠던 Arfy를 사랑으로 감싸주는 그녀의 모습을 보면서 저 역시 유기견을 위해 작은 도움을 주고 싶은 생각이 들었습니다.

　또한 우리 주위에는 유기견 말고도 도움을 필요로 하는 가족, 친구나 이웃들이 분명 있을 것입니다. 곁에 다가가 이야기를 들어주고 함께 있어주는 것만으로도 그들에게는 큰 힘과 위로가 됩니다. 우리 주위에 관심이 필요한 사람들에게도 작은 도움의 손길을 내밀어보면 좋겠습니다.

어휘 해설

adopt 입양하다

advocacy group 옹호 단체 (cf. advocacy 옹호, 지지, 변호)

allergic (~에 대해) 알레르기가 있는

American Society for the Prevention of Cruelty to Animals 미국 동물학대방지협회

applicant 지원자

butcher 정육점 주인

donate 기부하다

dump (쓰레기) 폐기장, 하치장

extend 확대하다, 확장하다

fetch (가서) 가지고[데리고] 오다

fire hydrant 소화전

Get lost! 꺼져!

giblets (닭, 새의) 내장

gloom of night 밤의 어둠

have got a bone to pick with ~에게 따질 것이 있다

homeless 노숙자의

know one's way around (어느 곳의) 지리에 밝다; ~에 정통하다

mutt (특히 잡종인) 개

neuter 거세하다, 중성화하다

next-to-last 끝에서 두 번째

No hard feelings. (서로) 감정 상하지 않기로 하자. 기분 나빠하지 마.

no matter what 비록 무엇이 ~한다 하더라도

picky 까다로운

pooch 개, 잡종개

potty trained 배변 훈련이 된 (cf. potty 유아용 변기)

rough 힘든; 거친

search 찾기, 수색

shelter 보호소

soggy 물에 젖은

spay (임신을 막기 위해 동물 암컷의) 난소를 제거[적출]하다

squeaky 찍찍[끽끽] 소리 나는

squeaky bone 소리가 나는 뼈 모양의 애견 장난감

take in ~을 (자기 집에) 받아들이다

volunteer (어떤 일을 하겠다고) 자원하다

weed 잡초

BOOK 042

어휘력 ●●○○○ 문해력 ●●○○ 사고력 ●●○

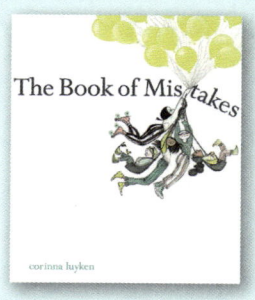

The Book of Mistakes
by Corinna Luyken

실수는 결코 실패가 아니며 성공은 실수로부터 배우는 능력에 달려 있다고 합니다. 하지만 누군가는 실수에 낙심하고 실패에 절망하는가 하면, 누군가는 그 실수와 실패를 배움과 깨달음, 변화와 발전, 성공의 기회로 삼습니다. 여러분에게 실수는 무엇인가요? 그동안의 삶에서 실패는 어떤 의미를 지녔었나요? 앞으로의 삶에서는 실수와 실패가 어떻게 해석되길 바라시나요? 오늘 우리가 함께 읽을 늘백의 그림책은 실수에 대한 생각과 태도의 변화를 촉구하고 그에 걸맞은 실천까지도 생각하게 하는 작품, Corinna Luyken의 《The Book of Mistakes》입니다.

1.

　얼굴을 그리다가 실수로 한쪽 눈을 더 크게 그렸습니다. 그뿐이 아닙니다. 팔꿈치는 심하게 각져 있고, 목은 또 지나치게 가늘고 기네요. 아니, 이건 또 뭔가요? 개구리, 고양이, 암소? 도무지 정체를 알 수 없는, 이것도 저것도 아닌 기괴한 모습이군요. 자, 이번에는 한 소녀가 어딘가를 향해 달려가고 있습니다. 그런데 공중에 떠서 날아가는 것도 아닌데 신발 바닥과 지면 사이의 공간이 너무 크네요. 나무 위에 또 다른 소녀가 있습니다. 그런데 두 다리가 기형적이라고 할 만큼 길군요. 도화지 윗부분에는 웬 잉크 자국이 이다지도 많을까요? 나뭇잎 같기도 한데 우습게도 모두 하늘로 올라가는 것처럼 보이네요. 자세히 보니 여기도 실수, 저기도 실수, 그야말로 실수 투성이입니다. 의도한 대로 되지 않고 마음에도 들지 않으니 모두 지우고 처음부터 다시 시작하는 게 좋을까요? 실수가 자꾸 반복되고 또 계속 늘어나니 자존심이 상하더라도 부족함을 인정하고 과감히 포기한 후 다른 길을 모색하는 것이 현명한 선택 아닐까요? 이 많은 실수들, 그런 실수로 가득한 하루, 그리고 그런 날들로 점철된 우리의 인생은 대체 어찌하면 좋을까요?

2.

모든 실수는 새로운 가능성을 품고 있습니다. 실수가 거듭되어 실패를 맛보게 된다 해도 그것은 성공을 위한 밑거름에 불과합니다. 이러한 믿음을 가지고 모든 실수를 관점과 방향 전환의 기회로 삼는 슬기롭고 용기 있는 사람이 있습니다. 그런 사람에게 실패라는 것은 처음부터 존재하지 않는 선택지인지도 모릅니다. 그런 사람에게 실수와 방해, 시련과 역경은 좌절과 절망의 이유나 실패의 전조가 아닙니다. 오히려 더 큰 성공, 더 나은 나를 위한 기회입니다. 다만 그런 기회들은 아무나 알아보는 것을 원치 않기 때문인지 가면을 쓰고 있을 뿐이지요.

여러분의 현재 삶은 어떤 모습입니까? 혹시라도 실수가 두려워 도전을 꺼려하거나 계속된 실수에 좌절하고 있지는 않은지요? 곰곰이 생각해 보면 본래 실수투성이인 것이 우리의 인생입니다. 시작부터가 실수인 경우도 드물지 않습니다. 하지만 실수는 결코 우리의 행복과 성공을 저해하는 요인이 아닙니다. 창의적 사고와 관점의 전환이 필요함을 알리는 표지판입니다. 목적지를 향해 가는 과정에서 꼭 필요한, 방향 설정과 조정을 위한 나침반이자 길잡이입니다.

모든 사람은 실수를 통해 배우며, 실수는 성장하는 과정에서 절대 **빼놓을** 수 없는 중요한 부분임을 다시 한 번 깨닫습니다. 그러한 실수를 어떤 관점에서 바라보고 어떻게 활용하느냐에 따라 삶의 모습은 크게 달라질 것입니다. 따라서 실수는 물론 실패에 대해서도 긍정적인 태도와 적극적인 마음가짐을 가져야 합니다. 실수하는 것을 두려워 마세요! 용기를 내어 과감하게 팍팍 지르십시오! 일단 지르고 나서 보는 겁니다. 그 실수가 여러분을 어디로 이끌어 가는지를!

> **리딩 가이드**

◆ '실수'는 관점의 전환이나 새로운 방향 설정에 대한 촉구이며, 더 멋진 결과를 품고 있는 가능성임을 설득력 있게 보여주는 작품입니다.

◆ 하나의 그림이 일련의 실수를 통해 변화·발전하고 한 폭의 멋진 작품으로 완성되어가는 과정을 실감나게 보여주고 있습니다. 그렇게 함으로써 실수를 두려워 말고 하얀 도화지를 용감하게 채워보라고 말합니다. 실수해도 괜찮다고, 아니 실수는 꼭 필요한 것이라고, 실수가 있었기에 비로소 새로운 방향, 더 멋진 결과가 가능한 것이라고 깨우쳐줍니다.

◆ 실수와 오류, 의도에서 벗어난 많은 결과에도 불구하고 모두가 깜짝 놀랄 만한 작품이 만들어졌습니다. 그와 같이 우리의 삶도 크게 부족하거나 전혀 없는 상태에서 얼마든지 감동적인 결과를 일구어낼 수 있다는 희망의 메시지를 담고 있습니다.

◆ 모든 실수를 예상치 못한 성공으로 변화시킨 작가의 마법 같은 재능에 감탄하지 않을 수 없습니다. 처음 읽으면 '참 기발하구나!' 생각하게 되고, 다시 읽으면 비로소 보이기 시작하는 것들에 놀라실 겁니다. 그리고 짧고 단순한 텍스트까지도 더 깊이 읽게 될 것입니다.

> **당신과 나누고 싶은 이야기**　　　　　　　　　　　　　**전미양**

'해야 하는데… 해야 하는데…' 오늘도 나는 조급하고 불안한 마음이 듭니다. 하지만 걱정만 할 뿐 실행은 어렵습니다. 어느새 마감이 코앞. 돌아보면 짧은 기한도 아니었는데, 결국 이 지경이 될 때까지 시작조차 못 했습니다. 자괴감이 들고 답답하며 슬퍼집니다. 도대체 나는 왜 이럴까요? 무엇이 문제일까요?

아마도 '완벽하게' 잘하고 싶은 마음 때문이겠지요. 실수할까 봐, 그래서 내 부족함이 드러날까 봐 늘 안절부절못하는 것입니다. 어쩌면 다른 사람은 내 실수에 전혀 관심이 없을지도 모릅니다. 하지만 나는 혼자만의 틀에 갇혀 스스로를 재촉하고 궁지로 몰아넣습니다. 시작과 끝을 미리 정하고, 아름답게 완성하기 위한 모든 과정을 세세하게 머릿속에 채워둡니다. 그래서 시작이 참 어렵습니다. 힘들게 시작한 후에도 작은 실수에 집착하고 연연하느라 앞으로 나아가질 못합니다. 그렇게 일은 계속 정체됩니다.

'나의 그림'을 돌아봅니다. 실수가 두려워 쉽게 행하지 못하고 머릿속에서 모든 것을 계획하려는 나, 이런 내가 '결국' 그림을 그린다면? 그래도 꽤 멋진 작품이 나올 것입니다. 깔끔한 도화지에 아이 하나가 서 있는 그림! 그러나 그뿐입니다. 나는 결코 바퀴 달린 신발과 하늘을 나는 자전거, 신비로운 나무와 환상적인 열기구를 그릴 수 없겠지요. 자유롭게 뛰놀며 신나게 상상하는 유쾌한 아이들을 담을 수 없겠지요.

안전한 경계를 긋고 완벽이란 거푸집에 결과를 정해놓는 건 어쩌면 나 스스로를 어항 안에 가두는 일일지도 모르겠습니다. 오히려 '실수를 더 많이 해야 하는구나! 실수에 감사해야 하는구나!' 깨닫습니다. 실수는 나를 부끄럽게 만드는 '오점과 굴레'가 아니라 새로운 관점을 마주하게 하는 '경험과 기회'가 될 테니까요.

우당탕탕! 신나고 멋질 앞으로의 실수 대잔치가 기대됩니다. 이제는 집착과 두려움을 내려놓고 열린 마음으로 낯선 세계를 맞이하려 합니다.

어휘 해설

collar 칼라, 옷의 목 주위 부분
definitely 분명히
elbow 팔꿈치
lace 레이스; (구두나 코르셋 따위의) 끈
leafy 잎이 무성한
mistake 실수, 잘못

patch 패치, (꿰매거나 붙이는) 작은 조각
ruffled 주름 장식을 단
scatter 뿔뿔이[사방으로] 흩어지다
smudge (더러운) 자국, 얼룩
stripe 줄무늬
what about ~? ~는 어떻게 됐어?

Note

BOOK 043

어휘력 ●●●○○   문해력 ●●○   사고력 ●●○

Franklin's Flying Bookshop
by Jen Campbell,
Katie Harnett (Illustrator)

책을 정말 좋아하는 사람들은 사랑하는 가족이나 친구, 가까운 이웃들도 책 읽기의 기쁨을 깨닫고 누리기를 진심으로 바랍니다. 그래서 열심히 소개도 하고 이런저런 행사에 참여하기를 권해 보기도 하지요. 하지만 안타깝게도 반응은 그리 신통치 않은 경우가 많습니다. 책 읽기의 묘미와 그 가치를 모르는 사람들을 대체 어찌하면 좋을까요? 오늘 우리가 함께 읽을 늘백의 그림책은 책을 사랑하고 그 사랑을 다른 이들과 함께 나누길 간절히 바라는 두 친구의 마법과도 같은 이야기 《Franklin's Flying Bookshop》입니다.

   Franklin은 이야기를 아주 좋아합니다. 너무나 좋아해서 그의 집에는 책이 산더미처럼 쌓여 있고 현관문도 책장이지요. 밤낮을 가리지 않고 책을 읽으며, 많은 장르와 다양한 주제의 이야기를 즐기고, 모두가 들을 수 있도록 크게 소리 내어 읽는 것을 좋아합니다. Franklin은 특히 인근 마을의 사람들에게도 책을 읽어주고 싶었습니다. 하지만 그가 가까이 다가가면 사람들은 언제나 무서워하며 도망치기만 했지요. (아, 제가 Franklin이 아주 거대한 몸집의 드래건이라는 사실을 말씀드리지 않았네요.^^) Franklin의 실망은 당연히 이만저만이 아니었습니다.

   그런 Franklin이 어느 날 숲속에서 나무 밑에 앉아 책을 읽고 있는 한 소녀를 발견합니다. 용기를 내어 다가가 말을 거니 놀랍게도 소녀는 Franklin을 전혀 무서워하지 않네요! 책에서 보았다면서 오히려 큰 관심을 보입니다. 그 둘은 책에서 읽은 신기한 것들에 대해 이야기를 나누며 서로에게 깊은 동질감을 느낍니다. Franklin과 소녀는 자신들이 경험한 책 속의 놀라운 세계를 다른 사람들과도 함께 나누고 싶었습니다. 그리고 마침내는 마을 사람들을 도울 기발한 아이디어를 생각해 내 실행에 옮기기 시작하지요. Franklin과 소녀는 대체 무엇을 하려는 것일까요?

리딩 가이드

✦ 책에 대한 사랑과 독서의 즐거움을 다른 동물들이나 사람들과 나누고 싶어 했던 한 드래건과 그의 신기한 서점에 대한 이야기입니다.

✦ 책이 지닌 세상을 변화시키는 능력, 편견의 극복, 다양성의 포용, 공동의 관심사를 통한 공동체 형성과 소속감 향상, 책 읽기의 즐거움과 나눔의 기쁨을 핵심 키워드로 꼽을 수 있습니다.

✦ 사람들을 한데 모으고 관점과 입장이 다른 이들 사이에 교감을 이끌어내며 그들의 생각과 삶을 변화시키기까지 하는 책의 놀라운 힘을 강조하고 있습니다.

✦ Franklin과 소녀의 사귐을 보며 책에 대한 관심과 사랑이 가져다주는 전혀 뜻밖의, 보통은 있을 법하지 않은 우정의 가능성에 대해 생각해 보게 됩니다.

✦ 이 책에서 Franklin의 하늘을 나는 서점은 책의 마법과 특별함, 자유로운 상상과 탐험 정신, 문학적 모험과 문화적 교류, 편견과 고정관념의 극복, 다양성의 수용, 공감대 및 신뢰 구축, 공동체 형성 등을 상징합니다.

> **당신과 나누고 싶은 이야기**　　　　　　　　　　　　　　　　　　　　**김수연**

　어린 시절 동네에 주기적으로 찾아오는 이동식 책방이 있었습니다. 승합차를 개조해 그 안을 책장으로 만들고 책을 빌려주던 마을문고였습니다. 그때의 제 나이, 그때 읽었던 책 제목은 가물가물하지만 자동차 안에 책방이 있다는 사실은 참 신기하고 재미있는 일이었습니다.

　육아휴직을 몇 년째 이어가며 두 아이를 키우는 저에게도 책이 주는 의미가 있습니다. Franklin의 날아다니는 책방처럼 실제로 하늘을 날지 못해도, 저는 독서를 하며 시간과 공간의 한계를 넘어 세상을 알아갑니다. 아이에게 읽어주기 위해 제가 먼저 읽는 그림책을 통해 세상의 처음을 경험합니다. 엄마가 되어 다시 읽는 책을 통해 저의 세계가 더욱 깊어집니다.

　하지만 육아를 하며 책을 읽는 것이 한가롭고 사치스러운 취미가 아닐까 하는 고민도 해봅니다. 아이를 키우면서 요리를 하고 살림을 하기에도 바쁘고 벅찬 일상입니다. 책을 보고 글을 쓰는 제 시간이 소중하지만 마음이 편하지 않을 때도 많습니다. 제가 보내는 시간이지만 자꾸 저와 아이가 아닌 다른 사람들의 시선을 의식합니다.

　그러다가 그림책 속 용 Franklin과 소녀 Luna를 떠올립니다. '책을 읽는 용'이라는 본인의 정체성을 끝까지 지킨 Franklin과 용을 무서워하지 않고 Franklin을 있는 그대로 받아준 소녀 Luna. 두 존재는 단순히 책만 읽는 것이 아니라 책을 통해 견고하면서도 유연한 자신만의 세계를 쌓아 올렸다는 걸 느낍니다. 저는 다시 용기를 내고 확신을 가져봅니다. 독서를 하며 보내는 이 시간은 무용하고 허망한 시간이 아니라, 엄마 이전의 내 모습을 바탕으로 아이와 함께 나를 돌아보고 다듬어가는 소중한 시간이라는 것을 깨닫습니다.

어휘 해설

acrobat 곡예사

Antarctica 남극 대륙

anteater 개미핥기 (개미를 핥아먹는 코가 긴 동물)

cartwheel 옆으로 재주넘기

circus 서커스, 곡예

clear (your) throat 목을 가다듬다

come up with ~을 생각해내다

crème brûlée 크렘 브륄레 (커스터드 크림 위에 설탕을 얹고 불로 녹인 뒤 차게 해서 먹는 디저트)

croquet 크로케 (나무망치와 나무 공을 이용하는 구기 종목)

fierce 사나운, 험악한

fire-eater 불을 먹는 묘기를 부리는 사람

firefly 반딧불이

fishing rod 낚싯대

gasp 숨이 턱 막히다, '헉' 하고 숨을 쉬다

gymnastics 체조

hoist 들어 올리다, 끌어올리다

kung fu 쿵푸, 중국식 무술

lopsided 한쪽이 처진, 한쪽으로 치우친

made out of ~로 만든

peer 유심히 보다, 눈여겨보다, 응시하다

quake in his boots 몹시 두려워하다 (매우 무서워한다(to feel very afraid)는 것을 익살스럽게 표현한 관용구)

remote 외진, 외딴

shiver (추위, 두려움, 흥분 등으로 가볍게 몸을) 떨다

show off 자랑하다

shuffle (어색하거나 당황해서 발을) 이리저리 움직이다

sprint 전력 질주하다

stargaze 별을 쳐다보다

tight 단단한, 꽉 조여[묶여] 있는

trail (지치거나 싫증을 내며) 느릿느릿 걷다

trapeze 공중그네

tuck (담요 따위로) 포근히 감싸다 (cf. tucked up under books 책 속에 편안히 파묻혀)

Note

어휘력 ●●○○○   문해력 ●●○   사고력 ●●○

Grandpa Green
by Lane Smith

사람은 누구나 나이가 들면 기억력이 감퇴하여 이것저것 잊는 것이 많아지기 마련입니다. 이러한 기억 장애가 심해지면 자식조차 알아보지 못하고 자신이 한 일도 기억하지 못한다고 합니다. 더욱 안타까운 것은 그 과정에서 소중한 사람과의 행복했던 순간과 아름다운 추억도 모두 함께 사라진다는 점이지요. 오늘 우리가 함께 읽을 늘백의 그림책은 나이 들어감과 기억의 문제, 여러 세대에 걸쳐 면면히 이어지는 가족 간의 사랑과 유대를 그린 아름다운 작품, Lane Smith의 《Grandpa Green》입니다.

우리 집에는 아주 멋진 정원이 있습니다. 가족의 역사를 고이 간직하고 있는 매우 특별한 곳이지요. 그 정원에서는 갖가지 모양으로 아름답게 다듬어진 나무들이 하나의 긴 이야기를 들려줍니다.

"아주 오래전에 한 아이가 태어났습니다. 컴퓨터나 휴대폰은 물론 텔레비전도 없던 시절이었지요. 그 아이는 농장에서 동물들과 함께 뛰어놀며 자랐습니다. 보육원에서 수두에 걸려 등원할 수 없게 되자 집에 머물며 동화책을 즐겨 읽었지요. 중학생 때 첫 키스를 경험했고, 고등학교를 마친 후에는 원예학을 공부하고 싶어 했습니다. 하지만 세계대전이 터져 전쟁터에 나가야 했습니다. 그러던 중 어느 작은 카페에서 한 여인을 만나 사랑에 빠지게 되었고 전쟁이 끝난 후 결혼에 골인했지요. 그들은 단 한 번의 다툼도 없이 행복하게 살았습니다. 많은 자녀와 손주들을 두었으며 증손자까지도 있었지요."

바로 우리 증조할아버지 이야기입니다. 젊었을 때는 모든 것을 잘 기억하셨다는데 이제는 안타깝게도 많은 것들을 기억하지 못하시네요. 그런데 이렇게 할아버지의 기억이 희미해지면 지나온 세월 속에 담긴 소중한 삶과 가족들과의 사랑도 함께 잊히게 되는 걸까요?

리딩 가이드

✦ 장식 정원(Topiary garden)의 아름답게 가꾸어진 나무들을 통해 정원사였던 자신의 증조부 Grandpa Green의 삶을 돌아보는 한 소년의 이야기입니다. 창의성과 상상력 가득한 삽화가 깊은 정서를 자극하고 모든 연령대의 독자들에게 공감을 불러일으키고 있습니다.

✦ 증조부의 삶을 돌아보는 소년의 관점에서 이야기가 전개되고 있습니다. 이야기의 이러한 세대적 측면은 시간의 흐름과 가족 간의 관계를 표현하고 이해하는 데 매우 중요한 역할을 합니다.

✦ 할아버지의 어린 시절부터 시작해 전 생애에 걸친 삶을 묘사하고 있으며, 한 사람을 규정하는 평범한 일상과 특별한 순간들을 동시에 포착하고 있습니다. 이러한 묘사를 통해 한 개인의 삶과 유산을 형성하는 데 일상의 경험이 얼마나 중요한지 잘 보여주고 있습니다.

✦ Grandpa Green의 장식 정원이 가지는 상징적 성격에 유의하세요. 그 정원은 일종의 은유로서 한 사람의 정체성과 유산을 구성하는 기억의 모음이며 각 정원수는 할아버지의 삶에서 중요한 순간이나 기억을 나타냅니다.

✦ 이 작품에서 스토리텔링은 특히 중요한 요소입니다. 장식 정원의 정원수뿐 아니라 다음 세대에 전해지는 이야기를 통해서도 할아버지의 삶과 기억이 보존되고 있기 때문입니다. 세대와 세대를 이어주면서 떠난 이로 하여금 계속해서 현재를 살도록 해주기 때문입니다.

> 당신과 나누고 싶은 이야기

전미양

　학창 시절, 저는 역사 시간만 되면 머리가 아파오던 전형적인 이과생이었습니다. 일제 강점기를 배울 때에도 '이는 참으로 먼 과거의 이야기, 나와는 상관없는 교과서 속 이야기'라 생각했지요. 그러던 어느 날 학교에서 일본어를 배웠다며 할머니께 자랑을 했다가 할머니도 일본어를 잘하신다는 사실을 알게 되었습니다. 심지어 할머니는 그 옛날 소학교에서 일본어를 배웠다고 하셨어요. 머리를 얻어맞은 느낌이었습니다. 그제야 깨달았거든요. 독립운동이며 6.25 전쟁, 피난 등 교과서 속 이야기가 단지 책에만 있는 이야기가 아님을, 바로 우리 할머니, 할아버지의 숨결이자 역사였다는 사실을 말입니다.

　오늘의 책에서도 할아버지의 조각을 따라가며 조용히 역사를 가늠해 봅니다. 시대의 상황에서 자신이 원하던 길을 포기하고 전장으로 향해야 했던 청년의 마음, 그리고 그 가족들의 헤아릴 수 없는 아픔을….

　바쁘고 치열한 현대 사회에서 '우리 세대는 정말 사는 게 힘들다'라고 생각했습니다. 그러나 책을 읽고 우리네 할머니, 할아버지를 떠올리니 '어쩌면 우리는 참 좋은 시대에 태어나 축복받으며 살고 있구나' 하는 생각이 듭니다. 억압과 탄압의 시기, 자유가 없던 그 시대를 지금의 저는 차마 상상조차 할 수 없으니까요. 광복과 민주주의를 이루어주신 선조들께, 아니 거창한 이유를 떠나 그저 우연과 운명의 결과로 지금의 우리를 이 자리에 있게 해준 모든 선조분들께 감사하는 마음이 듭니다.

　역사를 '지나간 일, 어려운 것'으로만 생각했던 예전의 저를 반성합니다. 앞으로는 '뿌리 깊은 이야기, 현재와 이어진 끈, 소중하고 가치 있는 삶의 조각'으로 생각할 수 있을 것 같습니다. 고맙습니다. 기억할게요.

어휘 해설

at least 적어도
chicken pox 수두
floppy 느슨하게 늘어진, 헐렁한
grandchildren 손주들
great-grandchild 증손주
horticulture 원예학
instead 대신에
never ever 결코 ~하지 않다
nursery school 유치원

pretty 꽤
steal 훔치다, 도둑질하다 (steal-stole-stolen)
straw hat 밀짚모자
stuff 것(들)
used to 과거 한때는 ~했다
was born 태어났다
wizard 마법사
world war 세계대전

Note

BOOK 045

How to Be a Lion
by Ed Vere

'남자는 남자다워야 하고 여자는 여자다워야 한다'는 말을 자주 듣습니다. 그렇다면 남자아이가 섬세하거나 부드럽고, 반대로 여자아이가 씩씩하거나 대범하다면 무슨 문제라도 있는 걸까요? 오늘 우리가 함께 읽을 늘백의 그림책은 우리의 자아 정체성과 그 표현에 대해 깊이 생각하게 해주는 작품, Ed Vere의 《How to Be a Lion》입니다.

    사람들은 말하지요. 사자는 사납고 무서운 동물이라고. 상냥하거나 친절하지 않다고. 하지만 Leonard는 다릅니다. 다른 사자들과 달리 그는 따스한 햇살과 발밑의 풀을 느끼며 혼자 산책하는 것을 좋아합니다. 어떤 날에는 사색의 언덕에 올라 중요한 것들을 생각하거나 몽상에 잠기기도 하지요. 조용히 콧노래를 부르며 단어를 가지고 놀다가 시를 짓기도 하고요. 그런데 그런 Leonard가 오리를 만나면 어떤 일이 벌어질까요? 놀랍게도 Leonard는 오리와 인사를 나누고, 시가 잘 써지지 않는다며 도움을 청합니다. 잔디 위에 함께 누워 따사로운 햇볕을 즐기고 산책하며 서로 많은 대화를 나눕니다. 밤에는 까만 하늘의 별똥별을 보며 소원을 빌기도 했지요. 둘은 친구가 되어 행복했고 더 이상 좋을 수 없었습니다. 그러던 어느 날 한 무리의 사자들이 찾아와 Leonard를 다그칩니다. 사자는 사자다워야 한다고 말하며 왜 오리를 잡아먹지 않는지 따져 물었지요. 그 말을 들은 Leonard는 심각한 고민에 빠집니다. 다른 사자들처럼 그도 사납게 변해야만 하는 걸까요? 그것을 본 오리는 사자들의 생각이 잘못되었다는 것을 보여주자고 합니다. 그러고는 둘이 함께 사색의 언덕에 오릅니다. Leonard는 자신의 정체성에 대해 어떤 결론을 얻게 될까요? 당면한 문제는 어떻게 해결해 나갈까요?

리딩 가이드

✦ 사자답다는 것이 무엇인지에 대한 고정관념을 거부하고 자신의 정체성을 찾아 그 모습에 충실하려고 노력하는 사자 Leonard의 이야기입니다.

✦ Leonard는 사자에게 일반적으로 기대되는 공격적인 모습을 거부함으로써 전통적인 생각에 도전합니다. 이를 통해 우리의 정체성을 규정하는 사회적인 통념이나 압력에 굴복하지 말고 자신에게 충실하라는 격려의 메시지를 전하고 있습니다. 더 나아가 다름을 인정하고 존중하며 다양성을 받아들이는 것이 중요하다고 가르쳐 줍니다.

✦ Leonard는 여느 사자와 달리 산책을 하고 사색을 즐깁니다. 노래를 부르고 시를 짓기도 하지요. 이는 각자 자신을 표현할 자신만의 방법을 찾아 실천에 옮기라는 것으로 이해할 수 있습니다.

✦ Leonard는 또 Marianne과 일반적으로는 기대하기 힘든 우정을 만들어 갑니다. 전혀 어울릴 것 같지 않은 두 친구의 우정은 그 자체로서 특별한 의미를 지니며 이야기를 이끌어가는 핵심 동력이 됩니다.

✦ Leonard가 사회적인 기대와 규범에 반하는 선택을 한 것은 매우 용기 있는 일입니다. 이를 통해 자신의 정체성을 찾고 자아를 수용하는 것은 큰 용기가 필요한 일임을 알 수 있습니다.

✦ 요약하자면 이 작품은 고정관념에 대한 도전, 개인의 고유한 특성 존중, 나와 다른 모습과 다양성의 인정, 자아 정체성과 자기표현, 우정과 용기에 관한 강력한 메시지를 담고 있습니다.

> 당신과 나누고 싶은 이야기

김수연

　여러분은 잠자는 사자의 눈꺼풀을 들어올려 본 적이 있나요? 저는 최근에 비슷한 경험을 했습니다. 어느 날 외출 중인 어머니는 술에 취해 귀가한 아버지에게 녹내장 안약을 넣어드리라고 저에게 부탁했습니다.

　조금 늦게 부모님 집에 가보겠다고 어머니에게 말씀드렸지만, 사실은 가기 싫고 두려웠습니다. 어렸을 때부터 아버지가 술을 많이 마시면 집안 분위기가 무겁게 가라앉았거든요. 그때 느꼈던 제 마음속 불안과 긴장이 되살아나는 기분이 들었습니다. 밤 10시 넘어 부모님 집으로 들어가자 걱정과 달리 아버지는 소파에 누워서 고요히 주무시고 계셨습니다. 안약을 넣으려고 아버지의 눈꺼풀을 들어올리는데 한 번도 만져보지 않았던 아버지의 연약한 살결을 만지는 기분이 묘했습니다. 불을 끄고 집을 나서는데 전과 달리 아버지가 있는 공간에서 온기가 느껴졌습니다. 부드럽게 깔린 어둠이 저의 마음도 매만져주는 기분이 들었습니다.

　사자를 보면서 아버지가 떠올랐습니다. 으르렁대며 거친 사회에서 싸우고 집에서는 엄한 말로 가족들에게 상처를 주는 그런 사자 말입니다. 아버지라는 자리, 리더라는 위치에 있으면 저렇게 행동해야 하는 건가 의문을 품었습니다. 그림책 속 사자들의 무리에서 강인하고 잔인하게 행동하길 강요받는, 온화한 사자 Leonard를 바라봅니다. 어쩌면 오 남매의 막내로 자란 아버지도 한때 유순한 아이였을지도 모릅니다. 저와 함께 등산하면서 이육사의 시구절 '청포도가 익어가는 시절'을 흥얼거리던 아버지. 그의 마음속에도 시가, 문학이, 여유가 존재했을 겁니다. 제가 우연히 아버지의 연약한 눈꺼풀을 만졌던 것처럼 이제 무섭고 사자 같은 아버지의 거친 면이 아닌 부드러운 면도 새롭게 발견하고 싶습니다.

어휘 해설

chomp (의성어) 어적어적; (음식을) 쩝쩝[어적어적] 먹다

crunch (의성어) 오도독, 아삭아삭; ~을 오도독[아삭아삭] 씹다

daydream 헛된 공상에 잠기다

edge (가운데에서 가장 먼) 끝, 가장자리

fierce 사나운, 험악한

form 형성되다

growl 으르렁거리다

hum 콧노래를 부르다, (노래를) 흥얼거리다

in between 중간에

make sense 의미가 통하다, 이해가 되다

make wishes 소원을 빌다

meandering 종잡을 수 없는, 두서없이 이야기하는

pack (같은 종류의 동물들) 무리, 떼

paw (발톱이 달린 동물의) 발

poetic 시적인

prowl (특히 먹이를 찾아 살금살금) 돌아다니다

quack (오리가) 꽥꽥 우는 소리

roar (특히 사자의) 으르렁거림, 포효

shooting star 유성, 별똥별

stuck 꼼짝 못 하는; (생각, 대답, 이해 등에서) 막힌

Note

BOOK 046

어휘력 ●●○○○　문해력 ●●○○○　사고력 ●●○○○

Mother Bruce
by Ryan T. Higgins

정말 하고 싶지 않은 일인데도 꼭 해야만 하는 경우가 종종 있습니다. 그럴 때 밀려드는 '하기 싫은 마음'은 대체 어찌하면 좋을까요? 오늘 우리가 함께 읽을 늘백의 그림책은 많은 엄마들에게 힘들고 어려웠던 육아의 시간들을 떠올리게 해줄 웃픈 이야기 《Mother Bruce》입니다.

　　Bruce는 혼자 지내는 것을 좋아하는 까칠한 성격의 곰입니다. 그는 매사가 마음에 들지 않았지만 새알을 요리해 먹는 것만큼은 무척 좋아했지요. 어느 날 그가 먹음직스러운 거위알을 여러 개 구해 맛있게 요리해 먹으려 했는데 뜻밖에도 그 알들이 그만 부화해버렸습니다. 더욱 당황스러웠던 것은 알에서 나온 새끼 거위들이 Bruce를 엄마라고 생각하며 졸졸 따라다닌다는 것이었지요. Bruce는 진짜 엄마를 찾아주기 위해 둥지로 가보았지만 엄마 거위는 이미 남쪽 나라로 떠나고 없었습니다. 어쩔 수 없이 새끼 거위들을 돌보게 된 Bruce는 엄마 노릇이 너무도 힘들어 하루하루가 불행하게만 느껴졌습니다. 그래서 거위들을 남쪽으로 보내기 위해 여러 가지 방법을 시도해보았습니다. 하지만 모두 실패하고 말지요. 추운 겨울이 오기 전에 거위들을 떠나보내야만 겨울잠에 들 수 있을 텐데, Bruce는 대체 어찌하면 좋을까요?

리딩 가이드

✦ 어느 날 갑자기 일상 속으로 불쑥 들어온 귀여운 불청객 때문에 삶의 큰 변화를 겪어야만 했던 어느 곰에 대한 이야기입니다.

✦ 까칠하고 예민했던 Bruce가 거위들의 엄마가 되어 육아에 최선을 다하는 모습을 보면 가슴이 찡해집니다. 부모인 우리들의 모습과 무척 닮아 있기 때문이지요.

✦ 어른과 아이가 모두 함께 즐길 수 있는 책입니다. 하지만 삶에 대한 통찰과 신랄함이 담겨 있기 때문에 다루는 주제와 개념, 그 이면의 유머를 이해할 수 있는 어른들에게 더 어필할 수 있는 작품입니다.

✦ 표현 하나하나, 삽화의 이곳저곳에 웃음보를 자극하는 유머와 위트가 담겨 있고 예상치 못한 반전까지 있는 책입니다. 고약한 성격의 무서운 곰과 약하고 순진한 새끼 거위들의 전혀 어울릴 것 같지 않은 조합에서 색다른 재미를 느낄 수 있습니다.

✦ 어린 자녀들을 돌보느라 바쁘고 힘든 나날을 보내고 있을 젊은 부모들에게는 현재 누리고 있는 행복의 소중함을 깨닫게 해줍니다. 또 자녀들이 장성하여 곁을 떠난 부모들에게는 힘들었지만 행복했던 과거의 시간들을 추억하게 합니다.

✦ 지켜야 할 가치가 있다면 하기 싫은 마음도 얼마든지 보듬어 안을 수 있고, 힘들고 어려운 일도 기꺼이 감당할 수 있다고 말해줍니다. 두렵지 않아서가 아니라 지켜야 할 가치가 더 크고 소중하기에 두려움을 이겨낼 수 있는 것처럼 말이지요.

✦ 마지막 장면에서 거북이가 해변에서 놀고 있는 거위에게 엄마라고 부르며 다가옵니다. 그 이후의 이야기가 어떻게 펼쳐질지 아이들과 상상하며 함께 이야기 나누어보세요.

> 당신과 나누고 싶은 이야기

문상미

제 인생이 아이에게 갇혀버린 것 같은 순간이 있었습니다. 분유를 먹이고 기저귀를 갈고 끊임없이 우는 아이를 달래면서 '나'의 존재가 바스락거리며 부서지는 소리를 들었습니다. 저 역시 Bruce처럼 근사한 요리를 정성스럽게 준비하고 우아하게 먹고 싶었습니다. 허겁지겁 음식을 해치우며 저녁을 먹던 어느 날, 내가 희미해지고 있는 것 같은 느낌을 받았습니다. 조금만 고생하면 된다는데 도대체 그 끝은 언제일지, 언제쯤이면 나의 빛깔을 되찾고 아이들로부터 자유로워질 수 있는 건지 저는 정말 궁금했습니다.

거위들을 날려 보내는 순간을 꿈꾸며 매 순간 육아에 최선을 다하는 Bruce의 모습이 나의 모습과 겹칩니다. 어느 순간 까칠하고 예민했던 Bruce가 예전의 Bruce가 아닌 것처럼, 문득 예전과는 다른 나의 모습을 발견합니다. 교사인 저는 최근에 육아휴직을 끝내고 다시 학교로 돌아왔습니다. 그리고 아이를 낳기 전과는 조금 달라진 낯선 제 모습과 만나고 있는 중입니다. 학생들과 눈을 맞추고, 조금 더 다가가려고 애쓰고, 그들의 가슴속 이야기를 듣고 싶어졌습니다. 내 앞에 앉아 있는 학생들 한 명 한 명이 얼마나 귀한 존재인가에 대해 헤아려보게 되었습니다. 끝이 보이지 않아 막막하고 힘들었던 육아의 시간을 지나고 나니 뜻밖에도 조금 더 '깊어진 나'가 기다리고 있었습니다.

쌍둥이를 앞뒤로 업고 병원으로 달려가던 눈물 나는 육아의 험난한 길을 지나, 저는 이제 언제 아이들을 훨훨 날려 보낼지 생각합니다. 가끔은 힘겹고 가끔은 아름다웠던 그 시간들이 켜켜이 모여 '좀 더 나은 나'를 만들어가고 있음을 깨닫게 됩니다. 그런데, 하늘을 가르며 날아오를 준비를 하는 거위들의 모습을 바라보니 또 마음 한편이 쓸쓸해지는 건 왜일까요?

어휘 해설

annoying 짜증스러운
can't take it any longer 더 이상 못 참겠다
come across 우연히 발견하다
drizzled with ~가 뿌려진 (cf. drizzle 이슬비가 내리다; (액체를) 조금 뿌리다)
eat something raw 날것으로 먹다
fancy 일류의, 품질 높은
fizzle 쉬익 하고 소리 내다
free-range (닭 등을) 놓아기르는, 방목의
gosling 거위 새끼
grump 성격이 나쁜 사람
grumpy with ~에게 짜증내는[심술이 난]
hard-boiled 완숙된, 단단하게 삶은
hatch 부화하다
head (특정 방향으로) 가다, 향하다
ingredient 요리의 재료
laze 게으름 피우다

lose one's appetite 식욕을 잃다 (cf. appetite 식욕)
migration 철새의 이동
mistaken identity 신원 오인, (사람을) 잘못 알아봄 (cf. identity 신원, 신분, 정체)
pesky 성가신
return policy 환불 정책
rid of ~로부터 벗어난, 자유로워진
scoop (up) 재빨리 들어올리다; (큰 숟가락 같은 것으로) 뜨다
sip 홀짝이다
stern 엄중한
stomp 쿵쿵거리며 걷다
stubborn 완고한
support 지원하다
tacky 조잡한
victim 피해자

Note

BOOK 047

어휘력 ●●○○○ 문해력 ●●○○ 사고력 ●●○○

Happy Birthday, Moon
by Frank Asch

좋은 것이 있으면 자꾸 주고 싶고 특별한 날에는 무언가 특별한 것을 선물하고 싶은 친구, 언제나 내 이야기를 잘 들어주고 실수하거나 잘하지 못해도 괜찮다고 말해주는 친구, 그런 보물 같은 친구가 있으신지요? 그런 친구는 언제 어떻게 만나게 되었나요? 오늘 우리가 함께 읽을 늘백의 그림책은 아이들의 때 묻지 않은 순수한 감성과 깜찍한 상상력이 담겨 있는 매우 특별한 우정 이야기, Frank Asch의 《Happy Birthday, Moon》입니다.

어느 날 밤 아기 곰은 하늘을 보며 달에게 생일 선물을 주면 좋겠다고 생각합니다. 하지만 달의 생일이 언제인지, 어떤 선물을 줘야 할지 알 수 없었지요. 그래서 높은 나무에 올라가 달에게 말을 걸어 보지만 달은 아무 반응이 없습니다. 아마도 너무 멀리 있어 듣지 못한다고 생각한 아기 곰은 강을 건너고 숲을 지나 높은 산으로 올라갑니다. 그곳에서 아기 곰은 다시 "안녕!" 하고 외쳐봅니다. 그런데 이게 웬일입니까? 달도 "안녕!" 하며 인사하는 것 아니겠습니까? 달의 반응에 신이 난 아기 곰은 대화를 이어간 끝에 달이 생일도 자기와 같고, 생일 선물도 자신과 똑같이 모자를 원한다는 것을 알게 됩니다. 달과 헤어져 집에 돌아온 아기 곰은 돼지 저금통을 털어 달에게 줄 예쁜 모자를 삽니다. 그러고는 모자를 나무 위에 걸어두고 달이 오기만을 기다립니다. 달은 과연 아기 곰을 만나러 찾아올까요? 아기 곰이 준비한 모자는 마음에 들어 할까요?

> **리딩 가이드**

- ✦ 아기 곰의 착하고 따뜻한 마음, 때 묻지 않은 순수함, 풍부한 상상력이 만들어내는 한 편의 마법 같은 드라마입니다. 그 천진난만한 순수함과 사랑스러움으로 인해 수많은 어린 독자들의 사랑을 받는 작품입니다.
- ✦ 귀엽고 사랑스러우며 유머와 유쾌함이 가득합니다. 순수한 우정, 상상력의 힘, 주는 기쁨에 대한 메시지를 담고 있습니다.
- ✦ 아기 곰은 달이 감정과 생각을 가진 존재라고 믿습니다. 아기 곰의 순수한 상상력이 만들어내는 믿음이지요. 어린아이들의 생각과 행동 특성을 반영하는 이러한 믿음이 유머러스한 분위기를 연출하며 이야기의 진행을 위한 든든한 배경과 발판이 되고 있습니다.
- ✦ 달에게 생일 선물을 주고 싶어 하는 아기 곰의 마음과 진지한 노력은 주는 것으로부터 오는 기쁨을 나타냅니다. 주는 행위는 설사 받는 사람이 알지 못하더라도 우리에게 행복과 성취감을 가져다줄 수 있습니다.
- ✦ 어린아이들에게 우주와 자연 세계, 하늘에 대한 경이로움을 느낄 수 있도록 해줍니다. 특히 달의 변함없는 측면과 함께 단계별로 달라지는 모습에 대해서도 대화할 수 있습니다.
- ✦ 작품 전체를 관통하는 암묵적인 정서 중 하나는 감사의 마음이라 할 수 있습니다. 감사하는 마음을 가지고 세상과 주변을 바라보세요. 오늘 하루가 다 가기 전에 사랑하는 가족, 소중한 친구에게 진심을 담아 말해주세요. "고마워요! 괜찮아요! 사랑해요!"라고.

> 당신과 나누고 싶은 이야기　　　　　　　　　　　　　　　　문구슬

　아기 곰은 친구인 달을 너무 좋아하나 봅니다. 달에게 생일이 언제인지, 선물로 무엇을 가지고 싶은지 물어보러 나무에도 올라가고, 너무 멀어서 안 들릴까 봐 최대한 가까이 다가갑니다. 순수한 마음으로 자연물을 대하는 때 묻지 않은 귀여운 존재들이 떠올라 기분이 좋아집니다.

　아기 곰은 자신의 목소리가 메아리로 다시 자신에게 들리는 건지도 모르고, 달이 대답하고 있다고 생각합니다. 《I Spy Fly Guy》라는 책에서 파리가 자신의 이름을 부른다고 생각하며 파리와 숨바꼭질을 하는 소년 'Buzz'가 생각납니다. 밤하늘에 붉은 달이 뜬 날, 아이와 함께한 산책길에서 달이 자신을 좋아해서 계속 쫓아온다며 달은 집에 안 가냐고 아이가 물어봤던 기억도 떠오릅니다.

　달의 선물을 바람에 놓쳐 미안한 아기 곰은 달도 모자를 잃어버렸다고 하자 "괜찮아, 난 그래도 널 사랑해"라고 말해줍니다. 달에게서 그 너그러운 마음을 똑같이 돌려받게 된 아기 곰은 마음이 한결 편해집니다. 제가 한 말을 그대로 기억했다가 따라 말하는 아이의 모습이 떠오릅니다. 잠들기 전 뽀뽀하면서 "사랑해, ○○아"라고 했더니, 나중에 제가 뽀뽀하는 걸 잊고 잠들려 하면 먼저 뽀뽀해주며 "사랑해, 엄마"라고 똑같이 따라 하거든요.

　"괜찮아. 그럴 수도 있지. 그래도 널 사랑해." 우리 아이들에게 얼마나 필요한 말인가 생각해봅니다. 사실은 제게도 정말 필요한 말인 듯도 합니다. 아이에게, 저 자신에게 그 말을 많이 들려줘야겠습니다.

어휘 해설

boy (감탄사) 정말! 야아! 맙소사! (놀람, 기쁨, 실망 등을 나타냄)

chase 뒤쫓다, 추적하다

creep 느릿느릿 움직이다; 기어가다 (creep-crept-crept)

downtown 시내에

dump (기울이거나 뒤집어서 내용물을) 비우다; (아무렇게나) 내려놓다

echo 울리다

exclaim 외치다, 소리치다

goody (아이들의 감탄사) 와, 신난다!

hike 걷다, 도보로 가다

just right 딱 알맞게

paddle 노(를 젓다)

piggy bank 돼지 저금통

reply 대답하다, 답장하다

yell 소리지르다

Note

Knuffle Bunny Free: An Unexpected Diversion
by Mo Willems

아이가 세상에 태어나 처음으로 엄마 아빠에게 왔던 때를 기억하시지요? 그 아이가 말을 하기 시작하더니 금세 학교에 들어가 친구를 사귑니다. 그리고 키가 자라고 마음도 커지면서 절제하고 양보도 하며 다른 사람들과 더불어 사는 법을 배워 나가게 되지요. 오늘 우리가 함께 읽을 늘백의 그림책은 아이들의 그런 성장 과정을 담은 이야기 《Knuffle Bunny Free: An Unexpected Diversion》입니다.

방학을 맞은 Trixie는 네덜란드에 사는 할머니 할아버지를 만나기 위해 엄마 아빠와 함께 비행기를 타고 날아갑니다. 그런데 안타깝게도 애지중지하던 Knuffle Bunny를 그만 비행기에 놓고 내렸습니다. 문제는 그 사실을 할머니 할아버지 집에 도착하고 나서도 한참 후에야 알게 되었다는 것이지요. 급하게 항공사에 전화해 보니 그 비행기는 이미 중국으로 떠나버렸다고 하네요. 가족들은 Trixie를 위로하기 위해 애를 씁니다. Trixie도 노력해보았지만 허전함은 어쩔 수 없었습니다. 결국 방학은 그렇게 끝나고 Trixie는 다시 집으로 가기 위해 비행기에 오릅니다. 그런데 놀랍게도 그 비행기 안에 Knuffle Bunny가 있지 뭡니까! 공교롭게도 둘이 같은 비행기를 타게 된 것이지요. 사실 Knuffle Bunny는 그동안 내내 그 비행기 안에 있었습니다. 그런데 재회의 기쁨과 흥분이 어느 정도 가라앉자 바로 뒷좌석에서 계속 울어대는 아기가 마음에 걸렸습니다. Trixie는 우는 아기를 보고 잠시 고민에 빠집니다. 그리고 드디어는 큰 결심을 하고 뒤를 돌아봅니다. Trixie는 대체 무슨 생각을 한 것일까요?

리딩 가이드

- ◆ 《Knuffle Bunny》 3부작(trilogy)의 세 번째 작품으로 자신의 애착 인형과 작별을 결심할 만큼 크게 성장한 Trixie의 이야기를 담고 있습니다. 딸에 대한 자신의 큰 사랑을 표현하고 세상의 모든 아이들이 행복하게 성장하길 바라는 작가의 염원과 응원이 바탕에 깔려 있는 책입니다.
- ◆ 아이들이 삶의 새로운 단계로 진입하는 과정에서 경험하는 상실의 아픔과 감정의 변화를 그리고 있습니다. 특히, 애착 인형처럼 자신에게 안정감을 주던 것들과 결별하고 변화를 받아들이는 것이 불가피함을 보여주고 있습니다.
- ◆ 속지의 좌측 상단에 있는 'To my wife'라는 헌사에 주목하세요. 아이가 장성하여 멀리 떠난 후 그리움과 허전함을 느끼는 아내에게 위로의 말을 전하고 싶은 남편의 애틋한 심정이 느껴집니다.
- ◆ 아이들의 성장을 위해 새로운 상황에 적응하는 능력과 회복탄력성이 중요함을 강조합니다. 그리고 성장과 함께 찾아오는 변화를 기꺼이 받아들이고 새로운 모험을 즐기라고 격려하고 있습니다.
- ◆ 실제 사진과 그림을 독특하게 결합한 작가의 시각적 스토리텔링에 유의하세요. 마치 한 편의 실사 합성 만화 영화를 보는 듯한 느낌을 줍니다.

> 당신과 나누고 싶은 이야기

정소라

딸 Trixie에 대한 아버지 사랑의 완결편 《Knuffle Bunny》의 세 번째 책입니다. 가장 인상적인 세 부분이 있습니다. 첫 번째는 속지에서 'To my wife'라고 쓰인 글귀입니다. 애착 토끼 인형과 작별하고 성장한 딸을 시집보낸 후 허전함을 느꼈을 아내를 위해 그림책을 만들었다고 생각하자, Mo Willems의 아내에 대한 사랑과 결혼한 자녀를 둔 부모에 대한 위로를 느낄 수 있었습니다. 두 번째는 1~3권의 첫 문장을 모두 'not so long ago(그리 오래전 일이 아니라 얼마 전에)'라는 표현으로 시작한 것과 마지막 문장에 공통으로 쓰인 'first'라는 단어입니다. 나이 든 부모님일지라도 장성한 자녀의 어린 시절은 그리 오래된 일이 아닌 것처럼 느껴지겠지요? 또한 부모는 자녀의 'the first words', 'her first best friend', 'her very first letter'에 대한 추억을 간직하며 살 것입니다. 마지막은 'A NOTE TO TRIXIE' 부분입니다. Trixie가 대학을 졸업하고 사랑하는 사람을 만나 결혼하여 아이를 낳고 키우는 모습을 간결하지만 담담하게 써 내려간 아버지의 편지에서 긴 세월의 사랑을 고스란히 가슴으로 느낄 수 있었습니다. 늘 애착 토끼 인형을 Trixie 품에 안겨준 아버지의 편지는 감동적이었습니다.

인상적인 부분을 짚어보면서 대학 입학시험을 앞둔 어느 추운 밤, 말없이 저의 손을 잡고 함께 걸었던 아버지의 모습이 떠오릅니다. 또 장녀를 시집보내면서 아버지가 느끼셨을 허전한 마음, 손자의 첫걸음, 첫 발화에 관해 이야기하면 으레 저의 첫걸음과 발화에 관해 이야기하시는 모습, 수많은 메모와 편지를 써 주셨던 깔끔한 아버지의 필체에 대한 기억을 통해 '아버지의 사랑을 받는 Trixie는 곧 나'임을 발견합니다.

어휘 해설

aeroplane 비행기, 항공기
before you know it 어느새, 순식간에
brand-new 완전 새것인
bunny wunny 토끼 (토끼를 장난스럽게 부르는 애칭)
carnival 축제; (서커스 따위) 순회 쇼; 이동 유원지
feel better 기분이 좋아지다
Holland 네덜란드
lift off 이륙하다
not so long ago 얼마 전에
Oma (네덜란드어) 할머니
Opa (네덜란드어) 할아버지
passenger 승객
queue (up) 줄을 서서 기다리다
receive 수령하다
relieved 안도하는
remark 언급하다
sip (아주 적은 양의) 한 모금
TM trademark(상표)의 줄임말
top-of-the-range (비슷한 상품들 중) 최고급의
windmill 풍차

Note

어휘력 ●●○○○   문해력 ●○○   사고력 ●○○

The Very Hungry Caterpillar
by Eric Carle

슬로우 미러클의 '느리게 100권 읽기'는 쉬움과 재미, 감동의 세 박자를 갖춘 영어책 100권을 골라 하루 한 권씩 함께 읽어나가는 범국민 영어책 읽기 프로젝트입니다. 2020년 7월 20일 첫발을 내디딘 후 현재까지 20,000명에 가까운 많은 분들이 이 프로젝트에 참여하여 영어책 읽기의 재미와 감동을 함께 나누었지요. 오늘 우리가 함께 읽을 늘백의 그림책은 지금으로부터 약 4년 전 그 대장정의 시작을 알렸던 첫 번째 작품, Eric Carle의 《The Very Hungry Caterpillar》입니다.

고요히 빛나는 달빛 아래 작은 알 하나가 나뭇잎 위에 누워 있었습니다. 일요일 아침에 따스한 해님이 떠오르자 '펑!' 하며 그 알에서 아주 작은 애벌레가 나왔지요. 배고픈 애벌레는 월요일에 사과 하나를 파먹었습니다. 하지만 아직도 배가 고팠지요. 그래서 화요일엔 배 두 개, 수요일엔 자두 세 개, 목요일엔 딸기 네 개, 그리고 금요일엔 오렌지를 무려 다섯 개나 먹었지만 여전히 배가 고팠습니다. 토요일이 되자 애벌레는 초콜릿 케이크, 아이스크림콘, 피클, 스위스 치즈 등을 닥치는 대로 먹었습니다. 그런데 너무 많이 먹어서인지 결국엔 배탈이 나고 말았지요. 하지만 다음 날 맛 좋은 초록색 잎을 하나 먹었더니 배 아픈 것이 훨씬 나아졌습니다. 이제 배가 불러 크고 통통하게 변한 애벌레는 집을 짓기 시작합니다. 애벌레는 왜 집을 짓는 것일까요? 무엇으로 어떻게 지으려는 걸까요? 그리고 애벌레는 앞으로 어떻게 될까요?

> 리딩 가이드

- ✦ 알에서 나온 작은 애벌레가 힘들고 어려운 과정을 모두 이겨내고 찬란한 아름다움을 지닌 나비로 재탄생하기까지의 과정을 작가 특유의 기발한 착상과 기법, 고운 색감의 그림으로 멋지게 그려낸 작품입니다.
- ✦ 작가의 천재적인 아이디어가 돋보입니다. YouTube나 e-book으로는 왜 온전한 책 읽기가 어려운지 확실하게 알 수 있습니다.
- ✦ 애벌레가 먹는 알록달록한 과일들, 고치 속에서 나오는 화려한 모습의 나비, 선명하고 아름다운 그림을 감상하는 것만으로도 행복감을 느낄 수 있습니다.
- ✦ 예쁜 색감을 즐기는 것과 함께 그림 속의 디테일을 살펴보는 것도 잊지 마세요. 특히 애벌레의 표정 연기가 압권입니다. 과일을 먹고도 여전히 배가 고픈 얼굴, 너무 많이 먹어 배탈이 났을 때 배가 아파서 우는 듯한 표정, 그리고 싱싱한 나뭇잎을 먹고 가뿐하고 편안해진 모습이 모두 매우 인상적입니다.
- ✦ 그림책을 좋아하는 어른들에게 어린 시절의 행복한 기억을 떠올리게 합니다. 애벌레가 먹는 곳마다 구멍이 숭숭, 손가락을 집어넣기에 바쁜 우리 아이들. 한참 후 다시 꺼내 읽어보면 지난날의 추억이 절로 소환됩니다.
- ✦ 요일과 숫자, 다양한 음식이 나오기 때문에 교육용으로 아주 좋은 책이라 생각될 수 있습니다. 요일을 배웠으니 달 이름도 배워야 하지 않을까 하는 욕심이 생길 수도 있고요. 하지만 그런 유혹에 빠지면 책 읽기의 즐거움을 망치기 쉽습니다. 영어책 읽기의 '즐다잘'을 원한다면 영어든 지식이든 공부는 모두 잊고 오직 책 읽기 자체만을 생각하는 것이 좋습니다. 그렇게 하면 좋은 책이 왜 좋은지 더 잘 알게 되실 겁니다.

LEVEL 2

> 당신과 나누고 싶은 이야기　　　　　　　　　　　　　　　　**김경희**

　그림책은 아이들만의 전유물이라고 생각했습니다. 어느 날, 문득 《The Very Hungry Caterpillar》 책이 생각났습니다. 작은 애벌레의 일생을 담았지요. 너무 배가 고파 과일이며 온갖 음식을 열심히 먹어 치우는 귀엽기만 한 애벌레 군의 책입니다. 책의 면지엔 형형색색 알갱이들이 바닥에 쭉 쌓여 있었어요. 재미있게만 읽었던 기억이 있는데, 갑자기 그 알갱이가 무엇을 의미하는지 궁금해졌습니다.

　하얀 달빛을 받은 나뭇잎 위의 작은 알에서 'pop' 애벌레 군이 태어났습니다. 알에서 깨어난 애벌레는 누가 가르쳐주지 않아도 제 살길을 찾아 떠납니다. 운 좋게 맛난 사과를 만났어요. 딱딱하다고 겉만 핥고 갈 수는 없지요. 젖 먹던 힘을 다해 땀을 뻘뻘 흘리며 맛있는 사과를 먹고야 맙니다. 첫날은 애를 많이 썼지만 아주 달콤했습니다. 그래도 여전히 배가 고파 길을 나섭니다. 그의 끝없는 도전은 때론 말랑하고 달콤한 딸기를 만나는 행운을 얻기도 합니다. 그런데 인생이란 늘 복병이 숨어 있어요. 우리의 애벌레 군은 생전 보지도 듣지도 못한 아이스크림, 살라미, 체리파이 등 현대의 맛을 보고 탈이 납니다. 그래도 인생에서 먹는 거 빼면 재미가 없겠지요? 아! 즐거움도 잠시, 올 것이 오고야 말았습니다. 자기 몸에 가느다란 실을 칭칭 감고는 먹지도 움직이지도 않는 날을 기꺼이 받아들이고 숨죽여 기다립니다. 변화가 시작되었습니다.

　'아~ 인생은 지금부터일 수도 있구나!'

　책의 마지막 장에 그려진 모습을 보고 '인생의 후반은 이렇게 시작될 수도 있겠구나'란 생각이 들었습니다. 그리고 책의 면지에 쌓인 그 형형색색의 알갱이가 내가 걸어온 인생의 발자취일 수 있겠다는 생각이 들었습니다. 이 깨달음으로 인생 후반을 맞이한 저는 앞으로 용기 있게 살아갈 힘이 생겼습니다. 영어 그림책이 어른을 위한 책이 될 수 있는 필요충분조건을 찾았습니다. '영어 그림책은 책이다.'

어휘 해설

caterpillar 애벌레

cocoon (곤충의) 고치

lie 놓여 있다 (lie-lay-lain)

lollipop 막대사탕

look for 찾다, 구하다

nibble (야금야금) 먹다

pear 서양 배 (우리나라 배와는 모양과 맛이 다름)

plum 자두

pop '뻥' 하는 소리가 나다

salami 살라미 소시지 (크기가 아주 커서 얇게 잘라 먹음)

sausage 소시지

slice (음식을 얇게 썬) 조각

stomachache 위통, 복통

through ~을 통해, ~을 관통하여

tiny 아주 작은

Note

BOOK 050

어휘력 ●●●○○   문해력 ●●●○○   사고력 ●●○○

I'll Always Love You
by Hans Wilhelm

생명을 지닌 존재라면 누구도 죽음을 피할 수 없습니다. 사랑하는 가족이나 친구와도 언젠가는 헤어져야만 합니다. 그 피할 수 없는 순간이 어느 날 우리를 찾아왔을 때 무엇이 가장 후회스러울까요? 오늘 우리가 함께 읽을 늘백의 그림책은 상실의 슬픔 속에 있는 모든 이들에게 큰 위로가 될 작품, Hans Wilhelm의 《I'll Always Love You》입니다.

Elfie는 내가 세상에서 가장 사랑하는 개입니다. 나와는 아기 때부터 함께 자랐는데 나보다 Elfie가 더 빠르게 성장했지요. 우린 매일 함께 놀았습니다. 난 Elfie의 따뜻한 몸을 베고 눕는 걸 좋아했고 우린 꿈도 함께 꾸었지요. 그렇게 시간은 빠르게 흘러갔고 여전히 키가 자라고 있던 나와는 달리 Elfie는 점점 둥글해졌습니다. 그리고 잠은 더 자면서 걷는 것은 덜 좋아했지요. 걱정이 된 우리는 Elfie를 수의사에게 데려갔습니다. 그런데 슬프게도 Elfie가 늙어가고 있다고 하네요. Elfie는 곧 계단도 오르지 못하게 되어 내가 안고 올라가야만 했습니다. 그런데 어느 날 아침 일어나 보니 Elfie가 죽어 있었습니다. Elfie의 죽음을 나는 도저히 믿을 수 없었습니다. 지금까지 늘 함께해 왔는데 나에게 Elfie 없는 삶은 상상조차 할 수 없었거든요. 이제 나는 어쩌면 좋을까요? 그래도 다행인 것은 매일 밤 잠들기 전에 "난 항상 널 사

랑할 거야"라고 말해준 것입니다. 그 말을 Elfie도 알아들었겠지요?

리딩 가이드

✦ 반려견에 대한 한 소년의 사랑과 그를 떠나보낸 슬픔, 둘 사이의 소중한 추억과 그 의미를 잔잔한 스토리와 부드러운 삽화로 섬세하게 그린 감동적인 작품입니다.

✦ 함께했던 시간과 죽음을 지극히 사실적으로 묘사하여 그 아픔이 가슴에 더욱 깊이 와닿습니다. 마음에 위로를 주고 상실의 슬픔을 이겨낼 수 있도록 돕습니다.

✦ 사랑하는 이는 멀리 떠나도 함께 나눈 사랑과 그 추억은 영원히 남아 서로를 이어줍니다. 그럼에도 불구하고 그 슬픔을 감당하는 일은 오로지 남겨진 사람의 몫이라고 말합니다.

✦ 사랑하는 이와 함께하는 지금 이 순간이 얼마나 소중한지, 사랑을 표현하는 일이 얼마나 중요한지를 깨닫게 해줍니다.

✦ 남은 날들을 매 순간 감사하며 살고 싶습니다. 하루도 빠짐없이 열렬히 고백하고 싶습니다. '한 치 앞도 알 수 없는 우리의 인생, 언제 그날이 찾아오더라도 그 두 가지 일에서만큼은 후회가 남지 않도록!' 이렇게 속삭이는 것 같습니다.

당신과 나누고 싶은 이야기 1   **성미진**

　봄꽃이 한창이던 4월 마지막 주, 친정 식구들과 1박 2일 여행을 다녀왔습니다. 서로의 바쁜 일정과 코로나로 인해 몇 년간 미뤄왔던 모두가 기다린 여행이었지요. 오전의 강한 비바람도 잦아들고 즐거워하는 아이들 모습에 몇 번이나 행복하다고 말씀하시는 부모님까지 모든 게 완벽했습니다. 둘째 날 헤어지기 전, 식당으로 향하던 아빠의 차에 우연히 제가 타기 전까지는요. 핸드 브레이크를 풀지 않은 채 시작된 아빠의 운전은 위험천만했습니다. 자꾸 중앙선으로 치우치고 좌회전하다 도로 연석에 부딪힐 뻔하고… 가까스로 차를 세우고 제가 운전을 해서야 겨우 식당에 도착했지요. 매일 짧지 않은 거리를 자가운전으로 출퇴근하시는 분인데 도저히 이해할 수 없는 상황이었습니다.

　사실 가족들은 전날부터 아빠의 발음이 조금 이상하다는 생각은 하고 있었어요. 긴가민가했던 의심은 분명한 신호라는 확신으로 바뀌었고 신속히 응급실로 모신 결과 뇌경색이었습니다. 당시엔 무섭고 두려웠지만 가족 모두 모인 자리에서 증상이 발현되어 함께 힘을 모아 위기를 넘길 수 있었으니 오히려 감사한 순간이 되었습니다. 그날 밤 병실 수화기 너머로 들리는 아빠의 분명해진 말소리가 어찌나 눈물 나게 반갑던지요. 통화를 끊고 마음이 진정되니 소년이 Elfie에게 밤마다 늘 해주었던 말이 수줍게 새어 나옵니다. "I'll always love you." 쑥스러운 마음에 그동안 많이 하지 못했던 그 말을 이제는 아끼지 않으려고 합니다.

　가족들의 놀람보다 아빠가 받았을 충격이 컸을 겁니다. 그런데도 자식들 걱정시키게 했다며 도리어 본인을 책망하며 흐느끼시던 아빠의 모습을 잊을 수가 없습니다. "아빠! 늦지 않게 저희에게 다시 기회를 주셔서 감사해요. 존경하고 사랑합니다."

당신과 나누고 싶은 이야기 2　　　　　　　　　　　　　　　**전미양**

　어린 시절 키우던 토끼가 생각납니다. 이름은 흰솜이. 똥은 쪼끄마한 구슬 같은 게 냄새도 엄청 지독하고, 가끔 화초나 가구, 전선을 갉아 먹어 제대로 사고를 치던 녀석이지요. 하지만 흰솜이는 존재만으로도 너무나 귀엽고 사랑스러운 소중한 가족이었습니다.

　처음엔 물론, 아기 토끼의 새하얀 털, 앙증맞은 이목구비, 한 손에 폭 들어오는 자그마한 크기에 놀라고 반했습니다. 하지만 토끼는 금세 자라더군요. 어느덧 팔뚝만큼 커다래지고 천방지축 장난꾸러기가 되었지만, 쌓아가는 시간만큼 우리의 애정은 더욱더 애틋하고 깊어졌습니다.

　함께한 추억들이 떠오릅니다. 어느 날, 토끼가 물을 싫어한다는 사실을 모르고 실수로 흰솜이를 통목욕 시킨 적이 있어요. 결국 흰솜이는 감기에 걸리고 배탈까지 났지요. 너무나 미안하고 걱정스러워 백방으로 약을 구해 먹였지만, 아픔은 대신할 수 없었습니다. 끙끙 앓는 흰솜이를 보며 곁에서 눈물만 흘리던 그때 그 시간이 아직도 생생하고 마음 아려옵니다.

　흰솜이는 자라서 어른이 되었고 임신도 하여 새끼를 낳았습니다. 한 번에 무려 일곱 마리를 낳았지요! 꼬물꼬물 아기들과 함께 있는 '엄마 흰솜이'를 보니 놀라움과 존경심, 벅찬 감동이 느껴졌습니다. 토끼풀과 방울토마토 꼭지, 사과 껍질을 좋아하던 흰솜이, 자그마한 코로 나의 발꿈치를 톡톡 치고 짧고 귀여운 혀로 손바닥을 핥아주던 흰솜이. 저는 이 작은 친구가 너무 좋아 날마다 밤마다 보드라운 털을 한없이 쓰다듬어주었습니다.

　어느덧 흰솜이도 할머니가 되었습니다. 그리고 많이 아프던 어느 날, 결국 무지개다리를 건넜습니다. 소중했던 7년, 덕분에 참 많은 것을 느꼈어요. 언어 없이도 나눌 수 있는 따스한 교감, 여린 존재를 보살피며 마주하는 커다란 기쁨과 책임, 생명의 유한함, 그리고 시간의 소중함까지…. 고마움 가득한 충만한 사랑이었습니다.

　그러고 보면 '어린 시절 반려동물과 함께할 수 있다는 것'은 정말 큰 행운

이자 행복인 듯합니다. 이 기쁨을 우리 아이들에게도 줄 수 있으면 좋으련만, 엄마가 된 지금은 '집이 좁아서, 아이들이 어려서, 동물 털이 알레르기를 일으킬까 봐' 등 갖가지 이유를 대며 마음을 열지 못하고 있네요. 언젠간 우리 집에도 소중한 새 가족을 기꺼이 맞이하는 날이 오겠죠? 그때를 기다리며 나의 어린 시절을 사랑으로 채워주었던 고마운 토끼를 그리고 그려봅니다.

어휘 해설

bury 땅에 묻다
chase 뒤쫓다
coat (동물의) 털[가죽]
discover 발견하다
folks (보통 복수형으로) 가족 (특히 부모); 사람들
instead 대신에
kitten 아기 고양이
mind 언짢아하다, 싫어하다
mischief 장난
offer 제안하다, 권하다
pillow 베개
scold 꾸짖다, 야단치다
squirrel 다람쥐
vet 수의사

Note

Picture books are for everybody at any age, not books to be left behind as we grow older.

– Anthony Browne –

Level 3

느리게 읽기에
풍덩 빠지기

BOOK 051

어휘력 ●●●○○　문해력 ●●●○　사고력 ●●●○

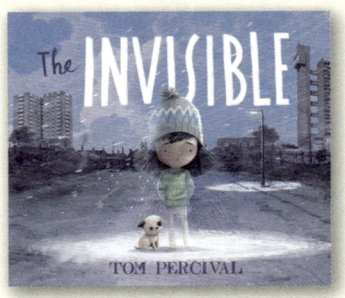

The Invisible
by Tom Percival

많은 것을 누리며 살아가는 사람들의 눈에는 춥고 가난하며 배고픈 사람들의 모습이 잘 보이지 않기 마련입니다. 하지만 보이지 않는다고 존재하지 않는 것은 아니며, 눈에 잘 띄지 않는다고 덜 중요한 것도 아닐 것입니다. 오늘 우리가 함께 읽을 늘백의 그림책은 우리 주변의 보이지 않는 사람들과 그들의 삶에 대한 특별한 이야기 《The Invisible》입니다.

　　Isabel은 가난한 가정의 어린 소녀입니다. 어려운 살림에 난방을 할 수 없어 늘 추위에 떨어야 했고, 필요한 것들을 충분히 살 수도 없었습니다. 하지만 사랑하는 가족과 함께 있어 행복했지요. 그러던 어느 날 형편이 더욱 어려워진 Isabel의 가족은 행복한 기억들이 가득한 정든 집을 떠나 멀리 교외로 이사를 해야만 했습니다. 이사 간 지역은 춥고 슬프고 쓸쓸했으며 모든 것이 암울하게 느껴졌습니다. 가난한 소녀의 미미한 존재감 때문이었을까요? 지나가는 자동차 속의 사람들과 멋지게 차려입은 사람들의 눈에는 Isabel이 보이지 않는 듯했습니다. 아예 존재하지 않는 사람 같았지요. 그런 상황 속에서 Isabel은 손과 발부터 시작해 모습이 조금씩 희미해지더니 결국엔 투명 인간처럼 되어버리고 맙니다. 분명 존재하기는 하지만 아무도 볼 수 없는 그런 존재 말이지요. 그런데 놀랍게도 바로 그때부터 Isabel의 눈에는 그동안 보이지 않던 것들이 보이기 시작합니다. 그리고 그것을 계기로 Isabel은 무언가를 결심하고 생각한 바를 하나씩 실행에 옮깁니다. Isabel은 대체 무엇을 보게 된 것일까요? 어떤 결심을 하고 무엇을 실천하려 했을까요? Isabel의 노력은 과연 어떤 결과를 낳게 될까요?

리딩 가이드

- ✦ 극심한 가난으로 인한 어려움 속에서도 소외된 사람들의 삶에 빛을 비추고 자신의 삶과 자신이 속한 공동체에 큰 변화를 만들어낸 한 소녀의 이야기입니다.
- ✦ 소외된 사람들도 우리 사회의 소중한 구성원이며 마음을 열고 함께 노력하면 더 나은 세상을 만들어갈 수 있다는 희망의 메시지를 담고 있습니다. 물질만능주의가 팽배한 오늘날의 현실 속에서 '그래도 역시 돈보다는 사람이구나!' 하는 생각을 하게 해줍니다.
- ✦ 빈곤이 사람들의 삶에 미치는 영향을 생생하게 느낄 수 있습니다. 의식주와 건강 문제, 교육과 진로 기회의 제한 등 가난이 초래하는 다양한 사회 문제들에 관심을 갖게 합니다.
- ✦ Isabel은 어려운 환경 속에서도 아름다운 것들을 볼 수 있었습니다. 이는 단순한 것에서 기쁨을 찾고 매사에 감사할 줄 아는 마음가짐과 삶의 태도를 나타냅니다.
- ✦ Isabel은 스스로 보이지 않게 되고 나서야 비로소 사회로부터 소외되어 보이지 않는 사람들의 존재를 깨닫게 됩니다. 이는 다른 사람들의 어려운 처지에 대한 이해와 공감의 중요성을 의미합니다.
- ✦ 외롭고 소외되어 보이지 않던 한 소녀가 자신과 공동체 구성원들의 삶을 변화시킵니다. 나의 작은 관심과 실천이 사람들의 생각을 변화시키고 함께 연대함으로써 더욱 큰 변화를 만들어낼 수 있습니다.

> 당신과 나누고 싶은 이야기　　　　　　　　　　　　　　　　김은영

　70대 아버지가 암과 싸우는 동안 저는 아버지가 점점 투명해지고 있다고 생각했습니다. 아버지가 아픈데 세상은 여전히 잘 돌아가고 저의 일상조차도 아무 일 없는 듯 굴러가고 있었으니까요. 이러다 '아버지가 점점 투명해져서 사라지는 게 아닐까?'라는 생각이 들어 종종 두려웠습니다. 요양 목적으로 병원에 입원해 있는 동안 아버지가 휴게실에 가면 젊은 사람들이 자리를 피한다고, 그게 정말 이상하다고 말씀하셨다고 들었습니다. 그 말을 듣고 암 병동 휴게실에 아버지와 나란히 앉아 있었던 몇 개월 전이 떠올랐지요. 그곳에 있으면 병동 전체에 드리운 묵직한 공기가 조금은 가벼워졌습니다. 딸하고 데이트라도 나온 듯 활짝 웃던 아버지의 얼굴이 생각납니다.

　책에서처럼 사회에서 소외된 사람들은 자꾸 투명해집니다. 어떤 일은 일어나지도 않은 것처럼, 어떤 사람은 존재하지도 않는 것처럼 배제되기도 합니다. Isabel이 발견한 투명한 사람들이 식물을 가꾸고 새들을 먹이고 있었다는 사실은 경이로우면서도 경이롭지 않습니다. 사회가 배척한 사람 안에도 존엄이 살아있고 생명력이 꿈틀거리기 때문입니다. 아버지가 아플 때 투명해지는 아버지의 존엄을 지키는 배려에 대해 자주 생각했습니다. 꺼져가는 육신에 깃든 명료한 정신은 불균형한 조합의 껍데기 밖으로 빛처럼 새어 나오곤 했습니다. 아버지가 떠난 후 저는 버스정류장에 앉아 몇 시간이고 사람 구경하는 투명한 사람들을 알아보게 되었습니다. 식물이 볕을 향해 뻗듯 살아있는 생명은 연결을 원합니다. Isabel처럼 저도 꼭 필요한 연결을 만들어 가는 삶을 살고 싶습니다. 그러면 저와 제 이웃이 연결한 세상 한구석은 아주 선명해지고 보기가 좋아지겠지요.

어휘 해설

barely 거의 ~아니게; 간신히, 겨우
bedpost 침대 기둥
bill 계산서, 청구서
can't afford to ~할 여유가 없다
cheer up 격려하다, 기운을 북돋아 주다
completely 완전히
creep up 소리 없이 다가오다 (creep-crept-crept)
curl (둥그렇게) 감기다, 감다
drift (서서히) 이동하다, 움직이다
exactly 정확하게
fade away 서서히 사라지다, 점점 희미해지다
invisible 눈에 보이지 않는

jumper (모직, 면으로 된) 스웨터; 점퍼, 잠바
mend 수선하다, 고치다
pale 창백한, 엷은
pull on (옷, 구두, 장갑 따위를) 잡아당겨 입다 [신다/끼다]
rent 집세, 방세
smartly dressed 옷을 깔끔하게 입은
stray 길을 잃은
take for granted 당연한 일로 여기다
there's no escaping the fact ~라는 사실은 피할 수 없다, 분명하다
vibrant 활기찬, 생기 넘치는
visible (눈에) 보이는

Note

BOOK 052

어휘력 ●●●○○ 문해력 ●●○ 사고력 ●●○

The Wolf, the Duck and the Mouse
by Mac Barnett, Jon Klassen (Illustrator)

살다 보면 좋은 일도 있고 나쁜 일도 있기 마련입니다. 그런데 재미있는 것은 세상일이란 것이 보이는 것과는 다른 경우가 아주 많다는 것이지요. 좋은 일인 줄 알고 기뻐했는데 반대로 화가 되는 경우도 있고, 나쁜 일이 생겨 좌절하고 있었는데 그것이 오히려 복이 되는 경우도 드물지 않습니다. 우리가 오늘 읽을 늘백의 그림책은 반전에 반전이 더해지는 이야기 《The Wolf, the Duck and the Mouse》입니다.

핑크색 귀를 가진 귀여운 생쥐가 숲속에서 늑대를 만납니다. 영리하고 재빠른 생쥐이니 당연히 도망쳤겠지요? 하지만 독자들의 기대와 달리 생쥐는 늑대에게 꿀꺽 삼켜지고 맙니다. 생쥐가 불쌍하다고요? 글쎄요. 늑대 배 속에 들어가 보니 그곳이 글쎄 생각지도 못했던 천국이지 뭡니까? 그곳에는 오리 한 마리가 먼저 와서 자리를 잡고 있었는데 생쥐에게는 그야말로 놀라움 그 자체였습니다. 부엌과 식사 테이블은 물론이고 음악을 들을 수 있는 레코드플레이어까지 있었거든요. 둘은 맛있는 식사를 즐기고 음악에 맞추어 춤도 춥니다. 그로 인해 늑대가 심한 복통을 느끼기 시작했지만 그런 것은 아랑곳하지 않았지요. 무엇보다 그곳에서는 늑대에게 먹힐 걱정도 없으니 거기가 아니면 어디가 천국이겠습니까? 오리의 말처럼 삼켜졌을지는 몰라도 먹히지는 않은 것이지요("I may have been swallowed, but I have no intention of being eaten"). 그런데 그렇게 잘 지내고 있던 그들에게 갑자기 위기가 닥쳐옵니다. 총을 든 사냥꾼이 늑대에게 접근하고 있었거든요. 늑대는 과연 이 위기를 벗어날 수 있을까요? 늑대의 뱃속에 있던 오리와 생쥐는 또 어떻게 될까요?

> **리딩 가이드**

- ✦ 늑대에게 삼켜진 생쥐와 오리의 이야기를 통해 예상치 못한 우정, 역경에 대처하는 긍정적이며 적극적인 태도, 창의적인 협력과 부정적인 상황 극복 등의 주제를 다루고 있습니다.
- ✦ 기발한 이야기 전개, 재치 있는 대화, 독특한 삽화, 우정에 대한 색다른 시각과 해석으로 널리 호평받는 작품입니다. 늑대의 뱃속에서 살게 되는 어려운 상황에서도 긍정적인 결과를 만들어내는 생쥐와 오리의 특이한 우정과 협력에 주목하세요.
- ✦ 우정의 예측 불가능성을 보여주고 있습니다. 예상치 못한 장소와 상황에서도 우정이 시작될 수 있고 보통은 불가능했을 관계도 얼마든지 가능하다는 것을 보여줍니다. 이를 통해 우정에 대한 전통적인 관념에 도전하고 있습니다.
- ✦ 관점과 태도가 매우 중요함을 느낍니다. 생쥐와 오리는 늑대에게 삼켜진 후에도 절망하지 않습니다. 자신들이 처한 상황의 긍정적인 측면에 주목하여 그들만의 창의적인 방식으로 만족과 행복을 찾고 편안하고 즐거운 삶을 즐깁니다.
- ✦ 유머가 역경을 이겨내는 원동력이 될 수 있음을 배웁니다. 오리는 자신의 어려운 처지에 유쾌하고 유머러스한 태도로 접근하여 기쁨을 찾습니다. 이를 통해 유머와 웃음이 도전적인 상황에서도 도움이 될 수 있음을 알게 해줍니다.

> **당신과 나누고 싶은 이야기**　　　　　　　　　　　　　　　**이영주**

　그림책은 어린이를 위한 책이라는 편견을 깨트리는 책들이 있습니다. 그림책의 짧고 간결한 문장이 때론 더 큰 울림을 주기도 합니다. 저에게는 《The Wolf, the Duck and the Mouse》가 그런 책입니다. 저는 늑대에게 무리한 요구를 하면서 편안한 생활을 누리고 있는 오리와 생쥐에게 차가운 이기심이 느껴져 불편했습니다. 늑대의 배 속에서는 잡아먹힐 걱정 없이 안락한 생활을 누릴 수 있다는 오리의 말을 듣고 있자니 그 표정이 왜 이리 괘씸해 보이는 걸까요?

　문득 대학 신입생 시절이 떠올랐습니다. 저는 학교 선배에 이끌려 교지편집부 동아리 활동을 했습니다. 그때 처음으로 '생존 투쟁'이라는 새로운 세상을 보았습니다. 안전한 주거 공간, 기본적인 권리를 보장받을 수 있는 일자리, 최소한의 교육을 받을 수 있는 권리 등 누구나 당연하게 누려야 할 것들을 위해 목숨을 걸고 길거리에 나온 사람들을 취재하고 글을 쓰면서 '지금까지 공부라는 울타리 속에 있던 세상이 참 좁은 세상이었구나'를 깨달았습니다. 늘 안타까움과 분노가 교차했습니다.

　그래서 저는 오리의 말이 불편합니다. 적당히 먹고 누릴 수 있는 오늘 하루의 안녕이 실은 많은 사람의 희생이 더해진 결과일 수도 있기 때문입니다. 제가 자라온 좁은 세상을 벗어나 거리에서 만난 사람들이 아직도 생생합니다. 하지만 대학을 졸업한 이후 애써 외면하고 살아왔던 건 아닌지 저를 돌아보게 되었습니다. 많은 사연을 담고 있을 것만 같은 그림책 주인공들의 까만 눈동자를 바라보며 제가 느꼈던 불편함을 기억합니다. 정말 아무 걱정 없이 살아도 되는 것인지, 오리에게 말을 걸어보고 싶습니다.

어휘 해설

ask a favo(u)r of ~에게 부탁을 하다
beeswax 밀랍
burst 터지다, 파열하다
charge 돌격하다, 공격하다
clear one's throat (말을 하기 전에) 목을 가다듬다
crust (빵) 껍질
defend 방어[수비]하다
doom (피할 수 없는) 비운, 파멸
escape 달아나다
evil 악
feast (무언가를 축하하기 위해) 맘껏 먹고 마시다
fire a shot 한 방 쏘다
flagon (포도주 등을 담는 손잡이가 달린) 큰 병
get trapped 함정에 빠지다
gobble (up) 게걸스럽게 먹어 치우다
grant 허락하다, 승인하다
have a point 일리가 있다

hunk (빵이나 고기 등의) 큰 덩어리
intention 의사, 의도; 목적
make a toast 건배하다
moan 신음하다
munch 아삭아삭[우적우적] 먹다
remedy 치료
ruckus 야단법석, 소동
settle 진정[안정]시키다
shriek (흥분, 공포, 고통 등으로 날카롭게) 소리[비명]를 지르다
spare 목숨을 살려주다
swallow (음식 등을) 삼키다
trip 발을 헛디디다
tummy 배
woe 비통, 비애
wraith (사람의 사망 직전/직후에 나타나는) 생령(生靈); 유령

Note

BOOK 053

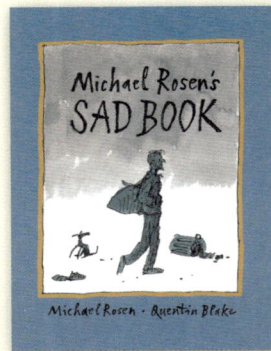

Michael Rosen's
Sad Book

by Michael Rosen,
Quentin Blake (Illustrator)

사랑하는 자녀가 스무 살이 되기도 전에 세상을 떠난다면 부모의 심정은 얼마나 비통할까요? 또 그런 슬픔은 대체 어떻게 감당해야 할까요? 오늘 우리가 함께 읽을 늪백의 그림책은 누구도 피할 수 없는 죽음에 관한 슬픈 이야기 《Michael Rosen's Sad Book》입니다.

나는 내 아들 Eddie를 생각할 때가 가장 슬픕니다. 너무도 사랑했던 아이인데 그만 죽고 말았지요. 너무나 원망스럽고 답답한 마음에 어떻게 그렇게 죽을 수 있느냐고, 어떻게 나를 이토록 슬프게 할 수 있느냐고 물어봅니다. 하지만 Eddie는 말이 없습니다. 이제는 더 이상 함께 있지 않으니까요. 어떤 때는 누군가에게 모든 걸 털어놓고 싶고, 또 어떤 때는 아무 말도 하고 싶지 않습니다. 저 혼자만 간직하고 싶기 때문이지요. 슬픔 때문에 말도 안 되는 이런저런 일을 하기도 하고, 때로는 나쁜 짓도 해보았습니다. 또 슬픔으로 인한 고통을 피하려고 여러 가지 노력을 기울여보았습니다. 다른 이들도 모두 저마다의 슬픔이 있을 것이라 말하며 애써 스스로를 위로해보기도 했고요. 매일 한 가지씩 즐거운 일을 찾아 해보려고도 했고, 슬픔에 관한 글도 써보았습니다. 창밖의 도시 풍경과 사람들을 바라보며 돌아가신 어머니와

Eddie와의 추억을 되살려보기도 했고요. 하지만 이 모든 노력에도 불구하고 슬픔은 떠나질 않네요. 대체 나는 어찌하면 좋을까요?

리딩 가이드

✦ 글 작가 Michael Rosen의 실제 경험을 바탕으로 한 작품입니다. 아들을 잃은 아버지로서 감당해야 하는 큰 슬픔과 고통을 넘침도 모자람도 없이 있는 그대로 온전히 담아내고 있습니다.

✦ 극도의 슬픔을 겪을 때 보일 수 있는 다양한 반응과 모습들이 생생하고도 실감나게 그려져 있습니다. 많은 이들의 공감을 불러일으키며 죽음과 그로 인한 슬픔이 우리 모두의 이야기임을 설득력 있게 보여주고 있습니다.

✦ 대화체를 사용하여 누군가와 직접 소통하는 것처럼 표현함으로써 슬픔이라는 복합적인 감정을 보다 쉽게 이해하고 공감할 수 있도록 해줍니다.

✦ 회색의 자유로운 선으로 그려진 어둡고 무거운 색채의 그림이 주인공의 심정과 아픔을 오롯이 드러내는 시적인 언어와 어우러져 슬픔과 고통의 감정을 더욱 강렬하게 만들고 우울함과 쓸쓸함의 분위기를 고조시키고 있습니다.

✦ 슬픔을 부정하거나 억누르려 하기보다는 가감 없이 풀어내고 인정하라고, 그렇게 하면 그 슬픔과 화해하고 더불어 살아갈 수 있다고 말해줍니다.

> 당신과 나누고 싶은 이야기

채지연

20대에 단짝이었던 친구를 30대에 하늘로 보냈습니다. 저의 대학 시절엔 그 친구밖에 없었는데, 너무도 허망하게 가버린 그녀의 죽음을 전 받아들일 수 없었습니다. 왜 그런 일이 그녀에게 찾아왔는지, 도무지 이해되지 않았고 믿어지지도 않았습니다. 20대의 추억과 시간들이 그녀와 함께 통째로 날아가 버린 것만 같았습니다. 저는 마치 없었던 일처럼 그녀의 죽음을 외면했습니다. 아이를 낳고 육아로 바쁘게 지냈습니다. 이 핑계 저 핑계 둘러대며 애써 생각하지 않으려 했었지요. 제대로 슬퍼하지도 추모하지도 못한 채 시간은 흘렀습니다.

아버지가 돌아가신 날, 비로소 친구의 죽음을 이해하고 해석하게 되었습니다. 친구를 무척 사랑한 신의 뜻이라는 것을. 험난한 세상에서 힘들게 살도록 이곳에 두지 않고 평안한 그곳으로 일찍 데려간 게 아닐까 생각하게 되었습니다. 죽음의 문턱을 넘는 힘겨운 길, 그 길 너머로 떠난 이들은 이제 여기 없지만, 그들의 부재가 불러오는 그리움과 슬픔은 남아있는 자들의 몫이었습니다. 불쑥 떠오르는 생전 아버지의 모습, 저에게 해주셨던 몇 안 되는 칭찬이 생각날 때면 머리를 한 대 맞은 듯 울컥했습니다.

어떤 형태의 슬픔을 어떻게 겪어내든 해결사는 시간이었습니다. 시간은 흘렀고, 어느새 우리는 웃으며 아버지를 추억합니다. 아버지의 행동을 곧잘 흉내 내는 막내는 아버지의 행동과 표정, 자주 얘기하시던 말투를 똑같이 따라 합니다. "이제 오는가!" 엄마는 아버지가 하늘에서 꼭 그렇게 맞아주실 것 같다고 하십니다. 저녁 식탁에서 "오늘은 안주가 좋으니까 한잔해야겠네" 하시던 아버지의 한마디를 떠올리며 오늘은 저도 잔을 들어봅니다.

어휘 해설

bang 쾅 하고 치다
be proud of 자랑스럽게 여기는
come along 나타나다
crane 기중기
dare ~할 엄두를 내다
disappear 사라지다, 안 보이게 되다
either (부정문에서) ~도 또한
fair 공정한, 온당한
figure out 생각해내다
horrible 끔찍한

how dare 감히 ~하다니
I want to be thin air. (공기처럼) 눈에 보이지 않게 사라지고 싶어.
on one's own 혼자서
pretend ~인 척하다
save 골 막기, 득점 차단
school play 학교 연극
so long as ~하는 한은
stuff 것(들)

Note

BOOK 054

어휘력 ●●●○○   문해력 ●●○   사고력 ●●○

Julius, the Baby of the World
by Kevin Henkes

아이들은 동생이 태어나면 엄마 아빠의 사랑을 빼앗겼다는 생각에 상처를 받기도 하고 갑자기 달라진 모습을 보이기도 합니다. 그런 아이들의 마음을 어떻게 어루만져주면 좋을까요? 오늘 우리가 함께 읽을 늘백의 그림책은 아이들의 마음 세계와 행동을 너무도 잘 아는 작가 Kevin Henkes의 《Julius, the Baby of the World》입니다.

동생 Julius가 태어나기 전까지 Lilly는 그 동생에게 아낌없이 베푸는 좋은 누나였습니다. 하지만 막상 동생이 태어나자 이야기가 완전히 달라집니다. Julius를 예쁘게만 보는 엄마 아빠와는 달리 Lilly에게는 동생의 모든 것이 밉게만 느껴졌거든요. 그래서 엄마 아빠 몰래 동생을 꼬집기도 하고, 나쁜 말도 하고, 무섭게도 해보았습니다. 친구들에게 동생에 대한 험담을 하기도 하고 악몽을 꾸기도 했지요. 심지어는 동생을 사라지게 만드는 마술도 부려보았지만 잘되지 않자 아예 투명인간 취급을 해버립니다. 한편, 동생 Julius가 무슨 행동을 하든 엄마 아빠는 감탄하고 흐뭇해합니다. 하지만 같은 행동을 Lilly가 하면 칭찬은커녕 핀잔을 듣기가 일쑤였지요. '생각하는 의자(Uncooperative chair)'에도 자주 앉아야 했고요. 그러다가 잔뜩 예민해진 Lilly는 아예 짐을 싸서 집을 나가버리기도 했습니다. 그러던 어느 날 엄마

아빠는 Julius를 위해 파티를 열고 친척들을 초대합니다. 파티에 온 친척들은 모두 Julius가 예뻐서 어쩔 줄 몰라 하며 온갖 찬사를 늘어놓습니다. 그런데 함께 온 사촌 Garland는 달랐습니다. 뜻밖에도 Julius가 역겹다고 하면서 나쁜 말들을 잔뜩 늘어놓는 것 아니겠습니까! Garland의 말을 들은 Lilly는 갑자기 기분이 묘해집니다. Lilly는 과연 어떤 생각이 들었을까요?

리딩 가이드

- ✦ 새로 태어난 동생에 대한 어린 누나의 고민, 정서적인 갈등과 변화의 수용, 그 과정에서의 배움과 성장에 관한 이야기입니다.
- ✦ 형제자매 간의 미묘한 경쟁 관계와 아이들의 연약한 자존감에 대한 작가의 깊은 이해가 바탕에 깔려 있습니다. 사촌이 Julius를 헐뜯자마자 누나로서의 보호 본능이 즉각 작동하기 시작하는 것에 주목하세요. 나는 동생을 미워해도 남이 내 동생을 미워하는 건 참기 힘든 것이지요.
- ✦ 아이들의 정서적인 성장을 다루고 있습니다. 어린 동생으로 인해 질투와 좌절을 느낍니다. 초기의 심리적 갈등을 극복하고 변화를 받아들입니다. 둘 사이에 강한 유대관계를 형성하고 이를 통해 서로의 삶을 더욱 풍성하게 만들어갑니다. 이러한 일련의 과정을 탐험하고 이해하도록 돕습니다.
- ✦ 다음 세 가지 질문에 유의하여 책을 읽고 함께 이야기 나누어보세요.
  - 동생 Julius에 대한 Lilly의 생각은 Julius가 태어나기 전과 후가 어떻게 다른가요?
  - Lilly의 부모님은 Lilly와 Julius를 각각 어떻게 대하나요?
  - Lilly가 동생 Julius에 대한 부정적인 태도를 바꾸게 되는 계기는 무엇인가요?

> 당신과 나누고 싶은 이야기

김수연

다음 달 둘째 아이는 돌을 맞이합니다. 두 번째 임신과 출산 과정은 익숙했지만, 두 아이를 동시에 키우는 육아는 정말 어려웠습니다. 첫째 아이의 세상은 얼마나 흔들리고 변할까 조심스레 상상해보았지만 제가 맞닥뜨린 세상은 상상 이상이었습니다.

어느 시인은 '질투는 나의 힘'이라고 말했습니다. 그러나 둘째 아이를 향한 첫째 아이의 질투는 저에겐 한숨이었고 절망이었고 분노였습니다. 신생아용 쿠션에 누워 있던 아기 위로 벌러덩 눕는 첫째 아이를 보며 저는 한숨을 쉬었고, 뒤집기를 하고 엎드려 있는 동생의 등에 올라탄 아이를 보며 저는 절망을 느꼈습니다. 같이 있기 싫다고 동생을 밀고 때리는 첫째 아이의 모습을 보며 분노가 치밀었습니다.

첫째 아이의 질투가 사라지기는 할까 의심이 들 무렵 그림책 속 누나 생쥐 Lilly를 만났습니다. Lilly가 부리는 변덕이나 심술을 보며 현실 속 제 아이의 속상했던 마음을 알아채고 다독일 수 있었습니다. 둘째 아이가 태어난 지 1년이 되어 가니 Lilly처럼 첫째도 점점 둘째를 받아들이고 있습니다. 좁은 시야로 두 아이를 보던 제 마음이 좀 더 너그러워졌고 인내심도 커졌습니다. 둘째가 얼마나 치열하게 적응하며 성장했는지 보였습니다. 첫째가 본인의 전부였던 나의 엄마가 동생의 엄마이기도 한 사실을 인정하느라 얼마나 눈물과 콧물의 시간을 보냈는지 이제야 알게 되었습니다.

아이가 돌을 맞이할 즈음 1년을 돌이켜볼 몸과 마음의 여유를 선물 받은 기분이 듭니다. 이제는 아이가 없던 시절이나 아이가 한 명이던 때가 아득히 먼 전생처럼 느껴집니다. 두 아이, 비슷하면서 서로 다른 두 세계가 다정하게 포개진 느낌. 그 교집합 속에서 저는 영혼이 좀 더 깊고 다채로운 엄마로 성장합니다.

어휘 해설

act your age 나이에 맞게 행동하다
admire 칭찬하다, 감탄하며 바라보다
all shapes and sizes 온갖 다양한 형태와 크기로
amused 즐거워하는
antique 골동품의
babble 옹알이하다
be supposed to ~하기로 되어 있다, 해야 한다
beady (흥미, 욕심으로) 반짝거리는
chime (노래하듯) 단조롭게 반복하다
china 자기 (그릇)
command ~에게 명령하다
compliment 칭찬
constantly 끊임없이
crib 아기 침대
dazzled 황홀해하는 (cf. dazzle (미모, 솜씨 등으로) 눈부시게 하다)
diaper 기저귀
disappear 사라지다
disguise 변장, 위장
disgusting 역겨운
doubtful 확신이 없는
dreadful 무시무시한, 끔찍한
earn 받게 하다, 가져오다; 얻다, 받다
exclaim 소리치다
exist 존재하다
extraordinary 비범한, 대단한
exuberance 풍부함
feel up to ~을 할 기력이 되다
festive 축하하는, 축제의

for your information 참고로 말하면; 뭔가 잘못 알고 있는 것 같아 하는 말인데
germ 세균
ghastly 무시무시한, 섬뜩한
glorious 대단히 즐거운
gurgle (아기가 기분이 좋아) 까르륵 소리를 내다
hover 맴돌다
in honor of ~을 기념하여, 축하하며
insulting 모욕적인
lullaby 자장가
lump 덩어리
lung capacity 폐활량
mind your manners 예의를 지키다
nicety 괜찮은 물건; 세부 사항
nifty 솜씨 좋은, 훌륭한
opinion 의견, 견해
pinch 꼬집다
pretend ~인 체하다
quite a spread 진수성찬
quiver (가볍게) 떨다
raisin 건포도
restrain (감정 등을) 억누르다
shower 잔뜩 주다, (애정 등을) 쏟다
slimy 끈적끈적한
slink 살금살금 움직이다
sparkly 반짝반짝 빛나는
stand on end (머리카락이) 쭈뼛쭈뼛 서다
stroke 쓰다듬다
twitch 씰룩거리다
uncooperative chair 생각의자, 훈육의자 (cf. uncooperative 비협조적인)

BOOK 055

어휘력 ●●○○○ 문해력 ●●●○ 사고력 ●●●○

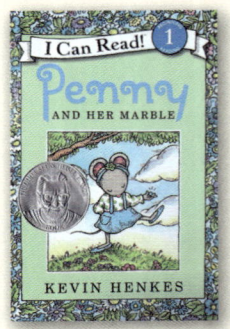

Penny and Her Marble
by Kevin Henkes

아무도 보는 사람이 없는 곳에서 우연히 마음에 쏙 드는 물건을 발견했을 때 아무 일도 없었던 것처럼 그냥 지나치는 것은 그리 쉽지 않을 것입니다. 어린아이에게는 그 유혹이 더욱 크겠지요. 오늘 우리가 함께 읽을 늘백의 그림책은 어린아이들이 흔히 겪는 도덕적 딜레마와 갈등을 흥미로운 이야기로 풀어낸 Kevin Henkes의 《Penny and Her Marble》입니다.

꼬마 생쥐 Penny는 어느 날 집 주위를 산책하던 중 Goodwin 부인의 잔디밭에서 예쁘게 빛나는 파란 구슬을 발견합니다. 잠시 망설였지만 주변에 보는 이가 없는 것을 확인하고는 구슬을 주워 얼른 주머니에 넣습니다. 서둘러 집으로 돌아와 방문을 꼭 닫은 후 꺼내 보니 정말 멋진 구슬입니다. 매끈하여 빠르게 잘 굴러갈 뿐 아니라 푸른 하늘의 일부인 것처럼 아주 파랬지요. 그런데 창가에서 구슬을 하늘에 비춰보던 Penny는 깜짝 놀랍니다. 구슬을 주운 장소에서 Goodwin 부인이 뭔가를 찾고 있는 듯 보였거든요. 급하게 커튼 뒤로 숨은 Penny는 놀란 가슴을 진정할 수 없었습니다. 불안한 마음에 오후 내내 엄마 곁에만 붙어 있었습니다. 머릿속에는 온통 구슬 생각뿐이고 좋아하는 쿠키를 굽는 일도 저녁을 먹는 일도 도무지 마음이 내키질 않았지요. 둥근 것은 모두 구슬처럼 보였고, 자려고 침대에 누웠지만 잠도 오질 않습니다. 겨우 잠이 들었는데 Goodwin 부인이 찾아와 방문을 두드리며 구슬은 대체 어디 있느냐고 소리치는 악몽까지 꿉니다. Penny는 대체 어찌하면 좋을까요?

리딩 가이드

◆ 이웃집 잔디밭에서 구슬을 주워온 Penny가 자신의 잘못된 행동과 그로 인한 고민을 스스로 해결해나가는 과정을 생생하고도 유머러스하게 그린 작품입니다.

◆ 유머와 재치 넘치는 이야기 전개를 통해 자칫 심각해지기 쉬운 내용을 편안한 마음으로 즐길 수 있도록 해줍니다.

◆ 도덕적 딜레마와 관련된 아이들의 정서와 심리를 정확하고도 깊이 있게 파헤치고 있습니다. 자기 것이 아닌 것을 취함으로써 갖게 되는 죄책감과 그로 인한 고민, 실수와 잘못을 바로잡으려는 책임감 있는 태도, 올바른 선택과 용기 있는 행동, 그 덕분에 되찾은 마음의 평안과 행복, 그리고 기대치 않았던 선물과 다시 작동하기 시작하는 상상력까지. 이 모든 것들이 독자들의 생각을 자극하고 만족감을 주며 많은 대화를 촉발합니다.

◆ 사건의 발생에서부터 결말에 이르는 일련의 모든 과정에서 아이를 믿어주고 문제를 스스로 해결해 나가도록 배려해준 사려 깊은 어른들을 보며 부모나 어른으로서 우리 자신의 모습을 돌아보게 됩니다.

◆ 2014년 가이젤 아너북 수상작으로서 스스로 영어책을 읽기 시작하는 아이들에게 책을 읽는 재미와 성취감을 맛보도록 돕는 쉽고도 매력적인 책입니다.

> 당신과 나누고 싶은 이야기

성미진

　아무도 없는 길가에 놓인 물건을 발견하는 일은 누구에게나 찰나의 고민을 안겨줍니다. 아직 도덕성이 덜 발달한 어린아이라면 더욱 지나치기 힘들지요. 저의 두 아이도 그런 경험이 있습니다. 그때 단호한 말투로 훈계했던 기억이 납니다. "주인 없는 물건이라도 마음대로 가져오는 건 나쁜 행동이야. 절대 그러면 안 돼!"라고요. 그러나 말로만 하는 훈육은 그다지 큰 효과가 없었습니다. 아이들은 비슷한 상황에 부딪힐 때마다 그게 무엇이든 몇 번을 들었다 놓고 엄마의 꾸짖음을 듣고서야 마음을 돌릴 수 있었거든요.

　Goodwin 부인의 마당에 있던 구슬을 가져왔던 Penny는 용기를 내어 잘못을 고백하고 그토록 원하던 구슬까지 받게 됩니다. Penny의 홀가분한 마음이 'something shiny'에서 'my marble'로 변하는 구슬의 호칭으로도 고스란히 전달되는 듯합니다. 반면 비슷한 상황에서 옳고 그름만을 따지며 꾸지람을 들었던 제 아이들은 얼마나 창피하고 속상했을까요? 이제라도 상처 받았던 아이들의 마음을 보듬어 안아주고 싶습니다.

　상대의 행동을 변화시키는 것은 공감에서 출발한다고 하지요. 죄책감이 수치심이 되지 않도록 아이를 비난하지 않고 기다려준 Penny의 부모님, 그릇된 행동을 비난하기보다 불안한 마음을 돌봐준 Goodwin 부인의 모습은 저를 돌아보게 합니다. 아이들도 욕심으로 인한 불안과 죄책감은 용기 있는 고백으로 해소될 수 있다는 사실을 알게 되겠지요. 부모와 아이 모두에게 공감을 주는 Kevin Henkes의 책들이 저는 참 좋습니다. 그리고 다시 한 번 다짐합니다. 내 아이에게는 Penny 부모님, 이웃 아이에게는 Goodwin 부인과 같이 친절하고 현명한 어른이 되어주겠다고 말이지요.

어휘 해설

back and forth 왔다 갔다
bug (가벼운) 유행성 질병
drawer 서랍
dresser 서랍장
feel better (몸, 건강, 기분 등이) 나아지다
feel one's forehead 이마를 짚다
fever 열
glint (작게) 반짝거리다
lawn 잔디밭

marble (아이들이 가지고 노는) 구슬
pound (가슴이) 쿵쿵 뛰다, 마구 뛰다
pretend ~라고 상상하다, ~인 것처럼 행동하다
shrug (어깨를) 으쓱하다
sidewalk (美) 인도 ((英) pavement)
stroller 유모차
to bits 산산이, 조각조각
to get a better look 더 잘 보려고
too old to ~하기에는 너무 나이가 많은

Note

BOOK 056

어휘력 ●●●○○　문해력 ●●●○○　사고력 ●●●○○

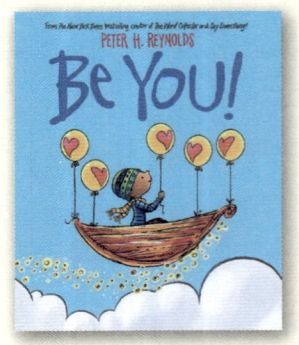

Be You!
by Peter H. Reynolds

당신은 어떤 사람입니까? 과거에는 어떤 사람이었나요? 있는 그대로의 당신은 어떤 모습인가요? 그리고 그것은 당신이 바라는 모습과 어떻게 다른가요? 오늘 우리가 함께 읽을 늘백의 그림책은 당신이 누구이든, 어떤 사람이든, 가능한 모든 방법으로 '최고의 너'가 되라고 말해주는 책, Peter H. Reynolds의 《Be You!》입니다.

우리는 모두 무궁무진한 가능성을 가지고 태어납니다. 노력 여하에 따라 그 어떤 사람도 될 수 있는 잠재력을 지니고 있지요. 하지만 각 사람에게 가장 중요한 것은 바로 '나 자신이 되는 것(Be You)'입니다. 그렇다면 나 자신이 되기 위해서는 무엇이 필요할까요? 자신을 알아가기 위한 노력, 그 노력을 계속 이어가는 끈기와 인내심, 미지의 것에 대한 호기심, 그 호기심을 충족시켜줄 탐구심과 모험심, 새로운 도전을 두려워하지 않는 용기, 타인을 이해하고 배려하며 함께하고자 하는 친절한 마음과 포용심, 남과 다른 나를 과감히 드러내고 자신 있게 행동하는 당당함, 남의 시선과 잣대에 휘둘리지 않고 나만의 생각과 신념을 지켜 나가는 창의적 주체성, 그리고 자신만의 길을 묵묵히 걸어가 독립적인 자아로 우뚝 서는 일까지. 이러한 가치들을 추구하며 험한 세상을 헤쳐 나갈 때 잊지 말고 꼭 기억하세요. 당신이 어딜 가든, 어떤 상황에 처하든, 당신을 사랑하고 지지하는 누군가가 반드시 있다는 것을.

리딩 가이드

✦ 과거와 현재의 나에 대해 깊이 성찰하고 더 잘 알게 도와주며, 앞으로의 나에 대해 많은 생각을 하게 해주는 작품입니다. 사랑하는 아이에게 해주고 싶은 말들이 모두 적혀 있다고 느끼실 겁니다.

✦ 남이 아닌 나 자신이 가장 '나다운 나'이며, 그런 '나'가 바로 '최고의 나'라는 사실을 깨닫게 해줍니다. 아직 늦지 않았으니 이제부터라도 너만의 길을 찾아 걸어보라고, 너다운 너를 마음껏 펼쳐보라고 속삭입니다.

✦ 지극히 단순한 텍스트, 선이 크고 굵은 따뜻한 느낌의 삽화가 각 사람을 특별하게 만들어주는 특성들에 주목하도록 돕습니다.

✦ 각양각색의 수많은 주체들이 어우러져 살아가는 세상에서 나만의 나로서 존재할 방법은 무수히 많습니다. 당신을 가장 잘 설명하는 가치와 특성이 무엇인지 생각해보세요. 어떤 자질과 성향, 어떤 마음가짐과 태도가 우리 아이들이 자아를 찾고 확립해가는 데 도움을 줄 수 있을까요? 당신과 당신의 아이를 위한 '나다운 나'를 찾아 책 여행을 떠나보세요.

✦ 글밥은 적지만 어려운 단어가 자주 나옵니다. 하지만 겁먹지 마세요. 아는 단어와 그림을 중심으로 읽고 함께 이야기 나누면 얼마든지 내용을 이해하고 읽기를 즐길 수 있으니까요. 모르는 단어는 나중에 확인하여 이해의 깊이와 폭을 넓혀보세요.

당신과 나누고 싶은 이야기   서춘희

거울을 가만히 들여다보세요. 어떤 모습이 보이나요? 눈, 코, 입, 귀, 머리카락… 그리고 피부색. 피부에 드러나는 세월의 흔적. 처음에는 윤곽선이 보이다가 색이 보이고 면이 보일 거예요. 부모님의 얼굴이 겹쳐 보이기도 하고, 나를 닮은 아이들의 얼굴이 언뜻 비쳐 보이기도 하지요. 나의 이야기와 내 유전자의 이야기가 겹쳐지면 거울 액자 속의 나는 시간과 공간을 확장해갑니다. 여기서 잠시, 지금 여기에 머물고 있는 나를 붙잡아볼까요? Be YOU!

태어나는 순간 수많은 가능성을 지닌 당신은, 자라며 그 가능성 앞에서 선택하게 됩니다. 유전적으로 받은 것과 환경적으로 주어진 것, 여기에 내가 자유의지로 선택한 것들이 모여 지금의 당신을 구성합니다. 하얀 기저귀를 차고 기어가는 아이의 그림에서 있는 그대로의 나를 표현하는 단어들을 찾아볼까요? 'thoughtful, generous, polite, curious, hopeful.' 이번에는 타인에게 보이고 싶은 단어들을 찾아봅시다. 'adventurous, brave, creative, insightful, quirky.' 차이가 보이나요? 책 한가득 좋은 단어들만 가득 담겨 있어서 싱겁기는 하지만 있는 그대로의 나와 내가 바라는 나, 가끔 눈을 부릅뜨고 그 틈새를 지켜볼 일입니다.

"Be ready. Be curious. Be adventurous. Be connected. Be persistent. Be different. Be kind. Be understanding. Be brave." 모두 다 좋지만, 오늘만큼은 'Be your own thinker'가 되어봅시다. 자, 이제 거울에 비친 당신의 모습을 그려볼까요? 가만히 들여다보고, 자세히 관찰하고, 손을 움직여 당신을 그릴 시간입니다.

어휘 해설

comfort 안락, 편안
compassionate 연민 어린, 동정하는
go ahead (격려의 의미로) 어서 하세요
helping hand 돕는 손길
human being 사람, 인간
kindred 비슷한, 동류의
patient 참을성 있는
persistent 끈질긴, 집요한

plunge 뛰어들다, 돌진하다; 거꾸러지다
quirky 별난, 괴짜인
spirit (특정한 유형의) 사람
unfold (어떤 내용이 서서히) 펼쳐지다
voyage (특히 배로 장거리를) 여행하다, 항해하다
worth ~할 가치가 있는
zone 지역, 구역, 영역

Note

BOOK 057

어휘력 ●●○○○ 문해력 ●●○○ 사고력 ●●○

Mr. Putter & Tabby Pour the Tea

by Cynthia Rylant,
Arthur Howard (Illustrator)

때가 되면 누구나 늙고 몸도 약해지기 마련입니다. 하지만 배우자와 친구들이 모두 떠나고 홀로 남았을 때 가슴 깊이 밀려드는 고독만큼 감당하기 힘든 것이 또 있을까요? 오늘 우리가 함께 읽을 늘백의 그림책은 나이 듦과 노년의 삶에 대해 생각하게 해줄 한 할아버지와 그의 고양이 이야기 《Mr. Putter & Tabby Pour the Tea》입니다.

나이 들어 홀로 외롭게 살아가는 Putter 할아버지는 따뜻한 머핀과 향긋한 차, 재미있는 스토리를 함께 나눌 수 있는 친구가 절실히 필요했습니다. 고양이가 적격이겠다고 생각한 Putter 할아버지는 반려동물 가게를 찾아가지요. 하지만 그곳에는 귀엽고 생기 넘치는 아기 고양이들뿐 정작 Putter 할아버지가 찾는 고양이는 없었습니다. 실망한 Putter 할아버지는 다시 동물 보호소를 찾아갑니다. 그리고 그곳에서 한 노란색 고양이를 만나게 되지요. 그 고양이는 늙어서 귀도 약간 먹었고 털도 가늘고 윤기가 없었습니다. 하지만 Putter 할아버지는 그 고양이가 정말 마음에 들었습니다. 늙어서 몸의 이곳저곳이 삐걱거리고 귀도 살짝 먹은 데다가 머리숱도 적은 자신과 너무도 비슷했기 때문이지요. Putter 할아버지는 그 고양이에게 Tabby라는 이름을 붙여주고, 그렇게 둘이 함께하는 삶을 시작하게 됩니다. Putter 할아버지와 Tabby는 함께 잘 지낼 수 있을까요? Putter 할아버지의 기대처럼 서로의 외로움을 달래주며 여생을 같이할 좋은 친구가 될 수 있을까요?

리딩 가이드

✦ 마음속 깊숙이 와닿는 은은한 슬픔 속에서 편안한 행복감과 잔잔한 감동을 느끼게 해주는 《Mr. Putter & Tabby》 시리즈의 첫 번째 작품입니다.

✦ (특히 고양이를 좋아하는) 아이들만큼이나 세월의 빠름을 실감하는 어른들을 위한 책입니다.

✦ 간결하고 섬세한 단어 선택이 돋보입니다. 등장인물의 표정이 살아있는 유머러스한 그림과 호소력 짙은 글이 잔잔히 흐르는 비애감 속에서 독자들의 마음을 사로잡고 이야기 속으로 빠져들게 합니다.

✦ 아무리 늙고 지쳤어도, 완전히 혼자인 듯 생각되어도, 사랑과 행복의 가능성은 여전히 존재한다고, 함께하는 이에 대한 희망을 버리지 말라고 말해줍니다.

✦ 노인이나 나이 든 사람을 생각하면 어떤 모습이 가장 먼저 떠오르나요? 여러분이 나이가 들어 늙게 되면 어떤 삶을 살고 싶은가요? 주변에 혼자 살고 있는 노인을 알고 있다면 그들의 삶에 대해서도 함께 이야기 나누어 보세요.

> 당신과 나누고 싶은 이야기

김은영

　요즘은 1인 가구 비중이 전체 가구의 3분의 1을 차지한다고 합니다. 나이 들어 혼자 살게 된다면 가장 필요한 게 뭘까요? 돈? 맞습니다. 그런데 기본적인 의식주가 충족되었다면요? 단연 친구가 가장 절실할 것 같습니다. Putter 씨의 나 홀로 일상은 잔잔하고 평온하지만 어쩐지 조금 쓸쓸해 보입니다. 뼈마디가 삐걱거리고 털은 가늘어지고 살짝 귀도 먼 고양이. 모두가 기피할 이런 이유로 두 친구의 동거가 시작됩니다.

　과학과 의학의 발달은 '노화는 질병이다'로 큰 패러다임을 전환하고 있습니다. 백 세 시대를 말하는 우리는 어떤 인생을 꿈꾸고 있나요? 고전 평론가 고미숙 씨가 종종 지적하듯 사계절의 순환이 없는 왕성한 여름, 그런 여름만 계속 연장하는 삶을 원하는 것은 아닌지 돌아보게 됩니다. 익숙하고 쉬웠던 몸놀림 하나하나에 더 의식적인 노력을 기울이게 되면서 불편한 육신을 입고 사는 사람을 이해하게 됩니다. 삶의 이치를 알아 소박한 풀꽃 하나도 예사로 보지 않는 눈을 갖게 되는 것, 인간을 포함한 자연의 아름다움과 경이로움에 눈을 뜨는 것, 그런 노년을 만날 때 인류 보편의 지혜가 다음 세대 또 그다음 세대로 이어지는 게 아닐까요? '나이 듦'에 대한 주제가 나오면 이 책이 떠오르고 가까운 이에게 추천해주고 싶은 이유이기도 합니다.

　언젠가부터 11월의 빛바래고 쪼그라든 낙엽에 마음이 갑니다. 마른 가지에 달려 볼품없는 낙엽의 사계절을 볼 수 있게 된 나 자신이 기특하기도 하고 쓸쓸하기도 합니다. 우아하고 조금은 유쾌한 노년을 꿈꾸나요? 저도 그렇습니다. 마지막 순간까지 경탄하며 보는 눈과 귀 기울여야 할 것에 열린 귀, 소중한 것을 가꾸는 마음이 있었으면 좋겠습니다.

어휘 해설

bathe (몸을) 씻다

clip (가위 같은 것으로) 자르다, 깎다

company 친구

creak 삐걱거리다

deaf 귀가 먹은

delighted 아주 기뻐하는

feed (식물에) 영양분을 주다; 먹이를 주다, 젖을 주다 (feed-fed-fed)

kitten 새끼 고양이

peppy 원기 왕성한, 기운 넘치는

pour 붓다, 따르다

purr (고양이가 기분 좋은 듯이) 목을 가르랑거리다

shelter 보호소

sure to do 반드시 ~하는

Note

BOOK 058

어휘력 ●●●○○ 문해력 ●●○ 사고력 ●●○

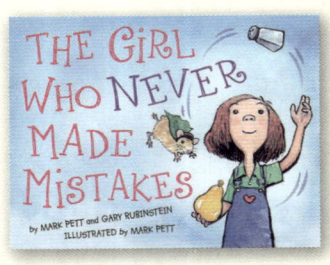

The Girl Who Never Made Mistakes

by Mark Pett and Gary Rubinstein,
Mark Pett (Illustrator)

혹시라도 모든 것이 완벽해야 한다는 강박관념에 시달리고 있지는 않나요? 제대로 해낼 수 있다는 확신이 들지 않으면 계속 미루거나 아예 포기해버린 적은 없는지요? 오늘 우리가 함께 읽을 늘백의 그림책은 단 한 번의 실수도 용납하기 힘든 당신에게 실수하고 실패해도, 실망을 주어도 아무 문제가 없으며 오히려 더 즐겁고 더 행복할 수 있다고 말해주는 책 《The Girl Who Never Made Mistakes》입니다.

    자주 실수하고 또 그것을 즐기는 유쾌한 동생 Carl과 달리 Beatrice는 실수를 하거나 중요한 것을 잊은 적이 단 한 번도 없습니다. 그래서 자신의 이름인 Beatrice Bottomwell보다는 '절대로 실수하지 않는 소녀'로 불렸지요. 그녀는 특히 3년을 내리 우승할 만큼 완벽한 저글링 솜씨로 많은 사람들의 사랑을 받았습니다. 오늘은 금요일, 아침의 시작은 여느 날과 다를 바가 없었습니다. 학교에 등교할 때까지는 말이지요. 하지만 요리 시간에 미끄러지며 계란을 떨어뜨릴 뻔한 일을 경험한 후로는 불안한 마음을 떨쳐버릴 수 없었습니다. 저녁에 있을 공연에서 실수하면 어쩌나 하는 생각이 들었거든요. 그래도 애써 태연한 척하며 준비를 하고 무대에 섰습니다. 음악이 시작되자 Beatrice는 미리 준비한 햄스터와 소금통, 물풍선을 차례로 던지며 저글링을 시작했지요. 그런데 갑자기 소금통에서 (하얀 소금이 아니라) 검은 후춧가루가 떨어지는 것 아니겠습니까? 그때 햄스터가 놀라 재채기를 하면서 발톱으로 물풍선을 잡는 바람에 햄스터와 후춧가루, 물과 물풍선 조각들이 한꺼번에 Beatrice의 머리 위로 쏟아져 내렸습니다. 절대로 실수하는 일이 없던 소녀가 실수를 하고 만 것이지요. 그것도 아주 큰 실수를요. 그 순간 음악이 멈추었고 모든 것은 정지된 듯 보였습니다. Beatrice는 어찌할 바를 몰랐고, 관객들도 모두 깜짝 놀라 할 말을 잊었습니다. 절대로 실수하지 않는 소녀가 실수했다는 사실을 도저히 믿을 수가 없었거든요. Beatrice는 이 초유의 사태를 어떻게 헤쳐 나갈까요?

리딩 가이드

- ◆ 절대 실수하지 않고 모든 일에 완벽하게 성공하여 주변 사람들의 찬사를 받던 한 소녀의 뼈아픈 경험과 깨달음, 성장에 관한 이야기입니다.
- ◆ 주인공 소녀의 예기치 못한 실수와 그로 인한 변화를 지켜보며 불완전함을 받아들이고 위험을 감수하며 실수로부터 배우는 삶에 대한 소중한 교훈을 얻게 됩니다.
- ◆ 실수와 실패에 대한 긍정적인 메시지를 전하고 있습니다. 완벽한 사람은 없습니다. 성공과 행복을 위해서도 완벽함이 필요한 것은 아닙니다. 실수하는 불완전한 나를 인정하고 끌어안을 때 오히려 더 행복할 수 있습니다. 그러므로 실수나 실패를 두려워 말고 새로운 가능성을 찾아 과감하게 도전해보세요.
- ◆ 주인공 소녀와는 대조적으로 실수를 두려워하지 않고 도전을 즐기는 남동생의 모습에 주목하세요. 그 모습에 공감하고 위안을 얻으며 용기와 확신을 갖게 됩니다.
- ◆ 실수와 실패에 대해 아이와 이야기 나누어보세요. 완벽함에 대한 집착을 버리고 실수를 용인하는 삶이 얼마나 더 유쾌하고 행복할 수 있는지 깨달을 수 있도록 도와주세요.

> 당신과 나누고 싶은 이야기

서덕순

Beatrice를 만나는 순간 불편한 진실 하나가 마음을 비집고 나오기 시작합니다. 내가 원했던 내 딸의 모습이 바로 Beatrice가 아니었을까. 언제나 반듯하고 정갈하며 탄탄한 노력으로 실수하지 않는, 기본이 되어 있는 아이. 저는 왜 반듯한 하나의 프레임 속에 아이를 끼워 맞추려고 했을까요?

사실 저는 완벽주의자입니다. 저에게 일어나는 모든 일에 철저한 사전 조사는 필수조건이며, 노력에 비례하는 최상의 결과는 당연한 공식이었지요. 단 한 번의 실수도 용납할 수 없어 혹여라도 실패를 맛보았을 때는 여러 날을 후회하며 낙담하곤 합니다. 작은 실수로 꽤 오랫동안 주눅이 들어 있던 Beatrice처럼요. 목표를 이루었다 할지라도 더 잘하지 못한 아쉬움이 늘 커서 결과에 대한 만족과 행복은 그 어디에서도 찾을 수 없었습니다.

나 자신을 끊임없이 채찍질하며 성장시키는 것, 그것이 삶의 옳은 방식이라고 생각했습니다. 잘해야 한다는 강박과 주위의 시선이 제 삶을 얼마나 구속해 왔는지, 재미란 단어를 얼마나 밀어내며 살아왔는지, 아이에게 엄마의 목표를 얼마나 강요해왔는지, Beatrice를 만나면서 비로소 완벽이라는 틀 안에 갇힌 어리석은 제 모습을 발견합니다.

두려움은 그저 마주하는 것, 몸이 경험하고 기억하는 것, 그리하여 생기 넘치는 사람다운 하루로 사는 것. 어쩌면 무언가를 완벽하게 해내는 것이 아니라 그 중심에 서 있는 나를 알아채는 것이야말로 완벽한 행복의 시작일지도 모르겠습니다. 아이에게 조언하는 것을 멈추겠다고 약속합니다. 나의 욕망대로 수식어를 붙인 채 아이를 반듯한 프레임 속에 밀어넣지 않기를요. 아이들은 저마다의 기쁨을 발견하겠지요. 아마도 두려움 없고 후회 없는 행복의 순간을 살게 될 것입니다.

어휘 해설

auditorium 강당
be about to 막 ~하려는 참이다
chuckle 빙그레 소리 없이 웃다
eggiest 가장 계란답게 생긴
giggle 피식 웃다, 킥킥거리다
grab 붙잡다, 움켜쥐다
in a row (여러 번을) 잇달아, 연이어
kiddo 얘야
laugh (소리 내어) 웃다
match (색깔, 무늬, 스타일을) 맞추다
nope 아니오 (=no)
odd 이상한
packed 만원의, 꽉 찬
PB & J peanut butter and jelly (sandwich) (땅콩버터와 젤리를 바른 샌드위치)

plaid 격자무늬(의 직물)
polka dot 물방울무늬
proper 알맞은, 적절한
refrigerator 냉장고
rhubarb 대황, 장군풀
slip 미끄러지다
sneeze 재채기
soaked 흠뻑 젖은
speck 작은 알갱이
speckled 얼룩덜룩한
stunned 놀라서 어리벙벙한 채로
That was close! 아슬아슬했어!
wobble 비틀거리다, 흔들흔들하다

Note

BOOK 059

어휘력 ●●●○○ 문해력 ●●●○ 사고력 ●●●○

The Incredible Book Eating Boy
by Oliver Jeffers

책을 좋아하여 잔뜩 사 모으기는 하는데 정작 제대로 읽는 책은 별로 없고 또 책 읽기를 진짜로 즐기지도 못하는 사람, 혹시 여러분 주변에는 없나요? 오늘 우리가 함께 읽을 늘백의 그림책은 책과 책 읽기의 진정한 가치에 대해 생각하게 해줄 Oliver Jeffers의 상상력 가득한 책 《The Incredible Book Eating Boy》입니다.

Henry는 책을 아주아주 좋아합니다. 그런데 문제는 좀 특별한 방식으로 좋아한다는 것이지요. 책을 읽는 것이 아니라 먹는 것을 좋아하거든요. 모든 것의 시작은 순전히 우연이었습니다. 어느 날 별생각 없이 책을 조금 먹어 봤는데 의외로 맛이 괜찮은 겁니다. 처음에는 그냥 시험 삼아 단어를 먹어 보았지요. 그러다가 문장을, 다음에는 페이지를, 그리고 나중에는 책 전체를 먹게 되었습니다. 책의 장르도 가리지 않고 온갖 종류의 책을 즐겨 먹었지요. 책을 먹다니 정말 괴이한 일이지요? 근데 더 놀라운 것은 책을 먹으면 먹을수록 점점 더 똑똑해진다는 것이었습니다. 책 속의 정보와 지식이 머릿속으로 들어가 차곡차곡 쌓이게 된 것이지요. 그래서 수업 시간에는 어려운 수학 문제도 막힘없이 풀어냈고, 퀴즈쇼에도 출연하여 문제를 척척 맞힐 수 있었습니다. 금세 선생님보다도 더 똑똑한 소년이 되었고, 세상에서 가장 똑똑한 사람이 되는 것도 단지 시간문제인 것처럼 보였습니다. 그러던 어느 날 Henry는 몸에 이상 신호를 느끼게 됩니다. 속이 불편해지더니 토하기까지 했지요. 그리고 머릿속의 지식이 온통 뒤죽박죽되었는지 쉬운 산수 문제도 풀지 못하고, 말도 제대로 할 수 없었습니다. Henry에게는 대체 무슨 일이 생긴 걸까요? 앞으로 그는 어떻게 될까요?

리딩 가이드

- ✦ 기이하게도 책을 먹어 지식을 쌓는 한 소년의 이야기입니다. 책을 물리적인 형태 이상으로 좋아하고 즐기는 것의 중요성, 독서의 올바른 방법, 바람직한 배움의 자세에 대해 말하고 있습니다.
- ✦ 책을 사랑하는 것은 책의 단순한 소비나 소유가 아니라 독서를 통해 그 내용을 이해하고 즐기는 것이라는 점을 분명히 하고 있습니다.
- ✦ 책 읽기는 양보다 질이라는 것을 가르쳐줍니다. 책을 보유하는 것보다는 읽는 것이, 단순히 책을 많이 읽는 것보다는 한 권이라도 제대로 읽는 것이 중요함을 다시 한 번 깨닫습니다.
- ✦ 책을 먹어 많은 지식을 쌓는 과정에서 Henry는 예상치 못한 부작용을 경험합니다. 이를 통해 편법을 쓰지 않고 정직하게 독서하는 것이 지식을 얻는 가장 바람직한 방법임을 강조하고 있습니다. 또한 배움은 인내와 꾸준함을 요구하는 점진적인 과정으로서 쉽고 빠른 지름길은 없음을 명확히 하고 있습니다.
- ✦ 이야기의 마지막 부분에서 Henry는 독서의 즐거움을 발견합니다(Henry discovered that he loved to read). 이를 통해 읽는 즐거움이 가장 큰 보상이 될 수 있으며, 독서의 결과 못지않게 그 과정을 즐기는 것이 중요하다는 것을 암시하고 있습니다.

> 당신과 나누고 싶은 이야기

전미양

중학생 때 《도라에몽》이라는 만화책을 즐겨 봤습니다. 그 책에는 다양한 마법이 나왔는데, 저는 그중 이 에피소드를 가장 좋아했어요. '판화를 찍듯 식빵을 책에 찍어서 먹으면 그 내용이 전부 머릿속에 들어간다는 것!' 어찌나 부럽던지요. 공부가 참 힘들던 그때, 어떻게든 조금 더 쉽고 편한 방법은 없나 요행을 바란 듯합니다.

그러나 현실에는 그러한 마법이 없었습니다. 지식을 얻으려면 결국엔 시간과 비례한 엉덩이의 힘이 필요했지요. 지식뿐만이 아니었어요. 삶의 어떠한 가치든 내가 무엇인가를 얻으려면 그만큼의 시간과 공이 필요했습니다. 쉽게 얻은 것은 쉽게 잃었고, 간절함과 노력으로 힘겹게 얻은 것들은 좀처럼 나에게서 사라지지 않았습니다.

생활비에 대출금까지, 매달 빠듯한 평범한 현실 속에서 가끔은 로또 당첨자들을 부러워합니다. 그런데 그거 아세요? 로또에 당첨만 되면 무조건 행복할 것 같지만, 추적조사를 해보면 사실 그렇지 않다고 하네요. 기적처럼 커다란 이익을 얻었더라도 사람의 욕심은 끝이 없고, 그 귀함과 감사함을 모른 채 얻은 것들을 제대로 소화시키지 못하기 때문이죠. 결국 모든 게 손아귀 사이로 빠져나간다고 합니다.

하지만 이러한 요행이 아니라 '내가 힘들게 노력하여 얻은 진짜 행복들'은 양손에 꼭 붙들고 소중하게 지킬 수 있습니다. 결국엔 이들이 내 삶의 진정한 자산이자 무기가 되겠지요.

설익은 과일은 맛이 없습니다. 충분한 시간과 노력이 필요하지요. 자연은 어쩜, 이토록 심오한 이치를 이리도 쉽게 이야기해줄까요?

어휘 해설

after a while 잠시 후
although 하지만
atlas 아틀라스, 지도책
besides 뿐만 아니라
by accident 우연히
cope 대처하다
definitely 확실히
dictionary 사전
digest 소화하다
disclaimer (제품에 표시하는) 경고문
discover 깨닫다
embarrassing 난처한, 당혹스러운

every now and then 가끔씩
feel ill 속이 불편하다, 몸이 좋지 않다
fierce 맹렬한
fussy 까다로운
go through (책이나 문서를) 훑어보다
in one go 한 번에
incredible 믿을 수 없는, 놀라운
pay attention 주의를 기울이다
properly 제대로
rate 속도
Roll up! 와서 보세요!
sure 확신하는

Note

BOOK 060

어휘력 ●●●○○　문해력 ●●○　사고력 ●●○

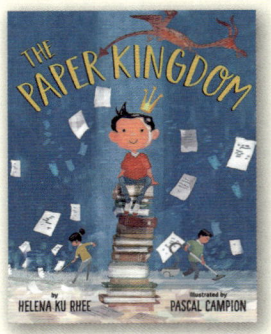

The Paper Kingdom
by Helena Ku Rhee,
Pascal Campion (Illustrator)

다시는 돌아오지 않을 아이들의 황금 같은 어린 시절, 그 소중한 시간이 아주 잠시라도 무의미하게 흘러가거나 힘든 기억으로 남게 되는 것을 우린 결코 원치 않습니다. 그런데 매일 매 순간이 즐거울 수만은 없고 또 지루하거나 힘든 일도 있기 마련인데 그럴 때는 대체 어떻게 대처하는 것이 좋을까요? 오늘 우리가 함께 읽을 늘백의 그림책은 건강한 상상력의 큰 힘을 느끼고 즐길 수 있게 해줄 작품 《The Paper Kingdom》입니다.

밤이 점점 깊어가고 있습니다. 피곤했던 Daniel은 벌써 잠자리에 들었고 엄마 아빠는 일하러 가실 준비에 바빴지요. 그런데 엄마가 전화를 받으시더니 갑자기 Daniel을 깨우시네요. 오늘 밤에는 베이비시터가 올 수 없어서 Daniel도 일하는 곳에 함께 가야 한다고 하시는군요. Daniel의 엄마 아빠는 야간에 사무실 청소 일을 하시거든요. Daniel은 가고 싶지 않았습니다. 그래서 윗집에 가 있으면 안 되냐고, 아니면 그냥 혼자 있겠다고 해보지만 엄마 아빠는 모두 안 된다고 하시네요. 하는 수 없이 졸리는 눈을 비비면서 따라나섰지만 Daniel은 기분이 영 좋지 않았습니다. 전에도 여러 번 따라가 보았지만 오피스 빌딩은 무섭게만 느껴졌고 엄마 아빠를 기다리는 것도 힘들기만 했거든요. Daniel은 너무 피곤하고 졸려서 울고만 싶었습니다. 그런데 언제 집에 갈 수 있느냐고 보채는 Daniel에게 엄마 아빠가 말합니다, 지금 자신들은 왕국을 청소하러 온 것이라고. 아니, 왕국이라니! Daniel은 갑자기 정신이 번쩍 들었습니다. 그날 밤 엄마 아빠는 궁금해하는 Daniel을 데리고 왕국의 이곳저곳을 다니며 왕과 왕비를 위해 구석구석을 깨끗이 청소했습니다. 그런데 여러분, 왕과 왕비 그리고 왕을 위해 일한다는 작은 드래건들은 모두 어디에 있는 걸까요? Daniel과 엄마 아빠는 어떻게 그런 환상의 나라에 오게 된 것일까요?

리딩 가이드

- ✦ 가족의 사랑과 긍정적인 삶의 태도, 그리고 세상을 바라보는 아이의 순수한 시각과 상상력의 힘에 대한 이야기입니다.
- ✦ 상상력의 경이로운 힘과 마법을 보여줍니다. 상상력은 우리가 살고 있는 현실 세계의 시간과 공간을 초월하여 누구나 판타지적인 경험을 할 수 있게 해줍니다.
- ✦ 매일의 일상 속에서 아름다움과 마법을 찾아보라고 독자들을 격려합니다. 평범한 일상도 얼마든지 흥미진진한 모험으로 바뀔 수 있습니다. 상상력은 무엇이든 특별하고 의미 있게 만들어주니까요. 또한 어린아이의 눈으로 세상을 바라보라고 촉구합니다. 그렇게 하면 지루하거나 단조로운 환경에서도 새로운 발견과 탐험의 기쁨을 찾아 누릴 수 있으니까요.
- ✦ 소년과 부모의 유대관계에 주목하세요. 가족이 함께하는 행복한 시간과 공유된 경험이 가족 간의 유대를 돈독히 할 수 있는 가장 좋은 방법임을 보여줍니다.
- ✦ 종이 왕국이 가지는 상징성에 유의하세요. 종이 왕국은 오피스 빌딩 같은 일상적인 환경에서 상상력으로 창조될 수 있는 마법의 세계를 나타냅니다.
- ✦ 주인공 소년의 부모님을 청소부로 설정함으로써 모든 일에 가치와 의미를 부여하고 다양한 직업에 대한 존중과 경의를 갖도록 장려하고 있습니다.

◆ 제2차 세계대전 중의 끔찍한 파시즘을 유쾌한 코미디로 승화시킨 영화, 로베르토 베니니(Roberto Benigni) 감독의 〈인생은 아름다워(Life Is Beautiful; La vita è bella)〉(1997)가 떠오르는 작품입니다. 주인공 귀도(Guido)는 사랑하는 아들 조슈아(Giosuè)를 위해 절망적인 유대인 포로수용소 생활을 하나의 거대한 게임으로 꾸미고 언제나 유쾌한 모습을 보여줍니다. 처형장으로 끌려가는 마지막 순간까지도 우스꽝스러운 걸음걸이를 선보이며 아들을 안심시키기 위해 노력했지요. 죽음의 공포도 막을 수 없었던 사랑의 힘과 그가 보여준 놀라운 상상력, 아무리 힘들고 어려워도 우리의 인생은 정말 아름답다는 확신을 갖게 해줍니다. 나 자신과 가족, 특히 사랑하는 아이를 위해 어떤 경우에도 주어진 삶을 포기하거나 결코 소홀히 할 수 없음을 깨닫습니다.

◆ 미국의 저명한 사상가 겸 시인인 랠프 월도 에머슨(Ralph Waldo Emerson)에 따르면, 상상력은 인간이라면 누구에게나 열려 있는 보편적인 능력이라고 합니다. 건강한 삶의 필수적인 요소이기도 하고요. 소수의 재능 있는 사람들에게만 국한된 것이 아니라는 말이지요. 하지만 그 능력을 얼마나 어떻게 키우고 발휘하느냐는 전적으로 각 개인에게 달려 있습니다.

> 당신과 나누고 싶은 이야기

김공주

　제가 초등학교에 다닐 무렵 아빠는 작은 내과 병원의 사무장 겸 엑스레이 촬영 담당이었습니다. 친구들은 아빠가 병원에서 일한다고 하면 으레 의사일거라 생각해서 다시 설명하느라 곤혹스러웠던 기억이 있습니다. 엄마는 늘 아빠의 가운을 정성스레 세탁한 후 반듯하게 다림질해서 챙겨주곤 하셨습니다. 어느 날 엄마 심부름으로 가운을 챙겨 가서 아빠 사무실에 앉아 있으려니 아빠가 의사 선생님이라면 얼마나 좋을까 싶은 생각이 들었습니다. 어느 정도 자라서는 누군가가 저에게 꿈을 물으면 언제나 의사라고 대답했답니다. 엄마도 아빠도 제 꿈이 의사라고 하면 너무 좋아하셨습니다. 아마 공부를 곧잘 하는 큰딸에게 거는 기대가 크셨겠지요. 딸이 의사가 된다고 하니 은근히 기대도 되고 생각만으로도 흐뭇하셨겠지요. 그 시절 아빠의 나이가 된 저는 의사가 아니라 작은 커피 공방을 지키고 있습니다.

　작은 커피 공방의 점심시간은 북새통입니다. 한 시간 남짓의 시간 동안 수십 잔의 음료를 만들고 나면 진이 빠져 한동안 멍하니 앉아 있습니다. 하루는 점심시간 직후 하교한 둘째 아이가 손님들이 두고 간 컵을 한가득 들고 왔습니다. 제 딴에는 엄마 아빠를 도와주려 한 것인데 왜인지 넌 하지 말라며 큰 소리를 내고 말았습니다. 위험하고 힘드니 하지 말라고 핑계를 댔지만 속마음은 조금 달랐습니다. 이런 게 부모의 마음일까요? 의사가 되겠다는 저를 보고 흐뭇해했던 부모님이나, 저를 돕겠다고 컵을 들고 온 아이를 보고 괜한 타박을 한 저나 같은 마음이겠지요. 날 닮은 아이가 나보다 더 나은 사람이 되길 기대하고 기도하며 살아가는 것이 어찌할 수 없는 부모의 마음인가 봅니다. 그런데 엄마 아빠의 고단함을 생각해 환하게 웃으며 남겨진 컵을 챙겨온 아이는 이미 저보다 나은 걸음을 걷고 있는 거였습니다.

어휘 해설

awake 잠들지 않은; 깨(우)다

banquet 연회, 만찬, 성찬

canister (홍차, 커피 등을 넣는) 통

confuse 혼란스럽게 하다

disaster 참사

doubt 믿지 않다, 의심하다

dust 먼지를 털다[닦다]

favor 부탁

forehead 이마

how come 어째서, 왜

huge 엄청나게 큰

hum 콧노래를 부르다

janitor (학교, 빌딩 등의) 관리인, 수위

kingdom 왕국

litter 쓰레기 (공공장소에 버려진 휴지나 빈 병 따위)

mean ~을 의도하다

naughty 버릇없는, 장난이 심한, 못된

nice and neat 몸가짐이나 행동이 번듯하고 의젓하게

pick up 정리 정돈하다, 치우다

realize 깨닫다, 인식하다

rub 문지르다, 비비다

rush 바삐 서둘러야 하는 상황

scoot 서둘러가다, 떠나다

shrug (어깨를) 으쓱하다

sneeze 재채기하다

snuggle (따뜻하고 안락한 곳에) 파고들다; 바싹 다가붙다

someday 언젠가, 훗날

spill 흘린 액체

sputter (자동차가) 털털거리는 소리를 내다

stall (칸막이를 해서 만든) 샤워실, 화장실

straighten 똑바르게 하다, 바로 하다

stuff 것(들), 물건

throne 왕좌, 옥좌

tuck (somebody) in ~에게 이불을 잘 덮어주다

vacuum 진공청소기

wave (손, 팔을) 흔들다

wipe (먼지, 물기 등을) 닦다, 닦아내다

yell 소리치다

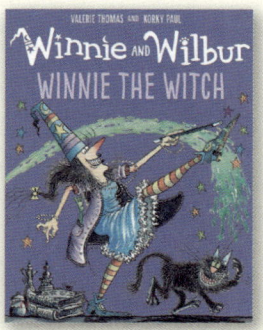

Winnie and Wilbur: Winnie the Witch

by Valerie Thomas, Korky Paul (Illustrator)

살아있는 한 끊임없이 생겨나는 문제들, 그 문제의 해결을 위해 우리는 늘 노력합니다. 그런데 문제는 그 문제의 해결이 또 다른 문제를 낳는다는 것이지요. 오늘 우리가 함께 읽을 늘백의 그림책은 문제의 발생과 그 진정한 해결에 대해 생각하게 하고 깨달음을 얻게 도와줄 명랑하고 유쾌한 이야기 《Winnie and Wilbur: Winnie the Witch》입니다.

마녀 Winnie는 그녀의 고양이 Wilbur와 함께 숲속에 있는 검은색 집에서 살고 있었습니다. 벽과 천장은 물론이고 카펫과 의자, 침대와 이불, 심지어는 욕조까지도 모두 검은색이었지요. 그런데 문제는 고양이 Wilbur 또한 검은색이라는 것이었습니다. Wilbur가 눈을 뜨고 있을 땐 녹색의 눈동자를 보고 알 수 있었지만, 눈을 감으면 전혀 보이지 않아 Winnie는 Wilbur를 깔고 앉거나 걸려 넘어지기 일쑤였습니다. 어느 날 계단에서 된통 당한 Winnie는 Wilbur를 초록색으로 바꾸어버립니다. 그런데 얼마 후 Winnie는 자신의 침대에서 자고 있던 Wilbur를 잔디밭으로 내보낸 후 급하게 밖으로 나오다가 그만 Wilbur에게 걸려 넘어져 장미 덤불로 떨어져버립니다. 잔디밭도 Wilbur도 모두 초록색이라서 보지 못했던 것이지요. 몹시 화가 난 Winnie는 Wilbur를 빨간색 머리, 노란색 몸, 분홍색 꼬리, 파란색 수염, 보라색 다리를 가진 괴상한 모습으로 만들어버립니다. 그리고 나니 문제가 해결된 듯 보였습니다. 하지만 자신의 우스꽝스러운 모습에 비참해진 Wilbur는 나무 꼭대기에 올라가 내려오지 않습니다. 그런 Wilbur를 본 Winnie는 깊은 고민에 빠집니다. 그리고 생각을 거듭한 끝에 좋은 해결 방안을 찾아냅니다. Winnie가 생각해낸 해법은 과연 무엇이었을까요?

리딩 가이드

- ✦ 《Winnie The Witch》 시리즈의 첫 번째 책으로 독자의 관심을 사로잡는 매력적인 이야기, 사랑스러운 캐릭터, 주인공 Winnie와 Wilbur가 함께 하는 마법의 모험으로 큰 인기를 얻고 있는 작품입니다.
- ✦ 마법을 사용해 Wilbur의 색깔을 바꾸기로 한 Winnie의 결정은 의도하지 않은 결과를 낳습니다. 이는 우리의 선택이 가져올 결과와 그 파장을 고려하여 선택에 신중을 기할 필요가 있다는 것을 의미합니다.
- ✦ Winnie의 실수와 그로 인한 혼란이 유머러스하게 묘사되고 있습니다. 이는 실수도 얼마든지 즐겁고 재미있는 경험이 될 수 있다는 것을 보여줍니다.
- ✦ 당면한 문제들을 풀어가는 과정에서 예상치 못한 결과에 직면했을 때 Winnie가 발휘하는 창의적이면서도 유연한 사고와 적응력에 주목해보세요.
- ✦ 이야기의 진행과 결말을 통해 때로는 단순한 방식이 고심하여 만든 복잡한 해결책보다 더 나은 선택이 될 수도 있음을 깨닫습니다.

| 당신과 나누고 싶은 이야기 1 | 김희연 |

저는 Winnie를 보면서 우리네 엄마와 비슷하다고 생각했습니다. 혹시 그런 경험이 있나요? 아이를 위해 뭔가를 바꿔버린 경험. 적어도 육아를 하면서 한 번은 있지 않을까 싶습니다.

우리 집 얘기를 하자면, 우리 집의 가장 큰 변화는 거실입니다. 거실에서 아이와 생활하는 시간이 많아지면서 아이에게 위험한 요소가 될 만한 것들은 모조리 다 치워버렸어요. 모조리 다 버렸다는 표현이 맞겠지요. 소파, 흔들의자, 큰 결혼사진 액자 등등. 미취학 남자아이만 둘이다 보니 우리 집은 늘 우당탕탕 사건사고가 일어나 남아나는 게 없고, 사방이 위험 요소 천지였습니다. 그래서 결단을 내렸지요. 위험한 것들을 계속 거실에 두고 매일같이 하지 말라는 소리를 지를 것인지, 그냥 버릴 것인지. 결정은 역시 후자였어요.

그렇다면 위험한 것들을 치워버린 지금, 어떠냐고요? 예상하는 대로 그것을 제외한 다른 위험 요소들을 발견했지요. 아주 얄미운 Wilbur처럼. 여전히 소리를 지르고, 하지 말라고 애원도 해보고, 윽박도 지르지만 이내 그저 내가 변화하는 것 외에는 방법이 없다 싶습니다. 그래서 늘 위험 요소를 제거하거나 줄이는 방법을 고민합니다. 오늘도 어린이집에 가기 전에 두 아들은 칼싸움을 하면서 낄낄거리며 장난을 칩니다. 유아용 의자에서 오르락내리락하면서요. 순간 머리카락이 하늘로 뻗칩니다. 이내 늦는다는 재촉으로 중단시키지요. 아이들이 등원하면 의자를 버릴 수는 없으니 그저 안전장치를 해둘 요량입니다. 그러면 저의 윽박을 들은 아이들이 의기소침할 필요도 없고, 다칠 위험도 낮아지겠지요.

아이들을 바꾸기보다 그저 나 자신이 변화하는 게 낫다는 생각뿐입니다. 우리의 Winnie가 본인의 집을 온통 변화시켰듯 말입니다.

당신과 나누고 싶은 이야기 2

이예린

결혼 전 이직으로 잠시 직장 근처의 9평 원룸에서 산 적이 있습니다. 꼭 필요한 물건만 다섯 개의 작은 봉지에 간단히 챙겨 처음 독립하던 날, 두려움과 설렘이 교차하던 기억이 생생합니다. 그런데 혼자 살면서 뭐가 그리 많이 필요했는지 부지불식간에 짐들이 점차 원룸을 잠식하기 시작했습니다.

결혼과 동시에 서른 개의 봉지로 늘어난 짐을 이고 20평대 신혼집으로 탈출했습니다. 그리고 아이가 태어난 이후 큰 장난감들로 발 디딜 틈 없어질 때쯤 5톤 트럭에 짐을 싣고 30평대 지금의 집으로 이사 왔습니다. 처음에는 더욱 넓어진 평수에 숨통이 트였지만, 아이의 책과 짐이 또 늘어나면서 어느새 40평대의 더욱 넓은 집을 구하고 싶다는 저의 욕망과 마주하게 되었습니다.

생각해보니 문제는 집의 크기가 아니었습니다. 한번 들인 짐을 현명하게 내보내는 방법을 몰라서 비우는 과정 없이 필요한 물건을 계속 들이기만 했던 것이 문제였습니다. 짐에 치여 답답하던 중 우연히 알게 된 '미니멀 라이프'는 그동안의 삶을 뒤흔들 만큼 신선한 충격이었습니다. 그날을 계기로 살면서 꼭 필요한 최소한의 물건만 남기기로 다짐했습니다. 나누고 비우는 습관을 들이자, 저의 삶은 조금씩 달라졌습니다. 집을 바꾸는 것이 아니라 집을 대하는 제 마음을 바꾸면서 여백이 살아났습니다. 텅 빈 거실과 최소한의 물건만 있는 방은 들어올 때마다 쾌적하고 기분 좋은 보금자리가 되어 매일 저를 반겨주었습니다.

고양이 Wilbur가 집 안 어디에 있든 잘 볼 수 있게 된 마녀 Winnie처럼 이제는 저도 필요한 물건이 집 안 어디에 있더라도 잘 찾을 수 있게 되었습니다. 집이 아닌 제 마음을 바꾸니 가능한 일이었습니다.

어휘 해설

Abracadabra 아브라카다브라 (주문을 외울 때 쓰는 말)

bush 관목, 덤불

crawl (엎드려) 기다

even (심지어) ~도[조차]

furious 몹시 화가 난

gleaming 빛나는, 환한

miserable 비참한

nasty (아주 나빠서) 끔찍한, 형편없는 (cf. a nasty fall 심하게 넘어짐)

no longer 더 이상 ~아닌

no matter (where) (어디를 가더라도) 상관없다

purr (고양이가 기분이 좋아서) 가르랑거리다

ridiculous 웃기는, 터무니없는

somersault 공중제비, 재주넘기

trip over ~에 발이 걸려 넘어지다

wand (마술사의) 지팡이

whisker (고양이, 쥐 등의) 수염

witch 마녀

Note

BOOK 062

어휘력 ●●●○○ 문해력 ●●○ 사고력 ●●○

Katy and the Big Snow
by Virginia Lee Burton

눈이나 비가 엄청나게 내려 차가 다닐 수 없고 전기와 수도가 끊기는 것은 물론 도시 전체가 완전히 멈추어 선 것을 본 적이 있으신지요? 오늘 우리가 함께 읽을 늘백의 그림책은 폭설로 인해 멈추어 선 도시를 구한 특별한 영웅 이야기 《Katy and the Big Snow》입니다.

    Geoppolis의 고속도로 관리국 소속인 Katy는 빨간색의 멋진 무한궤도 트랙터입니다. Katy는 아주 크고 힘이 세서 많은 일을 할 수 있었지요. 불도저를 달면 흙을 밀어낼 수 있었고, 제설기를 달면 눈을 치울 수 있었습니다. Katy는 일하는 걸 무척 즐겼는데 특히 어렵고 험한 일들을 좋아했습니다. 도시의 도로 관리국에서는 무슨 일이든 척척 해내는 Katy를 매우 자랑스럽게 여겼지요. 여름 내내 도로 공사에 투입됐던 Katy는 겨울이 되자 불도저를 제설기로 바꾸어 달았습니다. 하지만 Katy는 차고에 머물러 있어야 했습니다. 크고 힘센 Katy가 치울 만큼 많은 눈이 오지 않았거든요. 그러던 어느 날 아침 일찍부터 가랑비가 내리더니 비는 곧 눈으로 바뀌어 펑펑 내리기 시작했습니다. 그리고 점점 더 많은 눈이 쌓이더니 결국엔 건물 2층의 창문 높이까지 이르게 되었지요. 엄청나게 내린 눈 때문에 도시의 모든 것이 멈추어

섰습니다. 학교와 가게, 공장도 문을 닫았고, 전화선과 전기선도 끊어졌으며, 철도와 공항, 우체국과 경찰서, 병원과 소방서도 모두 꼼짝 못 하는 신세가 되고 말았지요. 심지어는 눈을 치우는 트럭들도 하나둘씩 고장 나더니 모두 작동을 멈추었습니다. 결국 남은 것은 오직 Katy뿐이었지요. 도시의 곳곳에서는 도와달라는 요청이 빗발칩니다. Katy는 과연 혼자서 그 큰 도시를 구할 수 있을까요?

리딩 가이드

◆ 책이 출간된 1940년대의 분위기가 느껴지면서도 섬세한 디테일이 살아 있는 삽화와 오늘날에도 전혀 어색하지 않은 스토리가 독자들의 마음을 사로잡습니다.

◆ 무생물에 생명과 인간의 감정을 부여하여 어린 독자들의 감정 이입을 돕고 이야기의 재미와 스토리텔링의 극적인 효과를 높이고 있습니다.

◆ 보통 남성으로 취급하는 건설 장비에 여성성을 부여함으로써 전통적인 성 역할과 직업이나 직무에서의 남녀 구분이 불합리할 뿐 아니라 남녀의 역할이 본래부터 따로 정해져 있는 것이 아님을 암시하고 있습니다. 남녀의 차별이 엄연하던 때에 시대를 앞서가는 선구자적인 생각을 작품 속에 담은 작가의 용기가 돋보입니다.

◆ 거대한 눈 폭풍이 갑자기 도시 전체를 덮어버리자 겨울에는 마땅히 할 일이 없어 존재감을 드러내지 못하던 Katy가 드디어 도시를 구할 기회를 얻게 됩니다. 위기는 곧 기회이며, 진정한 영웅은 역시 큰 위기가 닥쳐야 그 진가가 드러난다는 말이 떠오릅니다.

◆ Katy가 빛나기 시작하는 순간 환호가 터지고, 문제를 척척 해결해 나가는 것을 보며 희열을 느낍니다. 평안한 시기에는 물론이고 위기의 순간에도 한 치의 흔들림 없이 자신의 역할을 묵묵히 감당하는 Katy에게서 일하는 자의 자세와 마음가짐을 배웁니다.

> 당신과 나누고 싶은 이야기

임수지

    2020년 1월, 전 세계를 강타한 코로나19 팬데믹은 수많은 사람의 목숨을 앗아가고 삶을 마비시킨 재난이었습니다. 이전에는 상상하지 못했던 급속도의 전파력에 모든 사람들이 할 말을 잃었지요. 마스크 대란, 사회적 거리두기, 확진자와 자가격리, 코로나 검사, 등교 중지 등 코로나 이전의 일상으로 돌아가는 것은 불가능해 보였습니다. 하지만 고난은 기회의 또 다른 이름이기도 합니다. 우리에게는 수많은 의사와 간호사, 택배기사의 수고와 헌신이 있었습니다. 또한 원격수업으로의 전환, 사망자를 줄이기 위한 선제적 검사 등 힘들지만 한마음으로 권고사항을 지키려 노력했습니다. 여기저기서 간절히 도움을 요청할 때마다 침착하고 친절하게 눈을 척척 파내며 길을 뚫어주는 Katy처럼, 우리도 자기 자리에서 최선을 다하며 나와 가족의 일상을 지켜내고 있다는 게 어찌 보면 기적같이 느껴집니다.

    우리의 영웅 Katy를 따라가며 자연스럽게 배웁니다. 맡은 일을 묵묵하게 수행해내는 성실함과 우직함, 비록 어려운 일일지라도 겁내거나 마다하지 않고 나서서 해결하려는 도전정신과 적극적인 태도, 무언가를 시작했으면 끝까지 참고 해내는 인내심과 노력하는 자세를 말이지요. 저는 Katy처럼 일하기를 참 좋아합니다. 특히 새롭고 해볼 만한 가치가 있고 삶의 방향과 맞는 일이라면 호기심을 가지고 일단 도전해봅니다. 그 일이 비록 어렵고 힘들지라도 저의 경험치와 능력, 통찰력을 높여주기에 그만한 가치가 있음을 믿습니다. 그러다 실패한 적도, 너무 많은 일을 맡아 곤란했던 적도 있었습니다. 그러나 돌아보니 그조차도 저에겐 귀한 경험이자 삶의 밑천이 되었습니다. 중요한 것은 실수와 실패로부터 배우고, 과정을 즐기며 경험하고자 하는 여유로운 마음과 유연한 태도임을 다시금 깨닫습니다.

어휘 해설

a blanket of (눈이) 두껍게 내려앉은, (안개 등이) 짙게 드리운

blocked 막힌, 봉쇄된

bridle (말에 씌우는) 굴레, 고삐

bridle path (자동차 도로가 아닌) 사람이나 말이 다닐 만한 길

bulldozer 불도저

crawler tractor 무한궤도(형) 트랙터

detour 우회하다, 우회로

drawbar (철도의) 차량 연결봉, 트랙터의 연결봉

drift (특히 눈이 바람에 휩쓸려 쌓인) 눈더미

drizzle (비가) 보슬보슬 내리다

emergency 비상(사태)

freight yard 화물 조차장, 화차 조차장 (화차를 열차로 편성하거나 분해하는 정차장) (cf. freight 화물, 화물 운송)

get through ~을 빠져나가게 하다, 통과시키다

horse power 마력

hydraulic 유압의 (압력을 가한 기름에 의해 기계를 작동하게 하는)

lumber 목재, 톱으로 켠 나무

patient 환자

plow out (도로 등을) 제설하다

pole (telephone pole) 전신주

power line 송전선

protect 보호하다

put out 불을 끄다

run (버스, 기차 등이 특정 노선으로) 다니다

runway 활주로

snow plow 눈 치우는 넉가래, 제설기

snowed in 눈에 갇힌

speed (자전거, 자동차 등의) 기어

steadily 착실하게, 견실하게; 끊임없이

steamroller (도로 공사용) 증기 롤러

story, storey (건물의) 층

superintendent (어떤 일, 장소 등의) 관리자, 감독자

three alarm fire 3단계 화재 경보

traffic (특정 시간에 도로상의) 차량들

water main 급수[수도] 본관

way out 아주 멀리

Note

BOOK 063

어휘력 ●●●○○ 문해력 ●●○ 사고력 ●●○

Love Is
by Diane Adams,
Claire Keane (Illustrator)

'사랑' 하면 여러분은 어떤 것이 제일 먼저 떠오르시나요? 무엇이 마음에 가장 깊이 와닿나요? 누구를 생각할 때 사랑의 기쁨과 슬픔, 그 숭고함과 순수함이 가장 크게 느껴지시나요? 여러분에게 사랑은 무엇인가요? 오늘 우리가 함께 읽을 늘백의 그림책은 참된 사랑의 의미를 느끼고 되새기게 해줄 감동적인 이야기 《Love Is》입니다.

어느 날 한 소녀가 공원 앞에서 길 잃은 새끼 오리 한 마리를 집으로 데려옵니다. 곁에 두고 보살피며 먹이고 재우고, 모든 일상을 함께하며 사랑을 주고받는 가운데 새끼 오리는 무럭무럭 자라났지요. 어느덧 오리가 성장하여 떠날 때가 되었습니다. 소녀는 오리를 공원의 연못으로 데려갑니다. 그리고 오리는 다른 오리들과 함께 떠나갔지요. 오리를 떠나보낸 소녀는 그 빈자리가 몹시도 크게 느껴졌습니다. 자꾸 생각나고 너무나 보고 싶어 새끼 오리와 함께했던 그때로 다시 돌아가면 얼마나 좋을까 생각합니다. 계절이 바뀌듯 모든 것은 변할 수밖에 없고, 사랑은 떠나보내는 것이라지만 소녀는 그 외로움과 슬픔을 견디기가 너무 힘듭니다. 소녀와 새끼 오리의 사랑은 과거의 추억으로만 간직해야 하는 걸까요?

> **리딩 가이드**

- ◆ 삶의 크고 작은 순간을 새끼 오리와 함께하며 사랑하는 것이 무엇인지 이해하고 깨달아가는 한 소녀의 이야기입니다. 주는 사랑과 받는 사랑의 기쁨을 동시에 느낄 수 있습니다.
- ◆ 자식을 품에 안고 돌보며 사랑을 주고받다가 때가 되었을 때 독립시켜 떠나보내는 부모의 심정이 담겨 있습니다.
- ◆ 사랑은 단단히 붙잡는 것만큼이나 자유롭게 놓아주는 것이라고 하지요? 우리에게 사랑하는 사람을 떠나보낼 준비가 되었는지 묻고 있습니다.
- ◆ 소녀와 새끼 오리는 서로 매우 다름에도 불구하고 서로를 조건 없이 받아들입니다. 이를 통해 작가는 서로 다른 존재 간에 형성될 수 있는 깊은 유대감과 감동적인 관계를 보여주고 있습니다.
- ◆ 소녀가 새끼 오리를 돌보는 모습은 사랑의 양육적 측면을 상징적으로 보여줍니다. 이는 사랑이 애정과 관심뿐 아니라 돌봄과 보호, 부양과 물질적인 지원을 포함한다는 것을 의미합니다.

> 당신과 나누고 싶은 이야기

조은영

　아이를 키우면서 내가 자랄 때와 자연스레 비교할 때가 있습니다. '라테는(나 때는) 어린아이를 키우는 데 마을 하나가 필요했어'라는 말이 현실이었습니다. 《Love is》를 보니 나의 라테 시절에 나를 보살펴주던 어른들이 떠올랐습니다. 그때는 요즘과 다르게 겨울만 아니면 언제든 현관문을 활짝 열어놓고 생활하던 시절이었습니다. 반찬을 넉넉히 해서 나눠 먹는 게 일상이었고, 서로의 자녀를 스스럼없이 맡기던 평안했던 때였습니다. 지금은 핵가족화, 개인화 사회이다 보니 내 가족 외에는 관심이 없어 이웃에 누가 사는지 잘 모릅니다. 이제는 그런 때가 있었다는 사실이 낯설게 느껴질 정도로 아득합니다.

　이웃 어른 중 가장 기억에 남는 분은 옆집 10호 아주머니입니다. 어머니는 혼자 외출할 일이 생기면 아주머니께 나를 종종 맡기셨습니다. 10호에는 대학생 언니만 있어서 내가 가지고 놀 만한 장난감은 없었습니다. 그래서 괜히 책장 앞을 서성거렸습니다. 한자가 가득해 읽지도 못하는 책등을 구경하거나, 책장 옆에 난초 화분을 관찰하고 만져보다가, 아저씨가 다 보신 신문지를 접으며 놀았습니다. 아주머니는 말씀이 많지 않으셨지만 늘 다정하게 그저 지켜봐 주셨습니다. 그런 고요한 시간이 좋았고, 낮잠까지 잘 정도로 묘한 안정감이 있었습니다. 할머니가 일찍 돌아가셔서 모르고 자라왔던 어르신의 온정을 어렴풋이 느꼈던 것 같습니다.

　사랑한다고 직접적으로 말하지 않아도 느낄 수 있는 사랑이 있습니다. 10호 아주머니가 주신 소박한 온정도 사랑이 아니었을까 생각해봅니다. 사랑은 안전한 울타리를 만들어주고 그저 지켜봐 주기만 해도 좋은 것임을 다시 깨닫습니다. 내 아이에게도 지나친 관심보다 믿음으로 무장한 적당한 울타리가 필요한 건 아닐까 생각하게 됩니다.

어휘 해설

beak (새의) 부리
coax 구슬리다, 달래다
downy 솜털이 뒤덮인, 보송보송한
duckling 새끼 오리
familiar 익숙한
feed (밥이나 우유를) 먹이다, 먹이를 주다
fragile 허약한, 연약한
instant 순간, 아주 짧은 동안
messy 지저분한, 엉망인

muscle 근육
nudge 조금씩 밀다, 살살 몰고 가다
peep 살짝 보다
reminisce 추억에 잠기다
struggle (물리적인) 싸움, 몸부림
tidy up 정리하다, 깨끗이 주변을 정리하다
tightly 꽉, 단단히
tuck in 이불을 잘 덮어주다
tug (세게) 끌어당기다

Note

BOOK 064

어휘력 ●●●○○　문해력 ●●●　사고력 ●●●

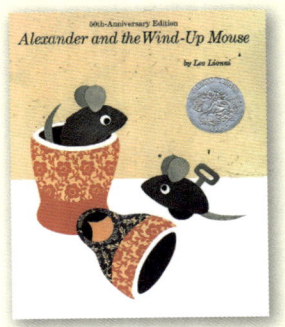

Alexander and the Wind-Up Mouse
by Leo Lionni

어떤 이유로든 자신의 현재 모습이나 처지가 싫어서 혹은 너무나도 부러운 상대를 만나 내가 아닌 남이 되었으면 좋겠다는 생각, 누구나 한두 번쯤은 해보았으리라 생각됩니다. 그런데 바라던 대로 내가 아닌 다른 사람이 되면 정말 행복할 수 있을까요? 오늘 우리가 함께 읽을 늘백의 그림책은 우리 자신의 소중함을 깨닫게 해줄 이야기 《Alexander and the Wind-Up Mouse》입니다.

　　Alexander는 생쥐입니다. 사람들이 사는 집에 더부살이하고 있지요. 사람들은 그를 보면 비명을 지릅니다. 컵과 접시, 스푼을 던지고 빗자루를 들고 쫓아옵니다. Alexander는 당연히 쥐구멍을 찾아 도망가기에 바빴지요. 그러던 어느 날 몰래 들어간 Annie의 방에서 보통 쥐와는 다른 태엽 쥐 Willy를 보게 됩니다. Annie가 가장 좋아하는 장난감이었지요. Alexander는 Willy가 너무도 부러웠습니다. 혐오의 대상인 자신과는 달리 Willy는 온 가족의 사랑을 듬뿍 받고 있었거든요. 그런 Willy와 친하게 지내면서 Alexander는 자신도 Willy와 같은 태엽 쥐가 되면 얼마나 좋을까 하는 생각이 들었습니다. 그러던 중 마법의 능력을 지녔다는 도마뱀에 대해 듣고 그를 찾아가 자신의 소원을 말하게 되지요. 도마뱀은 Alexander에게 둥근 달이 떴을 때 보라색 조약돌을 가져오라고 합니다. Alexander는 그 말을 듣고 보라색 조약돌을 찾아 나서지만 여러 날을 헤매도 찾을 수 없었습니다. 결국 지쳐서 집으로 돌아오는데 충격적인 장면을 목격합니다. 식료품 저장실 옆의 박스 안에서 낡은 다른 장난감들과 함께 버려진 Willy를 발견한 것이지요. Willy의 비참한 운명을 알게 된 Alexander는 큰 슬픔에 빠집니다. Willy는 그렇게 버려지고 마는 것일까요? Alexander는 이제 어찌해야 할까요?

리딩 가이드

◆ 장난감 쥐와 살아있는 생쥐의 기발한 조합, 그들의 삶과 우정에 얽힌 흥미진진한 이야기를 통해 진정한 행복을 위해 자신을 있는 그대로 받아들이고 사랑하는 것이 얼마나 중요한지를 설득력 있게 보여주는 작품입니다.

◆ 자기 발견과 수용, 나와는 다른 상대에 대한 이해와 공감, 만족과 감사, 진실한 우정의 가치, 진정한 행복의 조건 등에 관한 소중한 교훈을 선사하며 독자들의 생각을 자극하는 많은 질문을 던지고 있습니다.

◆ 기대치 못한 신선한 반전이 있습니다. 사람들의 관심이나 사랑이 없으면 존재 가치가 사라지는 슬픈 운명의 장난감 쥐, 그것을 알고 나서야 비로소 자신의 소중함을 깨닫게 되는 생쥐, 이 둘의 대비를 통해 생명이 있는 모든 것은 그 자체로서 충분한 존재 가치가 있다는 깨달음을 얻게 됩니다.

◆ 두 주인공의 서로 다른 모습과 입장, 그들의 장단점을 비교하고 대조해보면서 스스로의 가치와 소중함을 되새겨보세요. 남이 아닌 나 자신이 되기 위한 노력의 중요성과 그 이유에 대해서도 함께 이야기 나누어보세요.

> **당신과 나누고 싶은 이야기**　　　　　　　　　　　　　　　　　**임가은**

　소원을 들어주는 조약돌이 있다면 어떤 것을 빌고 싶나요? 저는 다양한 생각들이 줄지어 떠올라 하나만 단정 짓기 어렵습니다. 아마도 바라는 것이 많아서, 타협하고 있는 현실이 있어서 그런 것이겠지요. 좋은 집, 예쁜 외양, 풍요로운 재물이 있다면 어떠한 걱정도 없을 것 같습니다. 그래서인지 내가 없는 것을 소유한 사람들을 보면 부러운 마음이 듭니다. 때론 Alexander처럼 질투의 마음을 넘어 Willy와 같은 타인이 되고 싶다는 소망이 들기도 합니다.

　욕망이란 바닥이 없는 우물과 같아서 쉼 없이 채워도 차오르지 않습니다. 힘겹게 얻은 가치 하나를 손에 쥐고 나면 다른 손에 갖지 못한 하나가 보입니다. 숨을 고를 새 없이 얻고자 하는 것에만 집중해 나에게 속한 것을 천천히 들여다보는 시간이 부족했던 건 아닐까 싶습니다. 나를 이루는 신체, 성격, 생각 등은 삶이라는 바퀴를 함께 굴리며 성장한 것입니다. 내가 지나온 길에 남긴 이유 있는 자국들입니다. 그렇기에 나의 존재에는 나만의 고유한 향기와 가치가 있습니다.

　고개를 숙여 찬찬히 '나'를 살펴봅니다. 자주 웃어서 깊어진 눈가의 주름, 원하는 곳 어디든 데려가 주는 두 다리, 그리고 세상의 시선에 흔들리는 순간에도 아이의 건강한 성장을 우선으로 두고자 하는 마음. 이처럼 나라는 존재에는 다른 이로 대체할 수 없는 나의 이야기가 들어 있습니다. 곰곰이 생각해보니 조약돌의 소원은 이미 이룬 것이 아닐까요? 설령 이루지 못했더라도 내가 가진 존재의 힘이 있으니 느리게 이루어가는 중이라고 믿어봅니다.

어휘 해설

alas (감탄사) 아아 (슬픔, 유감을 나타내는 소리)
baseboard 굽도리 널 (벽과 바닥 사이의 연결 부위를 덮는 나무 널빤지); (벽 아래쪽의) 장식 널빤지
blinding 눈이 부신; 눈을 뜰 수 없을 정도인
blink 눈을 깜박이다
broom 빗자루, 비
bush 관목, 덤불
cautiously 조심스럽게, 신중하게
chase 뒤쫓다, 추적하다
crash (무엇이 떨어지거나 부서질 때 나는) 요란한 소리, 굉음
crumb (특히 빵, 케이크의) 부스러기
cuddle (애정 표시로) 껴안다
dawn 새벽, 동이 틀 무렵
direction (위치 이동의) 방향
dump (쓰레기 같은 것을) 버리다
envy 부러움, 선망
frightened 겁먹은, 무서워하는

hideout 비밀 은신처, 아지트
lizard 도마뱀
mousetrap 쥐덫
mysteriously 신비롭게, 이상하게
out of breath 숨이 가쁜
pantry 식료품 저장실
pebble 조약돌, 자갈
precious 귀한, 소중한
quivering 떨리는, 진동하는
rustle 바스락거리다
saucer (커피잔 따위의) 받침, 접시 모양의 물건
scream 비명, 절규; 날카로운 소리
sneak 살금살금[몰래] 가다
squeak 끼익[꽥/찍] 하는 소리
tight (고정된 상태 등이) 단단한
vain 헛된, 소용없는 (cf. in vain 헛되이)
wind (시계 등의) 태엽을 감다
woolly 털이 뒤덮인, 털북숭이의

Note

BOOK
065

어휘력 ●●●●○ 문해력 ●●●○○ 사고력 ●●○○

Possum Magic
by Mem Fox, Julie Vivas (Illustrator)

영국이나 미국처럼 영어를 사용하는 국가이지만 우리에게는 상대적으로 낯선 나라 호주. 다른 곳에서는 보기 힘든 캥거루와 코알라, 오리너구리(platypus), 날지는 못하는 새 에뮤(emu) 등 신기한 동물들이 많은 이국적인 땅 호주를 아시는지요? 오늘 우리가 함께 읽을 늪백의 그림책은 호주의 문화와 정취를 가득 담고 있어 우리에게 호주 탐험의 기회를 제공할 매우 호주적인 작품 《Possum Magic》입니다.

아주 오랜 옛날은 아니지만, 호주의 한 오지에 할머니 주머니쥐 Gramma Poss와 손녀 주머니쥐 Hush가 살고 있었습니다. 할머니 주머니쥐는 마법을 부릴 줄 알았는데 그중 최고는 단연 Hush를 투명하게 만들어 보이지 않게 한 마법이었지요. 다른 동물들의 눈에 보이지 않으니 Hush가 얼마나 신이 났을까요? 본래는 사랑하는 손녀를 위험에서 보호하기 위한 마법이었지만요. 하지만 어느 날 자신이 어떻게 생겼는지 알고 싶어진 Hush는 할머니에게 다시 보이게 해달라고 요청합니다. 그런데 마법책을 아무리 뒤져봐도 Hush를 본래대로 돌릴 방법은 찾을 수 없었습니다. 뜻밖의 난감한 상황에 밤새도록 생각을 거듭하던 할머니는 문득 그 마법이 사람이 먹는 음식과 관련되어 있다는 것을 기억해냅니다. 문제는 그게 어떤 음식인지 알 수 없다는 것이었지요. 그래서 할머니와 Hush는 마법의 음식을 찾아 함께 여행을 떠납니다. Hush는 과연 본래의 모습을 되찾게 될까요? Hush를 다시 보이도록 만들어줄 그 마법의 음식은 대체 무엇일까요?

> **리딩 가이드**

- ✦ 할머니 주머니쥐와 손녀 주머니쥐가 마법 때문에 떠나게 된 흥미로운 여행 이야기로, 호주 아동문학의 고전 중 하나로 여겨지는 작품입니다.
- ✦ 자아 정체성과 자기 발견, 다양성의 존중과 수용, 독특한 개성과 고유한 문화의 가치, 스스로에 대해 정직하고 당당해지고자 하는 노력의 중요성 등 여러 가지 진지한 주제와 메시지가 바탕에 깔려 있습니다.
- ✦ 호주의 풍경과 동물, 도시와 음식을 담고 있어 호주에 대한 추억을 간직한 사람들에게 깊은 향수를 불러일으킵니다. 또한 영미의 작품이 주를 이루는 영어 그림책 생태계에서 호주 아동문학의 정취를 깊이 느껴볼 수 있는 흔치 않은 기회를 제공합니다.
- ✦ 담겨 있는 주제와 메시지가 다른 문화적 배경을 가진 사람들에게도 공감을 불러일으킵니다. 따라서 매우 호주적인 작품이면서도 국가와 언어의 장벽을 뛰어넘는 범문화적인 호소력을 동시에 지니고 있습니다.
- ✦ 보이지 않는다는 장점, 그것이 주는 치명적인 유혹에도 불구하고 자신의 본래 모습을 되찾기로 결심한 어린 소녀 Hush, 또 그런 손녀를 적극 응원하고 해결 방법을 찾아서 모든 여정을 함께한 할머니에게 큰 박수를!

> 당신과 나누고 싶은 이야기

문상미

 돌아가신 엄마와의 추억을 붙잡아보려고 하지만, 시간이 너무 많이 흘러 쉽지 않습니다. 목소리도, 얼굴도 희미해진 엄마에 대한 기억. 그러나 가끔 해물탕을 먹을 때면 엄마 생각이 나서 가슴이 먹먹해집니다. 어렸을 때 엄마가 해물탕을 자주 만들어주셨거든요. 전복과 바지락, 꽃게를 듬뿍 넣은 엄마표 해물탕의 된장 냄새가 퍼지는 저녁이면 저는 신이 나서 부엌 주변을 맴돌며 뛰어다녔습니다. 세 아이가 달려들어 냄비는 금세 바닥을 드러냈고, 한솥을 끓였는데 벌써 다 먹었냐고 환하게 웃으시던 엄마의 모습이 아련하게 떠오릅니다.

 음식이란 얼마나 강력한 힘을 가진 걸까요? 해물탕은 엄마의 온기로 가득했던 20여 년 전 저녁 시간으로 저를 안내합니다. 얼큰하고 따뜻한 그날의 공기가 선명하게 되살아납니다. 그렇게 뜨끈한 해물탕 국물을 마시고 있노라면 마음속 걱정과 불안들은 녹아내리고 다정한 엄마의 목소리가 들리는 듯합니다.

 할머니 주머니쥐의 마법으로 투명해진 Hush는 '호주의 음식'으로 자신의 모습을 되찾게 됩니다. 호주를 구석구석 돌아다니며 다양한 지역의 음식을 맛본 Hush와 할머니 주머니쥐의 모습을 보며 '음식'이야말로 한 사람의 '정체성'을 담고 있는 것이 아닌가 생각해봅니다. 해외여행을 고작 며칠 다녀왔을 뿐인데 인천공항에서 허겁지겁 김치찌개를 찾고, 그 얼큰한 국물을 들이켜고 나서야 편안해질 때 알게 되지요. 누군가와 함께 먹었던 음식을 생각하며 그리움에 눈물지을 때 알게 되지요. 음식이라는 것이 얼마나 우리의 깊은 곳에 남아있는지를. 이렇게 한 사람의 삶에 녹아든 음식은 그가 살아온 시간을 담아내는 가장 단단한 그릇이 됩니다. 여러분의 가슴 깊은 곳에 남아있는 음식은 무엇인가요?

어휘 해설

Adelaide 호주 남부의 도시로 호주 최대 와인 산지

Anzac biscuit 앤잭 비스킷 (스코틀랜드식 귀리 비스킷)

brand-new 완전 새것인

Brisbane 브리즈번 (호주 동부의 항구 도시)

bush (특히 아프리카, 호주 등의) 미개간지, 오지; 관목(숲), 덤불

cross her claws 행운을 빌다, 성공을 기원하다 (cf. cross her fingers라는 표현을 동물들에 응용한 것)

Darwin 다윈 (호주 북쪽 끝에 있는 도시)

dingo 호주산 들개

Don't lose heart. 낙심하지 마.

emu 에뮤 (호주의 타조 비슷한 날지 못하는 큰 새)

heart of hearts 마음속 가장 깊숙한 진심

Hobart 호주 태즈메이니아(Tasmania) 섬의 항구도시

invisible 눈에 보이지 않는, 볼 수 없는

kookaburra 쿠커바라 (웃는 물총새: 사람의 웃음소리 같은 울음소리를 내는 호주산 조류)

lamington 래밍턴 (초콜릿에 담갔다가 코코넛을 뿌린 사각 스펀지 케이크)

Melbourne 멜버른 (호주 동남부의 항구도시)

Minties 민트맛이 나는 호주 사탕

miserable 비참한

mornay 모르네 소스 (치즈 맛이 가미된 크림 소스)

nibble (특히 음식을) 조금씩[야금야금] 먹다

onward (특정 시간부터) 계속

pavlova 패블로바 (머랭(meringue), 크림, 과일로 만든 디저트)

Perth 퍼스 (웨스턴오스트레일리아(Western Australia)주의 주(州)도)

possum 주머니쥐 (=opossum, 호주에 사는 유대류 중 하나)

precious 소중한

pumpkin scone 호박 스콘 (호주와 뉴질랜드에서 인기 있는 간식 중 하나)

remain 여전히 ~이다

shrink 줄어들게 하다

squash 짓누르다

Tasmania 태즈메이니아 (호주 남동부의 섬)

unexpectedly 예기치 못하게

Vegemite 베지마이트 (빵이나 크래커에 발라 먹는 호주의 스프레드; 상표명)

wombat 웜뱃 (캥거루처럼 새끼를 육아낭에 넣어 기르는 작은 곰같이 생긴 호주 동물)

BOOK 066

어휘력 ●●●○○　문해력 ●●○○　사고력 ●●○○

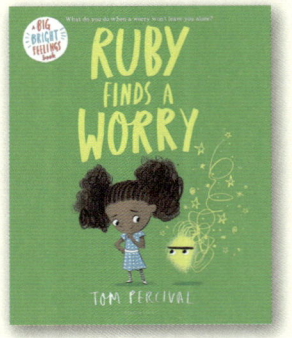

Ruby Finds a Worry
by Tom Percival

누구도 피할 수 없는 걱정과 근심, 그것을 없애거나 잊기 위해 부단히 노력하고 계시지요? 그런데 그렇게 하면 근심이나 걱정이 사라지던가요? 오늘 우리가 함께 읽을 늘백의 그림책은 걱정의 깊은 수렁 속에 빠져 허우적대는 많은 이들에게 문제를 바라보는 새로운 시각을 선사해줄 Tom Percival의 《Ruby Finds a Worry》입니다.

내 이름은 Ruby입니다. 나는 내가 참 좋았어요. 그네를 타고 하늘 높이 올라가는 것도 좋았고, 멀리 있는 야생의 자연을 탐험하는 것도 좋았지요. 가끔씩은 정원의 아주 깊은 곳까지 탐색하기도 했고요. 한마디로 나는 너무너무 행복한 아이였습니다. 그런데 어느 날 내게 아주 작은 걱정거리가 생겼습니다. 처음엔 너무 작아 잘 몰랐었는데 매일 조금씩 자라고 있었나 봐요. 그리고 그 걱정은 이른 아침부터 온종일 나를 따라다녔지요. 그런데 이상한 것은 그것을 아무도 눈치채지 못한다는 것이었습니다. 심지어는 선생님마저도요. 그래서 나도 아무 일 없는 것처럼 생각하고 행동하려고 무척 애를 썼지요. 그런데 소용이 없더군요. 무엇보다 그 걱정 때문에 좋아했던 것도 더 이상 할 수가 없었지요. 그러는 사이 걱정은 계속 덩치를 키워가더니 마침내는 내가 있는 공간을 가득 채울 만큼 엄청나게 거대해졌습니다. 이제는 걱정이 떠나지 않고 영원히 나와 함께 있을까 봐 걱정입니다. 나는 대체 어떡하면 좋을까요? 이전처럼 행복했던 나로 돌아갈 수는 없는 걸까요?

리딩 가이드

- ✦ 누구에게나 찾아오는 불안과 염려에 대해 이해하고 건강한 대처 요령을 배울 수 있도록 돕는 책입니다.
- ✦ 올바른 대처 방법을 배우고 실천하면 걱정을 효과적으로 관리할 수 있고, 또 건강하고 행복한 삶을 영위할 수 있다는 긍정적인 메시지를 전하고 있습니다.
- ✦ 걱정의 속성에 대해 알려줍니다. 심리학자 어니 젤린스키(Ernie Zelinski)의 《모르고 사는 즐거움(The Joy of Not Knowing It All)》에 따르면 우리가 걱정하는 일 가운데 무려 96%는 걱정해도 아무 소용이 없는 것이라고 합니다. 한마디로 불필요한 걱정 때문에 소중한 인생을 엄청나게 낭비하고 있다는 뜻이지요. 우리가 사는 동안 걱정은 생길 수밖에 없고, 또 피할 수도 없습니다. 그렇다고 계속 걱정하면 걱정은 또 다른 걱정을 낳고 갈수록 더 커져 우리를 더욱 힘들게 만듭니다.
- ✦ 걱정이 떠나질 않고 우리의 행복을 위협할 때 먼저 염려와 불안의 감정을 알아차리고 인정하라고 조언해줍니다.
- ✦ 처음에 Ruby는 걱정을 무시하려 노력하고 마치 걱정이 없는 것처럼 행동합니다. 하지만 걱정은 계속 커져 감당하기 어렵게 되지요. 이는 감정을 회피하거나 억누르면 오히려 부정적인 결과가 초래될 수 있다는 것을 의미합니다.
- ✦ 비슷한 고민을 갖고 있던 다른 아이와 자신의 걱정에 대해 이야기를 나누자 문제가 비로소 해결되기 시작합니다. 이는 자신의 감정을 표현하고 다른 사람과 나누며 공감과 지지를 받는 것이 매우 중요하다는 것을 말해줍니다.

당신과 나누고 싶은 이야기

임수지

어렸을 때 늘 걱정을 안고 살았던 적이 있습니다. 지금 생각해보면 어떤 걱정이었는지 생각도 나지 않지만 소소한 일부터 학업 문제, 가정 문제 등 온갖 걱정을 저 혼자 짊어진 것만 같았지요. 집채만 해진 걱정이 저를 짓누르면서 웃음과 말수는 점점 줄어들고 제가 좋아하는 일에 몰두하기도 어려웠습니다. 마음의 병은 몸으로 드러나 앞머리에 탈모가 생기고 심장이 늘 두근거려 긴장 속에서 살았습니다. 성인이 된 이후 마음을 모두 털어놓을 수 있는 진정한 친구들을 사귀게 되면서 비로소 걱정에서 벗어날 수 있었습니다. 정확히 말하면 걱정은 늘 제 곁을 따라다녔지만, 그 크기는 현저히 줄어들어 제가 다룰 수 있을 정도로 작아진 것입니다.

최근 장기간의 육아휴직을 마치고 복직했습니다. 복직에 대한 부담감은 수업에 대한 부담과 학부모에 대한 두려움으로 변했고, 작은 두려움은 점점 커져 교직을 그만두고 싶다는 마음으로 가득 찼습니다. 과연 이 두려움을 떨쳐낼 수 있을지조차 알 수 없었지요. 그런데 이 힘겨운 마음에 대해 가까운 사람들에게 이야기하자 마음이 조금씩 가벼워지기 시작했습니다. 문제가 해결되는 것은 아니지만 그래도 마음이 한결 편해졌습니다. 상담은 언제나 큰 도움이 되었습니다. 고민을 숨기기보다 주변에 알리니 예상치 못한 해결책이나 해결을 위한 영감을 얻을 수도 있었습니다. 또 아무것도 하지 않고 걱정만 하기보다는 작은 일이라도 일단 부딪혀보고 시도해보는 것이 큰 도움이 되었습니다. 저의 실수가 부끄러웠지만 동료와 선배 교사에게 터놓고 조언을 구하며 깨달았습니다. 비슷한 고민을 하는 사람이 생각보다 많고 누구나 그런 과정을 거쳐간다는 사실을. 교사도 경험을 통해 하나씩 배우며 성장해가는 존재임을. 그러니 너무 고민하지도 주눅들지도 말자고 매일 다짐해봅니다.

어휘 해설

barely 간신히, 가까스로, 거의 ~아니게

carry on ~을 계속하다

enormous 거대한

ever 언젠가; (비교급, 최상급의 의미를 강조하여) 이제까지

fit (어떤 장소에 들어가기에 그 크기가) 맞다

from time to time 가끔, 이따금

funny 기이한, 괴상한

get rid of 버리다, 없애다, 제거하다

hang around 어슬렁거리다, 배회하다

hover (~의 주위를) 맴돌다, 서성이다

it seems like ~처럼 보이다, ~인 것 같다

leave alone (사람이나 물건을) 그대로 두다, 내버려두다

now (that) ~이므로, ~이기 때문에

pretend ~인 척하다, ~인 것처럼 굴다

row 열, 줄

shrink 줄어들다, 오그라들다

stare at ~을 응시하다

take up (시간, 공간을) 차지하다, 쓰다

unexpected 예기치 않은, 의외의, 뜻밖의

words tumble out 말이 튀어나오다
(cf. tumble 굴러떨어지다)

Note

BOOK 067

어휘력 ●●●○○   문해력 ●●●   사고력 ●●●

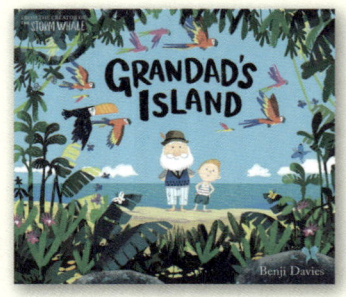

Grandad's Island
by Benji Davies

사람은 누구나 떠나야 합니다. 영원히 함께하고 싶은 사랑하는 사람도 결코 예외가 될 수 없습니다. 떠나고 나면 더 이상 볼 수도 만질 수도 없는데 과연 감당할 수 있을까요? 아이들에게는 또 어떻게 설명하면 좋을까요? 오늘 우리가 함께 읽을 늘백의 그림책은 죽음이라는 무겁고 어려운 주제를 환상적인 색채의 아름다운 그림과 마음을 울리는 잔잔한 이야기로 담담하고 섬세하게 풀어낸 작품, Benji Davies의 《Grandad's Island》입니다.

Syd의 집 정원 끝에 있는 문을 통과해 나무를 지나면 할아버지의 집이 있습니다. 그 집은 화분 밑에 열쇠가 있어서 원하면 언제든지 들어갈 수 있었지요. 어느 날 할아버지의 집을 방문한 Syd는 처음으로 그 집의 다락방을 구경하게 됩니다. 그곳에는 할아버지가 세계 여러 곳에서 모아 오신 온갖 물건들이 가득했습니다. 그런데 다락방의 한쪽 벽에 가려져 있던 커다란 철문을 열자 넓은 바다가 펼쳐져 있었고, 할아버지와 Syd는 어느새 커다란 배에 올라 있었습니다. 둘은 곧 항해를 시작했고 넓은 바다를 가로지른 끝에 한 섬에 도착하게 됩니다. Syd는 할아버지와 함께 그 섬의 구석구석을 탐험하고 많은 것을 즐기며 행복한 시간을 보냈습니다. 모든 것이 완벽한 듯 느껴져 그곳에서 영원히 살고 싶었지요. 하지만 곧 떠나야 한다는 것을 Syd는 알고 있었습니다. 그런데 갑자기 할아버지가 자신은 그 섬에 남겠다고 하시네요. 홀로 계시면 외롭지 않을까 걱정되었지만 Syd는 마지막으로 할아버지를 꼭 안아드린 후 혼자서 섬을 떠날 수밖에 없었습니다. 할아버지는 왜 함께 오시지 않은 걸까요? 그곳에서 할아버지는 행복한 시간을 보내고 계실까요? 그리고 Syd는 과연 혼자서 무사히 집으로 돌아갈 수 있을까요?

리딩 가이드

- ◆ 사랑하는 사람의 죽음과 그 죽음의 극복이라는 무거운 주제를 섬세하고 부드러운 터치로 다루고 있는 작품입니다. 영원히 계속되는 사랑의 지속성과 함께 사랑하는 사람들 사이에 공유된 기억과 상상력이 가지는 치유와 위로의 힘을 강조하고 있습니다.
- ◆ 사랑은 시공을 초월하는 것이며, 사랑하는 사람은 멀리 떠난 후에도 우리의 마음속에 영원히 남아 있는 소중한 존재라는 메시지를 담고 있습니다.
- ◆ 이야기의 핵심에 Syd와 할아버지 사이의 특별한 관계와 깊은 유대감이 있습니다. 두 사람의 관계를 제대로 알아야 책에 담긴 정서적인 깊이를 충분히 이해할 수 있습니다.
- ◆ 할아버지의 섬은 Syd가 할아버지의 죽음을 극복할 수 있도록 돕는 상상의 공간으로서 소중하고 긍정적인 기억의 지속적인 영향을 강조하기 위한 은유적 표현입니다. 그 섬은 할아버지와 Syd 사이의 상상력 가득한 관계와 영원히 지속되는 사랑, 함께했던 경험과 시간들의 저장소를 상징합니다.
- ◆ Syd가 할아버지의 죽음과 그 슬픔을 어떻게 이겨내는지, 할아버지와의 추억을 어떻게 간직하는지에 유의하며 읽어보세요. 특히, 섬에서의 탐험과 모험은 할아버지와 함께했던 즐거웠던 시간과 슬픈 이별을 준비하는 정서적인 과정을 나타냅니다.

당신과 나누고 싶은 이야기 1　　　　　　　　　　　　　　문상미

　'죽음'이라는 무거운 이야기는 아이와 대화하기 참 어려운 주제입니다. 조부모나 반려동물같이 가까운 가족의 죽음을 경험한 아이라면 더더욱 마음의 이야기를 나누기 힘들지요. 그럴 때 조심스럽게 그림책으로 슬픔과 애도의 감정을 함께 이야기해볼 수 있을 것 같습니다.

　'죽음'과는 어울리지 않는 이 책의 밝고 다채로운 색감만으로 쓸쓸한 마음이 조금은 환해지는 듯합니다. 내 곁을 떠나간 사랑하는 이가 아름다운 섬에서 행복하게 지내고 있을 거라는 상상만으로도 깊은 슬픔의 무게가 조금은 가벼워지는 느낌입니다.

　이 책을 읽으며 돌아가신 엄마 생각이 많이 났습니다. 엄마가 돌아가신 지 20년이 지났는데도 그리움은 줄어들지 않는 것이 참 신기합니다. 가끔씩, 아주 가끔씩 꿈에서 엄마가 저를 찾아와 줄 때가 있습니다. 엄마와 함께 했던 병원에서의 마지막 기억 때문일까요. 꿈에서 만난 엄마는 항상 웅크린 채 아파하고 괴로워합니다. 그런 날이면 저는 꿈속에서도 하염없이 눈물이 흐르고, 깨고 나서도 그 눈물이 그치지 않습니다.

　그동안 슬로우 미러클과 함께 그림책을 읽으며 '감동'했던 저는, 이제 슬로우 미러클 작가로 글을 쓰며 '치유'의 시간을 보내고 있습니다. 누구에게도 쉽게 말할 수 없었던 기억, 깊은 상처를 받았던 과거의 어느 한순간으로 돌아가 웅크려 울고 있는 '나'를 안아주고 토닥입니다. 치유의 글쓰기, 이보다 더 따뜻하고 감사한 일이 또 있을까 싶습니다. 이제는 저도 행복한 꿈을 꿀 수 있을까요? 엄마가 제 꿈에 한 번 더 찾아와 준다면 엄마와 함께 오래도록, 오래도록 손잡고 그 아름다운 섬을 거닐고 싶습니다.

> **당신과 나누고 싶은 이야기 2**　　　　　　　　　　　**임수지**

　사랑하는 사람이 생겼을 때 어느 날 이런 고민이 들었습니다. 어느 한쪽이 죽게 되면 영영 이별해야 하는데, 그 헤어짐의 순간이 상상이 되자 마음이 무척 고통스러웠지요. 그런 순간이 오면 슬픔과 아픔을 과연 오롯이 감당할 수 있을지 걱정이 된 나머지 누군가와 더 깊은 관계를 이어가는 것을 두려워했던 적이 있었습니다.

　이 세상에 태어나 사랑하는 사람을 만나고 아이를 낳아 기르며 사는 시간은 생명체라는 관점에서 볼 때 그 무엇과도 비교할 수 없는 행복한 시간입니다. 이 넓고 광활한 우주 속 어느 한 지점, 한 찰나에 만나 우리는 그렇게 관계를 맺고 성장하고 감정을 느끼며 무언가 의미 있는 일을 함께 만들어갑니다. 삶을 살아간다는 것은 참으로 경이로운 일이 아닐 수 없습니다. 하지만 우리는 언젠가 소중한 사람들과 헤어져야 합니다. 누구도 영원히 살 수는 없으니까요. 이 세상에 태어난 순서는 정해져 있지만 세상을 떠나는 순서는 아무도 알 수 없습니다.

　소중한 존재를 잃을 때 겪게 되는 아픔과 충격, 상실감과 공허함을 어린아이들이 어떻게 이해하고 받아들이면 좋을까요? Syd의 할아버지처럼 함께 행복을 나누었던 존재도 언젠가는 죽음이나 이별 등 어떤 이유로든 헤어져야만 하고, 또 Syd처럼 슬픔과 두려움의 거친 풍랑에서 홀로 용감하게 나와야겠지요. 세상은 여전히 어제와 같이 무심히 돌아감을 깨닫게 됩니다. 아이가 헤어짐에 눈물을 글썽일 때 이런 말을 해주세요. "비록 몸은 곁에 있지 않고 눈앞에 보이지 않지만, 여기 너의 기억과 마음속에는 언제나 내가 살아 있을 거야. 그러면 우리는 언제나 함께 있는 거야"라고요.

어휘 해설

after you 어서 먼저 하세요, 먼저 들어가세요, 먼저 나가세요

an ocean of 엄청나게 많은

anchor 닻

attic 다락(방)

be about to 막 ~하려는 참이다

boom 큰 소리로 말하다, 소리지르다

bottom (집 등에서 가장) 구석진 곳, 안쪽

breeze 산들바람

call (round) 잠깐 들르다, 방문하다

chug (엔진이) 통통[칙칙]하는 소리를 내다

churn 요동치다; (물이) 휘돌다

high and low 모든 곳에, 도처에

horizon 수평선

Land ahoy! 이야, 육지다! (육지를 발견했다는 선원들의 외침)

ledge (특히 창문 아래 벽에 붙인) 선반

lurch (갑자기) 휘청하다

make your way (to/toward) (~쪽으로) 가다

one last time 마지막으로 한 번

prise (분리시키기 위해 억지로) 비틀다

reveal (보이지 않던 것을) 드러내 보이다

rooftop (건물의) 옥상

set sail 출항하다, 출범하다

shack 판잣집 (같은 건물)

shelter 피할 곳, 쉴 곳

shipshape 아주 깔끔한, 잘 정돈된

shore (바다, 호수 따위) 기슭, 해안, 해변, 호숫가

spot (특정한) 곳, 장소

Steady as she goes! 직진하라! 현재 항로를 유지하라! (항해에서의 명령어)

steer (보트, 자동차 등을) 조종하다

tap (가볍게) 톡톡 두드리다

thick 빽빽한, 울창한

Note

BOOK 068

어휘력 ●●●○○   문해력 ●●○○   사고력 ●●●○

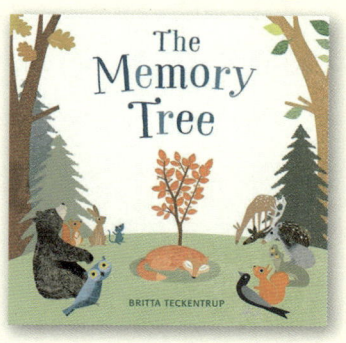

The Memory Tree
by Britta Teckentrup

죽으면 모든 것이 끝나는 걸까요? 세상을 떠난 후 우리가 살아온 삶은 어떤 의미가 있는 걸까요? 가치 있는 삶이란 어떤 것일까요? 그런 삶을 살아야 하는 이유는 무엇일까요? 천국에 들어가 상을 받거나 내세에서 복을 받기 위한 것일까요? 오늘 우리가 함께 읽을 늘백의 그림책은 이러한 질문들에 대해 깊이 생각하게 만드는 한 여우의 삶과 죽음에 관한 이야기 《The Memory Tree》입니다.

    숲속에서 오랫동안 행복하게 살던 한 여우가 있었습니다. 그 여우가 숲속 빈터의 한 장소로 걸어가더니 자신이 사랑했던 숲을 마지막으로 바라보고는 그 자리에 누워 눈을 감고 깊은숨을 내쉽니다. 그러고는 영원한 잠에 들어갔지요. 그러자 눈이 내려 부드러운 이불처럼 여우를 덮어주었고, 나무 위에서 조용히 지켜보던 부엉이가 내려와 여우의 죽음을 슬퍼합니다. 그리고 곧 숲속에 사는 친구들이 하나둘 모여들더니 모두 둘러앉아 여우와의 추억을 이야기합니다. 모두에게 친절하고 다정했던 여우, 그 여우 없는 숲은 도저히 상상이 되지 않았습니다. 여우에 대한 아름다운 이야기를 나눌 때마다 동물들은 여우의 따뜻한 모습을 기억하며 미소 짓습니다.

    그런데 동물들이 이렇게 이야기꽃을 피우고 있는 동안 신기한 일이 벌어집니다. 여우가 누워있던 곳에서 주황색 싹이 하얀 눈을 뚫고 나오더니 계속 조금씩 자라났고 아침이 되었을 때는 작은 나무가 되었거든요. 그 나무를 보며 동물들은 알았습니다. 여우가 여전히 그들의 일원이라는 사실을. 여우에 대한 아름다운 이야기는 몇 날, 몇 주, 몇 달이 지나도 끊이질 않았습니다. 이어지는 이야기와 함께 나무도 계속 성장하였고요. 여우는 대체 어떠한 삶을 살았기에 그에 관한 따뜻한 이야기가 끝도 없이 이어지는 걸까요? 계속 커가는 여우의 나무는 과연 얼마나 더 자라고 또 어떤 모습, 어떤 역할을 하게 될까요?

리딩 가이드

- ◆ 삶과 죽음의 의미를 생각해보면서 사랑하는 사람의 죽음을 대하는 자세와 그의 삶을 추억하는 방법, 상실의 슬픔을 이겨내고 긍정적인 삶을 회복하기 위한 지혜를 배울 수 있는 책입니다.
- ◆ 숲속의 동물들은 여우와 함께했던 시간과 추억을 나누면서 위로를 받습니다. 이는 소중한 기억들과 그런 기억을 떠올리는 행위가 상실의 슬픔을 이겨낼 힘과 회복력을 제공할 수 있다는 것을 의미합니다.
- ◆ 동물들은 친구를 잃은 힘든 시기에 서로를 위로하고 지지하기 위해 모였습니다. 이는 함께 모여 애도하고 추억하는 공동체적인 행위가 구성원들 사이에 공유된 경험과 상호 지지에서 오는 힘을 더욱 강화해준다는 것을 의미합니다.
- ◆ 기억의 나무(The memory tree)는 숲에서 가장 큰 나무로 자라납니다. 나무의 이러한 성장은 생명의 연속성을 상징합니다. 물리적으로는 함께 있지 못할지라도 여우의 생명은 나무의 생동감 넘치는 생명력과 함께 동물들의 기억과 이야기 속에서 계속된다는 것을 시사하고 있습니다.
- ◆ 기억의 나무는 여우에게 바치는 지속적인 헌사(tribute)가 됩니다. 동시에 여우가 다른 동물들의 삶에 미친 영향을 나타내며 공유된 기억과 사랑의 물리적인 표현이 됩니다.

✦ 삽화의 색상과 세부 묘사를 자세히 살펴보세요. 삶과 죽음의 자연스러운 순환을 나타내는 계절의 변화에도 유의하세요. 또한 앞뒤 면지의 그림이 어떻게 달라졌는지 살펴보고 그 의미에 대해서도 생각해보세요.

✦ 여우가 죽은 후 많은 친구들이 찾아와 그를 추억하며 감동을 나누고 위로를 받습니다. 우리도 우리의 가슴속에 아름다운 자취를 남긴 이들의 모습을 기억하며 그들의 삶을 헤아려보게 됩니다. 호랑이는 가죽을, 사람은 이름을 남긴다는데 작품 속의 여우는 많은 아름다운 추억과 큰 사랑의 나무를 남겼네요. 여러분은 무엇을 남기고 싶으십니까?

✦ 내가 떠난 후 가족과 친구들은 나에 대해 무엇을 어떻게 기억할까요? 나도 여우처럼 추억되고 사랑의 나무로 다시 태어나 남은 이들에게 좋은 쉼터가 되어줄 수 있을까요? 그런 나무가 되려면 남은 날들을 어떻게 살아가야 할까요?

> **당신과 나누고 싶은 이야기**   김공주

이제 아흔다섯, 아흔여섯….

정확한 나이를 이야기하는 게 어려운 외할머니가 병원에 계십니다. 평생 산자락 아래서 자녀들을 키워내고 먹거리를 키워내고 몇 주 전까지도 밭고랑에 쪼그려 앉아 있었던 할머니는 이제 밥 한술도 넘기지 못합니다.

대학 졸업 후 첫 직장을 그만두었을 때 저는 부모님 집이 아닌 외할머니를 찾아갔습니다. 함께 쑥을 뜯고 별거 없는 반찬으로 할머니와 세 끼를 먹고 지내는 동안에도 할머니는 이런저런 걸 묻지 않았고 그냥 챙겨만 주셨습니다. 그때도 할머니는 일흔이 넘으셨었지요. 각자의 자리에서 살다가도 언제고 할머니를 찾아가면 산자락 끝에 자리 잡은 당신의 집과 한 풍경인 듯 늘 그렇게 계실 줄 알았습니다. 할머니가 아흔이 넘어 힘을 잃은 이제야 전국 곳곳에 흩어져 살고 있는 할머니의 형제자매들과 자녀들이 할머니를 찾고 있습니다.

그런데 전혀 어울리지 않는 환자복을 입은 채 병원에 누워 계시는 할머니를 만나고 있습니다. 일생의 고단함을 내려놓은 듯 잠에 취한 할머니 모습이 아기 같기도 합니다. 할머니의 침대맡에 모여 앉은 우리들은 서로의 사는 이야기를 나누기도 하고, 목소리를 낮추어 할머니의 현재 상태를 가만가만 살피기도 합니다. 보고 싶었던 이들이 차례로 드나들며 나누는 이야기를 할머니는 어떤 마음으로 듣고 계실까요.

평생 누구에게도 신세 지기 싫어하고 자식들에게 손 한 번 내밀지 않은 할머니. 서른을 갓 넘어 남편을 떠나보내고 그 긴 세월을 혼자서 다 감당해 낸 당신의 고단한 삶을 생각하니 내 삶의 고단함은 내어놓을 것도 없습니다. 이제는 일흔을 앞둔 나의 엄마도, 흰머리가 나기 시작한 손주들도, 묵묵히 그 자리에 있었던 할머니가 남긴 빈자리를 감히 상상도 못 하겠습니다. 우리가 할머니 옆에서 한없이 평안했던 것처럼, 할머니의 긴 잠도 우리들의 작은 소란 속에서 평안하게 시작되길 간절히 간절히 소망합니다.

어휘 해설

all through the night 밤새도록
beloved (대단히) 사랑하는
buzz (with) ~로 부산스럽다, 활기 넘치다
caring 배려하는
clearing (숲속의) 빈터
cozy 아늑한
cub (곰, 사자, 여우 등의) 새끼
delicate 연약한, 여린
exact 바로 그; 정확한, 정밀한
grandchicks 손자 손녀 새들
hardly 거의 ~ 않다
in silence 조용히, 아무 말 없이
join ~와 함께하다, ~와 한패[동료]가 되다
lie down 눕다 (lie-lay-lain)
lying (lie의 현재분사) (사람, 동물이) 누워 있는

make one's way 나아가다
memory 기억, 추억, 회상
noticeable 눈에 띄는
play tag 술래잡기를 하다
raise (아이나 어린 동물을) 기르다
remember 기억하다
shade 그늘
shelter (비, 바람, 위험 등으로부터) 보호하다, 피할[쉴] 곳을 제공하다
spot (특정한) 곳, 장소, 자리
still 고요한, 바람 한 점 없는
touch 감동시키다
trunk 나무의 몸통
warmth 따뜻함
weasel 족제비

Note

BOOK

어휘력 ●●●○○   문해력 ●●○   사고력 ●●○

The Tomten and the Fox
by Astrid Lindgren,
Harald Wiberg (Illustrator)

여우나 족제비 같은 야생 동물이 집에서 기르는 닭이나 오리를 잡아먹으려 한다면 당연히 쫓아버려야겠지요? 다른 동물을 해치려는 행위는 비난받아 마땅하니까요. 그런데 알고 보면 동물들의 그런 행위는 대부분 생존을 위한 것인데 그래도 비난받아 마땅한 것일까요? 오늘 우리가 함께 읽을 늘백의 그림책은 나와 내 가족, 우리 지역이나 우리 사회, 더 나아가 우리 인간들 중심의 생각에서 벗어나 공존과 상생의 원리를 생각하게 해줄 작품 《The Tomten and the Fox》입니다.

추운 겨울밤입니다. 숲속에 사는 여우 Reynard는 배가 너무나 고팠습니다. 그래서 먹을 것을 찾아 나섰는데 눈 덮인 숲을 헤매다가 결국엔 사람들이 사는 농장에까지 오게 됩니다. 그 농장에는 먹음직스러워 보이는 닭들이 많이 있었지요. Reynard는 닭장 안으로 들어가 닭을 잡아먹으려 했습니다. 그런데 그런 그를 Tomten이 막아섭니다. Tomten은 사람들이 잠들어 있는 밤사이 농장의 동물들을 지켜주고 있었거든요. 하지만 동시에 Tomten은 여우가 추운 겨울에 얼마나 배고플 수 있는지 잘 알고 있었습니다. 그래서였을까요? Tomten은 Reynard에게 한 가지 뜻밖의 제안을 합니다. 그리고 Tomten의 말을 들은 Reynard는 행복한 기분에 젖어 숲속의 집으로 돌아갑니다. Tomten은 Reynard에게 대체 무슨 말을 한 것일까요?

> 리딩 가이드

✦ 스웨덴의 민간설화에 바탕을 둔 북유럽의 친절한 농가 요정에 대한 이야기입니다. 19세기 스웨덴의 시인 빅토르 뤼드베리(Viktor Rydberg)의 시를 아스트리드 린드그렌(Astrid Lindgren)이 각색하여 동화로 만든 《The Tomten(밤의 요정 톰텐)》의 속편입니다.

✦ 춥고 긴 겨울밤 스웨덴의 아이들을 편안하고 행복한 마음으로 잠자리에 들 수 있게 해주는 최고의 잠자리 동화로 알려져 있습니다. 어릴 때 엄마 아빠가 들려주신 이야기를 이제는 자신의 아이들에게 들려주고 있을 테니, 어른 아이 할 것 없이 모두가 편안히 잠들 수 있겠지요. 스토리의 힘을 느낄 수 있습니다.

✦ Tomten은 주로 밤에 농장의 가축을 지켜주는 요정으로 작은 키에 빨간 모자를 쓰고 긴 수염을 기른 모습으로 묘사됩니다. 북유럽 사람들은 집과 가축을 지키는 Tomten을 위해 버터를 넣은 따뜻한 죽을 내놓았다고 하네요.

✦ 북유럽의 한겨울에는 인근의 농가 외에 먹을 것을 구할 곳이 없습니다. 이런 상황에서 배고픈 여우는 어찌하면 좋을까요? 아이와 함께 이야기 나누어보세요.

✦ 여우를 쫓아내려고만 하지 않고 먹을 것을 나누어준 Tomten의 사려 깊은 행위를 통해 배려와 존중, 공존과 상생의 원리를 배웁니다. 여우의 배고픔을 해결해주어야 농장의 평화와 안녕도 지킬 수 있습니다. 마찬가지로 우리 주변의 어려운 이웃들과 가진 것을 나누어야 사회도 건강해지고 더불어 행복할 수 있습니다.

> **당신과 나누고 싶은 이야기**　　　　　　　　　　　　　　　　김은영

　농가나 건물을 뜻하는 'Tomt'라는 단어에서 유래한 Tomten은 스웨덴 등 북유럽 지역에서 집을 지키는 사람을 뜻합니다. 농장과 가축의 안녕을 지키는 대가로 그가 받는 것은 고작 버터를 넣은 따뜻한 죽 한 그릇이 전부지요. 농가의 가축을 약탈하러 온 여우의 어려운 처지와 생리도 잘 아는 그는 솜씨 좋게 여우를 다독입니다. 제 몫으로 받은 따뜻한 죽을 나누며 멋지게 임무를 수행하는 Tomten의 부드러운 권위에 여우는 복종할 수밖에 없습니다.

　농가의 안녕을 지키는 Tomten의 이야기를 접하며 일상의 안녕을 생각합니다. 코로나19 팬데믹을 지나온 몇 년은 학교 운동장에서 땀 흘리며 뛰어노는 아이들이, 편안한 이웃과 침 튀기며 말하고 울고 웃던 평범한 일상이 얼마나 소중한가를 일깨우는 시간이었지요. 한편 서로와 서로가 톱니바퀴처럼 연결되어 맞물려 돌아가는 현실, 지역 사회를 넘어 우리는 지구인이라는 일체감이 더 선명해진 시절입니다. 요사이 기후 위기, 전쟁으로 인한 식량과 에너지 문제, 전 세계 인플레이션 비상 등과 관련한 뉴스를 접하면서 많이 우울해집니다. 소외가 사회 곳곳에서 일어나고 무력감을 느끼는 사람이 많아지는 국내외 상황을 바라보며 두렵기도 합니다. 그래서일까요? 저는 요즘 일상을 더 잘 살아내고 싶습니다. 맛깔난 이야기꾼 아스트리드가 생전 늘 관심을 두고 지켜내고 싶었던 '아이들이 행복한 세상'은 어떻게 만들어가야 할까요? 오늘 내가 아이들의 안녕과 평범한 일상을 지키기 위해 애써야 할 일이 무엇일까요? 우리 각자의 삶터뿐 아니라 지구라는 커다란 집을 지켜가기 위해 해야 할 일은 무엇일까요?

　농가와 농가의 가축을 잘 돌보면서 가축을 위협하는 여우의 처지를 살핀 Tomten. 여우의 생존을 위한 현실적인 대안까지 제시하는 Tomten에게서 지혜를 배우고 싶습니다.

어휘 해설

care about ~에 마음을 쓰다
cottage (특히 시골에 있는) 작은 집
cowshed 우사, 외양간
creep 살금살금 움직이다
den (야생 동물이 사는) 굴
frightened 겁내는, 무서워하는
go one's rounds (담당 구역을) 순찰하다
(cf. rounds 순찰, 순회)
guard 지키다, 보호하다
look out 경계하다, 조심하다
morning star 샛별, 금성

on guard 경계[감시]하고 있는
perch 횃대
porridge 포리지, 오트밀 (귀리에 우유나 물을 넣어 만든 죽)
satisfied 만족스러워하는
sneak 살금살금 (몰래) 가다
steal 훔치다, 도둑질하다
step 발걸음
stick (뾰족한 것을) 찔러 넣다, (날카로운 것으로) 찌르다

Note

BOOK 070

어휘력 ●●●○○　문해력 ●●○○○　사고력 ●●○○○

Tidy
by Emily Gravett

지저분한 것은 물론이고 약간의 흐트러짐조차 견디지 못하며 치우고 정리하는 것에서 삶의 즐거움을 찾는 사람들이 있습니다. 그런데 그런 사람들은 그렇지 않은 사람들보다 더 행복할까요? 깔끔함이나 정리정돈은 대체 어느 정도가 바람직한 것일까요? 오늘 우리가 함께 읽을 늘백의 그림책은 삶의 균형에 대한 고민과 더불어 자연의 개발과 보존에 대해서도 생각해보게 하는 작품, Emily Gravett의 《Tidy》입니다.

Pete는 깊은 숲속에 사는 오소리입니다. 그는 청소와 정리정돈을 좋아하여 모든 것을 깔끔하게 유지하며 살고 있지요. 꽃을 하나하나 살피며 예쁘게 다듬어줍니다. 여우의 털을 관리해주고 새들도 모두 깨끗이 씻겨줍니다. 숲속을 쓸고 닦고 문지르며 또 닦습니다. 그리고 가을이 되어 나뭇잎이 떨어지자 그 많은 낙엽들을 모두 말끔하게 치웁니다. 하지만 Pete는 여전히 만족스럽지 않았습니다. 앙상한 가지만 남은 나무들이 마음에 들지 않았거든요. Pete는 결국 엄청난 일을 벌이고 맙니다. 나무들을 모두 뿌리째 뽑아버린 것이지요. 그러고 났는데 이번에는 비가 엄청나게 내려 숲이 온통 진흙투성이가 되었습니다. 그러자 Pete는 굴착기 등의 중장비를 동원하여 숲 전체를 아예 콘크리트로 덮어버립니다. 드디어 모든 것이 완벽하게 깨끗하고 깔끔해진 것 같네요. Pete는 이제 뿌듯한 마음으로 먹을 것을 찾아 나섭니다. 그런데 웬일인지 평소에는 잘 보이던 딱정벌레와 지렁이들이 전혀 보이질 않네요. 그래서 하는 수 없이 집으로 돌아가는데 아뿔싸 이번에는 문이 사라져 보이지 않는군요. 이게 대체 어떻게 된 일일까요?

> **리딩 가이드**

- ✦ 깨끗함과 깔끔함에 극도로 집착하여 정리정돈에 과도하게 열정을 쏟는 한 오소리의 이야기입니다. 지나친 청결이 가져오는 좋지 못한 결과와 어느 한쪽으로 지나치게 치우치지 않는 중용(中庸)의 중요성을 유쾌하고도 유머러스하게 다루고 있습니다.
- ✦ Pete의 지나친 청결 노력과 정리 행위가 숲의 자연적 균형을 깨뜨려 생물들의 삶에 위기를 불러옵니다. 이를 통해 환경의 균형을 유지하는 일이 얼마나 중요한지 알게 해줍니다.
- ✦ 자연 개발과 환경 파괴에 대한 경고가 담겨 있습니다. 그러한 행위는 자연환경의 극단적인 변화를 가져와 인류에게 큰 시련과 역경을 안겨주게 될 것입니다. 우리 삶의 터전인 자연을 소중히 다루고 현재 우리가 누리고 있는 자연의 혜택에 감사해야 합니다.
- ✦ 숲의 다양성을 존중하고 지켜야 한다고 말합니다. 불완전함과 무질서함은 오히려 자연스러운 것으로서 생태계의 풍부함과 활력에도 기여합니다. 또 자연의 각 요소는 나름의 목적을 가지고 있어 생태계 전체의 건강에 도움이 됩니다.
- ✦ 숲속의 동물들은 숲의 균형을 되찾기 위해 서로 협력합니다. 이를 통해 환경 보호와 피해 복구를 위해 연대와 협력이 필요함을 보여주고 있습니다.
- ✦ 오소리는 족제비과에 속하는 야행성 동물로서 길고 깊은 굴을 파고 그 안에서 사는 것으로 알려져 있습니다. 그런 오소리가 자신의 주특기를 발휘할 땅을 모두 콘크리트로 덮어버렸으니 얼마나 큰 실수를 저지른 것일까요? 더구나 먹이로 지렁이를 좋아한다는 오소리가 삶의 터전을 스스로 파

괴했으니 그 후회는 또 얼마나 클까요?

> **당신과 나누고 싶은 이야기**　　　　　　　　　　　**이영주**

　Pete는 하루 종일 숲을 청소하다가 결국엔 나무를 뽑아버립니다. 언젠가 장난감을 치우지 않는 아이들에게 엄포를 놓다가 쓰레기 봉지에 장난감을 털어 넣었던 일이 떠오릅니다. 아이들은 쓰레기 봉지를 붙잡은 채 얼굴에 눈물, 콧물 범벅이 다 되도록 울었지요. 그 순간 내가 뭔가 잘못하고 있다는 죄책감이 일어났습니다. 주체하지 못한 내 감정에 대한 후회, 아이들이 지금 느낄 두려움과 공포. 내가 지금 아이들과 무엇을 하고 있는 건지 맥이 빠지는 순간이었습니다.

　육아를 하다 보면 Pete가 그랬던 것처럼 뭔가 실수했음을 깨닫는 순간이 있습니다. 내 맘대로 움직여주지 않는 아이들을 보며 내가 가진 기준이 적정한지는 생각하지 못했습니다. 나에게는 완벽하지만, 아이들 입장에서는 비정상적인 혹은 지나친 상황이 될 수 있다는 걸 자주 잊습니다. 아이에게 엄격한 잣대와 기준을 들이댔던 건 아닌지 되돌아봅니다. 실수를 깨닫는 순간 멈췄어야 했는데, 그러지 못했던 이유도 돌이켜봅니다. 정돈된 거실, 착착 제 할 일을 스스로 하는 아이들, 예절과 교양이 흐르는 식사 시간. 그 기준에서 보면 한없이 불완전한 내 상황을 안정화하기 위해 애쓰다 결국엔 감정만 켜켜이 쌓이고 있음을 깨닫습니다.

　조금 불완전해도 함께 만들어가는 과정에 즐거움이 있고, 지속할 수 있는 힘도 있습니다. Pete가 숲을 뒤덮은 콘크리트를 부수려고 하자 숲속의 동물들이 달려와 저마다 힘을 보탭니다. 힘이 세고 큰 동물부터 힘이 약하고 작은 동물까지 모두 합심해 되돌린 숲에서 소풍을 즐기는 동물들의 모습이 정겹습니다. 모두의 손길이 닿은 숲에서 Pete가 함께하는 소중함을 잊지 않았으면 좋겠습니다.

어휘 해설

anyone's guess (모두 짐작만 할 뿐) 누구도 확실히는 모르는 것
badger 오소리
bare 헐벗은
beak 부리
beetle 딱정벌레
burr 껍질이 꺼끌꺼끌한 씨앗
churn (속이) 뒤틀리다
claw (새의) 발톱
deserve ~을 받을 만하다, 누릴 자격이 있다
digger 채굴기
feat 위업
fixer 설치[고정]하는 사람[물건]
groom 털을 손질하다
knot 매듭
lend a paw (~에게) 도움을 주다 (cf. lend a hand를 동물들에게 응용한 표현)
match (색깔, 무늬, 스타일이 서로) 맞다
mighty 장대한, 대단한, 굉장한
mixer 콘크리트 혼합기 (concrete mixer, cement mixer)
neat 정돈된

ordered 질서정연한, 정돈된
patch (주변과 다른 조그만) 부분
paw (발톱이 달린 동물의) 발
polish (윤이 나도록) 닦다
practically 사실상
raker 긁어모으는 도구; 갈퀴를 사용하는 사람
rumble (배 속에서) 꾸르륵 소리 나다
scour 문질러 닦다
scrappy 어지러운, 난잡한
snip off (가위로 싹둑) 자르다
stray 제 위치를 벗어난
succeed 성공하다
tidy 정돈하다
toss and turn 뒤척이다
treat 대접, 한턱
twig 잔가지
undertake 착수하다
untangle (엉킨 것을) 풀다
wide awake 완전히 깨어 있는, 정신이 말똥말똥한

BOOK 071

어휘력 ●●○○○　문해력 ●●○　사고력 ●●○

Up and Down
by Oliver Jeffers

자신의 꿈을 성취하고 부와 명예를 얻거나 높은 사회적 지위에 오르는 것을 싫어하는 사람은 아마도 그리 많지 않을 것입니다. 그런데 위로 올라가는 삶이 낮은 곳에 머물거나 아래로 내려오는 삶보다 반드시 더 나은 것일까요? 오늘 우리가 함께 읽을 늘백의 그림책은 하늘을 날고 싶어 했던 펭귄과 그의 친구 이야기 《Up and Down》입니다.

펭귄과 소년은 친구입니다. 둘은 언제나 모든 것을 함께 했지요. 노는 것도, 음악 연주도, 게임을 하는 것도. 그러던 어느 날 펭귄에게 자기 혼자서 해내고 싶은 중요한 일이 생깁니다. 그것은 바로 하늘을 나는 것이었지요. 펭귄에게도 분명 날개가 있었지만 날 수는 없었거든요. 펭귄은 날기 위해 온갖 노력을 기울였고 소년도 최선을 다해 펭귄을 도왔습니다. 하지만 모두 소용이 없었지요. 결국 하늘을 나는 것이 불가능하다는 사실을 알게 된 펭귄은 도움을 청하기 위해 소년과 함께 동물원을 찾아갑니다. 그런데 그 동물원의 입구에서 서커스단의 'Living Cannon Ball(살아있는 대포알)' 광고를 보게 되고, 그것을 기회라 여긴 펭귄은 서둘러 서커스단을 찾아갑니다. 한편 펭귄이 없어진 것을 알게 된 소년은 걱정 가득한 마음으로 애를 태우며 사방으로 그를 찾아 헤맵니다. 그러는 사이 펭귄은 Living Cannon Ball로 선택되어 하늘을 날 순간을 바로 눈앞에 두고 있었습니다. 하지만 Cannon Ball 공연이 다가오면서 점점 비행에 대한 확신이 줄어들고 있었지요. 펭귄은 과연 무사히 비행을 마칠 수 있을까요? 펭귄과 소년은 다시 만나 우정을 이어갈 수 있게 될까요?

리딩 가이드

- ✦ 작가 Oliver Jeffers의 《Lost and Found》에 이어지는 친구와 우정, 꿈의 성취, 그리고 그 과정에서의 배움과 성장에 관한 이야기입니다.
- ✦ 단순하면서도 흥미로운 이야기와 마음을 따스하고 차분하게 해주는 삽화가 어린아이들로 하여금 친구와 우정에 대해 직관적으로 느끼고 배울 수 있도록 돕습니다.
- ✦ 많은 질문들이 떠오릅니다. 친구란 무엇이며 꿈을 좇는다는 것은 또 무엇일까? 친구가 불가능한 것을 원하고 그것을 얻기 위해 노력할 때는 어떻게 하는 것이 좋을까? 이 책의 핵심 키워드라고 할 수 있는 'Up'과 'Down'은 대체 무슨 의미일까?
- ✦ 언제나 친구의 곁을 지키며 격려와 도움을 아끼지 않았던 소년, 어떻게든 친구의 소망을 이루어주고자 했던 그 소년의 우정과 따뜻한 마음이 큰 감동으로 다가옵니다.
- ✦ 사람들이 동경하는 높은 곳이 우리의 행복과는 큰 관련이 없음을, 현재 있는 낮은 곳에서도 얼마든지 우리가 원하는 행복을 찾을 수 있음을, 그리고 간절히 바라는 그 무언가가 내게 주어지지 않는 이유는 그것 없이도 얼마든지 감사하고 만족할 수 있기 때문임을 깨닫습니다.

> 당신과 나누고 싶은 이야기

임수지

    혼자 힘으로 날아보려고 애쓰는 펭귄을 보고 있자니 저희 아이들이 떠오릅니다. 첫아이를 낳은 지 얼마 되지 않았을 때는 아이가 다칠까 봐 스스로 깨치기 전에 뭐든 다 가르쳐주고 도와주었습니다. 바닥에 흘릴까 봐 밥도 다 먹여주었지요. 아이의 성향 때문일 수도 있겠지만 이 아이는 손에 뭐가 묻는 것을 싫어하고, 초등학교에 들어가서도 밥을 스스로 먹기 어려워해서 도와주어야만 했습니다. 부모로서 저의 모습은 꽤 조급했습니다. 아이가 잘해도, 잘 못해도 걱정이고 불안했지요.

    그런데 둘째와 셋째를 낳아 기르면서 제 생각이 바뀌었습니다. 부모의 역할은 옳고 그름을 가르쳐주고 이끌어주기보다 믿고 천천히 기다려주는 것이고, 있는 그대로 아이를 사랑하고 격려해주는 것이었습니다. 왜냐하면 제 아이는 이 우주 속에서 단 하나뿐인 특별한 존재이고 그 자체로 완전한 존재로 태어났기 때문입니다. 엄마가 그렇게 생각하지 않으면 이 세상에서 과연 누가 제 아이를 그렇게 생각해주고 믿어줄까요?

    네 살인 셋째 아이는 무수한 시행착오를 거치며 자율성과 주도성의 시기를 보내고 있습니다. "내가! 내가 할 거야!"를 외치며 스스로 해보려는 시도를 통해 작은 실패와 성공을 맛보며 자존감을 형성해가고 있지요. 작은 성공을 반복하면서, 실수했을 때는 마음을 추스르고 다시 일어서는 회복탄력성도 조금씩 생겼습니다. 부모가 모든 걸 빈틈없이 완벽하게 대신 해주면 결국 혼자서는 아무것도 못 하는 아이가 될 것입니다. 시간이 오래 걸리고 좀 답답할 때가 있지만, 이제는 아이가 도움을 요청하기 전까지는 절대로 대신해주지 않습니다. 아이의 실수나 실패도 뭔가를 배울 수 있는 소중한 경험이기에, 저희 아이들의 속도에 맞추어 천천히 함께하며 앞으로의 발걸음을 응원해주고 싶습니다.

어휘 해설

after doing a bit of homework 약간의 조사를 한 후

all by oneself 도움을 받지 않고 혼자서

barely 거의 ~ 아니게[없이]

besides 게다가, 뿐만 아니라

bullet 총알

cannon ball 대포알, 포탄

cannot help but ~하지 않을 수 없다, ~할 수밖에 없다

flight 비행, 날기; 비행기 여행

get to ~할 기회를 얻다

go 시도

hire 고용하다

it seems as though 마치 ~인 것 같다

it wasn't long before 얼마 지나지 않아 ~했다

land 내려앉다, 착륙하다

likewise 똑같이, 비슷하게

make a break for ~ 쪽으로 내달리다 [달아나다]

meanwhile (다른 일이 일어나고 있는) 그동안에

offer ~을 권하다, 제공하다

on the spot 즉석에서, 바로

recover (정상 상태로) 회복되다

run out of ~을 다 써버리다, 바닥내다

rush off 황급히 떠나다

take off 이륙하다, 날아오르다

terrified 겁이 난, 무서워하는

The odds are against me. 내게 불리한 상황이다. 승산이 없다.

work (원하는) 효과가 나다

Note

BOOK 072

어휘력 ●●●●○ 문해력 ●●○ 사고력 ●●○

Bats at the Library
by Brian Lies

도서관은 특별합니다. 세상의 그 어느 곳과도 다른 곳이지요. 《Library Lion》 같은 책을 보면 동물들도 그 사실을 잘 알고 있는 듯합니다. 그런데 밤에만 활동하는 박쥐도 밤에는 문을 닫는 도서관의 특별함을 알고 있을까요? 오늘 우리가 함께 읽을 늘백의 그림책은 도서관의 특별함을 다시금 깨닫게 해줄 이야기 《Bats at the Library》입니다.

다시 칠흑같이 어두운 밤입니다. 공기는 선선하고 주변은 고요했지요. 실컷 먹고 날아다니며 마음껏 즐겼지만 박쥐들은 여전히 따분했습니다. 바로 그때 도서관의 창문 하나가 열려 있다는 소식이 들려옵니다. 도저히 믿을 수 없었지요. 박쥐들은 흥분에 휩싸여 도서관을 향해 날아갑니다. 이런 밤이 오기를 얼마나 기다렸는지 모릅니다. 도착하자마자 열려 있는 창문을 통해 안으로 들어간 박쥐들은 드디어 그들만의 축제를 즐기기 시작합니다. 퍼드덕 날아올라 서가에 꽂혀 있는 책들 사이에 푹 파묻힙니다. 맛있는 음식에 대한 책을 들여다보기도 하고, 램프에 거꾸로 매달려 도란도란 이야기를 나누기도 합니다. 복사기로 자기 모습을 복제하기도 하고 프로젝터의 스크린에 비추기도 합니다. 팝업북을 갖고 노는 것도, 급수대에서 물장난을 치는 것도 모두 즐겁기만 합니다. 모든 것이 신나고 재미있지만 스토리 타임을 빼놓을 수는 없겠지요? 지친 날개를 쉬게 하며 환상의 세계로 날아가 이야기의 주인공이 되는 시간이니까요. 그렇게 푹 빠져 즐기고 있는데, 아뿔싸! 어느새 아침이 밝아오기 시작하네요. 방금 시작한 것처럼 느껴지는데, 여기서 중단하면 너무도 아쉬울 것 같은데 박쥐들은 대체 어찌하면 좋을까요?

리딩 가이드

◆ 도서관이 지닌 가치를 알고 그 마법을 즐길 줄 아는 박쥐들의 이야기를 통해 특별한 도서관을 더욱 특별한 곳으로 만들어주는 작품입니다. 책 읽기의 즐거움, 도서관의 경이로움, 함께 나눈 스토리와 공동의 경험을 통해 함양되는 공동체 의식을 강조하고 있습니다.

◆ 도서관에서 할 수 있는 아주 많은 것들을 발견할 수 있습니다. 책을 통해서는 무엇이든 가능하다는 것을 다시 한 번 느낍니다. 그들만의 방식으로 즐기는 모습을 보고 있노라면 '박쥐들은 정말 그렇게 하겠구나!' 하는 생각까지 듭니다. 작가의 상상력과 표현력에 감탄을 금할 수 없습니다.

◆ 박쥐에 대한 많은 이들의 생각을 바꾸어줄 것만 같습니다. 좋은 책은 마음을 열어주고 편견이나 고정관념을 깰 수 있게 해주니까요. 어둠을 먹고 산다는 박쥐, 보통은 징그럽고 소름 끼치며 흉측하게 여겨지는 동물이지요. 그런데 알고 계셨나요? 그런 박쥐가 우리 인간들에게 엄청나게 유익한 동물이라는 사실을. 박쥐 한 마리가 하룻밤 새 잡아먹는 모기가 무려 3,000~6,000마리에 이른다고 하네요.

◆ "Can it be true? Oh, can it be?" 도서관 방문의 기회가 열렸다는 소식에 흥분을 감추지 못하던 박쥐들처럼 도서관이 우리 아이들에게도 흥분과 기대, 설렘의 대상이 되면 좋겠습니다. 다음을 기약하며 떠나야 했던 박쥐들을 보며 우리 주변의 도서관들이 더 다양한 사람들을 품을 수 있는 곳으로 발전하면 좋겠다는 바람을 가져봅니다.

> 당신과 나누고 싶은 이야기   배가란

    코로나 기간 동안 출입하기 어려웠던 도서관이 다시 문을 열었습니다. '둥이가 나가신다 길을 비켜라', 배트맨 용사 같은 기개로 입장합니다. 세상에, 책들만 보고서도 배가 부른 느낌인데요. 엉덩이도 들썩들썩 아주 신이 난 모양입니다. '쉿! 조용히 해주세요.' 아이들을 불러 지켜야 할 규칙과 배려를 먼저 알려줍니다. 태어나서 그때까지 집에서만 책을 읽다가 눈 돌아갈 만큼 별천지의 장소에 오니 행복을 다 가진 것처럼 싱글벙글한 아이들을 말리기가 쉽진 않습니다. 떨리는 마음으로 책을 읽어줍니다. 아이들 코너지만, 저녁 시간 우리밖에 없어 그나마 다행입니다. 그때 들리는 사서 선생님의 부탁. "조용히 읽어주세요." 아이들은 저의 불편함을 다행히 눈치채지 못했겠지요? 마스크 너머의 답답함에 숨쉬기가 쉽지 않습니다. 책을 서너 번 읽어주다 말고 아이들의 손을 잡고 도서관을 나옵니다.

    고요한 밤 휘황한 달이 두둥실 뜬 어느 날. 엄마 품에서 비행하던 아기 박쥐를 안전하게 책의 기쁨이 흐르는 장소로 인도하고 싶습니다. 아기 박쥐들이 흠뻑 즐기는 축제와도 같은 현장을 보고 있노라면 흐뭇해집니다. 재미가 흘러넘치는 이곳에 시계는 없습니다. 해 질 녘부터 새벽까지 시간이 단숨에 흘러갑니다. 활자인 책 자체에 머무르지 않고, 지식과 더불어 정이 쌓이는 현장에 웃음꽃이 핍니다.

    도서관은 여행지처럼 늘 가슴 설레는 곳이었으면 합니다. 여행지를 방문할 때마다 그 지역 도서관을 찾는다는 이 책의 작가는 도서관에서 무엇을 발견할까요? 책 안에 거꾸로 매달려 있는 작가를 발견해도 놀라지 마세요. 어쩌면 우리가 바꾸어갈 문화는 나의 인식에서부터 시작하겠지요? 도서관이 불편하게 느껴진다면 가장 편안한 나만의 도서관 찾기 투어에 도전해보는 것도 좋겠습니다.

어휘 해설

ache for ~을 갈망하다
afar 멀리, 아득히
ajar (문이) 약간 열린
behave 예의 바르게 행동하다
blast 빛나다
blue 우울한
bookish 책[학문]을 좋아하는
breathless (격한 감정으로) 숨을 쉴 수 없는 [숨이 막힐 듯한]
coax 구슬리다, 달래다
distant 먼, 떨어져 있는
dizzy (높이, 속도 등이) 어지러울 정도의
draw near 다가오다, 접근하다
drift away 멀어지다, 떠나가다
duplicate 복사하다, 복제하다
eager 열망하는, 간절히 하고 싶어 하는
exhausted 기진맥진한, 진이 다 빠진, 탈진한
in store 닥쳐올, 예비된
feast (아주 즐겁게) 맘껏 먹다[포식하다]; 연회, 잔치
figure out 생각해내다
flit by (시간이) 급속히 지나가다
flutter (새나 곤충이 날개를) 파닥이다

fountain water 식수대의 물
hang out (~에서) 많은 시간을 보내다
inky 새까만, 칠흑 같은
librarian 도서관의 사서
lively 활기[생기] 넘치는
loads of (수, 양이) 많은
lose oneself in ~에 푹 빠지다
munchy mood 먹고 싶은 기분
pale 어둠침침한
pup (동물의) 새끼
rocket 돌진하다
sameness 똑같음, 동일함
settle down (한 곳에 자리 잡고) 정착하다
share 공유하다
soar 솟구치다, 날아오르다
splendid 훌륭한, 정말 좋은
squeeze 밀착하다, 가까이 붙다
swallowed up 빨려 들어가다, 압도되다
swoop 급강하하다
tale 이야기
wingtip-tag 날개 끝 잡기 놀이 (cf. wingtip 날개 끝; tag 술래잡기, 잡기 놀이)

BOOK 073

어휘력 ●●●○○　문해력 ●●●　사고력 ●●●

The Dark
by Lemony Snicket,
Jon Klassen (Illustrator)

아이들은 대부분 어둠을 두려워합니다. 그 두려움은 어떻게 이겨낼 수 있을까요? 두려움은 꼭 극복의 대상이어야 할까요? 오늘 우리가 함께 읽을 늠백의 그림책은 어둠에 대한 두려움과 그 대응 과정을 한 편의 멋진 스릴러로 그려낸 상상력과 서스펜스 가득한 작품 《The Dark》입니다.

Laszlo는 어둠이 무섭습니다. 어둠은 지붕이나 창문, 계단이나 찬장, 샤워 커튼 뒤를 비롯한 집 안팎의 여기저기에 숨어 있지만 대부분은 지하실에서 시간을 보냅니다. 낮에는 하루 종일 저 멀리 구석에서 기다리고 있다가 밤이 되면 밖으로 나와 집안 곳곳으로 뻗어나갑니다. 그리고 아침이 되면 다시 지하실로 돌아가곤 했지요. Laszlo는 생각했습니다. 자기가 지하실로 어둠을 방문한다면 어둠이 자신을 찾아오지 않을지도 모른다고. 그런데 어느 날 밤 어둠이 방으로 Laszlo를 찾아왔습니다. 그러고는 말했지요. 보여줄 게 있으니 아래로 내려가자고. 1층으로 내려가니 어둠은 더 아래로 가자고 합니다. Laszlo는 망설여졌습니다. 밤에는 어두운 지하실에 한 번도 가본 적이 없었거든요. 어둠은 왜 Laszlo를 자꾸 지하실로 데려가려는 것일까요? 지하실에 도착하자 어둠은 Laszlo에게 그곳에 놓여 있던 서랍장의 아래쪽을 열어보라고 합니다. 서랍 속에는 대체 무엇이 들어 있을까요? 과연 어떤 일이 Laszlo를 기다리고 있을까요?

리딩 가이드

✦ 어둠을 무서워하지만 피하거나 도망치지 않고 당당히 맞선 한 소년의 이야기를 통해 두려움에 대처하는 지혜를 배울 수 있는 책입니다.

✦ 어둠이나 두려움은 극복의 대상이 아니라 이해하고 인정하며 용기 있게 직면해야 하는 대상이라고 말합니다.

✦ 이야기 속에서 어둠은 의인화되어 Laszlo와 대화를 나누고 상호 작용합니다. 이러한 독특한 설정이 사건의 역동성을 높여주고 신비감과 몰입감을 더해주고 있습니다.

✦ 이 책에서 작가는 어둠을 순전히 위협적인 존재로만 그리고 있지는 않습니다. 오히려 자신만의 역할과 목적을 가진 대상으로 묘사하여 어둠을 다른 관점에서 바라보길 권하고 있습니다.

✦ 밤에 지하실로 내려간 Laszlo는 서랍장 속에서 작은 전구를 하나 발견합니다. 어둠을 마주하고 나서 발견하게 된 전구는 무엇을 나타낼까요?

> 당신과 나누고 싶은 이야기 　　　　　　　　　　　　　　　　　　　**임가은**

　고개를 조금만 돌려도 크고 작은 어둠을 찾을 수 있습니다. 이렇게 곳곳에 펼쳐진 어둠은 고난과 닮아있기에, 어둠은 결국 우리가 살아가며 매 순간 만나는 두려움이 아닐까 싶습니다. 책 속의 Laszlo도 어둠을 만났고, 두려워하지요. Laszlo처럼 두려움을 직면한 아이에게 우리가 해줄 수 있는 이야기는 무엇일까요?

　엄마는 아이들이 겪는 두려움과 고난이 불안합니다. 아이에게 갈등이 생길 때마다 엄마의 마음에 피어난 근심의 불은 쉽사리 꺼지지 않습니다. 아이가 겪은 불행의 씨앗을 삽으로 퍼내 흔적도 없이 사라지게 하고 싶고, 좋은 거름을 그 위에 두껍게 덮어 서둘러 새로운 새싹이 돋아나길 바라지요. 엄마의 절실한 노력과 달리 아이는 두려움을 직접 마주하고 나아갈 기회를 잃어버리는 것은 아닐까요? 어둠을 정면으로 바라본 Laszlo는 그 안에 작은 빛들이 일렁인다는 것을 알았습니다.

　Laszlo가 손에 들고 있는 손전등의 발자취를 따라가봅니다. 손전등은 아이가 어둠을 만나러 가는 길까지 줄곧 함께 있었지만, 마지막 장에는 보이지 않습니다. 마치 엄마인 우리의 모습이 겹쳐 보입니다. 불안한 마음에 아이 곁에 내내 머물다, 성장한 아이를 믿음으로 떠나보내려는 엄마의 용기가 느껴집니다. 저도 불안한 마음을 잠시 뒤로 숨기고, 오늘도 두려움에 맞서며 자신의 세상으로 걸어가는 아이를 용기 내어 응원하려고 합니다. 엄마가 해줄 수 있는 일은 아이가 걸어갈 방향을 정해주는 것이 아니라 아이가 선택한 길 위를 믿음과 따스함으로 비춰주는 손전등이 되는 것이라 믿습니다. 크진 않지만 곧게 뻗은 빛으로, 어두운 여정 속을 걸어가는 아이에게 위안을 줄 수 있도록 말이지요. 그 길의 끝에서 아이가 어둠은 항상 함께하는 것이며 기꺼이 겪을 만한 가치가 있었다고 말해주는 날이 오기를 소망합니다.

어휘 해설

basement (건물의) 지하층
belong (~에) 속하다
bother 신경 쓰이게 하다, 괴롭히다
bottom drawer 맨 아래 서랍
chest of drawers 서랍장
close by ~의 가까이에
creaky 삐걱거리는
cupboard 벽장
damp 축축한, 눅눅한
dare 감히 ~하다
distant 먼, 멀리 있는

downstairs 아래층에서, 아래층으로
except ~을 제외하고는
flights of stairs 계단, 층계
gaze 응시하다
keep on 계속 ~하다
lightbulb 백열전구
peek 엿보다
press 바짝 대다, 밀착되다
rattle 덜거덕거리는 소리
spread 퍼지다, 확산되다
squeak 삐걱삐걱 소리

Note

BOOK 074

어휘력 ●●●○○　문해력 ●●●○　사고력 ●●●○

The Name Jar
by Yangsook Choi

미국이나 캐나다 같은 나라로 이주하여 그곳에서 처음으로 학교에 가는 아이들은 설렘이나 기대보다는 걱정과 두려움이 더 클 것입니다. 그리고 대부분은 서툰 영어와 낯설고 발음하기 어려운 이름 때문에 무척 신경이 쓰일 거고요. 오늘 우리가 함께 읽을 늘백의 그림책은 이름과 관련된 정체성의 혼란과 이를 극복하는 과정을 훈훈한 이야기로 풀어낸 작품, Yangsook Choi의 《The Name Jar》입니다.

    가족과 함께 미국으로 이민을 온 은혜가 학교에 가는 첫날입니다. 모든 것이 낯설기만 한 은혜는 초조하고 불안한 기색을 숨길 수 없었습니다. 아니나 다를까, 학교에 가는 스쿨버스에서 아이들은 은혜의 이름을 가지고 놀려댑니다. 우려했던 상황에 당황했기 때문일까요? 은혜는 이름을 묻는 반 친구들에게 새로운 이름을 정해 다음주에 알려주겠다고 합니다. 그런 은혜를 위해 친구들은 각자가 생각하는 좋은 이름을 적어 유리병에 넣어줍니다. 그러자 곧 많은 이름이 쌓이게 되었지요. 은혜는 과연 그 속에서 자신의 마음에 드는 이름을 찾을 수 있을까요?

> **리딩 가이드**

- ✦ 한국에서 미국으로 이민을 온 한 소녀의 이름과 자아정체성, 다양성의 수용에 관한 이야기입니다. 특히 어린이들에게 문화적 다양성과 독특함을 이해하고 다양성이 지닌 장점과 가치를 인식하도록 도와줍니다.
- ✦ 자신의 이름을 포함한 문화적 정체성을 자랑스럽게 여기라고 말해줍니다. 이름은 정체성의 중요한 부분이며 풍부한 문화적 가치를 지니고 있다는 것을 강조합니다.
- ✦ 처음에는 자신의 한국 이름을 숨기려 했던 은혜가 결국엔 자신의 정체성을 깨닫고 그 이름을 유지하기로 결정합니다. 이를 통해 자기 자신에게 충실한 것이 얼마나 중요한지 알게 해줍니다.
- ✦ 낯선 이름과 문화적 배경에 담긴 차이를 수용하도록 격려합니다. 그런 차이는 공동체에 다양성을 가져다줍니다. 또 다른 문화에 대해 배우고 이해하는 것은 삶을 풍성하게 하는 좋은 경험이 될 수 있습니다.
- ✦ 은혜의 새 이름 찾기를 도와주려는 반 친구들의 모습에서 아이들의 순수한 마음을 봅니다. 호기심과 친절이 다양성의 이해와 존중을 위해 큰 도움이 될 수 있음을 느낍니다.

> 당신과 나누고 싶은 이야기

윤민이

　은혜가 타국에서 겪었던 일들을 보면서 고향을 떠나 낯선 환경에서 적응하며 살아야 했던 열두 살 저의 모습을 회상해봅니다. 제주도 여행이 흔치 않았던 당시, 제주도라는 낯선 섬에서 전학 온 저는 친구들에게 마치 동물원의 원숭이처럼 비쳤나 봅니다. 교실 한쪽에 말없이 앉아 분위기를 살피던 저에게 날아오는 질문들은 주로 제주도에도 차가 있는지, 아프면 배 타고 병원에 가는지 등이었습니다. 부산 사투리로 내뱉는 친구들의 말 한마디가 어찌나 차갑고 매섭게 들리는지, 학교를 다녀오면 늘 다시 제주도로 돌아가고 싶다며 울고불고 엄마에게 투정 부리던 때가 있었습니다. 차갑고 낯설기만 했던 환경은 활달하고 적극적이었던 저의 성격을 180도로 바꾸어 놓았습니다.

　하지만 인간은 적응의 동물인지라 그 낯선 환경에 조금씩 적응하며 친구를 한 명 두 명 사귀면서 점차 심리적인 안정을 되찾아갔습니다. 쉽사리 사라질 것 같지 않았던 어색함, 성인이 되면 반드시 고향으로 돌아가고 싶다던 생각들이 이제는 사라졌고 어느덧 미소 지으며 그때를 추억하게 되었습니다. 지금은 제주도보다 더 오래 살아온 제2의 고향 부산이 참 좋습니다.

　저보다 더 힘들었을 은혜는 한국인이라는 정체성을 가지고 미국 생활을 어떻게 했고, 어떤 모습으로 성장했을지 문득 궁금해집니다. 아마도 저의 지금 모습처럼 다른 문화에 익숙해지고 심지어 그곳을 더 좋아하고, 편하게 여길지도 모릅니다. 나만의 것을 지키면서도 주변과 어울려 아름다운 조화를 이루어낸 은혜. 은혜의 성장에 따스한 박수를 보냅니다.

어휘 해설

applaud 박수(를 치다), 갈채(를 보내다)
argue 주장하다
bank account (예금) 계좌
behave 예의 바르게 행동하다
blush 얼굴을 붉히다
breathlessly 숨을 헐떡이며
broadly 활짝
carve (글씨를) 새기다
chalkboard 칠판
chant 단조로운 말투로 계속하다
complain 불평[항의]하다
correct 고치다, 바로잡다
dismiss (모인 사람 등을) 해산시키다
don't get to ~하게 되지 않는다, ~할 여건이 안 된다
draw (카드 패, 제비 따위를) 뽑다
embarrassed 당황스러운
familiar 익숙한
frown 눈살을 찌푸리다, 얼굴을 찡그리다
gleam 어슴푸레[희미하게] 빛나다
graffiti 낙서
greet 맞이하다, 환영하다
grocery 식료품 잡화점
groove 파인 부분, 음각

Korean characters 한글 (cf. character 글자, 부호)
lean over ~ 너머로 몸을 구부리다
name master (작명소의) 작명가
nickname 별명
pouch 작은 주머니
pull up (자동차가) 멈추다, 서다
relieve 안도하다
remind 상기시키다
ridge 돋은 부분, 양각
satin 새틴 (광택이 곱고 보드라운 견직물)
scrunch up (얼굴을) 찡그리다
seaweed (김, 미역 등의) 해초
show and tell (수업 활동의 하나로) 각자 물건을 가져와서 발표하기
signature 서명
slip 슬며시 넣다
souvenir 기념품, 선물
sprinkle 가랑비가 내리다
suggest 제안하다
tease 놀리다, 장난하다
with a look of concern 걱정스러운 표정으로
wrinkle 찡그리다

BOOK 075

어휘력 ●●●○○ 문해력 ●●○ 사고력 ●●○

Elmer
by David McKee

세상에 똑같은 사람은 단 한 사람도 없습니다. 아무리 비슷하게 보여도 서로 다른 부분이 있기 마련입니다. 이러한 다름은 어떻게 이해하고 받아들여야 할까요? 오늘 우리가 함께 읽을 늘백의 그림책은 명랑하고 유쾌한 이야기 속에 '남과 다른 나'에 관한 깊은 성찰이 담겨 있는 이야기, David McKee의 《Elmer》입니다.

Elmer는 빨강, 파랑, 노랑, 검정, 하양 등 다채로운 색상의 사각형 조각으로 온몸이 뒤덮인 코끼리입니다. 몸 색깔은 비록 다르지만 재치 있고 재미있는 이야기로 다른 코끼리들을 즐겁게 해주는 쾌활하고 낙천적인 친구이지요. 하지만 그런 밝음 속에서도 남들과 다른 자신의 모습이 견디기 힘들었나 봅니다. 어느 날 아침 일찍 Elmer는 몰래 무리를 빠져나가 회색빛 열매로 자신의 몸 구석구석을 칠합니다. 그러고는 다시 돌아오는데 Elmer를 알아보는 친구가 정말 아무도 없습니다. 길에서 만난 동물 친구들도 모두 예의를 갖추어 인사를 건넸지요. 그런데 무언가가 조금 이상합니다. 인사는 하는데 그다지 반가운 얼굴이 아니네요. 그리고 코끼리들은 하나같이 시무룩한 얼굴이고 말없이 조용합니다. Elmer의 마음은 찜찜하기만 합니다. 대체 무엇이 잘못된 걸까요? 코끼리들은 왜 그렇게 침울한 모습일까요?

리딩 가이드

✦ 화려한 색상의 체크무늬를 가지고 있어 다른 코끼리들과 구분되는 Elmer가 자아정체성을 찾아가는 과정을 그린 작품입니다. 남과 다른 나를 있는 그대로 인정하고 받아들이는 것이 얼마나 중요한지를 깨닫도록 돕습니다.

✦ 다른 사람과 달라도 전혀 문제가 되지 않습니다. 그 모습 그대로 인정받고 사랑받을 수 있습니다. 그뿐이 아닙니다. 다르기 때문에, 남들과 구분되는 나만의 특징 때문에 오히려 더 많은 인정과 사랑을 받고 더욱 특별한 존재가 될 수 있습니다.

✦ 알록달록한 Elmer만 다른 것이 아닙니다. 다른 코끼리들도 남과 다른 저마다의 특징을 가지고 있습니다. 코끼리들의 모습을 자세히 살펴보고 그들의 다름과 그 의미에 대해 생각해보세요.

✦ Elmer의 유쾌한 성격, 유머와 장난기에 유의하세요. 다른 코끼리들과 구분되는 그러한 특성이 Elmer를 더욱 빛나게 만들어주고, 이야기에 재미를 더해줍니다.

✦ 다름과 다양성은 우리의 삶을 더 풍성하고 흥미진진하게 만들어줍니다. 책을 읽은 후 남과 다른 나의 모습과 성격, 나만의 특별한 점을 찾아보세요. 친구들의 다른 모습에 대해서도 생각해보고 함께 이야기 나누어보세요.

> 당신과 나누고 싶은 이야기

조은영

저는 평범한 30대 주부입니다. 잘하는 것도 못하는 것도 반반이라 평균을 유지하며 살고 있습니다. 학창 시절에는 외모가 예쁜 친구가 부러웠고 바이올린을 잘 켜고 달리기를 잘하는 친구를 질투했습니다. 늘 평범한 내가 고민이었습니다.

이런 저에게도 특별한 때가 있었습니다. 어느 날 아침, 교실 문을 열고 들어서다 친하지 않던 친구와 눈이 마주쳤고 어설프게 인사를 하게 되었습니다. 그 친구도 엉겁결에 인사를 했습니다. 친구의 인사는 어색했지만 묘한 기분에 알 수 없는 설렘으로 기뻤습니다. 다음 날도 안 할 수 없어 인사를 건넸더니 이번에는 그 옆에 있던 친구도 인사를 합니다. 그다음 날에는 좀 더 크게 인사말까지 건넸더니 더 많은 친구들이 "안녕!" 하고 인사했습니다. 시간이 지나자 제가 문을 열고 들어서면 모든 반 친구들이 기다렸다가 "안녕!" 하고 웃으며 크게 인사하게 되었습니다. 이후 우리 반은 누구에게나 크게 인사를 나누는 문화가 생겼고, 아침 시간부터 밝은 에너지로 가득했습니다. 그래서인지 모르겠지만 합창대회부터 체육대회까지 반 친구들이 함께하는 행사에 똘똘 뭉쳐 우수한 성적을 거두었습니다.

그 기억 때문인지 저는 지금 평범한 일상에서도 작은 변화를 꾀하며 소소한 행복을 만들며 살고 있습니다. Elmer를 보니 그때가 떠올랐습니다. Elmer가 특별한 색을 지녀 사랑을 받은 게 아니라 그저 무리에서 가장 먼저 웃음을 터뜨릴 줄 아는 친구였기에 친구들을 기쁘게 했던 것이지요. 다른 코끼리들 역시 저마다 달랐고 특별했기에 행복했을 거라는 생각이 듭니다. 학창 시절 그때 우리 반 친구들은 가장 먼저 인사를 건넨 코끼리를 기억하고 있을까요?

어휘 해설

absolutely 굉장히, 극도로
bear 참다, 견디다
bunch 송이, 묶음
burst 터지다
bush 관목, 덤불
catch hold of ~을 잡다, ~을 손에 넣다
decorate 꾸미다
except ~을 제외하고는, ~외에는
gasp '헉' 하고 숨을 쉬다
golly (감탄사) 야, 와 (놀람을 나타냄)
gosh 이크, 어이쿠
herd (함께 살고 함께 먹는 동종 짐승의) 떼
no wonder ~하는 것도 당연하다

ordinary 보통의, 평범한
patchwork 여러 조각들로 이루어진 것
please 만족시키다
quietly 조용히
recognise (英) (누구인지) 알아보다 ((美) recognize)
rejoin 다시 합류하다
rub 문지르다
set off 출발하다
sign 흔적, 표시
slip away 사라지다, 없어지다
trunk (코끼리의) 코
unnoticed 눈에 띄지 않는

Note

BOOK 076

Extra Yarn
by Mac Barnett,
Jon Klassen (Illustrator)

갓 태어난 아기에게는 세상의 모든 것이 마법일 것입니다. 자라나면서도 온갖 마법이 가능한 세상을 동화나 만화영화 등을 통해 만나지만 적어도 한동안은 그것을 이상하게 여기진 않을 겁니다. 하지만 마법이란 것이 실제로도 존재할까요? 오늘 우리가 함께 읽을 늘백의 그림책은 마법을 전혀 믿지 않는 사람들까지도 마법에 대해 생각하고 고민하게 해줄 신기한 털실 이야기 《Extra Yarn》입니다.

새하얀 눈과 까만 검댕뿐인 작은 마을에 Annabelle이라는 소녀가 살고 있었습니다. 어느 추운 날 우연히 털실이 들어 있는 상자를 발견한 그녀는 그 털실로 스웨터를 하나 떠 입고 강아지 Mars에게도 옷을 만들어 줍니다. 그러고도 여전히 실이 남자 이번에는 자신을 질투하며 놀리는 동네 소년과 그의 강아지에게, 다음에는 학교의 친구들과 선생님, 그리고 엄마 아빠, 급기야는 마을의 모든 사람들과 동물들에게까지 옷을 만들어 줍니다. 금세 떨어질 줄 알았는데, 그렇게 많은 옷을 떴는데도 여전히 실이 남아 있었던 것이지요. 결국엔 마을의 모든 건물과 나무까지도 알록달록한 색상의 예쁜 옷을 입게 되고, 춥고 칙칙했던 마을은 따뜻하고 아름다운 곳으로 변신하게 됩니다.

Annabelle과 그녀의 신기한 털실에 대한 이야기는 아주 빠르게 퍼져나갑니다. 어느 날 소문을 듣고 오스트리아의 한 왕자(Archduke)가 찾아와 그 상자를 팔라고 합니다. Annabelle이 그 요청을 거절하자 왕자는 밤에 사람을 시켜 상자를 몰래 훔쳐 가지요. 그러나 성으로 돌아가 상자를 열어본 왕자는 크게 실망하고 맙니다. 왕자의 기대와 달리 상자 안에는 아무것도 없었거든요. 상자 속의 털실은 대체 어디로 간 것일까요? 상자의 마법은 이제 모두 끝난 것일까요?

리딩 가이드

✦ 한 소녀가 우연히 발견한 털실 상자와 그 소녀의 아낌없는 나눔이 가져온 마법 같은 변화에 대한 이야기입니다.

✦ 절제미가 돋보이는 글과 그림이 상상력을 자극합니다. Mac Barnett의 별나고 기발하며 우스꽝스러운 글과, 무표정 연기와 유머(deadpan humour)의 전형을 보여주는 Jon Klassen 스타일의 그림이 완벽하게 어우러져 서로를 보완하고 더욱 빛나게 합니다. 이야기의 진행 속도 또한 기가 막힙니다.

✦ 이 책에서 색이 지니는 의미와 그 역할에 유의하세요. 특히, Annabelle의 나눔이 이어지면서 페이지를 채우는 색상이 어둡고 단조로운 무채색에서 환하고 다채로운 컬러로 바뀌어갑니다.

✦ 겉으로 드러난 마법(즉 바닥나지 않는 털실과 Annabelle에게 돌아왔을 때 다시 채워져 있던 상자)에 마음을 지나치게 빼앗겨 Annabelle의 나눔이 만들어 내는 진짜 매직을 놓치는 일이 없도록 주의하세요.

✦ 털실이 들어 있는 평범한 상자 속에 신비로운 마법이 숨어 있을 줄을 누가 알았을까요? 5,000명이 넘는 사람들을 먹였다는 '오병이어(五餠二魚)의 기적(마태복음 14: 14-21)'과 3년 반의 대기근이 끝날 때까지 떨어지거나 마르지 않았다는 '사르밧 과부의 밀가루와 기름병(열왕기상 17: 8-16)'이 생각납니다. 그런 것들은 모두 성경이나 신화, 혹은 일부 사람들의 상상 속에서나 가능한 것일까요? 써도 써도 여전히 남아 있던 그 털실은 모두가 주목했던 상자가 아니라 Annabelle의 상상력과 창의성, 세상을 향한 아

름다운 꿈, 그리고 그 꿈을 이루기 위해 기울인 부단한 노력에서 나오는 것은 아닐까요?

당신과 나누고 싶은 이야기

임가은

'선한 영향력'이라는 말을 들어보셨나요? 자신이 가지고 있는 선한 생각과 행동이 다른 사람에게 긍정적인 영향을 미친다는 뜻입니다. 선한 영향력이라는 거창한 말과는 다르게, 말과 행동의 힘은 아주 소소한 것에서부터 시작됩니다. Annabelle이 본인을 위한 스웨터 한 벌을 만드는 것에서부터 시작했던 것처럼요. 그림책 안에는 색채가 없습니다. 생동감 없는 밋밋한 단색으로만 이루어져 있죠. 오직 Annabelle의 실만이 밝은 빛을 냅니다. 모두가 어두운 옷을 입고 있을 때, 밝은 옷을 입은 Annabelle은 독특해 보입니다. 사람들은 Annabelle을 보고 웃거나 놀리고, 심지어 혼을 내기도 합니다. 하지만 이상하게 시선이 가고, 따라 입고 싶은 마음이 듭니다.

우리의 생각과 행동도 Annabelle의 실과 닮아 있습니다. 좋은 생각의 실은 한 사람이 가진 색깔을 밝게 변화시키고, 그 힘은 남녀노소와 직업을 가리지 않습니다. 선한 영향력은 한 집단을 바꾸기도 하고, 심지어 한 사회를 변화시키기도 합니다. 간혹 대공처럼 Annabelle이 가진 상자를 훔치고 싶은 사람이 있기도 합니다. 하지만 본인이 가진 생각과 행동으로 상자 안을 채운 것이 아니라면 제대로 꺼내어 쓸 수 없다는 사실을 알게 됩니다.

선한 영향력은 특별한 사람만이 가진 능력일까요? 그렇다면 Annabelle에게만 있는 특별한 점은 무엇일까요? '상자 안에 들어 있는 실을 발견하는 눈, 그 실을 자신만이 아닌 다른 사람을 위해 기꺼이 쓰고자 하는 마음'이 보입니다. 우리 모두 나만의 상자를 찾고, 그 안에 좋은 말과 생각을 담은 다양한 색깔의 실들로 채워 넣을 수 있습니다. 모든 특별한 일은 나만의 것을 발견하는 것부터 시작됩니다. 그 실타래로 만들고 싶은 옷들이 무엇인지 생각해봅니다.

어휘 해설

archduke (옛 오스트리아의) 대공, 왕자
be willing to 흔쾌히 ~하다
break into 침입하다
chimney 굴뚝
curse 악담[저주](을 퍼붓다)
demand 요구하다
distraction 집중을 방해하는 것, 주의 산만
extra 여분의
fond of ~을 좋아하는
hire 고용하다
hurl (거칠게) 던지다
jealous 질투심이 많은
knit (실로 옷 등을) 뜨다, 짜다, 뜨개질하다
miraculous 기적인
moustache 콧수염
offer (금전적) 액수를 제안하다

quiver (가볍게) 떨리다
remarkable 놀라운, 주목할 만한
ridiculous 웃기는
robber 강도
run out of ~이 없어지다; ~을 바닥내다
set off 출발하다
shiver (추위, 두려움, 흥분 등으로 가볍게) (몸을) 떨다
soot 그을음, 검댕
spread 퍼지다, 확산되다
Take it or leave it! 받아들이든지 거절하든지 양자택일하세요!
tremble (몸을) 떨다, (몸이) 떨리다
trousers (英) 바지 ((美) pants)
turn out ~인 것으로 밝혀지다
twitch 씰룩거리다, 경련하다
yarn (직물, 편물용) 실, 방적사

Note

BOOK 077

어휘 ●●○○○   문해력 ●●○   사고력 ●●●

The Missing Piece
by Shel Silverstein

세상에 완벽한 사람은 아무도 없기에 누구나 부족함을 느낍니다. 그리고 그 부족함을 채워줄 기회를 간절히 찾기도 하지요. 그런데 부족했던 부분이 어떻게든 채워져 우리가 바라는 대로 완벽하게 된다면 더 행복할까요? 오늘 우리가 함께 읽을 늘백의 그림책은 자신의 잃어버린 조각을 찾아 나선 한 동그라미의 이야기, Shel Silverstein의 《The Missing Piece》입니다.

저는 동그라미입니다. 동그라미는 동그라미인데 한쪽에 쐐기 모양의 조각이 빠져 있는 불완전한 동그라미이지요. 저는 솔직히 그 부분이 마음에 들지 않았습니다. 그래서 잃어버린 조각을 찾아 길을 나서게 되었지요. 여행은 쉽지 않았습니다. 어떤 날은 태양이 너무 뜨거워 견디기 힘들었고, 또 어떤 날은 너무 추워 꽁꽁 얼기도 했지요. 하지만 다행히 때맞춰 시원한 비도, 따뜻한 햇볕도 만날 수 있었습니다. 그리고 무엇보다 천천히 가다 보니 벌레와 이야기를 나누고 꽃향기도 맡을 수 있어 즐거웠습니다. 물론 도중에 조각들을 여럿 만났습니다. 그렇지만 제게 맞는 조각은 아니더군요. 그래도 저는 실망하거나 낙담하지 않고 즐겁게 노래 부르며 잃어버린 조각을 찾아 여행을 계속합니다. 저는 과연 저의 잃어버린 조각을 찾을 수 있게 될까요? 딱 맞는 조각을 찾아 부족한 부분을 채우고 나면 더 이상 바랄 것이 없을 것 같은데, 정말 그렇게 될까요?

리딩 가이드

- 《The Giving Tree(아낌없이 주는 나무)》로 널리 알려진 Shel Silverstein 의 작품입니다. 다양한 해석을 허용하는 간결한 스토리와 인상적인 그림 속에 삶의 깊은 통찰과 지혜를 담고 있어 책 읽기의 즐거움과 함께 깨달음의 기쁨을 동시에 선사하는 책입니다.
- 자아 발견의 중요성을 강조하고 있습니다. 동그라미는 자신의 부족한 부분을 찾아 나서면서 스스로에 대해 더 알게 되고, 행복과 만족을 위해 진정으로 필요한 것이 무엇인지 배우게 됩니다.
- 완벽해야만 행복할 수 있다는 강박에서 벗어나 불완전함을 받아들이라고, 더 나아가 남과 다른 나만의 고유한 모습에서 아름다움을 찾고 감사하는 삶을 살아가라고 말합니다.
- 진정한 행복은 내면에서 비롯되는 것임을 알게 해줍니다. 외부적인 것에 의해 채워지지 않아도 있는 모습 그대로 만족하고 행복할 수 있다는 것이지요. 이는 곧 사회적인 기대에 맞출 필요도, 다른 이들처럼 되려고 노력할 필요도 없다는 것입니다.
- 목적지 도달이나 목표 달성에만 의미를 두지 말고 자아 발견과 성장의 과정을 즐기기 위해 노력하라고 조언합니다.
- 한마디로 진정한 행복과 만족은 부족함이 없는 완전한 상태가 아니라 자기 자신을 이해하고 받아들이며 삶의 여정을 즐기는 데서 온다는 것을 깨닫게 해주는 책입니다.

당신과 나누고 싶은 이야기

이영주

제 아이의 손톱은 이가 빠진 것처럼 울퉁불퉁합니다. 언젠가부터 손톱을 물어뜯는 버릇이 생겼는데요. 아이의 버릇을 고치기 위해 참 많이 애를 썼습니다. 그러던 어느 날, "이렇게 널 위해 애쓰고 있는데 뭐가 부족해서 너는 손톱 물어뜯는 버릇 하나 고치지 못하냐"라며 아이에게 호통을 쳤습니다. 저는 그때 왜 그렇게 화가 치밀어 올랐을까요? 손톱을 물어뜯는 행동은 아이가 정서적으로 불안하거나 과도한 스트레스 상황에 있을 때 나타날 수 있다는 이야기가 제 머릿속을 떠나지 않았습니다. 저는 아이를 위한 일로 하루 종일 분주한데 무엇이 부족한 것인지 화가 났습니다. 남들은 잘만 하는 것 같은데 저희 아이의 부족함이 보여 열등감을 느꼈습니다.

그런 저에게 《The Missing Piece》의 동그라미가 노래하는 것 같습니다. 남들의 속도에 맞추어 완벽하게 굴러가려 하다 보면 놓치는 것이 훨씬 더 많다고 알려줍니다. 저는 제 아이마저도 저의 소유물로 여겼던 것 같습니다. 내 아이가 부족한 틈새가 될까 봐 완벽한 모습으로 가꾸려고 전전긍긍했던 저에게 그저 우리는 모두 불완전한 동그라미에 불과하다고 일러줍니다. 그림책의 한쪽 끝을 잡고 페이지를 후루룩 넘기다 보면 왼쪽에서 오른쪽으로 이동하기를 반복하는 동그라미가 보입니다. '완벽하지 않아도 괜찮아. 저마다의 속도와 멜로디가 있어'라고 속삭입니다.

오늘 아이의 손끝을 보듬으며 괜찮다고 말해주고 싶습니다. 자신만의 속도와 멜로디로 나아가는 아이에게 저는 그 이야기를 끝까지 들어주는 작은 친구가 되고 싶습니다. 완벽한 엄마와 아이가 되려고 노력하기보다 부족함을 채우며 사랑으로 살자고 안아주고 싶습니다.

어휘 해설

adventure 모험

bake in the sun 햇볕에 피부를 태우다

beetle 딱정벌레

behold 보다, 바라보다

bother 괴롭히다

bump into ~을 우연히 만나다

come upon ~을 우연히 만나다

complete 완벽한

fleece (양털 모양의 것으로) 덮다
(cf. 책에서 'fleece my bees'는 라임을 맞추기 위한 언어적인 유희로써 특별한 의미는 없다)

grease 기름을 바르다

lo 보라!, 자!, 이봐!

lo and behold 하, 이것 봐라 (놀라운 것에 사람들의 관심을 끌 때)

set off 출발하다

swamp 늪, 습지

Note

BOOK 078

어휘력 ●●●○○ 문해력 ●●●○○ 사고력 ●●●○○

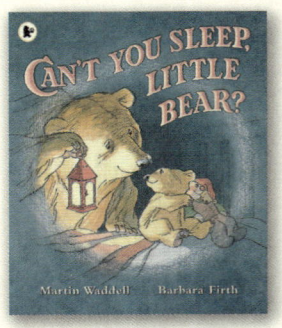

Can't You Sleep, Little Bear?
by Martin Waddell,
Barbara Firth (Illustrator)

어둠을 두려워하는 것은 어린아이들은 물론이고 꽤 성장한 청소년들에게도 매우 일반적인 현상입니다. 아이가 느끼는 어둠에 대한 두려움을 어떻게 바라봐야 할까요? 아이가 그 두려움을 잘 이겨낼 수 있도록 도와주려면 또 어떻게 해야 할까요? 오늘 우리가 함께 읽을 늘백의 그림책은 어둠이 무서워 잠들지 못하는 한 아기 곰의 이야기 《Can't You Sleep, Little Bear?》입니다.

옛날 옛적에 아빠 곰과 아기 곰이 살고 있었습니다. 해가 지고 밤이 되자 아빠 곰은 아기 곰을 동굴 속 집으로 데려가 침대에 눕힙니다. 그러고는 따뜻한 벽난로 옆의 의자에 앉아 책을 읽기 시작했지요. 하지만 아기 곰은 잠들지 못하고 계속 뒤척입니다. 어둠이 무서웠기 때문이지요. 그것을 본 아빠 곰은 작은 랜턴을 꺼내 침대 옆 협탁 위에 놓아줍니다. 그런데 아기 곰은 여전히 잠들지 못합니다. 아직도 동굴 안에는 어둠이 가득했거든요. 그러자 아빠 곰은 더 큰 랜턴을 꺼내오고, 그래도 문제가 해결되지 않자 결국엔 가장 큰 랜턴을 꺼내와 아기 곰의 침대 위 천장에 매답니다. 하지만 가장 큰 랜턴도 아기 곰의 두려움을 없앨 수는 없었습니다. 동굴 안은 환해졌지만 밖은 여전히 어둠으로 가득 차 있었기 때문이지요. 세상의 모든 랜턴을 다 동원한다 해도 동굴 밖의 어둠을 몰아낼 수는 없을 텐데, 아빠 곰은 정말 고민입니다. 아기 곰을 잠들지 못하게 만드는 이 무서운 어둠을 대체 어찌하면 좋을까요? 그리고 어둠을 몰아내기만 하면 아기 곰은 정말 편안히 잠들 수 있을까요?

리딩 가이드

◆ 어둠이 무서워 잠들지 못하는 아기 곰이 어둠에 대한 두려움을 이겨내고 편안히 잠들 수 있도록 돕는 아빠 곰의 사랑과 따뜻한 보살핌에 대한 이야기입니다.

◆ 아이들이 가진 불안과 염려, 두려움의 극복은 그 바탕에 큰 애정과 강한 유대감, 사려 깊은 이해와 배려가 있음을 알게 됩니다. 또한 두려움은 피하거나 없애려고 하기보다 정면으로 맞서는 것이 더 근본적인 해결책이 될 수 있음을 암시하고 있습니다.

◆ 쉽게 잠들지 못하고 발을 꼬옥 잡거나 물구나무서기를 하며 뒹굴뒹굴하는 아기 곰의 모습에 주목하세요. 엄마 아빠에게는 내 아이의 모습이 보여 더욱 사랑스럽고, 아이들은 자신의 모습을 볼 수 있어 이야기 속에 더 깊이 빠져듭니다.

◆ 아기 곰과 아빠 곰의 대화가 이야기를 이끌어갑니다. 아이와 함께 둘의 역할을 번갈아 맡으며 읽어보세요. 그렇게 하면 두 주인공의 마음과 입장에 더 깊이 공감할 수 있습니다.

◆ 이야기 속에서 빛이 가지는 상징적 의미에 유의하세요. 빛은 문자적으로는 물론 비유적으로도 어둠의 점진적 소멸, 안심과 격려, 안전함 등을 나타냅니다.

◆ 이야기 속에서 계속 반복되는 다음 표현들에 유의하세요. 이야기의 핵심 키워드이니 책을 읽기 전에 그 의미를 이해하도록 도와주면 좋습니다.

Go to sleep, Little Bear.

Can't you sleep, Little Bear?

I'm scared.

Why are you scared, Little Bear?

I don't like the dark.

What dark?

The dark all around us.

> 당신과 나누고 싶은 이야기　　　　　　　　　　　　　　　문상미

　육아의 모든 영역이 골고루 힘이 들지만, 아이를 재우는 일만큼 고단한 일이 또 있을까 싶습니다. 인내심이 한계에 다다르는 그 순간, 아빠 곰은 아기 곰을 안고 밖으로 나갑니다. 아기 곰은 자신이 두려워했던 깊은 어둠과 정면으로 마주하게 되지요. 하지만 너를 위해 달과 별을 가져다 놓았다는 두근거리는 고백과 함께 아빠 곰과 아기 곰의 마음에도 환한 달이 들어찹니다.

　아이와 함께하는 모든 일상에서 아이의 속도와 엄마의 속도는 도무지 맞지 않습니다. 먹이는 일, 씻기는 일, 재우는 일, 해야 할 일이 많아 마음이 급한 엄마와 달리, 아이는 항상 모든 것이 궁금하고 온몸으로 느긋하게 세상의 감각을 받아들이고 있지요. 그런데 그 불균형 속에서 아주 가끔 뜻밖의 아름다움과 만나는 순간이 있습니다. 아이가 건네주는 돌멩이의 따뜻함, 우연히 함께 보게 되는 황홀한 노을의 모습, 언제 이렇게 자랐나 싶게 대견하고 뭉클한 아이의 말. 그렇게 엄마와 아이가 잠시 멈춰 같은 곳을 바라볼 때, 찰나의 순간은 보석처럼 새겨지는 단단한 추억이 됩니다.

　따스한 달빛 아래 나란히 서 있는 아빠 곰(Big Bear)과 아기 곰(Little Bear)의 모습을 가만히 바라봅니다. 아이는 항상 바쁜 '나'를 멈추게 하고 삶의 아름다운 순간과 만나게 합니다. 그러고 보면 우리는 부모와 아이의 관계가 아니라, 그냥 조금 크고 작은 존재일 뿐이라는 생각이 듭니다. 어쩌면 우리는 서로 배우며 나란히 손잡고 걸어가는 친구일지도 모르겠습니다.

어휘 해설

cozy 아늑한, 포근한

cuddle up 바싹 다가가 앉다[눕다]

cupboard 찬장

curl up 동그랗게 말리다[말다]

glow (불꽃이 나지 않는) 적열[백열], 은은한 불빛

groan (고통, 짜증으로) 신음 소리를 내다

grunt '끙' 앓는 소리를 내다

hook ~에 걸다

lantern 손전등

pad 소리 안 나게 조용히 걷다

put down 내려놓다

puzzle 당황하게 하다, 어찌할 바를 모르게 하다

scared 무서워하는, 겁먹은

settle down (편하게) 앉다, 자리를 잡다

tiny-weeny 아주 작은 (=teeny-weeny)

twinkly 반짝거리는

yawn 하품하다

Note

BOOK 079

어휘력 ●●○○○   문해력 ●●●○○   사고력 ●●●○○

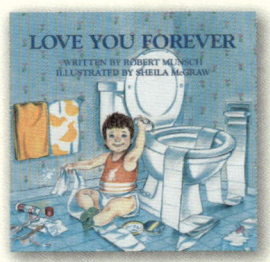

Love You Forever
by Robert Munsch,
Sheila McGraw (Illustrator)

셰익스피어는 "여자는 약하지만 어머니는 강하다"라는 명언을 남겼습니다. 또 러시아의 문호 막심 고리키(Maxim Gorky)는 "모세, 마호메트, 예수 같은 위대한 인물은 모두 어머니의 자식이며 그 젖으로 자라났다"고 고백했습니다. 어머니의 위대함에 대한 이와 같은 찬미는 과거부터 현재까지 그 수를 헤아릴 수 없을 정도로 많습니다. 대체 어머니들의 그 무엇이 시대가 바뀌어도 조금도 변함없이, 아니 갈수록 더 열정적으로 그러한 경의와 찬사를 가능케 하는 것일까요? 오늘 우리가 함께 읽을 늘백의 그림책은 전 세계 수많은 독자들의 심금을 울린 작품, Robert Munsch의 《Love You Forever》입니다.

엄마가 갓난아기를 품에 안고 조심스럽게 흔들어주며 노래합니다. "널 사랑해 언제까지나. 내가 살아있는 한 너는 언제나 나의 사랑하는 아가란다." 아이가 무럭무럭 자라 두 살이 되고 집 안을 돌아다니기 시작합니다. 책장의 책을 모두 끌어내리기도 하고, 냉장고의 음식을 모조리 끄집어내 주변을 온통 난장판으로 만들기도 합니다. 엄마는 때때로 그런 아이 때문에 미칠 것 같은 생각이 들기도 했지요. 하지만 밤이 되어 잠든 아이는 여전히 사랑스럽습니다. 아홉 살이 된 아이는 저녁을 먹는 것도 씻는 것도 싫어하고, 말도 함부로 하기 일쑤입니다. 차라리 동물원에 팔아버리면 좋겠다는 생각까지 들 정도였지요. 10대 소년이 된 아들은 이상한 옷을 입고 이상한 친구들을 사귀며 이상한 음악을 듣습니다. 엄마는 마치 동물원에 있는 것 같았습니다. 하지만 아들이 어떻게 달라지고 어떤 말썽을 피워도 밤이 되어 잠이 들면 엄마는 아들을 안고 여전히 사랑의 노래를 부릅니다. 세월이 흘러 장성한 아들이 이제 집을 떠나 따로 살게 되었습니다. 엄마는 이제 늙고 병들어 아들을 안아주는 것은 물론 노래를 불러주는 것도 어렵습니다. 아들에 대한 엄마의 사랑 노래는 더 이상 들을 수 없는 것일까요?

리딩 가이드

- ✦ 자식을 향한 어머니의 한결같은 사랑을 노래하는 작품입니다. 눈물 없이는 읽기 힘듭니다. 단순하면서도 심오한 메시지를 담고 있습니다.
- ✦ 아이가 죽은 상태로 태어난 아픔, 그 쓰라린 아픔을 간직한 작가의 슬픈 경험이 바탕에 깔려 있습니다. 하지만 세상의 모든 자식과 부모를 위한 책입니다.
- ✦ 태어나서 자라고, 장성하여 부모가 되고, 세월이 더 흐르면 연로하신 부모님을 보살피게 되는 인생의 순환적 모습을 그리고 있습니다.
- ✦ 엄마가 갓난 아들을 품에 안고 부르던 노래를 장성한 아들이 늙은 어머니에게 불러줍니다. 그 아들이 또 자신의 아이에게도 똑같은 노래를 불러주지요. 우리의 삶에서 이처럼 아름답고 진실된 것이 또 있을까요? 생각할 때마다 울컥하지 않을 수 없습니다.
- ✦ 장성한 아들의 방에 몰래 들어가는 장면에 대해서는 비판적인 시각도 있습니다. 하지만 바로 그러하기에 오히려 어머니의 모습을 더 솔직하게 그려냈다고 볼 수 있는 작품입니다.

당신과 나누고 싶은 이야기

문설희

"Love you forever!" 빠르게 변하는 시간 속에서도 영원히 사랑한다고 말합니다. 나와 한 몸으로 같이 숨 쉬던 존재, 태동 하나에도 신기했던 아기와의 교감, 아기를 처음 만난 순간에 감사의 눈물로 시작한 사랑은 특별하지요. 그럼에도 불구하고, 아니 그렇게 소중하기에 아이를 키우는 시간이 달콤하지만은 않습니다. 아이를 양육하는 동안 한 번도 경험하지 못한 좌충우돌 성장이 저에게도 함께하니까요.

엄마를 가장 좋아했던 아이가 방에 혼자 있는 시간이 늘고, 친구가 중요해지면서 대화도 줄어듭니다. 아이의 낯선 모습을 보며 '이렇게 멀어져가는구나'를 실감합니다. 책 속에서 변해가는 10대 아들과 그 모습을 바라보는 엄마의 마음은 현재 나와 아이의 과정을 견뎌낼 묵직한 위로가 됩니다. 아이가 커서 집을 떠날 때면 책에서처럼 출가한 아이를 따라가서라도 안아보고 싶겠지요. 그러나 그 마음마저 참아내고 멀리서 응원하는 것이 아이에게 줄 수 있는 더 큰 사랑임을 압니다.

아이를 키우는 데 불안과 조바심이 따르지만, 그럴수록 중요한 가치에 집중하려고 합니다. 아이가 엄마라는 존재 자체에 웃어주고 안겼던 것처럼 엄마도 너의 존재 자체를 사랑한다고 전하고 싶습니다. 어린 시절 설레며 올라탔던 회전목마를 부모가 되어서는 아이를 안고 탑니다. 삶이 순환하듯 아이가 부모의 위치에서 회전목마를 타는 시기가 될 때, 자신이 받은 사랑을 떠올리며 그 사랑을 다시 전할 수 있다면 참 감사할 것 같습니다. 새하얀 머리와 주름이 짙어지고, 나의 쓸모가 없어질수록 어쩌면 더 갈구하게 될 '사랑'이라는 가치를 매일 조금씩이라도 표현하고 싶습니다.

어휘 해설

as long as ~하는 한
back and forth 앞뒤로, 왔다 갔다
crawl (엎드려) 기다
drive somebody crazy ~을 미치게 하다
feel like ~한 느낌이 있다
flush (변기의) 물을 내리다

forever 영원히
had better (~하는 것이) 좋을 것이다
refrigerator 냉장고
rock (요람 등을) 조용히 흔들다
shelf 선반
strange 이상한

Note

| 어휘력 ●●●○○ | 문해력 ●●●○ | 사고력 ●●●○ |

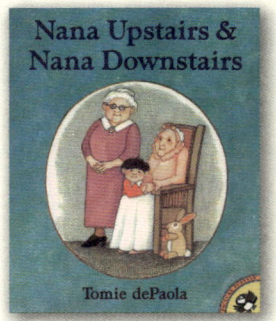

Nana Upstairs & Nana Downstairs
by Tomie dePaola

사랑하는 가족을 떠나보낸 경험이 있으신지요? 죽음은 과연 무엇일까요? 그것은 어떻게 준비하고 또 어떻게 받아들여야 하는 것일까요? 사랑했던 가족과 친구의 죽음을 아이에게는 어떻게 설명하면 좋을까요? 오늘 우리가 함께 읽을 늘백의 그림책은 사랑과 이별, 그리고 그로 인한 슬픔에 대해 깊이 생각하고 가슴으로 느끼게 해줄 Tomie dePaola의 감동적인 이야기 《Nana Upstairs & Nana Downstairs》입니다.

Tommy는 어렸을 때 할머니와 증조할머니가 모두 살아 계셨습니다. 일요일 오후 가족들과 함께 할머니 댁에 놀러가면 할머니는 거의 언제나 아래층 부엌에서 일하고 계셨고, 거동이 불편한 증조할머니는 늘 위층 침대에 계셨지요. 그래서 Tommy는 할머니와 증조할머니를 각각 'Nana Downstairs(아래층 할머니)', 'Nana Upstairs(위층 할머니)'라고 불렀습니다. Tommy는 두 분 할머니를 무척 사랑했습니다. 증조할머니는 특히 하얀 백발에 언제나 정갈하고 인자한 모습이 매우 아름다웠고, 함께 사탕을 먹고 이야기 나누는 것이 너무도 즐거웠습니다. 그러던 어느 날 Tommy는 Nana Upstairs가 돌아가셨다는 소식을 듣게 됩니다. 사랑하던 할머니를 멀리 떠나보낸 슬픔을 Tommy는 어떻게 이겨낼까요?

리딩 가이드

✦ 두 할머니에 대한 주인공 소년의 사랑과 추억, 슬픔의 극복에 관한 이야기입니다.

✦ 세월의 흐름과 삶의 자연스러운 순환, 사랑하는 사람의 죽음과 상실의 슬픔, 관계를 소중히 여기며 사랑하는 사람을 추억하고 기리는 것의 중요성을 다루고 있습니다.

✦ 돌아가신 후에는 Nana Downstairs도 비유적으로 Nana Upstairs, 즉 '저 위 하늘나라에 계신 할머니'로 불리고 있다는 점에 유의하세요.

✦ Tommy는 두 할머니와 함께했던 특별한 순간을 회상하고 그 기억들을 다른 사람들과 공유합니다. 이를 통해 사랑하는 사람은 죽은 후에도 우리의 마음과 생각 속에서 우리와 계속 함께하고 있음을 보여줍니다.

✦ 어린아이들에게 사랑하는 사람의 죽음과 그로 인해 느끼는 슬픔을 이해하도록 돕고, 슬픔의 감정을 느끼고 표현하는 것이 자연스러운 일임을 알게 해줍니다.

✦ Tommy가 사랑하는 두 할머니의 죽음과 그로 인한 슬픔을 어떻게 극복했는지 살펴보고 아이와 함께 이야기 나누어보세요.

> 당신과 나누고 싶은 이야기 　　　　　　　　　　　　　　**윤민이**

저에게는 이름만 떠올려도 눈물이 글썽여지는 한 분이 있습니다. 바로 할머니. 이 책을 읽으며 어릴 적 일로 바쁘셨던 부모님을 대신해 함께 살면서 많은 추억을 만들어주셨던 할머니가 떠오릅니다. 이제는 꽤 흐릿해졌지만, 기억 한편에 할머니가 생전에 좋아하셨던 〈칠갑산〉이란 노래의 가사를 써드리며 함께 불렀던 기억도 납니다. 사촌 남동생만 예뻐한다며 질투하던 어린 제 모습도 스쳐 지나갑니다. 5년 전 친정엄마, 여동생과 함께 3살이던 아이를 데리고 저의 고향인 제주에 갔습니다. 외할머니를 찾아뵙고 식사 후에 할머니를 댁에 모셔다드린 후 저희는 아쿠아리움에 가기로 했습니다. 당시 할머니는 무릎이 안 좋으셔서 많이 걷기 힘든 컨디션이었고, 치매 초기였던 할머니를 모시고 아쿠아리움에 가기 어렵겠다고 판단했습니다. 그런데 할머니는 같이 가고 싶다며 아쉬워하시면서 집 앞에 주차된 차 뒤에서 빼꼼히 고개를 내밀며 계속 손을 흔들고 계셨습니다. 더 보이지 않을 때까지 손을 흔들던 그 모습이 할머니의 마지막 모습이었습니다. 같이 가고 싶다 하셨던 할머니를 모시고 다녀올 생각을 하지 못했습니다. 사실 지금이라면 휠체어를 대여해서라도 모시고 다녔을 텐데요. 후회스럽습니다. 마지막까지 저희를 보시던 할머니의 모습이 아직 생생하게 남아 있습니다. 4년 전, 할머니가 돌아가셨다는 연락을 받고 제주로 가는 비행기 안에서 얼마나 울었는지 모릅니다.

Tommy가 그랬던 것처럼 제 눈에 저의 할머니는 그저 소녀처럼 여리고, 귀여우시고, 흥이 가득한 분이셨습니다. 이 책을 읽고 나니 할머니가 사무치게 그립고, 보고 싶고, 안아보고 싶습니다. 지금 우리 할머니는 하늘나라에서 무얼 하고 계실까요?

어휘 해설

adjoin 인접하다, 붙어 있다
all of a sudden 갑자기
approach 접근하다
comb 빗; 빗다
consider 생각하다
downstairs 아래층 (특히 1층); 아래층의; 아래층으로, 아래층에서
dresser 서랍장
empty 비어 있는, 빈
except ~을 제외하고는, ~ 외에는
falling star 유성 (=meteor, shooting star)
feather (새의) 털, 깃털
from then on 그 이후로, 그때부터
great-grandmother 증조모
lid 뚜껑

match 성냥
Morris chair 모리스식 안락의자 (등널의 경사를 조절할 수 있음)
nostalgic 향수를 불러일으키는
ochre 황토색
plain 있는 그대로
privilege 특권
retain 유지하다
sewing box 반짇고리
stairway (건물 내·외부에 있는 통로로서의) 계단
subtly 미묘하게
take a nap 낮잠을 자다
upstairs 위층; 위층의; 위층으로, 위층에서

Note

A picture book is a small door to the enormous world of the visual arts.

– Tomie dePaola –

Level 4

느리게 읽기
맘껏 즐기기

어휘력 ●●●●○ 문해력 ●●●○ 사고력 ●●○○

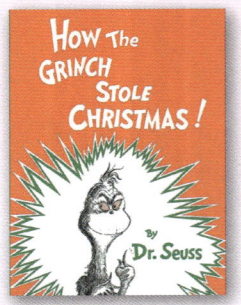

How the Grinch Stole Christmas!
by Dr. Seuss

연말이 다가오면 크리스마스를 생각하는 것만으로도 기분이 좋고 그날이 오기를 고대하는 마음에 하루하루가 즐거웠던 시절이 있었습니다. 또 크리스마스이브에는 교회에 모여 놀다가 성탄 새벽이 되면 집집마다 다니며 새벽송을 불렀던 기억이 아직도 생생합니다. 여러분의 어릴 적 크리스마스는 어땠나요? 오늘 우리가 함께 읽을 늘백의 그림책은 크리스마스의 진정한 정신을 떠올리며 물질주의에 젖어가는 우리의 삶을 돌아보게 해줄 감동적인 이야기, Dr. Seuss의 《How the Grinch Stole Christmas!》입니다.

후빌(Who-ville)에 사는 후(Who)들은 크리스마스를 아주 좋아했습니다. 반면에 후빌 북쪽의 설산에 살고 있는 녹색 괴물 그린치(Grinch)는 크리스마스를 매우 싫어했지요. 연말이 다가오자 후들은 크리스마스를 맞을 준비에 여념이 없었고, 그린치는 그런 후들의 모습이 무척 못마땅했습니다. 그래서 이번에는 기필코 크리스마스를 망치고야 말겠노라 다짐합니다. 한밤중이 되자 그린치는 산타클로스로 변장한 후 후빌로 내려갑니다. 그리고 집집마다 돌며 크리스마스 선물과 음식, 트리와 장식 등을 모두 훔쳐내 산꼭대기로 가져갑니다. 그러고는 후들이 곧 그 사실을 알고 슬퍼하며 울게 될 것이라고 생각했지요. 그런데 이게 웬일입니까? 놀랍게도 산 아래 후빌에서는 기쁨의 환성이 들려옵니다. 이전과 다름없이 후들이 즐겁게 노래를 부르며 크리스마스를 축하하고 있었던 것이지요. 대체 이게 어찌 된 일일까요? 혹시라도 그린치의 수작을 간파하고 아무렇지도 않은 척 연기를 하고 있는 것은 아닐까요? 그게 아니라면 축제를 위해 준비한 모든 것들이 사라졌는데 어떻게 기뻐하고 즐거워할 수 있을까요?

리딩 가이드

- ✦ 1957년 첫 발간 이후 여러 세대에 걸쳐 수많은 독자들에게 공감을 불러일으키고 있는 고전적인 작품입니다. 크리스마스의 참된 의미와 정신, 사랑과 용서의 힘에 대한 메시지를 담고 있습니다.
- ✦ 작가 특유의 흥겨운 라임과 독창적인 언어 사용, 위트와 상상력 넘치는 삽화들이 등장인물들의 개성을 더욱 돋보이게 하고 이야기에 생동감을 더해줍니다.
- ✦ 그린치가 후들로부터 크리스마스 장식과 선물은 훔쳤지만 그들의 크리스마스는 훔칠 수 없었습니다. 이는 크리스마스의 진정한 의미가 물질의 소유와 과시적 소비가 아니라 사랑과 긍휼, 나눔의 기쁨과 행복에 있다는 것을 의미합니다.
- ✦ 그린치의 심장이 지닌 상징성에 유의하세요. 이야기의 시작 부분에서 그린치의 심장은 "두 사이즈가 작다(two sizes too small)"고 묘사됩니다. 하지만 결말 부분에서 그의 심장은 세 사이즈(three sizes) 더 커집니다. 이는 그린치가 그의 마음속에 사랑과 공동체를 받아들임으로써 정서적으로나 도덕적으로 변화하고 성장했음을 의미합니다.
- ✦ 핵심은 역시 그린치의 변화입니다. 크리스마스와 그것이 주는 기쁨을 혐오하여 축제를 망치고자 했던 못된 성품의 냉소적인 주인공 그린치, 그런 그에게 후들이 보여준 자비와 용서, 그로 인한 그린치의 깨달음과 변화를 통해 사랑의 큰 힘을 다시 한 번 느낍니다.

당신과 나누고 싶은 이야기　　　　　　　　　　　　　　　　　　**성미진**

　아홉 살이 된 제 딸은 여전히 산타의 선물을 믿는 귀여운 아이입니다. 일곱 살 성탄 전날 손수 준비한 선물과 편지를 가져가신 산타 할아버지. 그 추억 덕분에 아이에게 산타와 크리스마스는 더욱 특별해졌습니다. 진실을 알게 될 시기에 도리어 강한 믿음을 갖게 된, 저에겐 웃지만은 못 할 사건이지만요. 위기의 순간도 있었습니다. 다음 해 크리스마스 며칠 전, 고학년 언니 오빠를 둔 친구에게 '산타는 없다'는 말을 듣고 왔었거든요. 난데없는 상황에 당황한 엄마와 달리 아이의 시선은 현관 앞 서랍장 위로 향하더니 이내 침착해집니다. 그러더니 1년 전 그날부터 산타를 기다리고 있는 두 번째 선물을 보며 말합니다. "산타 할아버지가 없다고? 작년에 내가 준비한 선물을 가져가셨는데!" 위기는 넘겼지만, 천진한 아이 모습 뒤로 제 고민은 깊어만 갔습니다.

　어린아이들이 크리스마스를 그토록 기다리는 이유는 산타의 선물 때문이겠지요. 그래서 못된 그린치가 선물, 트리, 축제 음식까지 모조리 쓸어 담는 장면을 볼 때 다시 제 딸이 걱정되기 시작했습니다. 크리스마스 아침, 텅 빈 거실과 냉장고를 보았을 때 후빌 마을 사람들이 느낄 실망이 곧 산타의 부재를 알게 될 제 아이의 마음일 테니까요. 그런데 마을 사람들은 실망은커녕 여느 때와 다름없이 기쁨의 성탄 노래를 불렀습니다. 저에게 해답을 준 장면이지요. 크리스마스는 선물을 받아서 행복한 날이 아니라 소중한 사람들과 함께하며 감사의 마음을 나누는 날이기에 특별하다는 깨달음을요. 아이가 진실을 알게 되는 날, 이 책을 꺼내 다시 읽어보려 합니다. 그날, 이 책이 아이의 마음에 위로가 되어주면 좋겠습니다.

어휘 해설

awful 끔찍한, 지독한
beneath 아래에
carve (고기를) 자르다, 베어 나누다
chuckle 웃다, 킥킥거리다
cluck (못마땅함, 동정 등을 나타내어) 혀를 쯧쯧 차다
coo 비둘기가 '구구구' 하는 소리
crumb 작은 조각
dump 버리다, 폐기하다
feast 잔치, 풍성한 식사
fib 사소한[악의 없는] 거짓말
flue 벽난로 굴뚝, (굴뚝의) 연기 통하는 길
frown 찡그림, 얼굴 찌푸리기
glee 큰 기쁨
grin 웃다
growl 으르렁거리다
have your head (screwed) on right 현명하게 판단을 내리다
hitch 끌어당기다
in the least 조금도, 전혀
likely 아마, 가능성 있는
load (짐을) 싣다
mistletoe 겨우살이 (크리스마스 장식에 많이 사용하는 덩굴식물)
nervously 긴장하며, 신경 쓰이게
nimbly 민첩하게
pat 가볍게 두드리다
practically 사실상, 거의
put up with (피해, 어려움 등을) 참다, 견디다
puzzle 이러저리 생각하다

puzzler 머리, 정신; 어려운 문제 (cf. 작품에서 'his puzzler'는 '어려운 문제'가 아니라 그런 문제에 대해 고민하느라 지끈지끈 아프게 된 'Grinch의 머리(brain)'를 가리킴)
ramshackle 낡은, 허름한
reindeer 순록
scarce 부족한, 드문
shove 떠밀다, 밀치다
sleigh 썰매
slick 말을 번지르르하게 하는
slink 소리 없이 은밀하게 움직이다
slither 미끄러지듯 움직이다
snarl 으르렁거리며 말하다
sneer 비웃음, 경멸
snooze 눈을 붙이다, 잠깐 자다
sore 아픈, 쑤시는; 감정이 상한, 화가 난
sour 뚱한, 시큰둥한
speck 아주 작은 것 (먼지나 얼룩 등을 표현할 때)
stand 참다, 견디다
stare 응시하다
stuff (빽빽이) 채워 넣다
thread 실
tinsel (특히 크리스마스 때 쓰는) 장식용 반짝이 조각
tiptop 정상
trapping 외부 장식이나 의상, 장식품 (주로 복수형으로 쓰임)
trimming (테두리 등의) 장식, 가두리 장식; 장식품
unpleasant 불쾌한, 기분 나쁜
wreath (크리스마스 시즌에 문에 장식으로 거는) 화환

BOOK 082

어휘력 ●●●●○ 문해력 ●●● 사고력 ●●●

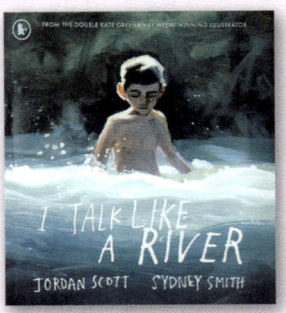

I Talk Like a River
by Jordan Scott,
Sydney Smith (Illustrator)

최근 통계에 따르면 현재 등록된 전국의 장애인 수는 265만 명 정도로 전체 인구의 약 5.2%를 차지한다고 합니다. 장애를 지닌 사람이 대여섯 가정에 한 명씩은 있는 셈이니 장애라는 것이 결코 남의 이야기만은 아니라는 뜻이지요. 그런데 치유나 해결이 어려운 심한 장애가 있으면 행복한 삶은 어려운 것일까요? 오늘 우리가 함께 읽을 늘백의 그림책은 말을 심하게 더듬는 한 소년의 이야기를 통해 우리의 마음을 옥죄며 정상적인 삶을 방해하는 문제들에 대해 새로운 시각을 갖게 해줄 작품 《I Talk Like a River》입니다.

매일 아침 소년은 낱말들의 소리와 함께 눈을 뜹니다. 창밖 소나무(pine tree)의 P 소리, 그 나무 위 까마귀(crow)의 C 소리, 아침 하늘의 희미해져 가는 달(moon)의 M 소리 같은 말소리들이지요. 하지만 소년은 그 소리들을 제대로 발음할 수 없습니다. 그것들이 입속에서 뿌리를 내리고 혀에 엉켜버리거든요. 목구멍 뒤쪽에 달라붙고 입술은 그저 웅얼거리게만 하거든요. 학교에 가면 교실 맨 뒤에 앉습니다. 말을 할 일이 없기를 바라면서 말이죠. 하지만 오늘은 말을 해야 합니다. 선생님께서 각자 세상에서 가장 좋아하는 장소에 대해 말해보라고 하셨거든요. 하지만 소년의 입은 아예 꿈쩍도 하지 않습니다. 소년의 비틀리는 입을 보며 친구들은 킥킥거리며 웃었지요. 소년은 너무 힘들어 얼른 집에 가고 싶은 생각뿐이었습니다. 그렇게 힘든 하루를 보낸 소년은 아빠와 함께 조용한 곳을 찾아 강으로 갑니다. 고요한 강가를 산책하다 보니 기분이 좀 나아집니다. 하지만 머릿속에서 학교에서의 일을 떨쳐버릴 수는 없었지요. 어느새 소년의 눈에는 눈물이 고입니다. 그런 소년에게 아빠가 말씀하십니다. "저기 저 강물이 움직이는 것 보이니? 저게 바로 네가 말하는 모습이란다." 강물은 거품을 만들고, 소용돌이치고, 마구 휘돌고, 거세게 부딪치면서 흐르고 있었습니다. 그 강물에 자신의 모습을 비춰보던 소년은 갑자기 깨달음을 얻게 됩니다. 그리고 그 깨달음은 소년의 삶에 큰 변화를 가져오게 되지요. 소년은 대체 무엇을 깨달은 것일까요?

리딩 가이드

- ✦ 글 작가 Jordan Scott의 자전적 이야기를 담은 작품으로 작가가 실제로 겪었던 어린 시절의 경험을 바탕으로 하고 있습니다.
- ✦ 말을 더듬는 것을 비롯한 심신의 여러 가지 문제들을 새로운 눈으로 바라볼 수 있게 해줍니다. 장애에 대한 우리의 고정관념과 선입견, 편견을 돌아보게 합니다.
- ✦ 소용돌이치고 휘돌며 흐르는 강물이 대자연의 자연스러운 일부이듯 말을 더듬는 것도 유창하게 말하는 것 못지않게 우리의 자연스러운 모습임을 깨닫도록 돕습니다.
- ✦ 학교에서 상처받은 소년과 그의 아버지가 강을 따라 함께 걷고 강물을 바라보며 이야기를 나누는 모습을 통해 자연이 지닌 치유의 힘을 느끼게 됩니다.
- ✦ 느리고 부족하며 늘 실수하는 사람들, 끊이지 않는 문제들로 힘들어하고 불안해하는 우리 모두에게 힘과 용기를 주는 책입니다. 강물의 풍경 속에서 자연과 하나가 되는 경험을 통해 깊은 위로를 받게 됩니다.
- ✦ 가지고 있는 문제의 종류나 크기와 상관없이 모든 사람은 존엄하며 품위와 자존감을 가지고 자신에게 주어진 최선의 삶을 살아갈 수 있다고 믿습니다. 해결이 어렵거나 불가능한 문제일지라도 해체는 가능하며 그 해체

를 통해 문제의 극복이 얼마든지 가능함을 알려줍니다. 천천히 음미하며 읽어보고 아이와도 함께 대화 나누어보시기 바랍니다.

당신과 나누고 싶은 이야기   문상미

   이 책은 말더듬이 있는 아이의 감동적인 성장 스토리에 그치지 않습니다. 더듬거리며 흘러가고, 때로는 굽이치고 소용돌이치는 강물을 바라보면서 우리는 우리 아이의 모습을 떠올리게 됩니다. 또래보다 너무 느린 것 같고, 뒤처지는 것 같은 우리 아이. 어쩌면 강물처럼 자라고 있는 것은 아닐까요? 천천히 그러나 안에서는 소용돌이치면서 성장하고 있는 것은 아닐까요? 책 끝부분에 담긴 작가의 말은 깊은 울림을 줍니다.

   "Sometimes I want to speak with grace, finesse, and with all those words you can think of for smooth. But that is not me(가끔씩 나는 우아하고 세련되게, 그리고 당신이 생각할 수 있는 모든 단어들을 사용하여 부드럽게 말하고 싶어요. 그러나 그것은 내가 아니에요)."

   유전적인 영향으로 또래보다 유난히 키가 작은 아들을 키우고 있습니다. 성장호르몬 주사를 10년 동안 매일매일 맞아야 한다는 이야기를 대학병원에서 듣고 돌아온 날, 이 책을 처음 만났습니다. 읽는 동안 눈물이 하염없이 흘렀습니다. 사실 성장호르몬 주사를 아이가 잘 버텨낼 수 있을지 걱정이 많았습니다. 아이가 앞으로 견뎌내야 할 많은 편견들에 대해서도 두려운 마음이 들었습니다. 그러나 그것은 어쩌면 엄마의 앞선 걱정일 수 있다는 생각을 해봅니다. 'But that is not me.' 아이가 '나다움'에 대해 생각할 수 있게 하는 것, 자신만의 매력을 가지고 사랑받는 사람이 될 수 있도록 조용히 격려하는 것, 그것이 부모로서 제가 해야 할 일이 아닐까 생각해봅니다.

   아이들이 자신만의 특별함과 고유함으로 반짝이고 있다는 것을 깨닫게 해주는 책, 굽이치고 부딪히며 살아가는 세상의 모든 어른들에게 **따뜻한 위로를 건네는 아름다운 책**, 《I Talk Like a River》였습니다.

어휘 해설

branch 나뭇가지

churn (물, 흙탕물 등이) 마구 휘돌다

concentrate (정신을) 집중하다, 전념하다

confluence (두 강의) 합류 지점

contort 뒤틀리다, 일그러지다

dust (가루 따위를) 뿌리다; (먼지나 쓰레기로) 더럽히다

dysfluent 유창하지 않은

fade in (화면이) 점점 뚜렷해지다

finesse 훌륭한 솜씨, 기교, 수완

fluency (특히 외국어 실력의) 유창성

giggle 피식 웃다, 킥킥거리다

glisten 반짝거리다

hesitate 망설이다, 주저하다

intimate 밀접한

intricately 복잡하게, 난해하게

labour (특히 육체적인) 노동, 작업

mock 놀리다, 조롱하다

mumble 중얼거리다, 웅얼거리다

peep 훔쳐봄, 살짝 봄

pluck (꽃, 열매 등을) 따다

porridge 포리지, 오트밀 (귀리에 우유나 물을 부어 죽처럼 끓인 음식)

private 사적인, 개인적인

profoundly 깊이

rapids (강의) 급류

shore 기슭, 해안[해변], 호숫가

shy away (불안하거나 무서워서) 피하다

skip stones 물수제비뜨다

slip up 실수를 하다

stutter 말을 더듬다

tangle 얽히다, 헝클어지다

terrify 무섭게[겁나게] 하다

twirl (춤을 추거나 하면서) 빙글빙글 돌다

ultimate 궁극적인, 최종적인

unbearable 견딜 수 없는

whirl 소용돌이치다

Note

어휘력 ●●●●○　문해력 ●●○　사고력 ●●○

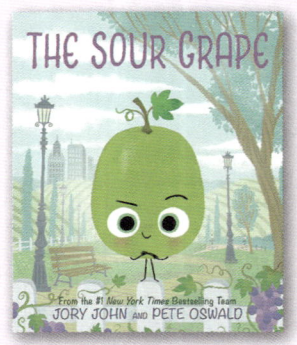

The Sour Grape
by Jory John, Pete Oswald (Illustrator)

용서하는 삶을 살고 계십니까? 상대의 입장에서 생각하고 이해하려는 노력은 얼마나 기울이고 계신지요? 오늘 우리가 함께 읽을 늘백의 그림책은 Jory John 글, Pete Oswald 그림의 치유와 회복, 감사와 행복의 비결을 담은 이야기 《The Sour Grape》입니다.

　나는 본래 달콤한 포도였습니다. 하지만 이제는 항상 불평을 늘어놓고 어떤 것에도 만족하지 못하는 심술쟁이이지요. 어쩌다가 그렇게 되었냐고요? 그건 바로 내 생일 파티 때 있었던 일 때문입니다. 근사한 파티를 준비하여 친구들을 초대했는데 아무도 나타나지 않는 거예요. 그 일로 나는 큰 실망과 분노를 느꼈고 그때부터 이전과는 완전히 다른, 마음이 비뚤어진 시큼한 포도가 되어버린 것이지요. 누구를 만나든 못마땅하게 느껴졌고, 원망과 원한, 불평과 불만은 날마다 쌓여만 갔습니다. 그러던 어느 날 친구 Lenny를 만나고 집에 돌아와 오래된 가족사진을 보고 있었는데 한동안 잊고 있었던 생일 초대장이 눈에 띄었습니다. 아무도 오지 않았던 그 생일 파티의 초대장 말입니다. 그런데 초대장을 살펴보던 중 나는 정말 깜짝 놀랐습니다. 전혀 생각지 못했던 사실을 알게 된 것이지요. 그리고 그것을 계기로 나는 조금씩 본래의 달콤했던 모습을 다시 회복하게 됩니다. 나는 대체 무엇을 보고 그렇게 깜짝 놀랐던 것일까요?

리딩 가이드

- ◆ 자아 성찰과 자기 인식, 긍정적인 태도, 그리고 부정적인 감정을 버리고 용서와 관용을 실천할 때 누릴 수 있는 행복한 삶에 대한 이야기입니다.
- ◆ 원한을 품는 것의 부정적인 효과를 잘 보여주고 있습니다. 원한을 품으면 달콤한 포도가 맛이 형편없는 시큼한 포도로 바뀌고 엄청난 에너지를 낭비하게 만듭니다.
- ◆ 잘못된 가정과 오해가 불러올 수 있는 심각한 결과를 보여줍니다. 이를 통해 의사소통과 상호 이해의 중요성을 강조하고 있습니다.
- ◆ 포도는 자신의 행동을 반성하면서 마음에 품었던 원한을 털어내고 용서하는 법을 배웁니다. 용서는 묶여 있던 굴레에서 우리 자신을 해방시켜 주고 마음의 평안을 가져다줍니다.
- ◆ 상황을 바라보는 관점을 바꾸라고 말합니다. 삶의 부정적인 면에 집중하여 주변의 아름다움과 기쁨을 놓치지 말라고, 감사와 긍정의 마음으로 더욱 풍성한 삶을 누리라고 조언합니다.
- ◆ 주인공의 여정은 자기 성찰과 깨달음을 포함하고 있습니다. 자신의 잘못을 인식한 후 변화와 성장에 대한 강한 의지를 보여줍니다. 이를 통해 모든 사람이 변화하고 나아질 수 있다는 희망의 메시지를 전하고 있습니다.
- ◆ 세상에 완벽한 사람은 없습니다. 누구나 실수하고 잘못을 범합니다. 자신의 부족함을 깨닫고 서로의 불완전함을 용납하며 자비와 용서, 친절과 배려, 감사를 실천하는 삶이야말로 행복한 나, 더 나은 나를 만드는 비결임을 깨닫습니다.

> **당신과 나누고 싶은 이야기 1**　　　　　　　　　　　　서덕순

　틀에 박힌 가치관으로 자신을 괴롭히는 저는 행복한 일상과는 거리가 먼 사람입니다. 가장 사랑한다는 이유로, 유일한 나의 것이라는 이유로 가족에게 한 치의 양보도 없었습니다. 선한 의도를 가장한 나만의 계획이 그대로 이루어지지 않았을 때 뼛속 깊이 억울했습니다. 마음 깊은 곳에서 치고 올라오는, 이유를 알 수 없는 분함도 있었지요. 작은 일에도 신경을 곤두세우며 화를 내고 마치 끝장을 볼 것처럼 으르렁거리는 나의 표정. 비뚤어지고 시어빠진 그림책 속 포도알 같은 저를 만나고야 맙니다.

　아이들과 남편에게 나는 최선을 다했다고, 화가 나는 데에는 다 이유가 있다고 찌푸리고 소리치는 모습이 선명해집니다. 가족 각자의 역할과 그 가치를 정해놓고, 가족들이 나의 바람대로 살아주기를 원했지요. 그런데 이 정교하다고 생각했던 작업이 어쩌면 내가 저지른 치명적인 실수는 아니었을까요? 가끔 엄마의 말과 행동을 원망하거나 똑같이 돌려주려는 아이들을 보며 깨닫습니다. 삶은 배운 대로, 계획한 대로 되지만은 않는다는 것을. 걷잡을 수 없이 피어오르는 불만과 속상함은 잠시 접어둡니다. 나를 온전히 바라보자, 나름의 이유가 보이기 시작합니다. 나의 부족함과 실수를 인정하고 나니 '이해'라는 단어에 조금은 자리를 내어줄 수 있을 것 같습니다.

　마흔을 넘긴 저에게 이 책이 나지막이 들려줍니다. 비뚤어진 시선은 어쩌면 나 자신을 향한 것일지도 모른다고. 완벽한 퍼즐 맞추기를 멈추고 온전히 이해하는 것, 그것이 바로 용서의 시작이라고 말입니다. 서로를 탓하지 않는 것, 단지 서로의 충만한 삶을 생각하는 것, 그리하여 감사와 행복의 순간을 경험하는 것. 그것이야말로 우리가 그리는 달콤한 삶이라고요.

> 당신과 나누고 싶은 이야기 2

정소라

그림책 소개글 마감 시간이 다가오면 마음은 초조해집니다. 그래서 어린 아들에게 이것저것 지시하기 시작합니다. "숙제해야지!", "혼자 책 좀 읽자!", "피아노 연습해야지!"라고 말이지요. 아직은 엄마가 숙제를 도와줘야 하고, 책도 같이 읽어야 집중하며, 피아노 연습을 할 때도 옆에 있어야 하는 어린아이인데 말입니다. 마음은 조급해지는데, 형제도 없는 아이는 혼자서는 뭐든 잘되지 않으니 옆에서 게임을 합니다. 그러니 화가 나기 시작합니다. 결국에는 'THE SOUR MOMMY'가 됩니다.

아뿔싸! 친구들에게 보낸 생일 파티 초청장에 날짜를 잘못 쓴 '시큰둥하고 뚱한 포도알'이 자신의 실수를 깨닫는 장면을 읽는 순간, 저를 돌아보았습니다. 다른 해야 할 일이 있다는 핑계로 글쓰기를 미뤘던 제 모습이 떠오릅니다. 이 장면 덕분에 어린 아들에게 조금은 너그러워진 저녁이 되었습니다.

비단 아들에게만 시큰둥하고 뚱해지는 것은 아닙니다. 15년 전인가 선배 교사 때문에 화를 참지 못했던 적이 있습니다. 학생들 앞에서 저를 나무라듯이 화를 냈던 선배 교사의 태도 때문에 'THE SOUR TEACHER'로 근 6개월이 넘도록 살았던 기억이 납니다. 사소했던 쓴 마음이 눈덩이처럼 커졌고, 교무실에서는 웃는 표정보다 찌푸린 표정을 자주 지었던 것 같습니다. 꼭 'THE SOUR GRAPE' 같았습니다.

화를 내고 불평하느라 용서하지 못하고, 평온하지 못했던 날들에 대한 아쉬움이 남는 것은 어쩌면 당시 시큰둥하고 뚱했던 제 모습에 대한 후회 때문이겠지요. 'THE SWEET SORA'가 되려면 'Being kind, considerate, forgiving, and grateful'하는 연습을 더 해야 할 것 같습니다.

어휘 해설

above all 무엇보다도
annoyance 괴로움, 골칫거리
back and forth 앞뒤로, 좌우로
bandage (up) 붕대를 감다
brush aside 털어내다, 무시하다
budge 의견[입장]을 바꾸다
bump into ~와 부딪히다
catch up 따라잡다
claustrophobic 밀실 공포증을 앓는 [느끼게 하는]
clear the air (걱정, 의심 등에 대해 이야기함으로써) 상황을 개선하다
close-knit (구성원들이) 긴밀히 맺어진, 굳게 단결된
considerate 남을 배려하는
deep down 마음속 깊은 곳에, 내심으로는
disrespect 무례(한 언행), 경멸
don't even bother 굳이 애써 ~하려 하지 마
drain (정신적으로나 육체적으로) 소모시키다, 고갈시키다
emit (의견을) 토로하다; (빛, 열, 향기 등을) 발산하다
fade 흐려지다, 쇠퇴하다
fellow 동무, 친구
Ferris wheel (유원지의) 대회전 관람차
flat tire 바람 빠진 타이어
forgiving 너그러운
frustrated 좌절감을 느끼는

fuming 불끈한, 약이 오른; 연무를 내는
furious 몹시 화가 난
furrowed 주름살이 잡힌
get this! 얘기 좀 들어봐!
gigantic 거대한
goodwill 호의
granted 인정해, 맞아 (무엇이 옳음을 받아들이며 다른 말을 덧붙일 때)
grateful 감사하는
grumpiness 기분이 언짢음, 심술궂음
hayride 건초 마차 타기 (말이나 트랙터가 끄는 건초 더미 위에 올라타고 가기)
hold a grudge 원한을 품다
ignore (의식적으로) 무시하다
infamous 악명 높은
insult 모욕하다
let go of (쥐고 있던 것을) 놓다; (원한, 분노 등의 감정을) 내려놓다
mutter 중얼거리다
no big deal 별일 아니다
ol' Lenny 우리 레니 (old Lenny, 애정을 나타내는 표현)
pace (특히 초조하거나 화가 나서) 서성거리다
personality 성격, 인격
prominently 눈에 잘 띄게
rant 큰소리로 불평하다
rigorously 엄격히, 엄밀히
ripe with ~로 가득한

scowl 얼굴을 찡그리다, 언짢은 낯을 하다; 노려보다, 쏘아보다

slipup (사소한) 잘못

snappy 딱딱거리는, 퉁명스러운

sour (사람이) 뚱한, 심술궂은

spectator 구경꾼, 관객

squishy 흐물흐물한, 부드럽고 무른

storm off 화가 나서 자리를 박차고 떠나다

stroll 거닐다, 산책하다

sublime 고상한, 고귀한, 멋진

take out on ~에 퍼붓다

tardy (도착 등이) 늦은; 느린, 더딘

tart (발언 등이) 톡 쏘는 듯한

thin skin (비판, 모욕 등에) 상처를 잘 받음

tumbleweed 회전초 (가을에 줄기 밑동에서 떨어져 공 모양으로 바람에 날리는 풀)

vigorously 힘차게, 활기차게

work out 해결하다, 알아내다

worked up (몹시) 흥분한, 화난

wrong 부당하게 취급하다, 모욕을 주다

Note

BOOK 084

어휘력 ●●●●○　문해력 ●●●○　사고력 ●●●○

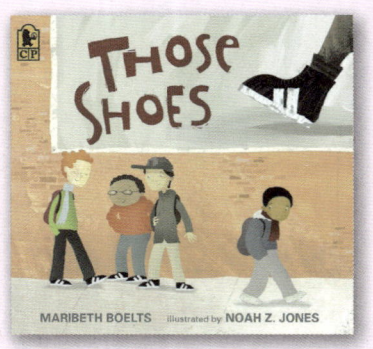

Those Shoes
by Maribeth Boelts,
Noah Z. Jones (Illustrator)

간절히 바라고 원했던 것을 갖게 되었지만 그것이 나보다는 다른 사람에게 더 필요하다는 것을 알게 되었습니다. 바로 그럴 때 생기는 고민과 갈등을 경험해본 적이 있으신지요? 오늘 우리가 함께 읽을 늘백의 그림책은 무언가를 너무도 갖고 싶어 자나 깨나 그것만을 생각하며 하루를 보냈던 어린 시절의 기억을 떠올리게 하는 작품 《Those Shoes》입니다.

할머니와 단둘이 살고 있는 Jeremy는 새 운동화를 갖고 싶어 합니다. 그냥 새 운동화가 아니라 대부분의 학교 친구들이 신고 다니는 바로 그 검정 하이탑 운동화입니다. 하지만 할머니께서는 꼭 필요한 것이 아니라면 아무리 갖고 싶어도 살 여유가 없다고 하시네요. 그래도 Jeremy는 그 운동화가 너무나 갖고 싶어 인근 지역의 중고 할인 판매점을 모조리 뒤집니다. 그래서 마침내 그 운동화 한 켤레를 구하게 되었는데 안타깝게도 너무 작아 발에 맞지 않네요. 작아서 발은 아프지만 보고만 있어도 뿌듯한 나의 하이탑 운동화, Jeremy는 그 운동화를 대체 어찌해야 할까요?

> 리딩 가이드

- ◆ 유행하는 신발을 갖고 싶은 강렬한 욕구를 뛰어넘어 나눔의 참된 기쁨을 경험하고 친구와 진한 우정을 나누는 한 소년의 이야기입니다.
- ◆ 타인을 위한 양보와 희생, 우정의 가치에 대해 배울 수 있습니다. Jeremy는 자신이 간절히 바랐던 신발을 내어줌으로써 어려운 친구를 돕고 나눔의 기쁨과 참된 우정의 의미를 깨닫습니다. 이를 통해 소유하는 즐거움보다 나눔의 기쁨과 행복이 더 크고 더 가치 있음을 알게 해줍니다.
- ◆ 다른 사람들의 입장과 처지에 대한 이해와 공감, 동정과 배려의 중요성을 강조하고 있습니다. 특히 어려움에 처한 사람들의 필요에 주의를 기울이고 그들의 감정을 고려하라고 말해줍니다.
- ◆ 우리 사회의 경제적 격차에 대해 생각하게 됩니다. 빈곤이 개인에게 미치는 영향과 어려운 이웃들의 생활상을 엿볼 수 있습니다.
- ◆ 소유와 행복의 관계에 대해 말하고 있습니다. 생존조차 위협받는 절대적 빈곤 속의 이웃들을 생각하며 갖지 못한 것 때문에 불행해하지 말고 삶에 꼭 필요한 것을 소유하고 있음에 감사하라고 말합니다.

> 당신과 나누고 싶은 이야기

성경미

저에게도 꿈이 있었습니다. 인싸템인 호주산 프리미엄 양가죽 어그 부츠와 최신 유행 스타일의 트레이닝복. 마틴 루터킹 목사님의 거룩한 꿈은 아니었을지언정 당시에는 얼마나 간절히 원했는지요. 여러분은 어떤가요? 여러분은 유행에 얼마나 민감한가요? 유행하는 유명 브랜드 신발이나 명품백을 손에 넣으면서 어깨가 쫙 펴지고 힘이 들어간 적 있나요? 친한 친구가 자랑하는 트렌디한 핫아이템에 마음이 동요해서 쇼핑몰을 기웃거린 적은요? 다 큰 어른도 그러한데 또래 친구들로부터 영향을 많이 받는 우리 아이들은 말할 것도 없겠죠?

세월이 흘러 아이를 키우는 엄마로서 바라보는 최신 유행 아이템은 그저 과시욕이 불러일으킨 허영심의 발로 정도로 치부하고 등을 돌렸습니다. 대신 그때부터 전혀 다른 입장이 되어 아이와 실랑이를 벌이기 시작했습니다. 큰아이가 어릴 적 이름도 들어보지 못한 무수한 핵인싸 아이템을 사달라고 조르고 떼쓸 때마다 달래기도 하고 윽박도 질렀습니다. 설득하기 위해 여러 가지 노력을 해보았지만 잘되지 않았습니다.

무엇이 문제였을까요? 저는 이 모든 문제 해결 방법을 그림책 《Those Shoes》에서 찾았습니다. 작품이 대단한 메시지나 교훈을 주지는 않습니다. 대신 작품 속 주인공이 되어 상황 속에 들어가 감정을 읽어 내려가다 보면 자신과의 접점을 찾고 스스로 질문하게 하죠. 주인공이 넉넉하지 못한 집안 사정으로 자신이 원하는 것과 필요한 것을 두고 선택해야만 하는 상황, 또래집단에 소속되고 싶어 하는 아이의 욕구, 그리고 자신보다 더 필요한 친구에게 베풀기까지의 내적 갈등과 고뇌 등을 따라가다 보면 생각이 많아지고 복잡해집니다. 하지만 이마저도 문제가 없어 보입니다. 주인공이 제안하거든요. "Let's race!" 저도 달려봅니다. "Shall we?"

어휘 해설

announce 알리다

bust 부수다

come along 생기다

come apart 망가지다, 떨어지다

curl (둥그렇게) 감다 (cf. curl my toes 발가락을 오므리다)

fall off (크기가) 줄어들다

give someone a nudge ~을 쿡 찌르다 (권유를 내포하는 행동)

good money 힘들게 번 소중한 돈

guidance counselor 지도 교사, 상담 교사

high-top 하이탑 (발목 보호를 위해 복사뼈까지 덮는 목이 긴 운동화)

hitch up 끌어올리다

hold one's breath 숨을 참다

in sight 눈에 띄는[보이는]

kickball 킥볼 (야구와 비슷하지만 방망이로 공을 치는 대신 발로 공을 차는 공놀이)

lean forward 앞으로 숙이다

leap off 뛰어내리다

limp 절뚝거리며 걷다

loose (떨어질 것처럼) 헐거워진

My heart is pounding (hard). 심장이 두근거려요.

need 필요한 것

recess 쉬는 시간

set aside 모아두다

shoot a basket 득점을 올리다, 슛을 성공시키다

shove 강하게 밀어넣다

shuffle around 발을 질질 끌며 걸어 다니다

smack '탁' 소리가 나게 치다

spy 발견하다, 보다

squeeze 밀어 넣다, 집어넣다

stand in line 줄지어 서다

stretch 늘어나다

there's no room for ~할 여지가 없다

thrift shop 중고품 할인 판매점 (cf. thrift 절약, 검약)

want 원하는 것

Note

BOOK 085

어휘력 ●●●●○ 문해력 ●●●○ 사고력 ●●●○

The Frog Prince, Continued

by Jon Scieszka,
Steve Johnson (Illustrator)

어릴 때 해피엔딩으로 끝나는 동화를 읽으며 마냥 행복해했던 기억, 다들 있으시지요? 하지만 이제 우리는 압니다. 그런 마무리가 얼마나 비현실적인지를. 오늘 우리가 함께 읽을 늘백의 그림책은 전래동화의 전통적인 이야기 전개와 독자들의 일반적인 기대에 크게 한 방 먹이는 작품 《The Frog Prince, Continued》입니다.

공주의 키스를 받고 진짜 왕자가 된 개구리 왕자가 공주와 결혼하여 행복하게 살았다는 이야기는 모두 아실 겁니다. 그런데 그 둘은 정말 행복하게 살았을까요? 아마도 한동안은 실제로도 그랬을 겁니다. 하지만 곧 그들 사이에 문제가 생기기 시작했지요. 개구리 적 버릇을 버리지 못한 왕자는 온종일 빈둥거리고 파리를 잡아먹으며 공주를 미칠 지경으로 만들었고, 공주는 그런 왕자에게 잔소리를 퍼붓기 일쑤였습니다. 공주의 끊임없는 잔소리가 견디기 힘들었던 왕자는 다시 개구리가 되면 좋겠다고 생각하며 자신을 도와줄 마녀를 찾아 숲속으로 들어갑니다.

왕자는 숲속에서 세 마녀를 차례로 만나게 됩니다. 첫 번째 만난 마녀는 잠자는 숲속의 미녀에게 키스하게 하려고 했습니다. 두 번째 마녀는 백설공주가 먹었던 독이 든 사과를 권했고, 세 번째 마녀는 헨젤과 그레텔은 물론 왕자까지도 잡아먹으려 했지요. 그런 마녀들에게서 도망쳐 나온 왕자는 숲속에서 그만 길을 잃고 맙니다. 그런데 바로 그때 운 좋게도 신데렐라를 도와주었던 친절한 요정(Fairy Godmother)을 만납니다. 왕자는 이제 다시 개구리로 돌아가고자 하는 소망을 이룰 수 있게 될까요? 공주와의 관계는 또 어떻게 될까요?

리딩 가이드

- ◆ 고전적인 동화 《The Frog Prince(개구리 왕자)》를 현대적인 시각에서 유머스하게 재해석한 작품으로서 원작 동화의 해피 엔딩에 이어지는 이야기를 들려주고 있습니다.
- ◆ 전통적인 동화의 행복한 결말에 의문을 제기하고 삶의 현실에 대한 진지한 메시지를 전하고 있습니다. 특히 우리의 삶은 해피엔딩 이후에도 도전과 모험이 계속 이어지며 오르막과 내리막이 반복되는 여행임을 강조하고 있습니다.
- ◆ 공주와 결혼한 후 개구리 왕자가 현실 세계에 적응하는 과정에서 직면하는 어려움과 힘든 싸움, 그리고 그 속에 담긴 유머와 코믹한 요소들에 주목하세요.
- ◆ 이 책은 《개구리 왕자》의 뒷이야기입니다. 따라서 원전인 《개구리 왕자》에 대한 이해가 선행되어야 작품을 제대로 감상할 수 있습니다. 마찬가지로 마녀들이 등장하는 다른 동화들, 즉 《잠자는 숲속의 미녀》, 《백설 공주》, 《헨젤과 그레텔》, 《신데렐라》 등에 대해서도 알아볼 필요가 있습니다.
- ◆ 동화와 옛이야기들이 많은 경우 "And they lived happily ever after(그리고 그들은 그 후로 행복하게 살았습니다)"로 끝난다는 점에 유의하세요. "정말 그랬을까?", "그 후로는 어떤 일이 있었을까?", "왜 그렇게 생각하니?" 하는 등의 질문을 진지하게 던져보며 함께 이야기 나누어보세요.

> **당신과 나누고 싶은 이야기**　　　　　　　　　　　　　　　**김지선**

'그들은 무엇을 해야 할지 몰랐다.' 저는 이 문장에서 잠시 가슴이 먹먹했습니다. 그토록 사랑해서 결혼했는데, 그 사랑이 삶으로 전개되는 순간 상상 이상의 세상이 펼쳐지지요.

8년 전, 결혼식을 마치고 신혼여행을 떠나는 제게 동료들이 말했습니다.

"지금이 가장 좋을 때야. 돌아오면 전쟁의 시작이니 최대한 즐기고 돌아와!"

무슨 뜻인지 짐작은 하면서도 낄낄거리는 그들의 짓궂음에 일종의 오기가 났습니다. 우리 부부는 다르다는 것을 보여주고 싶었어요. 그러나 현실은 냉정했습니다. 연애 시절 몰랐던 모습은 물론 이미 알던 모습, 좋아하던 모습들까지도 때로는 낯설고 서운하게 느껴졌습니다. 순간 참지 못하고 내뱉는 비수 같은 말들이 진심과는 전혀 다른 방향으로 날아가 서로의 마음에 생채기를 내고, 관계를 엇나가게 만들었습니다. 'And they lived happily ever after'로 끝나는 아름다운 결혼식 이후의 행복은 온전히 '나'의 책임 영역이었습니다. 가족에게도, 친구에게도 쉽게 터놓지 못할 이야기들을 끌어안게 되자 막막함에 저도 한참 '무엇을 해야 할지 몰랐던' 것 같습니다.

해결책을 밖에서 찾아 헤매던 왕자도 무엇을 해야 할지 모르던 마음에서 방황을 시작하지 않았을까요? 그러나 결국 진정한 해결자는 외부에 없다는 것을 깨닫게 됩니다. 부부간의 문제는 결코 누군가 대신 해결해줄 수 있는 문제가 아니었습니다. 서로의 모습을 직접 들여다보고, 보듬고, 안아주는 용기를 요하는 문제였어요. 저희 부부도 한동안의 방황 끝에 더 적극적으로 해결책을 찾아 나섰습니다. 터놓고 대화를 해보고, 상담도 받으면서요.

그렇기에 이 책의 열린 결말이 '공주도 한 번쯤은 개구리가 되어 봐야 한다'는 것이라면, 십분 공감할 수 있을 것 같습니다. '역지사지'의 자세로 서로를 이해하고 아끼려는 마음만이 현실의 냉정함을 극복할 소중한 그리고 유일한 무기일 테니까요.

어휘 해설

awful 끔찍한, 지독한
be better off (마음이나 처지가) 더 나은
carriage 마차
cast a spell on ~에게 요술을 걸다
cottage 작은 집
croak (개구리가) 개골개골 울다, (까마귀가) 까악까악 울다
drive someone crazy ~를 화나게 만들다
eye (탐이 나거나 의심스러워 주의 깊게) 바라보다, 쳐다보다
fairy tale 동화
feel like (~ing) ~할 마음이 나다
former 과거의, 이전의
get annoyed 짜증이 나다, 약이 오르다
get out of ~에서 떠나다, 나가다
give it a try 시도하다, 한번 해보다
go to a ball 무도회에 가다
gummy (고무진이 묻어) 끈끈한
had his fill of ~을 충분히 경험했다
hop around 깡충깡충 뛰어다니다
hope you don't mind my asking (허락을 구하거나 부탁할 때) 정중히 여쭤봅니다
how come ~? 왜[어째서] ~인가?
idiot 바보, 멍청이
lick 핥다

lily pad 수련의 잎
mess 지저분하고 엉망진창인 것[상태]
miserable 비참한
nag 잔소리를 하다, 바가지를 긁다
nasty 끔찍한, 심술궂은
once in a while 때로는, 가끔
plump 통통한, 포동포동한
profession 직업
rotten luck 불운
slay (전쟁, 싸움에서) 죽이다
slimy (더럽고) 끈적끈적한, 점액질의
snore 코 고는 소리
spooky 으스스한, 귀신이 나올 것 같은
stick around (어떤 곳에서) 가지 않고 있다, 머무르다
stick out ~을 밖으로 내밀다
throw a fit 노발대발하다
tongue 혀
turn into ~으로 변하다
wand 지팡이
webbed 물갈퀴가 있는
whine 징징거리다, 칭얼거리다
windowsill 창턱

어휘력 ●●●●● 문해력 ●●● 사고력 ●●○

When Jessie Came Across the Sea

by Amy Hest,
P. J. Lynch (Illustrator)

만일 10대의 어린 나이에 가족들과 떨어져 아무 연고도 없는 낯선 이국땅으로 건너가 혼자 살아가야 한다면 얼마나 두렵고 떨릴까요? 사랑하는 자녀를 멀리 떠나보내야 하는 부모와 가족들의 심정은 또 어떨까요? 오늘 우리가 함께 읽을 늘백의 그림책은 한 어린 소녀의 꿈과 희망, 용기와 도전을 그린 작품 《When Jessie Came Across the Sea》입니다.

Jessie는 어려서 부모님을 여의고 할머니와 함께 가난하게 살고 있었습니다. 오전에는 마을의 랍비(유대교 지도자)에게 가서 공부를 했고, 밤에는 할머니로부터 레이스 뜨는 법을 배웠지요. 그러던 어느 날 Jessie는 랍비를 통해 미국으로 갈 수 있는 기회를 얻게 됩니다. 할머니와 헤어져 먼 이국땅으로 간다는 것은 생각조차 하기 싫었습니다. 하지만 할머니도 Jessie도 그것이 얼마나 큰 기회인지 잘 알았기에 Jessie는 결국 할머니와 작별을 고하고 미국으로 떠나는 배에 오릅니다. 배에는 정말 많은 사람들이 있었습니다. 언어가 달라 서로 말도 통하지 않았고, 모두들 추위와 두려움에 떨고 있었지요. 끝도 없이 계속되는 항해에 Jessie는 너무 힘들고 아파서 먹지도 못하고 잠도 잘 수 없었습니다. 앞으로 얼마나 더 가야 할지 알 수 없는데 Jessie는 과연 무사히 항해를 마칠 수 있을까요? 언어도 모르고 의지할 가족도 없는 낯선 땅에서 제대로 살아갈 수 있을까요? 함께 지내기로 한 랍비의 친척은 Jessie를 환대해줄까요? 그리운 할머니는 언제나 다시 만날 수 있게 될까요?

리딩 가이드

- ✦ 혈혈단신 미국으로 건너가 자신만의 아메리칸 드림을 성취하는 한 유대인 소녀의 도전과 역경, 성장과 성공 이야기를 매우 사실적으로 풀어낸 아름답고 감동적인 작품입니다.
- ✦ 19세기 후반 더 나은 삶을 찾아 많은 사람이 유럽에서 미국으로 이민을 가던 시기를 배경으로 하고 있습니다. 오늘날과는 크게 다른 당시의 시대적 상황과 생활 환경을 생각하며 읽어보세요.
- ✦ Jessie의 대서양 횡단 여정과 새로운 환경에서의 적응 과정은 이야기의 가장 핵심적인 부분입니다. 특히, 유럽에서 미국으로 건너오는 길고 험한 여정에서 이민자들이 직면했던 도전과 시련을 이해하면 10대 소녀인 주인공의 용기를 더 잘 이해할 수 있습니다.
- ✦ 가슴이 먹먹해지는 영화 한 편을 보는 듯합니다. 눈물겹게 아름다운 스토리와 애잔한 삽화가 마음을 울립니다. Jessie와 할머니의 깊은 사랑에 눈시울이 붉어집니다. 작품의 마지막 페이지에 이르기까지 할머니의 건강을 위해 기도하고 두 사람의 재회와 행복을 간절히 바라게 됩니다.
- ✦ 작품 속에서 엄마의 결혼반지가 지니는 의미에 유의하세요. 그 반지는 무엇보다 Jessie의 가족들이 Jessie에게 베풀어준 사랑과 희생을 상징합니다. 또한 미국으로의 여정과 그 이후의 삶에서 Jessie를 그녀의 과거(즉, 어린 시절과 고향에서의 삶 등)와 이어주는 연결고리로서의 역할을 하고 있습니다.

당신과 나누고 싶은 이야기　　　　　　　　　　　　　　　　　　**전미양**

여기 한 청년이 있습니다. 지방의 작은 소도시 출신이지요. 대입에 실패한 후 재수를 하기 위해 얼마 전 처음 서울로 올라왔습니다. 서울의 중심 광화문, 오래전부터 그는 광화문에 꼭 한번 가보고 싶었습니다. 하지만 막상 그 앞에 다다르니 놀라움과 경외심, 두려움이 느껴집니다. 길게 뻗은 거대한 건물 숲, 수많은 자동차, 그리고 바쁘게 돌아가는 도심의 공기까지… 이것은 말로만 듣던 서울, 아니 너무나 새롭고 낯선 '더 큰 세상'이 아닌가 싶었어요.

'과연 내가 이곳에서 살아남을 수 있을까?' 청년은 무척 외롭고 두려웠습니다. 하지만 '하루하루 성실하게! 살아가고 버티고 우뚝 서자!'라며 굳세게 다짐합니다. 그 후로 그는 악착같이 공부했습니다. 무사히 대학에 진학했고, 몇 년 후에는 사랑하는 사람을 만나 결혼까지 약속했지요. 바로 그 광화문에서 스무 살에 느꼈던 두려움과 다짐, 그리고 아직 부족하지만 꿈이 있는 자신의 내일을 말하며 그녀에게 "손을 잡고 함께 걷자" 이야기했거든요.

이 청년은 바로 저의 남편입니다. 사실 저는 서울에서 나고 자라 그가 느꼈다는 낯선 도시에 대한 경외심과 기대감을 오롯이 이해할 수 없었습니다. 하지만 모든 어려움을 헤치고 나아가겠다는 그의 마음이 반짝이는 눈과 신중한 언어에서 느껴졌기에 저는 그와 함께 걷기로 결심했습니다.

스무 살, 광화문을 처음 마주했던 그는 15년이 지난 지금 한 가정의 가장이자 사랑스러운 두 딸의 아빠가 되었습니다. 지금쯤 그의 삶은 꽤 안정적일까요? 아마도 반은 맞고 반은 틀린 것 같습니다. 남편은 최근 이직을 결정했어요. 새로운 꿈과 기회를 찾아 더 큰 세계로 나아가기로 했지요. 기대가 큰 만큼 그도 저도 걱정되고 두렵습니다. 하지만 그때나 지금이나 그의 두 눈은 진중하게 반짝여 저는 또 속는 셈 치고 남편을 믿고 지지하며 함께 걸어보려 합니다.

어휘 해설

alas (감탄사) 아아 (슬픔이나 유감을 나타냄)
auburn 적갈색의
barrel (목재, 금속으로 된 대형) 통
bite 깨물다 (bite-bit-bitten)
black bread (호밀로 만든) 흑빵
boast 뽐내다, 자랑하다
bodice 보디스 (드레스의 상체 부분)
brag 자랑하다, 떠벌리다
burst 갑자기 뛰어들다, 뛰어나가다
channel (강이나 해안가의 배가 다닐 수 있는) 물길, 수로
comfort 위로하다, 위안하다
crammed (사람들이) 비좁게 있는
crate (물품 운송용 대형 나무) 상자
crisscross 십자 무늬를 만들다, 십자 표시를 하다
cuff (상의나 셔츠의) 소맷동
delicate 섬세한, 우아한, 정교한
dock (배를) 부두에 대다
flight (층과 층, 층계참 사이의) 계단
frail (특히 노인이) 노쇠한
freckle 주근깨
ginger 연한 적갈색의
harbor 항구
huddle 옹송그리며 모이다
insist 주장하다
lap 무릎 (앉았을 때 허리에서 무릎마디까지)
lining 안감
parlor 응접실, 거실
patch (채소나 과일을 기르는) 작은 땅; (때우거나 덧대는 데 쓰이는) 조각
paved 도로가 포장된
pelt 때리다, 퍼붓다

pin 핀으로 꽂다, 고정시키다
pitch 상하로 요동치다
pity 불쌍히 여기다, 동정하다
potbellied (난로, 술병 등이) 배불뚝이의
pushcart (행상이나 쇼핑용) 미는 손수레
rabbi (유대교 지도자인) 랍비; 선생, 스승
rail 난간
rest in peace 평화롭게 잠들다
roll (전후좌우로) 흔들(리)다
sash (제복의 일부로 몸에 두르는) 띠
scoff 비웃다, 조롱하다
shaky 흔들리는
slanting 비스듬한, 비스듬히 기운
sled 썰매
slip 슬쩍 놓아주다, 슬며시 쥐어주다
splinter 쪼개지다, 깨지다
stick (날카로운 것으로) 찌르다 (stick-stuck-stuck)
stitch 바느질하다, 꿰매다
synagogue 유대교 회당
tattered 누더기가 된, 너덜너덜한
the Almighty 전능하신 신
there is no telling ~은 알 수 없다
thin (액체가) 묽은
tip one's hat 모자를 조금 올려 인사하다 [경의를 표하다]
trolley 카트, 손수레
wedding band 결혼반지 (보통 금으로 띠처럼 만든 반지)
whip (비, 우박 등이) 세차게 때리다
You never know. 누가 알겠어. 사람 일은 모르는 거야.

BOOK 087

Emily
by Michael Bedard,
Barbara Cooney (Illustrator)

시인은 어떤 사람일까요? 시인의 세계와 그들의 생각은 보통 사람들과 어떻게 다를까요? 문학이나 시를 잘 모르는 우리 같은 사람도 그들과 친구가 될 수 있을까요? 오늘 우리가 함께 읽을 늘백의 그림책은 누구나 가질 법한 이러한 궁금증을 풀어주고 시인의 삶과 일상을 엿보게 해주는, 시인 Emily와 한 소녀의 우정 이야기 《Emily》입니다.

저는 엄마 아빠와 함께 살고 있는 어린 소녀입니다. 우리 집 길 건너편 노란색 집에는 다른 사람들과의 교류 없이 거의 숨어 살다시피 하는 한 시인이 살고 있습니다. 어느 날 그 시인이 엄마에게 편지를 보내왔습니다. 자신은 지금 마치 마르고 생기 없는 꽃과 같으니 피아노 연주를 통해 다시 활기를 되찾을 수 있도록 도와달라는 것이었지요. 저는 엄마와 함께 그녀의 집을 방문하게 됩니다. 그녀에 대한 궁금증이 컸던 만큼 설렘과 기대도 무척 컸습니다. 또 쉽게 얻을 수 있는 기회가 아니었기에 특별한 선물을 준비했지요. 엄마가 거실에서 피아노를 연주하는 동안 그녀는 울려 퍼지는 음악을 집안의 어디에선가 듣고 있었습니다. 그사이 저는 몰래 방에서 나와 살금살금 2층 계단을 올라가고 있었지요. 그녀를 만난 것은 바로 그때였습니다. 저는 그녀에게 다가가 준비한 선물을 건네주었습니다. 그녀가 제 선물을 마음에 들어 할까요? 솔직히 떨리고 두려웠습니다. 그런데 놀랍게도 그녀는 답례로 제가 평생토록 잊을 수 없는 소중한 선물을 즉석에서 준비해 제게 주었답니다. 그리고 우리는 서로에게 받은 선물을 때가 될 때까지 우리만의 비밀로 간직하기로 했습니다. 우리가 서로 주고받은 선물은 무엇이었을까요? 그 비밀을 공개할 시점은 언제쯤 오게 될까요?

리딩 가이드

- ✦ 작가(Michael Bedard)가 미국의 여류 시인 에밀리 디킨슨(Emily Elizabeth Dickinson, 1830~1886)의 이웃에 사는 가상의 소녀가 되어 자신이 보고 느낀 시인의 삶과 그녀와의 우정을 상상으로 그려낸 작품입니다.
- ✦ 시인이 살던 19세기 미국의 분위기가 물씬 느껴지는 정겹고 아름다운 그림들이 시인과 소녀의 우정이 싹트기 시작하는 만남의 현장으로 시간 여행을 하게 합니다. 서정적인 언어로 들려주는 평범한 일상 속의 이야기가 시인에 대한 신비감을 친근감으로 바꾸어 주고, 예사롭지 않았던 그녀의 삶과 행동을 이해할 수 있도록 돕습니다.
- ✦ 문학이나 시를 잘 몰라도 시인이 사는 세계로 들어가 함께 거닐며 시적인 분위기와 그 아름다움을 느낄 수 있게 해줍니다. 평생을 독신으로 지내며 자연을 노래하고 인간의 내면을 깊이 파헤친 시인의 삶과 문학 세계를 가슴으로 느껴보세요.
- ✦ 에밀리 디킨스의 시처럼 시적인 은유가 가득한 텍스트에 유의하세요. 그런 은유들은 시인과 소녀의 만남이 결코 평범치 않은 것임을 암시하고 있습니다.

시적이며 은유적인 표현들

- I heard it whisper to the floor.
  그것이(=Emily가 보낸 편지가) 마룻바닥에 속삭이는 소리가 들렸습니다.

- There was no one there but winter, all in white.
  온통 하얀색으로 단장한 겨울 외에는 아무도 없었습니다.
- The road was full of mud and mirrors where the sky peeked at itself.
  길은 진흙과, 하늘이 자신을 엿보는 거울로 가득했습니다.
- No, you are poetry. This only tries to be.
  아니야. 네가 바로 시야. (내가 쓰고 있는) 이것은 시가 되려고 노력하는 것뿐이고.

당신과 나누고 싶은 이야기
김미경

책을 읽고 나니 왜 이렇게 막내 남동생이 생각나는지 모르겠습니다. 아버지의 사업 실패로 힘들었을 때 고등학생이었던 저와 여동생은 서로 많이 의지하고 힘듦을 나누었습니다. 그런데 그 당시 겨우 초등학생이었던 막냇동생은 그 상처가 고스란히 가슴에 남았나 봅니다. 내성적이고 섬세한 성격이라 홀로 내색하지 않고 묵묵히 잘 이겨내는 것으로만 보였습니다. 간혹 너무 아무렇지 않은 것 같아 걱정되었지만 군대도 잘 다녀오고, 회사 생활도 잘해 나가 그렇게 평범하게 잘 지낸다고 여겼습니다.

그런데 문제는 가족 외에는 누구에게도 마음의 문을 열지 않습니다. 친구도 만나지 않습니다. 배우자를 만날 생각은 전혀 없어 보입니다. 그런데 동생이 푹 빠져 있는 것이 있습니다. 바로 음악입니다. 가족이 이런저런 고민이 있을 때 넌지시 들어보라며 적재적소에 좋은 음악을 찾아 권해줍니다. 베토벤의 〈월광 소나타〉가 그렇게 아름다운지 동생을 통해 처음 알게 되었고, 슈베르트의 〈마왕〉으로 답답했던 가슴이 후련해지기도 했습니다. 거짓말 조금 보태어 전 세계에 있는, 장르를 불문하고 선율이 아름답거나 감동적이거나 스트레스를 날려버릴 만한 음악은 다 알고 있는 듯합니다. 세상의 잣대로 보면 장가 못 간 노총각이기에 얼른 가정을 이뤄 잘 살아갔으면 좋겠다 싶으면서도 본인 마음이 열리지 않는데 어쩌나 싶기도 합니다. 이런저런 생각으로 많은 넋두리를 하게 되네요. 그런데 책을 읽고 나니 동생이 달라 보입니다. 동생은 봄날을 기다리는 백합의 구근처럼 세상의 한 부분으로 살아가고 있다고 생각되었습니다. 때로는 아름다운 백합처럼 우리 가족의 마음을 따뜻하게 만들며 그렇게 잘 살아가고 있다고 인정하고 존중해주어야 겠습니다.

어휘 해설

a stub of pencil 몽당연필, 토막 연필

brittle 냉담한

bulge with ~으로 불룩하다

cellar 지하 저장고

chime 울리다

creak 삐걱거리다

creep 살금살금 움직이다

crumble 바스러지다

delicate 연약한, 여린, 부서지기 쉬운

dim (빛이) 어둑한, 어스레한

dizzy 아찔한

draw 커튼이 쳐져 있다

drift (공기에) 떠가다

flake (다른 큰 것에서 떨어져 나온 얇은) 조각

hedge 생울타리

hyacinth (식물) 히아신스

keep (somebody) company ~의 곁에 있어 주다, ~의 친구가 되어 주다

key 건반

kneel down 꿇어앉다

lily bulb 백합 구근

Make yourselves at home. 편하게 있어.

parlor 응접실, 객실; 거실 (living room)

peek through (~을 통해) 몰래 엿보다

peep 엿보다

pluck 뽑다

pressed flowers 눌러서 말린 꽃

put something to shame ~을 부끄럽게 하다

rascal 개구쟁이

rear 뒤쪽

revive 활기를 되찾게 하다, 회복시키다

ripple 파문처럼 번지다

sherry 셰리 (스페인산 백포도주)

shiver 전율

sip 조금씩 음미하며 마시다

slot (무엇을 집어넣도록 만든 가느다란) 구멍

spray (끝이 갈라져 꽃이나 잎이 붙어 있는) 작은 가지 (cf. a spray of flowers 꽃이 달린 작은 가지)

stiff 경직된

tiptoe 까치발

tremble 떨리며 움직이다

tuck (someone) in ~를 재워주다; 이불을 잘 덮어주다

tuck (something) away (안전한 곳에) 보관하다, 넣어 두다

wilt 시들다

windowsill 창턱

BOOK
088

어휘력 ●●●●○ 문해력 ●●●○ 사고력 ●●●

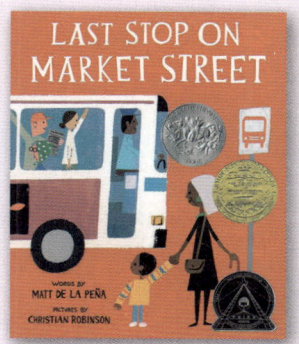

Last Stop on Market Street
by Matt de la Peña,
Christian Robinson (Illustrator)

인간 본연의 가치보다 돈이 우선시되는 시대를 살고 있습니다. 이와 같은 시대에 어떻게 하면 평범한 일상의 아름다움과 가치를 깨닫고 누릴 수 있을까요? 오늘 우리가 함께 읽을 늘백의 그림책은 반복되는 일상 속에 많은 행복이 있음을 알게 해주는 작품 《Last Stop on Market Street》입니다.

매우 단조롭게 느껴질 수도 있는 이야기입니다. 교회에서 예배를 마치고 나온 한 어린 소년이 할머니와 함께 버스를 타고 무료 급식소로 가면서 이런 저런 질문과 대답을 주고받는 내용이거든요. 소년이 할머니에게 묻습니다.

"우린 왜 비를 맞으며 버스를 기다려야 해요?"
"우린 왜 자동차가 없어요?"
"예배 후에는 왜 항상 무료 급식소에 가야 하나요?"
(시각 장애인을 보며) "저 사람은 왜 볼 수 없나요?"
(음악을 듣고 있는 학생들을 보고) "나도 아이팟이 있으면 좋겠어요."
(버스에서 내려 무료 급식소로 가는 길에서) "이곳은 왜 항상 더러운가요?"

지극히 아이다운, 매우 솔직한 질문이 아닐 수 없습니다. 놀랍게도 할머니는 사랑하는 손자의 질문을 모두 배움과 깨달음의 기회로 만듭니다. 천천히 마음의 문을 열어 평범한 일상 속의 아름다움을 보고 들으며 느낄 수 있도록 도와줍니다. 만일 여러분의 아이가 그와 같은 질문을 던진다면 여러분은 어떻게 대답하시겠습니까?

> **리딩 가이드**

- ✦ 현실에 대한 어린 소년의 꾸밈없는 질문과 할머니의 지혜로운 답변 속에 세상의 모든 아이들에게 전하고 싶은 작가의 메시지가 담겨 있습니다.
- ✦ 조손간의 깊은 유대감과 애정, 세상을 바라보는 따뜻한 시각, 다름과 다양성의 인정, 상호 존중과 조화로운 공존, 감사와 배려의 마음을 느낄 수 있습니다.
- ✦ 비 오는 날 흑인 소년이 할머니의 손을 잡고 버스에 오르는 것을 시작으로 다양한 사람들이 등장하며 서로 상호작용하고 있는 것에 유의하세요. 이러한 설정을 통해 우리 사회가 다양한 개인들로 이루어져 있으며 공동체 구성원들 사이의 연결이 중요하다는 것을 강조하고 있습니다.
- ✦ 바쁜 삶에 치여 무심코 지나치기만 했던 우리 주변의 아름다움을 발견하고 느낄 수 있도록 돕습니다. 우리 삶의 구석구석에 예기치 못한 마법이 있고, 행복은 결코 멀리 있는 것이 아님을 깨닫게 해줍니다.
- ✦ 주변 세상을 눈으로만 보지 말고 마음으로 느껴보세요. 익숙함에 가려져 보이지 않는 소중한 것들을 잊지 마세요. 주어진 것에 감사하고 만족하며 평범한 일상 속에서 기쁨과 행복을 찾으세요. 이렇게 말하고 있습니다.
- ✦ 삶에 대한 할머니의 태도와 신념이 담긴 다음 문장에 유의하세요. '모든 것은 역시 마음의 문제'라는 지혜의 말이 떠오릅니다.

  "Sometimes when you're surrounded by dirt, CJ, you're a better witness for what's beautiful(CJ야, 때로는 지저분한 것들에 둘러싸여 있을 때 아름다운 것들을 오히려 더 잘 볼 수 있단다)."

> 당신과 나누고 싶은 이야기 1

배가란

아주 힘들 때 세상 밝은 곳을 비추는 메시지가 아닐 때가 있었습니다. 터널 끝에는 빛이 있다고 하지만, 그곳에 시선을 두기까지 혼자 힘으로는 참 벅차다 싶었습니다. 그럴 때 누군가의 친절이 큰 힘이 됩니다. 친구, 어른 나아가 사회가 어루만져주는 시선이지요. 'Scars into Stars' 나의 힘듦이 상처로만 그치는 것이 아니라 다른 이를 이끄는 별이 되기까지. 누군가는 쓰레기 더미에 힘없이 무너지고 누군가는 오히려 그곳에서 희망의 파랑새를 발견합니다. 작가는 부서진 도로와 문들, 화려한 그라피티와 달랑거리는 간판들을 배경으로 자랐습니다. 그러나 이제 작가는 흙더미 속의 진주알과 같이 맑고 선한 영향력으로 빛을 냅니다.

거리에서 즉흥으로 연주되는 기타 연주가의 마법과 같은 음악을 느끼는 일, 무지개 너머의 희망에 춤추는 일은 목자의 설교로 하루아침에 뚝딱 이뤄지지는 않습니다. 순환하는 버스처럼 꾸준히 반복되는 일상 속에서 똑똑 빗물처럼 스며듭니다. 어느 날은 부모가 전하는 가치를 왜 따라야만 하는지 아이가 반문하는 날도 오겠지요? 중요한 가치는 말보다 실천하는 뒷모습으로 전해집니다. 가정마다 고유한 분위기 속에 아이의 가치관이 형성되고 단단한 사람이 되어갑니다.

할머니의 핑크빛 보정 필터를 통해 아이도 세상을 보는 눈을 찾습니다. 아무리 깨끗한 풍경도 흐린 렌즈로는 맑게 볼 수 없습니다. 할머니의 특별한 렌즈를 통하면 숨은 매력을 곳곳에서 찾아볼 수 있지요. 무지개는 몇 가지 색깔로 이루어져 있을까요? 실제는 개수가 아닌 빛의 스펙트럼입니다. 말랑한 상태의 순수한 아이들은 아름다움을 셈이 아닌 오감으로 흡수합니다. 이러한 우리 아이들이 사회를 비출 희망입니다.

LEVEL 4

> 당신과 나누고 싶은 이야기 2

임가은

오늘도 우리는 아이에게 물질적으로 풍요로운 유산을 남겨주기 위해 애쓰고 있습니다. 아이를 위해 우리는 기꺼이 어려움을 감수하지요. 하지만 과연 이런 것들이 아이를 역경 속에서 지켜줄 방패가 될 수 있을지는 의문입니다. 아이의 삶에 진정 필요한 건 무엇일까요? CJ는 목적지로 가는 동안 할머니에게 궁금한 것이 많습니다. 할머니는 그 질문들을 '시선의 다정함'으로 설명해줍니다. 저는 할머니의 말을 통해 아이에게 진정 필요한 것은 삶을 바라보는 태도라는 것을 깨닫습니다.

우리가 사는 세계는 예측하지 못한 일들이 연속으로 일어나는 곳입니다. 또한 나와 다른 다양한 사람들로 이루어져 있습니다. 아이는 매번 낯선 일에 도전해야 하고, 타인을 받아들이고 이해하며 나아가야 합니다. 이런 상황에선 언제나 갈등이나 불편함이 생기기 마련이죠. "Boy, what do you know about seeing?" 불편함을 이길 수 있는 힘은 무엇일까요? 눈으로만 보는 세상이 전부가 아니라는 말의 의미는 어떤 상황에서도 반짝이는 부분을 찾을 수 있다는 뜻입니다. 어떤 불편함 속에서도 앞으로 나아갈 다정하고 단단한 마음을 가졌다는 말이기도 하지요. 이 마음의 진정한 가치는 내가 가진 것이 충분하지 않아도 다른 이들에게 손을 내민다는 것입니다.

아이에게 물려주고 싶은 유산이 어떤 것인지 생각하게 합니다. 더불어 아이가 어떻게 자라나기를 소망하는지 고민하게 합니다. 저는 아이가 비 내리는 날, 차를 타고 옷이 젖지 않은 채 편안히 목적지에 도착하기를 바랐습니다. 하지만 그건 아이가 선택한 일이 아니지요. 이제는 차 문을 열고 빗속으로 걷는 아이를 응원하고자 합니다. 설령 흙탕물과 진흙이 묻을지라도 그 속에서 빛나는 것들을 찾아내고, 부딪히고, 경험하며 앞으로 걸어 나가는 여정의 가치를 믿고자 합니다.

어휘 해설

arc (over) (활 모양의) 호(弧)를 그리다
boarded-up 판자로 대어져 있는
brand-new 아주 새로운, 신품의
breathe fire 불을 내뿜다
broken-down 완전히 망가진
climb aboard 올라타다
climb in ~에 올라타다
crash 부서지다
creak 삐걱거리는 소리를 내다
crumble (건물이나 땅이) 허물어지다, 무너지다; 바스러지다
curler 컬핀, 롤러 (머리카락을 곱슬하게 만들기 위해 머리를 감는 도구)
drip 방울방울[뚝뚝] 흐르다
drive off (차를 운전해) 떠나다
duck 몸을 움직여서 피하다
either side 양쪽
fine 좋은, 훌륭한
freckle 검은 반점이 생기게 하다
freedom 자유
glance 흘낏[획] 보다
gotta (got to의 축약형) ~을 해야만 하다
graffiti-tagged 그라피티 (공공장소에 하는 낙서)로 그려진
hawk 매
how come ~? 어째서? 왜?
hum 콧노래를 부르다, (노래를) 흥얼거리다
kerb 도로 경계석 (=curb)

laugh (her) deep laugh 활짝 웃다
lurch 갑자기 휘청거리다
make sure 반드시 ~를 하도록 하다, 확실히 ~하다
mighty 대단히, 굉장히
palm 손바닥
pat somebody on the head ~의 머리를 쓰다듬다, 토닥거리다
patter 후두두[타닥타닥] 하는 소리를 내다
pavement (英) 인도, 도로 ((美) sidewalk)
petal 꽃잎
pull a coin 동전을 꺼내다
push CJ along CJ를 밀고 가다
sag 기운이 빠지다, 약해지다
set down 놓다, 두다
sigh 버스가 내는 (한숨 같은) 소리
skip down 깡충깡충 뛰며 가다
slice through ~을 가르다
soup kitchen 무료 급식소
spot 발견하다
squeeze 꽉 잡다
step 계단
swing open 좌우로 활짝 열리다
swirl 빠르게 빙빙 돌다, 소용돌이치다
vibrant 활기찬, 생기가 넘치는
windscreen 자동차의 앞 유리
witness 목격자
zip by '핑' 소리 내며 지나가다

BOOK 089

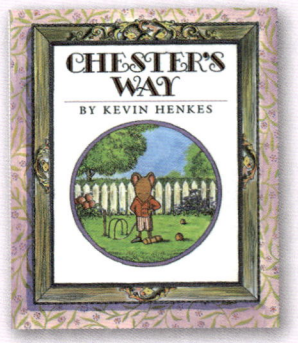

Chester's Way

by Kevin Henkes

낯선 것을 경계하며 피하려는 경향 때문일까요? 아니면 새로운 변화에 대한 두려움 때문일까요? 우리는 보통 친구를 사귈 때 자신과 다른 사람에게는 마음을 쉽게 열지 못하고 거부감을 보이는 경우가 자주 있습니다. 오늘 우리가 함께 읽을 늘백의 그림책은 아이들의 우정과 관계 맺음의 비밀을 담은 유머러스하고 유쾌한 작품, Kevin Henkes의 《Chester's Way》입니다.

    Chester는 무슨 일을 하든지 자신만의 방식이 있습니다. 샌드위치는 늘 대각선으로 자르고, 침대에서는 항상 같은 방향으로 내려오며, 신발끈은 반드시 두 번씩 묶습니다. 또 아침엔 언제나 잼과 땅콩버터를 바른 토스트를 먹고, 만약의 경우를 대비해 미니 응급처치 키트를 가지고 다닙니다. 그리고 가장 친한 친구인 Wilson은 Chester와 마치 쌍둥이처럼 보일 정도로 모든 것이 똑같았습니다. 항상 붙어다니며 생각도 행동도 늘 같이했지요. 그러던 어느 날 Lilly라는 아이가 이사를 옵니다. Lilly는 자신만의 독특한 개성을 지닌 아이였습니다. 용감하게 보이려고 팔과 다리에 밴드를 붙이고 다녔고, 변장하는 것을 좋아했으며, 물총을 꼭 가지고 다녔지요. Lilly는 Chester와 Wilson이랑 친해지고 싶어 했습니다. 그런데 무슨 이유에서인지 Chester와 Wilson은 그런 Lilly와 가깝게 지내는 걸 꺼립니다. 전화를 해도 받지 않고, 길에서 만나기라도 하면 얼른 숨어버리거나 바쁘다고 핑계를 대며 피하기 일쑤입니다. Chester와 Wilson은 왜 Lilly를 피하는 것일까요?

리딩 가이드

◆ 성장 과정에서 누구나 한두 번쯤은 겪어보았을 일들을 특유의 유머와 위트로 재치 있게 풀어내 깊은 공감을 자아내는 작가 Kevin Henkes의 작품입니다. 이 책에서는 특히 아이들이 어떻게 친구를 사귀고 우정을 만들어가는지 잘 보여주고 있습니다.

◆ 서로에 대한 호감, 친절과 배려가 우정을 싹트게 하고 건실하고 오래가는 관계를 만듭니다. 그런 의미에서 (Chester와 Wilson처럼) 서로 많은 것이 비슷하고 늘 함께하고 싶은 친구가 있다는 것은 정말 감사하고 행복한 일입니다.

◆ (Lilly와의 관계에서 엿볼 수 있는 것처럼) 다름을 인정하고 상대를 받아들이면 더욱 풍성한 관계를 경험할 수 있습니다. 자신과 다른 모습을 지닌 친구를 통해 삶의 깊이와 지평을 넓혀 나갈 수 있기 때문이지요.

◆ 우정에는 기다림의 시간이 필요합니다. 섣불리 판단하거나 평가하지 말고 시간을 두고 천천히 상대를 알아가야 합니다. 갈등과 고뇌, 성찰과 반성, 아픔과 성장을 위해서도 시간이 필요합니다.

◆ 우정이 어떻게 시작되고 발전해가는지, 참된 우정을 위해 필요한 것은 무엇인지 이야기 속에서 찾아보고 또 실제 경험을 나누면서 아이와 함께 대화해보세요.

당신과 나누고 싶은 이야기　　　　　　　　　　　　　　　　　**김미경**

　어린 시절, 친구들을 사귀며 친구 사이에서 겪는 미묘한 감정들을 알게 되었습니다. 서운하기도 하고, 화가 나기도 하고, 다른 친구에게 더 상냥한 태도에 질투가 나기도 했죠. 그러면서 나를 들여다볼 시간을 갖게 됩니다. '왜 그랬을까?' 늘 관계의 마지막 즈음, 이 물음으로 항상 고뇌하며 조금씩 저의 행동과 마음을 고쳐 나가면서 스스로를 점점 알아가고 그만큼 또 성장한 것 같습니다. 저와 맞는 친구를 사귀고, 어쩌다 멀어지기도 하고 또 새로운 친구를 만나며 지금까지 사람들과 아름다운 우정을 쌓아가고 있습니다.

　Chester와 Wilson은 함께한 시간만큼 익숙하고 평온합니다. 둘 사이에 새로이 Lilly를 받아들이기가 혼란스러웠을 그들에게는 Lilly를 탐색하고 알아볼 시간이 필요했습니다. 우정이 싹트기까지 서로에게 쏟는 마음의 양분이 필요한 것이지요. 한때는 '가족과의 사랑만 온전하면 된다'라고 생각한 적이 있습니다. 결혼으로, 이사로, 또는 육아로 친구들과 단절이 생기면서 새로운 친구를 사귀는 것을 체념하고 시도하지 않았습니다. 관계를 맺는 그 시간이 그저 소모적인 것만 같았습니다. 그때 알았습니다. 마음을 나누는 친구가 없다는 것은 '무미건조하고 외로운 삶이 될 수도 있겠다'라는 것을 말이지요.

　요즘 제가 사랑하는 친구들은 3여 년을 함께한 슬미에서 만난 소중한 인연들입니다. 아이를 키우며 하나될 수 있는 엄마들, 아이와 자신의 영어를 위해 열심인 엄마들, 봉사하며 더 기쁜 엄마들, 함께 책 읽으며 따뜻한 말로 온정을 전하는 엄마들, 다른 사람의 힘듦에 함께 눈물을 흘려주는 엄마들에게 감동과 사랑 그 이상의 것들을 배웁니다. 그리고 고백합니다. 이 친구들 덕분에 저의 삶은 그 어느 때보다 든든하고 풍요롭고 따뜻하다고 말이지요.

어휘 해설

accidently, accidentally 우연히

band-aid 반창고

be about to 막 ~하려는 참이다

burn (햇볕 등에) 타다

can't tell apart 구별하지 못하겠다

croquet 크로케 (잔디 위에서 하는 공놀이)

definitely 확실히, 분명히

diagonally 대각선으로

disguise 변장, 가장

double-knot 이중 매듭(으로 묶다)

eat between meals 간식을 먹다

fang (뱀, 개 등의) 송곳니

fierce-looking 험상궂고 무섭게 생긴

first-aid kit 비상약품 상자

have a mind of one's own 자신만의 (독립적인) 생각을 가지고 있다

just in case 만약을 위해서

load 장전하다

neat (작고) 아기자기한; 정돈된, 깔끔한

nifty 재치 있는, 멋진

personal remark 인신공격

popping wheelie 윌리 (앞바퀴를 공중에 띄우고 뒷바퀴만으로 질주하는 오토바이/자전거 묘기)

put it 표현하다, 말하다

rake 갈퀴질을 하다, 갈퀴로 모으다

rarely 좀처럼 ~하지 않는

remind 상기시키다, (기억하도록) 다시 한 번 말해주다

sleep over (남의 집에서) 자고 가다[오다]; 함께 자며 놀기, 밤샘 파티

slide headfirst 머리부터 미끄러지다

some days 어떤 날에는

squirt 뿜어 나오게 하다

squirt gun 물총

sunscreen 자외선 차단제

swallow 꿀꺽 삼키다

swing at the first pitch 초구를 휘두르다

unless ~하지 않는 한, ~이 아닌 한

Note

BOOK 090

어휘력 ●●●●○ 문해력 ●●● 사고력 ●●●

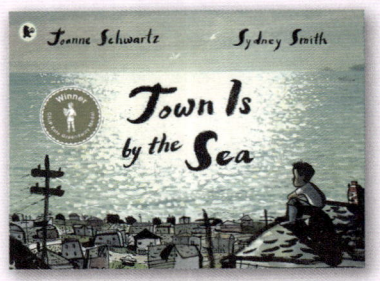

Town Is by the Sea
by Joanne Schwartz,
Sydney Smith (Illustrator)

바닷가의 작은 마을에서 광부의 아들로 태어나 살아가는 소년의 일상은 어떤 모습일까요? 바다는 그에게 어떤 의미가 있을까요? 자신의 현재 삶과 미래에 대해서는 또 어떤 생각을 갖고 있을까요? 오늘 우리가 함께 읽을 늘백의 그림책은 바닷가 탄광촌에 사는 한 소년의 하루를 담백하게 그려낸 작품 《Town Is by the Sea》입니다.

    저는 바닷가의 한 작은 마을에 살고 있습니다. 집에서 내다보면 아름다운 바다가 보이지요. 저의 하루는 보통 이렇게 흘러갑니다. 아침에 눈을 뜨면 갈매기 소리와 개 짖는 소리가 들려옵니다. 아침을 먹고 난 후에는 친구와 함께 놀이터로 달려가지요. 그곳에서 그네를 타고 높이 올라갑니다. 바다가 보일 정도로 아주 높이요. 그런데 저 바다 밑 깊은 곳에서는 아빠가 석탄을 캐고 있습니다.

    점심때가 되면 집에 돌아와 샌드위치를 먹고 식료품 가게로 엄마의 심부름을 갑니다. 그런 다음 할아버지를 만나러 묘지로 가지요. 오랫동안 힘들게 광부로 일하셨던 할아버지는 부탁하셨습니다. 바다가 보이는 곳에 묻어 달라고. 큰 폭풍이 칠 때는 파도가 묘비까지 밀려옵니다. 하지만 오늘은 바다가 잔잔하고 고요하네요.

저녁이 되면 아빠가 검댕이 잔뜩 묻은 얼굴로 집에 돌아옵니다. 힘든 하루가 끝난 것이지요. 아빠가 씻고 나오시면 온 가족이 함께 저녁을 먹습니다. 식사 후에는 발코니에 함께 앉아 노을 지는 바다를 바라보며 도란도란 이야기를 나눕니다. 그러다 보면 해가 서서히 바다 밑으로 가라앉습니다. 아빠가 석탄을 캐는 바다 밑 깊은 곳으로 말이지요. 오늘 하루도 이렇게 저물어가네요. 제게는 하루하루가 즐겁고 행복하기만 한데 그래도 언젠가는 제 차례가 오겠지요? 할아버지와 아빠처럼 저도 광부로서의 삶을 살아가야 하는 걸까요?

리딩 가이드

◆ 해안 광산 마을에 살고 있는 한 어린 소년의 하루를 진한 향수가 느껴지는 글과 몰입도 높은 삽화로 아름답게 그린 사색적인 작품입니다.

◆ 가족 간의 유대, 세대 간의 연결, 공동체 구성원 사이의 상호 연결성, 삶의 혹독한 현실, 삶의 모순 등을 핵심 키워드로 꼽을 수 있습니다.

◆ 소년의 하루 일과를 따라가며 지상의 목가적인 풍경과 평온한 삶을 바다 밑 광산의 냉혹한 현실과 대비시켜 생생하게 묘사하고 있습니다.

◆ 이러한 대비는 편안한 일상과 역경, 평온함과 위험 등 우리의 삶에 내재되어 있는 모순들과 우리가 속한 공동체 안에서 발견되는 삶의 격차에 대해 생각하게 합니다.

◆ 소년과 아버지와 할아버지 사이에 존재하는 가족 간의 깊은 유대감이 위험한 광산 작업 속에 내재된 불확실성에도 불구하고 그들의 삶을 지탱하고 이어가게 해주는 원동력이 되고 있음을 느낄 수 있습니다.

> 당신과 나누고 싶은 이야기

임수지

석탄을 캐는 광부들은 퇴직한 후에도 진폐증(塵肺症, Pneumoconiosis)으로 고통을 받고 사망에 이르기도 합니다. 진폐증은 석탄 가루가 폐세포에 붙은 뒤 폐를 딱딱하게 굳게 만드는 질병으로, 완치가 불가능해 '죽음의 직업병', '저주의 병'이라 불립니다. 해저 탄광을 보니 한수산 작가의 소설《군함도》가 떠올랐습니다. 일제강점기에 하시마섬 해저 탄광에 강제 징용되어 고되게 일하다 희생된 수많은 조선인의 암울한 과거가 겹쳐집니다. 탄광 마을 사람들의 결코 평범하지도 순탄치도 않은 고된 삶을 들여다보니 마음이 숙연해지고 착잡해집니다.

작가의 아버지가 하신 말씀이 인상적입니다. "We owe everything to the miners(우리는 광부들에게 많은 빚을 지고 있다)." 한겨울에 연탄불이 꺼지지 않게 하려고 집게로 연탄이 부서지랴 조심해서 갈았던 저의 어린 시절이 떠오릅니다. 월동 준비 제1호로 연탄을 준비하던 시절이 있을 만큼 석탄은 생존의 근간이 되는 에너지 자원이었습니다. 지금 우리나라에서는 대부분의 탄광이 사라졌지만, 탄광을 지켜온 많은 광부들이 있었기에 따뜻하고 아늑하게 지낼 수 있었습니다. 그 시절을 생각하면 그저 감사할 따름입니다.

광부가 되는 것은 괴롭고 힘들지만 소년은 할아버지와 아버지가 그러했듯이 광부의 삶을 자연스럽게 받아들입니다. 꿈을 꾸고 키워가야 할 어린 나이임에도 불구하고 누군가에게는 꿈꾸는 것마저 사치가 될 수 있음을 느낍니다. 탄광, 다이아몬드 광산, 커피 농장 등에서 목숨을 걸고 고된 노동을 해야 하는 소년들이 제3세계 국가에 여전히 많이 있습니다. 저는 어떻게 살고 있는지, 제 삶을 되돌아보게 됩니다. 더 많은 가능성과 좋은 여건 속에서도 쉽게 부정하고 단정 짓고 체념하고 있지는 않은지 말입니다.

어휘 해설

batter (심한 손상이 가해지도록 계속) 두드리다, 때리다

bury (시신을) 묻다

butterflies rush through my stomach (긴장해서) 가슴이 벌렁[울렁]거리다

coal mine 탄광

go by 지나가다

gulp down 한입에 꿀꺽 집어삼키다

haunting (아름답거나 슬프거나 무서워서) 잊을 수 없는, 잊히지 않는

head (특정 방향으로) 가다, 향하다

lupin 루핀 (키가 큰 화초의 하나)

Queen Anne's lace 야생 당근

rickety (제대로 만들어지지 않아) 곧 무너질 듯한, 금방 부서질 것 같은

rustle 바스락거리다

safe and sound 무사히

salt-soaked 소금에 흠뻑 젖은 (cf. -soaked (앞에 붙는 명사로) ~가 흠뻑 배인)

shore (바다, 호수 따위의) 기슭, 해안, 해변

slam 쾅[탁] 닫다

smudge (더러운) 자국, 얼룩

spray 물보라, 비말

spread (out) 펼쳐지다, 넓은 범위에 미치다

tip (뾰족한) 끝

used to 과거 한때는 ~이었다, 예전에는 ~했다

wind (실 등을) 감다 (wind-wound-wound)

Note

BOOK 091

어휘력 ●●●●○   문해력 ●●●   사고력 ●●○

A New Coat for Anna
by Harriet Ziefert,
Anita Lobel (Illustrator)

옷을 직접 만들어 입어야 하는 상황에서 재료를 구입할 돈이 없다면 어떻게 해야 할까요? 재료가 있어도 자기 손으로 만들 능력이 없다면 그때는 또 어떻게 하는 것이 좋을까요? 오늘 우리가 함께 읽을 늘백의 그림책은 하루하루가 바쁜 현대인들에게 과거로의 시간 여행을 통해 기다림의 미학을 경험하도록 해줄 한 소녀와 그녀의 엄마 이야기 《A New Coat for Anna》입니다.

    전쟁으로 폐허가 된 마을에 추운 겨울이 찾아오자 Anna에게는 새 코트가 필요했습니다. 현재 있는 파란색 코트는 오래 입어서 낡았고 무엇보다 Anna가 입기에는 너무 작았거든요. 작년 겨울에 엄마는 Anna에게 약속하셨지요, 전쟁이 끝나 물건을 다시 살 수 있게 되면 새 코트를 사주시겠다고. 이제 전쟁은 끝났지만 가게는 여전히 비어 있었고, 코트는커녕 음식조차 구하기가 어려웠습니다. 설사 코트를 파는 가게가 있다 해도 돈이 없어 살 수가 없었지요. Anna 엄마는 어떻게 해야 코트를 마련해줄 수 있을지 고민합니다. 그리고 마침내 방법을 생각해냅니다. Anna 엄마가 찾아낸 방법은 무엇일까요? 그 방법으로 Anna와의 약속을 지킬 수 있을까요?

> 리딩 가이드

✦ 제2차 세계대전 직후 모든 것이 부족하고 혼란스럽던 시기에 사랑하는 딸의 코트를 마련하기 위해 애쓰는 엄마의 사랑과 희생, 이웃들의 따뜻한 마음과 친절, 그 과정에서 경험하는 삶의 행복을 밝고 따뜻하게 그려낸 작품입니다.

✦ 역사적인 맥락을 지닌 이야기 속에 부모와 자녀 간의 사랑과 헌신, 역경을 이겨내는 회복력, 기다림과 인내의 중요성 등 시대를 초월한 보편적인 메시지를 담고 있습니다.

✦ 겨울부터 시작하여 이듬해 겨울까지 한 벌의 코트가 만들어지는 기나긴 과정을 단계별로 상세하게 그리고 있습니다. 그 과정을 하나하나 따라가다 보면 우리가 누리고 있는 것 중 어느 하나도 당연한 것은 없음을 깨닫게 됩니다.

✦ 코트를 만드는 데 필요한 것들을 하나하나 구하고 준비하는 과정을 살펴보며 기다림의 가치와 행복을 느껴보세요. 코트가 완성되기까지 정말 오랜 시간이 걸리지만 Anna의 표정은 내내 밝고 즐겁습니다. 기대감이 클 뿐 조급함은 느껴지지 않습니다. Anna의 마음을 헤아리며 읽고 함께 이야기 나누어보세요.

> 당신과 나누고 싶은 이야기

임가은

  우리는 마우스 클릭 한 번과 휴대전화 터치 한 번으로 다음 날 집 앞으로 물건이 배달되는 친절한 세상에서 살고 있습니다. 편리함이 반복되니 익숙함이 되고, 익숙함이 일상이 되니 작은 기다림에도 쉽게 불만을 느끼게 됩니다. 하나의 물건을 만들기 위해 들어가는 많은 사람의 노력과 마음에 대해 생각하게 하는 책입니다. 지나치게 빠르게 흘러가는 세상 속에서 우리가 놓치고 있는 것이 무엇인지 알려줍니다.

  코트 한 벌을 만들기 위해 열두 마리의 양과 네 명의 사람, 그리고 1년이라는 기다림이 필요합니다. 엄마의 손을 잡고 코트를 만드는 과정을 함께 지켜본 아이는 그동안 눈에 보이지 않던 타인의 수고와 사랑을 느끼게 됩니다. 그리고 자연스럽게 감사라는 가치를 떠올리게 됩니다. 우리는 종종 현재 내가 누리고 있는 것들이 온전히 나의 노동에 대한 보상이라고 생각합니다. 하지만 오늘 가족과 풍족한 식사를 할 수 있고, 추운 겨울날 따스한 외투를 입을 수 있는 이유는 다른 사람들의 보이지 않는 손길이 있었기에 가능한 일입니다. 이런 생각들은 마음속에 감사함과 공감의 씨앗을 심고, 기다림을 견딜 수 있는 단단한 힘으로 피어나게 합니다.

  코트를 입은 아이의 표정은 행복합니다. 하지만 거기에서 멈추지 않고, 그 행복의 출발지를 생각합니다. 내가 가지고 있는 것들이 나만의 노력이 아니라 타인의 마음이 모인 결과물이라는 것을 깨닫습니다. 우리는 모두 긴밀하게 연결되어 있습니다. 이 연결감은 우리에게 위안을 줍니다. 눈에 보이지 않는 것들이 이미 나를 충분히 격려하고 있음을 느낍니다. 저도 일상 곳곳에 숨겨져 있는 다정함을 찾을 수 있는 눈을 가질 수 있기를 소망합니다. 그로 인해 작은 것에도 감탄할 수 있는 마음이 채워지길 바랍니다. 당연한 것을 당연하게 생각하지 않는 아름다움을 가지고 싶습니다.

어휘 해설

boil 끓이다

bolt (판에 감아 놓은) 직물 한 필[통]

card the wool (양모의 긴 섬유만 골라 정리하기 위해) 양털을 빗다

dip (액체에) 살짝 담그다, 적시다

dye 염료, 염색제

fuzzy 솜털이 보송보송한, 곱슬곱슬한

garnet 석류석

hang 걸리다, 매달리다

knot 매듭

lingonberry 월귤

measure (치수, 양 등을) 측정하다, 재다

measurement 측정, 측량

pale (색깔이) 옅은

porcelain 자기

pot (둥글고 속이 깊은) 냄비, 솥

reflection (거울 등에 비친) 상, 모습

remain (없어지지 않고) 남다

ripe 익은

set off 출발하다

sew 바느질하다, 깁다

shear (양의) 털을 깎다

snip (가위로 싹둑) 자르다

spin (실을) 잣다

spinning wheel 물레

stiff (근육이) 결리는, 뻐근한

stitch 바느질하다, 꿰매다

string (끈이나 줄로) 묶다, 매달다 (string-strung-strung)

tailor (남성복) 재단사, 양복장이

twirl (춤을 추거나 하면서) 빙글빙글 돌다

untangle (엉킨 것을) 풀다

weaver 베 짜는[길쌈하는] 사람, 직공, 방직공

wind (실 등을) 감다 (wind-wound-wound)

wonder 궁금하다; ~할까[~이 어떨까] 생각하다

yarn (직물, 편물용) 실, 방적사

Note

BOOK 092

어휘력 ●●●●○   문해력 ●●●○   사고력 ●●●○

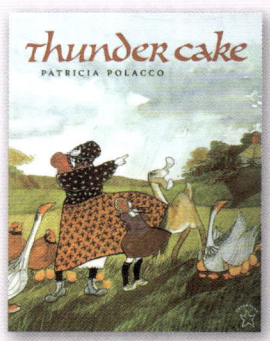

Thunder Cake
by Patricia Polacco

어두운 하늘에서 '우르릉 꽝' 하며 내리치는 천둥 번개를 무서워하지 않는 아이는 아마도 거의 없을 것입니다. 우리 어른들도 어렸을 때는 종종 마주쳤을 두려움일 테고요. 천둥소리에 놀라며 무서워하는 아이들을 여러분은 어떻게 달래주십니까? 오늘 우리가 함께 읽을 늘백의 그림책은 그런 상황에 대처하는 색다른 지혜를 마주하게 될 Patricia Polacco의 《Thunder Cake》입니다.

무섭게 내리치는 천둥 번개가 집 전체를 흔들고 창문을 덜컹거리게 만듭니다. 어린 손녀는 너무나 무서워 침대 밑으로 들어가 숨었지요. 할머니는 그런 손녀를 꼭 껴안아주시면서 천둥 케이크를 만들려면 서둘러야 한다고 말합니다. 그러고는 케이크를 만드는 데 필요한 재료를 메모한 후 손녀를 데리고 그 재료들을 구하러 나섭니다. 번개가 번쩍이자 할머니는 손녀에게 "하나, 둘, 셋…" 천천히 숫자를 세도록 합니다. 폭풍우가 얼마나 가까이 왔는지 확인하기 위해서였지요. 손녀는 콕콕 찍으려는 암탉(Nellie peck hen)도, 발로 찰 것 같은 큰 덩치의 젖소(Kick cow)도 무서웠습니다. 하지만 두려워도 용기를 내어 달걀도 구하고 우유도 얻어냅니다. 또 격자 울타리를 타고 올라가 높은 곳에 있는 토마토와 딸기도 땁니다. 빠르게 다가오는 폭풍우 때문에 머뭇거릴 여유가 없었거든요. 이렇게 열심히 뛰어다닌 덕분에 필요한 재료를 모두 구했습니다. 이젠 서둘러 집으로 돌아가 얼른 케이크 반죽을 만들어 오븐에 넣어야 합니다. 번개가 부엌을 환하게 비추는 것을 보니 당장이라도 폭풍우가 몰아칠 것 같네요. 할머니와 손녀는 과연 늦지 않게 케이크를 만들 수 있을까요? 그리고 천둥 케이크를 제때 완성하면 천둥에 대한 두려움이 사라지게 될까요?

리딩 가이드

- ✦ 작가의 유년 시절 경험이 담겨 있는 작품입니다. 자신이 어렸을 때 천둥에 대한 두려움을 어떻게 극복할 수 있었는지 생동감과 박진감 넘치는 이야기로 실감나게 들려주고 있습니다.
- ✦ '천둥 케이크'라는 기발한 발상으로 어린 손녀가 천둥에 대한 두려움을 극복할 수 있도록 도와준 할머니의 지혜와 자상함이 빛나는 이야기입니다.
- ✦ 아이가 느끼는 두려움을 부정하거나 억누르려 하지 않습니다. 아이의 관심을 다른 곳으로 돌립니다. 자신도 모르는 사이에 용감하게 행동할 수 있도록 넌지시 이끌어줍니다. 두려움 속에서 해낸 여러 가지 일들을 통해 자기 안의 용감함을 발견하고 발휘하도록 돕습니다.
- ✦ 용기 있는 사람은 두려움을 느끼지 않는 사람이 아니라 두려움을 이겨내는 사람임을 깨닫게 됩니다. 천둥에 대한 두려움을 이기게 해주었던 할머니의 천둥 케이크, 여러분은 여러분의 아이들을 어떻게 도와주려 하십니까?
- ✦ 작가 Patricia Polacco는 어린 시절 러시아에서 건너온 부모님과 조부모님의 영향을 많이 받았습니다. 책에서 만나게 되는 러시아의 전통에 주목하세요. 할머니가 입고 있는 옷과 babushka(바부슈카, 머리에 두르는 스카프)는 모두 러시아 민속풍의 의상입니다.

> **당신과 나누고 싶은 이야기**　　　　　　　　　　　　　　　　　**문상미**

　어린 시절, 일하느라 바쁘셨던 엄마는 방학이면 항상 저희 삼 남매를 시골 할머니 댁에 맡기셨습니다. 해녀인 할머니가 바다에 물질을 하러 들어가시면 저는 늘 바닷가 입구에서 할머니를 기다렸습니다. 그러나 게와 보말을 한 움큼 잡아도, 미역을 주워가며 신나게 놀아도 할머니는 오지 않았습니다. 바다를 보면 어느 순간 할머니의 테왁(해녀가 물질할 때 가슴에 받쳐 몸을 뜨게 하는 공 모양의 기구)이 보였다, 보이지 않았다 합니다. 그때부터 저는 두려움에 사로잡혔습니다. '할머니가 올라올 때가 됐는데…' 항상 깊은 걱정으로 가득했던 시간들, 어린 시절 저에게 제주 바다의 빛깔은 검푸른색이었습니다.

　그러나 그 두려움의 시간을 조금만 더 용기 있게 견디면 할머니가 바닷속 보물들을 들고 돌아온다는 것을 알게 되었습니다. 차가운 물에 있었다고 믿기지 않을 만큼 따스했던 할머니 손의 온기가 지금도 느껴지는 듯합니다. 은은하게 노을 진 바다를 뒤로 하고 집으로 돌아오던 그 길이 아련하게 떠오릅니다. 전복회, 삶은 소라, 톳무침, 보말 미역국. 할머니와 함께 먹었던 그 풍성한 저녁 밥상을 잊을 수가 없습니다.

　유년 시절의 기억만큼 우리에게 강렬하게 남아있는 것이 또 있을까요? 《Thunder Cake》를 읽으며 우리가 잊고 있었던 아름다운 유년 시절과 만납니다. 헛간 속 암탉의 울음소리를 듣고, 시골의 오솔길을 함께 달리고, 지혜로운 할머니의 미소가 따뜻하게 스며듭니다. 온몸으로 자연과 호흡하고 할머니, 할아버지와 함께했던 눈부신 유년 시절의 기억. 이 찬란한 시간을 우리 아이들에게도 꼭 선물해주고 싶습니다. 그 기억들은 아이들이 만날 폭풍과 먹구름의 순간을 이겨낼 수 있는 커다란 힘이 될 것이라 믿습니다. 그리고 그런 아이들이 만들어내는 세상은 지금보다 조금 더 빛나는 모습이지 않을까 생각해봅니다.

어휘 해설

batter 케이크 반죽
beam 활짝 웃다
bellow 우렁찬 소리를 내다
churn 휘저어 거품을 일게 하다
coo 달콤하게 속삭이다
creased 구겨진
crow 뽐내면서 말하다
cut a wedge 쐐기[V] 모양으로 케이크를 자르다 (cf. wedge 쐐기 (모양의 것))
damp 축축한, 눅눅한
draw a deep breath 심호흡을 하다
drift (물, 공기에) 떠가다, 서서히 이동하다
exclaim 큰 소리로 말하다
from that time on 그 이후로는
from where I sit 내 생각에는
frosting 케이크 겉에 입히는 설탕 혼합물
glisten 반짝이다
grease-stained 기름투성이의
ingredient (요리의) 재료
jagged 삐죽삐죽한, 들쭉날쭉한

let go of (붙잡고 있던 물건이나 사람을) 놓아주다
luscious 아주 부드러운, 달콤한
overcome 이겨내다, 극복하다
overripe (과일 등이) 지나치게 익은
peck 쪼다
pen (글 등을) 쓰다
rattle 덜걱덜걱 소리 나다
rumble (천둥, 지진 등이) 우르릉 울리다
samovar 사모바르 (러시아의 차 끓이는 주전자)
scurry 종종걸음을 치다
slit 세로로 베다[자르다, 째다]
squint 눈을 가늘게 뜨고[찡그리고] 보다
stammer 말을 더듬다
stride 성큼성큼 걷다 (stride-strode-stridden)
sultry 무더운, 후덥지근한
survey 살피다, 조망하다
trellis 덩굴이 타고 올라가도록 만든 격자 구조물
worn hands 거칠어진 손

Note

BOOK 093

어휘력 ●●●○○   문해력 ●●●   사고력 ●●●

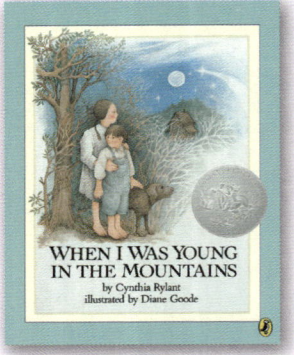

When I Was Young in the Mountains

by Cynthia Rylant,
Diane Goode (Illustrator)

여러분의 어린 시절은 어떠했나요? 어떤 특별한 기억이 마음속 깊이 자리하고 있나요? 오늘 우리가 함께 읽을 늘백의 그림책은 고향에 대한 진한 향수를 불러일으키며 행복했던 어린 시절을 회상케 해줄 아름다운 작품 《When I Was Young in the Mountains》입니다.

어릴 적 저는 산에서 살았습니다. 저녁이 되면 할아버지가 석탄재를 잔뜩 묻힌 채 돌아오셔서 제 머리에 키스해주셨지요. 할머니는 소박하지만 맛난 음식을 차려주셨고, 저는 한밤중에 할머니의 손을 잡고 집 밖에 있던 화장실에 가야 했습니다. 다시는 많이 먹지 않겠다고 다짐하면서 말이지요. 동생과 나는 숲속에 있는 웅덩이에서 물놀이를 즐겼는데, 가끔 뱀이 보이기도 했지만 우리는 아랑곳하지 않았습니다. 집으로 돌아오는 길엔 버터를 사러 Crawford 할아버지의 가게에 들르곤 했습니다. 우리는 펌프로 길어 올린 물을 데워 목욕을 했고, 할머니는 따뜻한 코코아를 준비해주셨지요. 일요일엔 교회에 갔고, 가끔씩은 숲속의 물웅덩이에 가서 세례 의식을 갖기도 했습니다. 하루의 일과를 모두 마친 후 저녁에는 현관 마루에 있는 그네에 앉아 함께 정겨운 시간을 보냈습니다. 하늘에는 별들이 반짝이고 숲에서는 메추리들의 노랫소리가 들려왔지요. 산속에서의 행복했던 어린 시절을 저는 잊을 수가 없습니다. 당신의 어린 시절은 어떠했나요?

리딩 가이드

- ✦ 애팔래치아산맥(Appalachian Mountains)에서 성장한 저자의 어린 시절 경험을 담은 회고적인 작품입니다. 긴밀하게 맺어진 공동체에서 자연을 벗 삼아 살아가는 삶과 그 행복을 시적인 언어와 아름다운 삽화를 통해 묘사하고 있습니다.
- ✦ 단순한 일상에서 찾을 수 있는 아름다움과 즐거움을 부각시켜 평범한 일상 속에서 누릴 수 있는 행복의 중요성을 강조하고 있습니다.
- ✦ 순수하고 걱정 없던 어린 시절의 회상을 통해 독자들의 향수를 자극하고 그리움의 감정을 불러일으킵니다. 지나간 과거의 시간들과 그 시기에 얻은 소중한 교훈들을 떠올리게 합니다.
- ✦ 한 사람의 성장과 정체성 형성에 가족과 지역사회, 해당 지역의 문화적 유산과 전통이 얼마나 중요한 역할을 하는지 엿볼 수 있습니다. 가족 간의 깊은 유대, 이웃과의 친밀한 관계, 공유되는 전통, 서로에 대한 지지와 격려가 소속감과 안전감(安全感)을 갖게 해줍니다.
- ✦ 가족과 지역사회의 소중함, 자연에 대한 감사, 단순한 삶의 기쁨 등이 시대를 초월하여 보편적인 호소력을 갖는 가치로 제시되고 있습니다.

> 당신과 나누고 싶은 이야기

문설희

어렸을 때 제 가족은 일곱 명이었습니다. 어디서든 산과 논이 보이는 시골에 살았지요. 할머니께서 가마솥에 밥을 하실 때면 옆에 쪼그리고 앉아 갓 지어진 밥 냄새를 맡았고, 솥에 끓인 누룽지를 후식으로 먹었습니다. 무더운 날 뒷밭의 자두가 빨갛게 익으면 바구니 한가득 자두를 따 놓고 평상에서 새콤한 맛을 즐겼습니다. 여름에는 차가운 지하수를 큰 대야에 미리 받아 놓고 햇볕으로 따뜻하게 데워지면 씻었습니다. 겨울에는 어머니가 끓여 주신 물로 마당의 샘에서 동생과 덜덜 떨면서도 웃으며 목욕했습니다. 한밤중에 화장실이 가고 싶어 눈을 뜨면 온갖 무서운 이야기가 떠올라 동생을 깨워 같이 가달라고 부탁했습니다. 닭죽을 먹는 복날과 수육을 먹는 김장 날은 마을회관에서 사람들이 함께하는 잔치가 되었습니다.

지금 제 가족은 네 명입니다. 서울에서 약 370km 떨어진 시골집으로 내려갑니다. 오래된 가로수가 높이 뻗어 있는 익숙한 2차선 시골길에 접어들 때 신나서 목소리가 높아지는 저를 보며 남편과 아이들이 웃습니다. 결혼 직전, 아버지가 만드신 청첩장 리스트를 남편이 봤습니다. 남편은 받는 사람 주소에 번지수가 없어서 놀랐고, 시골이라 다 알고 배달된다는 사실에 웃었습니다. 제가 태어나고 자란 시골집에 아버지가 편의점을 차리셨습니다. 명절과 방학 때 편의점 일을 도와드리면 이제는 나이 지긋하신 동네 어르신들이 저뿐만 아니라 아이들까지 반겨주십니다. 구수한 사투리로 인사를 건네시며 용돈도 주시고, 언제 또 오는지 묻습니다.

부모님을 뵈러 시골집에 가는 일이 앞으로 언제까지일지 알 수 없지만, 저를 지나 제 딸들에게도 시골집 기억이 충분히 빛나면 좋겠습니다. 도시를 동경했던 저에게도 어린 시절 기억은 마음 쩡하고 힘이 되는 값진 추억이 되었으니까요.

어휘 해설

baptism 세례(식)

bobwhite 메추라기의 일종

braid 땋다

coal mine 탄광

congregation (예배를 드리기 위해 모인) 신자들

drape (옷 따위를 몸에) 걸치다

dusk 황혼, 땅거미

giggle 킥킥 웃다

hoe 괭이

johnny-house (재래식) 간이 화장실

mound 더미, 무더기; 많은 양

muddy 진창인, 진흙투성이인

okra 오크라 (아욱과의 식물)

pail 물통

pasture 초원, 목초지

pinto bean (껍질 색깔이 얼룩덜룩한) 강낭콩

porch 현관

serving (음식의) 1인분

shell ~의 껍질을 까다, 벗기다

shiver (추위, 두려움 등으로) (몸을) 떨다

sparkle 반짝이다

tin 주석, 양철

threaten 위협하다, 협박하다

whistle (새가 높은 소리로) 지저귀다, 울다

Note

BOOK 094

어휘력 ●●●●○ 문해력 ●●● 사고력 ●●●

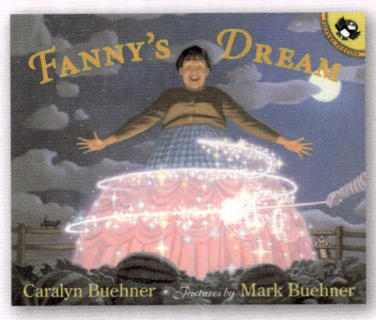

Fanny's Dream
by Caralyn Buehner,
Mark Buehner (Illustrator)

당신의 이상형은 어떤 사람이었나요? 만일 그 이상형을 만나 꿈을 이루었다면 행복도 함께 얻으셨는지요? 오늘 우리가 함께 읽을 늘백의 그림책은 우리의 꿈과 그 꿈의 성취, 그리고 행복한 삶에 대해 생각해보게 할 이야기 《Fanny's Dream》입니다.

미국 와이오밍주(Wyoming)의 황량한 시골 마을에 Fanny Agnes라는 한 건장한 소녀가 있었습니다. 그녀는 비록 농장에서 일하는 시골 처녀였지만, 키도 크고 돈도 많은 멋진 왕자를 만나 결혼하는 꿈을 꾸고 있었지요. 그래서 마을의 시장이 화려한 무도회를 연다는 소식을 들었을 때 Fanny는 흥분을 감출 수 없었습니다. 오랫동안 간직했던 자신의 꿈이 그날 밤 분명 성취되리라 믿었거든요. 그래서 다른 사람들이 놀리든 말든 최고로 예쁘게 차려입고 정원에 나가 자신을 무도회에 데려다줄 요정(fairy godmother)을 기다리고 있었습니다. 하지만 그날 밤 Fanny 앞에 나타난 것은 기다리던 요정이 아니라 키 작은 이웃 청년 Heber Jensen이었습니다. Fanny는 너무도 실망스러워 울고만 싶었지요. 그런 Fanny에게 Heber는 자신의 현재 상황과 포부에 대해 설명하고 조심스레 청혼을 합니다. 자신의 꿈을 쉽게 포기할 수 없었던 Fanny는 한참을 고민한 끝에 결국 Heber의 청혼을 받아들입니다.

결혼 후 Fanny는 Heber를 도와 집 안팎의 많은 일들을 감당하며 열심히 생활했습니다. Heber도 그런 Fanny를 진심으로 아끼고 사랑했지요. 그들은 아이도 낳고 이런저런 일들을 겪으면서 알콩달콩 행복하게 살았습니다. 그러던 어느 날 정원에서 밤하늘의 별을 바라보던 Fanny 앞에 갑자기 요정이 나타납니다. 요정은 Fanny에게 이제라도 꿈을 이루어줄 테니 무도회장으로 가자고 했습니다. 비록 많은 시간이 흘렀지만 꿈을 이룰 수 있는 기회가 드디어 찾아온 것이지요. 누구라도 갈등하지 않을 수 없는 그 상황에서 Fanny는 과연 어떤 선택을 하게 될까요?

리딩 가이드

✦ 신데렐라 이야기를 유머러스하게 고쳐 쓴 작품으로, 한 시골 처녀의 꿈과 이상, 현실과의 괴리, 그리고 그녀의 선택을 통해 행복의 조건에 대해 생각게 하고 통찰을 얻게 해주는, 아이보다는 어른을 위한 그림책입니다.

✦ 우리의 삶은 많은 경우 꿈꾸고 바라는 대로 되지 않지만 그래도 여전히 행복할 수 있다고 말합니다. 그와는 반대로, 꿈이 이루어진다고 해도 그것이 행복을 보장하는 것은 아닙니다. 진정한 행복은 꿈꾸던 삶의 성취를 통해서가 아니라 우리 자신의 성숙과 깨달음을 통해 주어지기 때문이지요.

✦ 그림 속에 숨겨져 있는 고양이와 토끼를 찾아보세요. 그림 작가 Mark Buehner는 자신이 그린 그림책에 고양이, 토끼, 공룡 등을 숨겨 놓는다고 합니다. 구석구석을 살피며 읽는 재미와 깊이를 더해보세요.

✦ 여러분의 이상형은 어떤 사람이었나요? 꿈은 무엇이었나요? 그 바람과 꿈은 이루어졌는지요? 꿈의 성취 여부는 여러분의 행복과 어떤 관련이 있다고 생각되나요? 꿈의 성취와 행복한 삶에 대해 생각해보고 아이들과도 함께 이야기 나누어보세요.

✦ 전통적인 신데렐라 이야기와 그 내용을 비교해보고 작품의 배경과 등장

인물, 줄거리 등에서 발견되는 유사점과 차이점에 대해 생각해보세요. 이 이야기의 결말이나 다른 중요한 부분을 어떻게 바꾸면 좋을지에 대해서도 이야기 나누어보세요.

당신과 나누고 싶은 이야기 채지연

인생은 내 뜻과 바람대로 되지 않는 경우가 더 많은 것 같습니다. 요정 할머니를 기다렸던 Fanny처럼 저도 예상치 못한 남자와 사랑에 빠져 결혼하게 되었습니다. 아이들을 정말 좋아한다고 자부했는데, 아들 둘을 낳고 키우다 보니 세상의 모든 아이들이 하나도 예뻐 보이지 않았습니다. 피곤에 찌들어 웃음기 없고 퉁명스러운 말투로 일관한 육아에, 오롯이 나 혼자 아이를 키우는 듯한 고독감. 육아가 누구에게나 힘든 것은 매한가지라고 하지만 나만 힘든 것 같은 느낌은 피할 수 없었습니다.

어느 날, 술에 취해 밤늦게 들어온 남편이 옆에 누워 흐느끼는 듯 말했습니다. 세상에서 내 편은 아무도 없는 것 같다고, 본인을 그렇게 칭찬하고 좋아했던 직장동료들도 입장이 바뀌니 모르는 체하더라고. 이룬 것 하나 없이 외롭게만 느껴진다고요. 매사 낙천적인 남편의 충격적인 발언에 어쩔 줄 몰라 가만히 듣고만 있었습니다. 그런데 눈을 감고 가만히 생각해보니 자신에게 남아 있는 것이, 이룬 것이 있더랍니다. 바로 아들 둘… 그리고 가족.

아이들과 씨름하며 치열한 시간을 보내는 제 옆에 피 터지는 직장 생활을 묵묵히 견뎌내는 남편이 있었습니다. 힘들어도 각자 감당해야 할 일들을 해내야 함을, 그렇게 서로 위로하며 살아가는 것이 인생임을 깨닫습니다. 문득 달 밝은 밤, 저 멀리 무도회장을 바라보는 Fanny가 무슨 생각을 했을지 궁금해집니다. 너무 늦게 당도한 요정 할머니가 원망스러웠을까요? 바뀌었을지도 모르는 운명, 가보지 못한 길이 아쉬웠을까요? 커다란 수박을 안고 집으로 돌아가 남편과 아이들에게 씩 웃으며 찡긋 윙크를 보내는 Fanny의 모습이 오래도록 기억에 남습니다.

어휘 해설

calico 캘리코 (흰 무명에 여러 무늬를 물들인 것); 옥양목
carriage 마차
cave in 무너지다, 함몰되다
churn (버터를 만들기 위해) 우유를 휘젓다
cinch (up) 허리를 단단히 매다
close enough 거의 그렇다고 할 수 있지
colonel 대령
cure (훈연, 소금 절임 등으로) 보존 처리를 하다
curtsy (한쪽 다리를 뒤로 살짝 빼고 무릎을 약간 구부리며 하는 여성의) 절; (여자가) 절을 하다
defensively 방어(용으)로, 수동적으로
dress a chicken 닭을 다듬다
fairy godmother (도움이 필요할 때) 뜻밖에 도와주는 사람, 동화 속에서 소원을 들어주는 요술 할머니
flap 내복의 열고 닫는 덮개
flutter 흔들다
give a (grand) ball 무도회를 열다
goblet 고블릿 (유리나 금속으로 된 포도주 잔)
grime 때, 더께 (몹시 찌든 물건에 앉은 거친 때)
gush (칭찬·감정을 진실성 없이) 마구 쏟아내다
harness (말 등의 동물에) 마구를 채우다
heavens 맙소사
hesitate 망설이다, 주저하다
holler 소리 지르다
hoot 폭소를 터뜨리다; 콧방귀를 뀌다
I don't do windows. 나는 (힘들기만 하고 보상은 없는) 허드렛일은 안 해.
impatiently 못 견디게
laughter 웃음, 웃음소리
long johns (발목까지 오는 아랫도리) 내복

mansion 대저택
mantel 벽난로 선반
manure (동물의 배설물로 만든) 거름
mayor 시장, 군수
mending 고치는 일, 수선
outhouse (건물 밖에 따로 있는) 옥외 화장실
pansies 팬지(꽃)
pleasant 즐거운, 유쾌한
plow 쟁기로 갈다
resist ~에 저항하다
rock (전후좌우로 부드럽게) 흔들다
satin 새틴 (광택이 곱고 보드라운 견직물)
shear (양의) 털을 깎다
shuck 껍데기를 벗기다
simper 바보같이 웃다
slop (돼지 등에게) 밥찌꺼기를 주다
sniffle (계속) 훌쩍거리다
stamp 쾅쾅거리며 걷다
stitch (부정문에서) (~의) 아주 조금
(cf. a stitch of work 아주 작은 일); 꿰매다
sturdy 튼튼한, 건장한
thaw 녹다 (=melt)
thin 솎다, 성기게 하다 (cf. thin beets 비트를 솎아내다)
thresh 타작[탈곡]하다 (cf. thresh beans 콩깍지에서 콩을 분리하다)
through thick and thin 좋을 때나 안 좋을 때나, 어떤 고난이 있어도
twinkle (눈이 행복감 흥분으로) 반짝이다
twirl (춤을 추거나 하면서) 빙글빙글 돌다
wait on ~을 시중들다
work-roughened 노동으로 거칠어진

Fish Is Fish
by Leo Lionni

사람은 자신의 지식이나 경험의 한계에 갇혀 그 이상의 것은 인정하지 않으려는 경향이 있습니다. 또 모든 사물을 자신의 시각과 잣대로 이해하고 평가하여 그것만이 진실이라고 믿기도 하지요. 오늘 우리가 함께 읽을 늘백의 그림책은 우리의 인식이 지닌 한계와 더불어 우리 자신의 정체성과 본질에 대해 생각하게 해줄 Leo Lionni의 《Fish Is Fish》입니다.

올챙이와 작은 물고기는 숲속 연못에 사는 친구입니다. 어느 날 올챙이가 간밤에 생겨난 다리를 보여주며 자신은 개구리라고 말하자, 작은 물고기는 절대 그럴 수 없다며 받아들이지 않습니다. 작은 물고기의 그런 태도가 답답했던 올챙이는 "개구리는 개구리이고, 물고기는 물고기일 뿐"이라고 말할 수밖에 없었지요. 시간이 흘러 올챙이는 다리가 자라고 꼬리가 짧아지더니 곧 완전한 개구리가 되어 연못을 떠납니다. 장성한 물고기는 친구가 어디로 갔는지 궁금했지만 소식을 들을 수는 없었습니다. 그러던 어느 날 떠났던 개구리가 돌아와 연못 밖의 세상에서 본 새와 암소, 사람들에 대해 말해줍니다. 개구리의 설명을 들은 물고기는 바깥세상의 존재들이 너무도 신기하게 느껴졌습니다. 날개 달린 물고기와, 네 발과 뿔을 가진 물고기, 거기에 더해 화려한 옷을 입고 두 발로 걸어 다니는 물고기가 있다니! 물고기는

바깥세상이 너무나 궁금하여 잠도 자지 못합니다. 그러다가 마침내 용기를 내어 물 밖으로 나가기로 결심하고 온 힘을 다해 점프합니다. 물고기는 과연 그토록 보고 싶었던 바깥세상을 구경할 수 있게 될까요?

리딩 가이드

- ✦ 물고기의 제한된 경험과 세상에 대한 왜곡된 이미지를 통해 다양한 생명체들이 주변을 어떻게 바라보고 어떻게 인식하는지 잘 보여줍니다. 이를 통해 우리의 경험이 세상에 대한 우리의 이해에 어떤 영향을 줄 수 있는지 생각해보도록 하는 작품입니다.
- ✦ 자신의 짧은 경험과 지식에 얽매여 올챙이의 변화와 그 가능성을 받아들이지 못합니다. 왜곡된 사실을 진실로 여기고 추호도 의심치 않습니다. 자신을 파멸로 이끌 무모한 도전을 겁 없이 감행합니다. 이러한 물고기의 모습이 우리의 부족한 모습을 돌아보게 해줍니다.
- ✦ "Fish is fish"라는 말에 대해 생각해보세요. 이 말은 무엇을 의미할까요? 올챙이는 왜 그런 말을 했을까요? 또 책의 마지막 부분에서 물고기는 어떤 의미로 이 말을 했을까요? 아이에게도 물어보고 함께 이야기 나누어 보세요.
- ✦ 물고기가 머릿속에 그린 새와 소, 사람들의 모습은 모두 실제와 동떨어진 터무니없는 것들이었습니다. 물고기는 왜 그런 우스꽝스러운 이미지를 갖게 되었을까요? 세상에 대한 우리의 인식은 물고기의 이런 생각과 어떻게 다를까요?
- ✦ 물 밖으로 나갔다가 죽을 뻔한 물고기의 행동은 어떻게 이해해야 할까요? 용감한 걸까요, 아니면 무모한 걸까요? 무모한 도전이었다고 해도 의미가 있는 걸까요?

> **당신과 나누고 싶은 이야기**　　　　　　　　　　　　　　　　　　　**정채린**

　자신과 똑같은 물고기라고 생각했던 친구 올챙이가 갑자기 다리가 생겨 뭍으로 나갔을 때 피라미의 마음은 어땠을까요? 함께 초보로 운동을 시작했는데 누군가는 쭉쭉 치고 나갈 때, 나이는 같은데 나와 달리 성공적인 인생을 사는 사람을 볼 때 왠지 마음이 쪼그라들었던 경험이 떠오릅니다. '난 그동안 뭘 한 거지?' 하고 말입니다. 피라미의 눈과 입 모양에 생긴 약간의 변화만으로도 외로움과 서운함, 질투와 부러움의 감정이 그대로 전달됩니다. 게다가 개구리가 가져온 새로운 세상에 대한 이야기는 피라미의 마음을 완전히 흔들어놓았습니다. "Ah, if he could only jump about like his friend and see that wonderful world."

　가끔 내가 아닌 누군가로 살아가는 일에 대해 생각해보곤 합니다. '배우로 사는 삶은 과연 어떨까?'처럼요. 가보지 않은 길에 대한 동경이나 아쉬움은 누구나 있을 겁니다. 그러나 세상의 모든 길을 다 걸어가볼 수는 없는 일입니다. 자발적 선택이든 상황에 의해서든 우리는 결국 하나의 길을 선택해 걷고 있을 뿐입니다. 그 길을 걷지 않은 사람은 그 길을 걸어온 사람이 하는 어떤 말도 온전히 이해되지는 못할 것입니다.

　인간은 수천 킬로미터나 떨어진 친구와 서로 이야기하는 고래의 의사소통 방식을 이해할 수 없고, 춤으로 꿀이 있는 곳의 위치를 각도와 거리까지 정확하게 설명하는 벌의 의사소통 방식을 이해할 수 없습니다. 마찬가지로 사람들도 각자 다른 능력을 가지고 다른 환경에서 서로 다른 경험을 하며 살아가고 있습니다. 이 책은 타인의 삶을 부러워하는 우리에게 서로 다름을 인정하고 자신만의 멋진 세상을 찾기 바란다는 메시지를 전해줍니다.

어휘 해설

argue 언쟁하다, 다투다

bank 둑

come what may 어떤 어려움이 있어도

ever so 매우, 몹시, 굉장히

extraordinary 기이한, 놀라운

feebly 약하게, 희미하게

float about 떠다니다

for an instant 잠깐 동안

full-fledged 완전히 발달한

gasp for air 숨을 헐떡이다

gill 아가미

graze 풀을 뜯다

groan 신음하다

impatiently 안절부절못하여

inseparable 떨어질 수 없는, 분리할 수 없는

luminous 빛나는

marvelous 놀라운, 기묘한

mighty 강력한

minnow 피라미

patch 부스러기, 조각, 파편

shift (위치나 장소, 방향 등을) 바꾸다

stunned 어리둥절하여

tadpole 올챙이

That's that. 그것으로 끝이다; 더 이상 이야기 하지 말아라.

to and fro 앞뒤로, 이리저리 (움직이는)

triumphantly 의기양양하게

weightless 무게가 없는 (듯한)

whack 강타, 후려치기

Note

BOOK 096

어휘력 ●●●●○   문해력 ●●●○   사고력 ●●●○

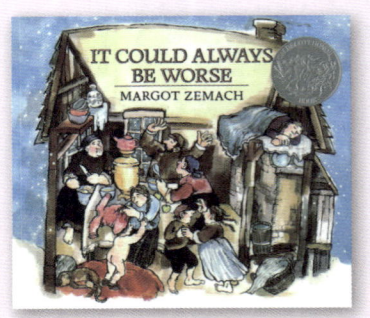

It Could Always Be Worse
by Margot Zemach

'세상의 모든 것은 마음먹기 나름'이라는 말이 있습니다. 행복과 불행을 포함한 모든 것이 우리의 마음에 달려있다는 뜻이지요. 그런데 정말 마음먹기에 따라 모든 것이 달라질 수 있을까요? 오늘 우리가 함께 읽을 늘백의 그림책은 삶에 대한 우리의 태도와 마음가짐을 돌아보게 할, 유대인들의 지혜가 담긴 이야기 《It Could Always Be Worse》입니다.

옛날 어느 작은 마을에 한 남자가 어머니와 아내, 그리고 6명의 자녀와 함께 단칸방의 작은 오두막집에서 살고 있었습니다. 워낙 많은 식구들이 한데 모여 살다 보니 늘 시끄러웠고 싸움도 잦았습니다. 겨울에는 추운 데다가 밤까지 길어 더욱 힘들었지요. 더 이상 견디기가 힘들었던 그는 랍비를 찾아가 도움을 청합니다. 그런데 랍비는 닭과 거위를 집 안에 들여놓으라고 하네요. 뜻밖의 조언에 의아한 마음이 들었지만 그는 랍비의 말대로 해봅니다. 하지만 상황은 조금도 나아지지 않고 더 힘들어지기만 했지요. 악화된 상황을 견디다 못해 다시 랍비를 찾아가니 이번엔 염소를, 그다음엔 소를 집 안에 들여놓으라고 합니다. 랍비에 대한 존경심 때문이었을까요? 놀랍게도 그는 랍비의 모든 말을 그대로 따릅니다. 그리고 결국에는 턱없이 비좁은 공간에 닭과 거위, 염소와 소까지 모두 함께 지내는 웃지 못할 촌극이

벌어지지요. 그 상황은 굳이 말하지 않아도 충분히 상상이 되실 겁니다. 랍비는 대체 왜 이런 터무니없는 처방을 내린 것일까요? 그 남자의 삶은 과연 어떻게 될까요?

리딩 가이드

✦ 동유럽의 유대인들 사이에서 전해져 오는 이디시 민간 설화(Yiddish folktale)에 바탕을 둔 작품으로 작은 집에서 대가족과 함께 사는 가난한 한 남자의 이야기입니다.

✦ 어렵고 힘든 상황에서도 모든 것을 긍정적으로 바라보고 현재 가진 것에 만족하고 감사하는 마음을 가지는 것이 중요하다는 메시지를 담고 있습니다.

✦ 똑같은 상황에서도 문제를 바라보는 우리의 눈과 마음 상태에 따라 천당과 지옥을 순식간에 오갈 수도 있음을 다시 한 번 깨닫습니다.

✦ 잃고 나서야 그 가치를 알게 되는 소중한 것들을 떠올리게 됩니다. 사랑하는 사람, 건강, 평범하지만 평온한 일상, 풍족하진 않아도 화목한 가정, 현재 누리고 있는 크고 작은 권리, 아름다운 자연, 사랑하는 이들과 함께하는 기쁨까지.

✦ 내게 허락하신 것들의 소중함을 망각하는 일이 없기를, 불만족스럽고 힘든 상황에 처해도 감사만은 잊지 않기를, 그리고 과도한 욕심으로 인해 현재의 행복을 내팽개치는 일이 없기를! 이런 소망을 갖게 해줍니다.

✦ 글 속에 없는 많은 이야기들을 그림이 들려줍니다. 이야기가 진행됨에 따라 주인공의 집 안에서 어떤 일들이 벌어지고 있는지 살펴보세요. 특히 처음과 마지막 장면을 비교해보고 무엇이 달라졌는지 그리고 그 차이가 의미하는 것은 무엇인지 이야기 나누어보세요.

> **당신과 나누고 싶은 이야기**　　　　　　　　　　　　　　　**임수지**

　최근 아이의 학교생활 문제로 평범한 일상생활에 집중하기 어려울 만큼 꽤 힘든 일을 겪었습니다. 삶 속에서 그런 문제만 발생하지 않아도 얼마든지 잘 살 수 있을 것 같았지요. 우리는 이따금 일어나지 않았으면 좋았을 문제에 직면하게 됩니다. 그것은 가정이나 직장, 때로는 아이의 문제이기도 합니다. 심력을 기울여야만 하는 심각한 문제가 발생하지 않거나 적어도 사소한 문제만 일어나는 일상이 지속된다는 것만으로도 얼마나 평안하고 감사한지 모릅니다.

　제가 당연하다고 여기던 권리, 누리고 있던 것들을 잃고 나자 그것이 얼마나 제 삶을 유지하는 데 중요했는지 알게 되었습니다. 아픔을 겪어봐야 건강했던 지난날의 소중함을 깨닫게 되는 것처럼 말이지요. 아이들은 자라나는 과정에서 친구와 싸울 수도 있고, 밥을 잘 못 먹을 때도 있습니다. 반에서 키가 가장 작을 수도, 공부나 책 읽기에 관심이 적을 수도 있지요. 심지어 너무 놀기만 좋아하고 평범해서 잘하는 게 없는 것 같아 걱정될 수도 있습니다. 하지만 아이들은 커가는 중이기에 부족한 게 당연합니다. 어른인 우리들도 완벽하지 못하고 모든 면에서 완벽한 인간은 없으니까요.

　요즘 집이 너무 좁아 고민인 제가 이 책을 읽고 나니 문제는 집의 크기도, 식구 수도, 넘쳐나는 장난감도 아님을 알았습니다. 저의 인식과 심리 상태에 따라 제가 머무는 공간이 때로는 창살 없는 감옥으로, 때로는 편안한 안식처로 바뀌었습니다. "이만한 게 천만다행이야"라는 말을 많이 하지요. 외적인 조건과 상황은 언제든지 더 나빠지거나 곤란해질 수 있습니다. 그러니 제게 주어진 것들의 소중함을 깨닫고 그저 감사하며 살아가는 것이 어쩌면 가장 지혜로운 태도가 아닐는지요. '원효대사의 해골물'처럼 세상을 바라보는 시각은 마음먹기에 달려있고 저의 인식이 곧 행복을 좌우하는 열쇠임을 깨닫습니다.

어휘 해설

advice 충고, 조언

argue 언쟁하다, 다투다

at once 즉시

befall (안 좋은 일이) 닥치다

butt (동물이 뿔이나 머리로) 들이받다

cluck (닭이) 꼬꼬댁거리다

crow (수탉이) 꼬끼오하고 울다

go by (시간이) 흐르다

hang your head 고개를 숙이다

happen to 우연히 ~하다

honk (기러기, 거위 등의 새가) 끼루룩끼루룩 울다

indeed (긍정적인 진술, 대답을 강조하여) 정말, 확실히

nightmare 악몽 (같은 일), 아주 끔찍한 일

quarrel 다투다, 언쟁을 벌이다, 싸우다

rabbi (유대교의 지도자, 교사인) 랍비, 선생님

retell 다시[바꾸어] 말하다

room (특정 목적을 위한) 공간

roomy 널찍한

rooster 수탉

shed (작은) 헛간, (양털을 깎거나 소의 젖을 짜는) 가축우리

shriek (흥분, 공포, 고통 등으로 날카롭게) 소리[비명]를 지르다 (=scream)

stand 참다, 견디다

tramp 터벅터벅 걷다

trample 짓밟다, 밟아 뭉개다

trudge 터덜터덜 걷다, 무거운 발걸음을 옮기다

unfortunate 운이 나쁜, 불운한, 불행한

worse 더 나쁜, 더 악화된

Yiddish 이디시어의 (이디시어: 독일어에 히브리어와 슬라브어가 혼합된 것으로, 히브리 문자로 씀; 원래 중앙 및 동부 유럽에서 쓰이던 유대인 언어)

Note

BOOK 097

어휘력 ●●●●● 문해력 ●●● 사고력 ●●●

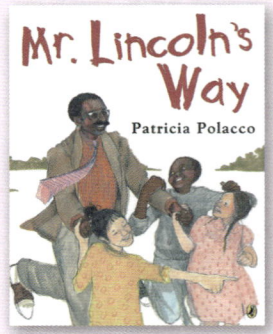

Mr. Lincoln's Way
by Patricia Polacco

어디에나 문제아는 있기 마련입니다. 다른 아이들을 괴롭히며 수업 시간에 말썽을 피우는 것은 기본이고 때로는 선생님에게까지 반항적인 모습을 보이기도 하지요. 또 피부색이나 언어가 다른 아이들에게는 단지 다르다는 이유로 적대감을 드러내기도 하고요. 오늘 우리가 함께 읽을 늘백의 그림책은 그런 아이들의 문제를 사랑과 관용으로 풀어낸 한 선생님의 감동적인 이야기 《Mr. Lincoln's Way》입니다.

Mr. Lincoln은 최고의 교장 선생님입니다. 근사한 옷차림과 미소는 물론이고 학생과 교사, 학부모들을 위해 늘 열심이어서 모두에게 큰 사랑을 받고 있었지요. 한마디로 그는 정말 멋진 사람이었고 모두가 그렇게 생각했습니다. 딱 한 아이, Eugene Esterhause만 빼고 말이죠. Eugene은 모두에게 'Eu-(=good) Gene'이 아니라 'Mean Gene'이라 불렸습니다. 선생님에게는 무례하고, 아이들을 수시로 괴롭히며, 수업 시간에도 늘 말썽만 피우니 모두들 최고의 골칫덩이라 여겼지요. 그럼에도 불구하고 Mr. Lincoln은 Eugene의 본성이 나쁜 게 아니라 그럴 만한 사정이 있을 것이라 믿으며 그를 돕고 싶어 했습니다. 그런 Mr. Lincoln에게 드디어 기회가 찾아옵니다. Eugene이 화원에서 새를 관찰하는 모습을 보고 그가 새에 대해 관심이 많다는 것을 알게 된 것이지요. Mr. Lincoln은 그 기회를 놓치지 않고 Eugene

에게 새에 관한 아름다운 책을 건네며 새들이 화원에 날아올 수 있도록 도와 달라고 부탁합니다. 그리고 Eugene은 그 부탁을 받아들여 Mr. Lincoln과 함께 방안을 논의하고 실행에 옮기기 시작하지요. 그렇게 화원을 열심히 가꾸어나가자 화원에는 점점 많은 새들이 날아들고 갈수록 그 종류도 다양해집니다. 그리고 그와 함께 Eugene의 나쁜 행동들도 사라져 곧 Mean Gene이란 오명도 벗게 될 것만 같았지요. 하지만 기대가 너무 컸던 것일까요? 안타깝게도 Eugene이 멕시코 출신 학생들에게 인종차별적인 언행을 가하는 일이 발생합니다. 그동안 별문제 없이 잘 지내오고 있었는데 Eugene은 갑자기 왜 이런 행동을 한 것일까요? Mr. Lincoln의 믿음과 그동안 그가 기울인 노력은 모두 허사가 되고 마는 것일까요?

리딩 가이드

- ◆ 제자들을 사랑과 정성으로 이끌어준 교장 선생님의 이야기를 통해 다른 인종에 대한 혐오와 차별, 다양성과 관용의 문제를 다루고 있는 작품입니다.
- ◆ Mr. Lincoln처럼 큰 애정과 너그러움을 가지고 제자의 증오로 비뚤어진 모습까지도 따뜻하게 감싸주는 선생님이 내게도 있었더라면 얼마나 좋을까 생각하게 됩니다.
- ◆ 이야기의 마지막 부분에서 Eugene이 한 약속(I'll make you proud of me, Mr. Lincoln. I promise.)을 들으며 Mr. Lincoln은 얼마나 기쁘고 가슴이 뭉클했을까요? 자신의 학생을 끝까지 믿어주고 애정으로 품어준 Mr. Lincoln, 그런 그와의 약속을 지킨 4학년 7반 Eugene Esterhause 선생님, 정말 멋지고 존경스럽습니다.
- ◆ 모든 사람은 예외 없이 스스로를 자랑스럽게 여기고 세상을 아름답게 만들 수 있는 무언가를 가지고 태어납니다. 하지만 그런 잠재력이 발현되고 결실을 맺기 위해서는 누군가의 격려와 지지, 올바른 방향 제시가 꼭 필

요하겠지요. 이러한 믿음과 생각을 갖게 해주는 책입니다.
✦ 여러분에게도 Mr. Lincoln과 같은 격려자와 지지자, 멘토가 있었는지요? 여러분의 아이를 위해서는 누가 그런 역할을 해줄까요? 여러분은 누구에게 그런 사람이 되어주길 원하나요?

> 당신과 나누고 싶은 이야기   윤민이

학창 시절, 한 선생님이 생각납니다. 저는 중학교 입학 전 방학 동안 처음으로 학원에서 영어를 배우기 시작했습니다. 첫 영어 시간에 선생님께서 책 첫 페이지에 있는 알파벳의 음가 설명 페이지를 보고 영어로 이름을 한번 써 보라고 하셨습니다. 다른 친구들은 금세 썼지만, 식은땀이 날 정도로 당황했던 저는 발음 기호로 겨우 이름을 썼습니다. 엉망이었죠. 선생님이 제가 쓴 영어 이름을 보시고 실망하시겠다 싶어 속상하던 참이었습니다. 그런데 선생님은 제게 "왜 이렇게 썼어?" 대신 "민이는 언니나 오빠가 없니?"라고 다정하게 물으셨습니다. 그 한마디가 신선한 충격이었습니다. 혼날 줄 알았던 저에게 그 말은 순간의 따스함으로 다가왔고, 그 후로 영어를 몰아치듯 공부했습니다. 일부러 질문거리를 만들어 선생님에게 찾아가고, 그때마다 친절하게 설명해주시는 선생님 덕분에 영어는 어느새 가장 좋아하는 과목이 되었습니다. 그때 선생님의 한마디가 제 인생의 방향을 이끌어주었다고 해도 과언이 아닙니다. Mr. Lincoln 교장 선생님처럼요.

작은 관심과 격려의 한마디가 학생들의 인생에 선한 영향력을 끼칠 수 있다는 생각이 늘 마음속에 자리 잡고 있습니다. 그런 선생님이 되고 싶다는 마음이 씨앗이 되어 영어 선생님이라는 꿈을 꽃피우게 되었습니다. 이제는 정원사가 되어 학생들에게 따스한 한마디를 건네며 잠재력을 찾아주고, 예쁜 꽃을 피울 수 있도록 도와주고 싶습니다. 더불어 선생님뿐만 아니라 우리 주변 누군가의 사려 깊은 말 한마디가 한 사람에게 얼마나 크게 다가올 수 있는지 생각하게 됩니다. 오늘은 나의 진가를 알아주고, 나의 이야기를

들어주고, 나에게 좋은 영향을 주는 소중한 사람들에게 감사하며 하루를 보내야겠습니다.

어휘 해설

approach 다가가다, 다가오다

atrium 아트리움 (건물의 중앙 높은 곳에 유리로 지붕을 한 공간)

attract 끌어들이다, 끌어모으다

beat up on 호되게 때리다, 구타하다

blazing 강렬한, 빛나는

bluebird 파랑새

bolt 달아나다

brat 버릇없는 녀석

bully (약자를) 괴롭히는 사람

burnoose (아라비아 사람들이 입는) 두건 달린 겉옷

call names 욕하다

cardinal 홍관조 (수컷의 깃털이 선홍색인 북미산 새)

Chanukah 하누카 (Hanukkah: 11월이나 12월에 8일간 진행되는 유대교 축제)

coax 구슬리다, 달래다

commotion 소란, 소동

constantly 끊임없이, 거듭

dashiki 다시키 (아프리카 서부의 남자들이 입는 화려한 무늬의 헐렁한 셔츠)

defiant 반항하는

drawer 서랍

expression 표현

finch 되새류 (부리가 짧은 작은 새)

from afar (아주) 멀리서

fuzzy 솜털이 보송보송한

gather 모이다

genuinely 진심으로

glare (at) 노려보다, 쏘아보다

glum 침울한

go ahead 어서 ~해라

have your nose in ~에 코를 박고 읽다 (몰두하여 읽고 있음을 뜻함)

in disbelief 불신하는, 믿지 않는

in tow 뒤에 데리고

jay 어치 (까마귓과의 새)

lawn 잔디(밭)

leer 음흉하게 보다[웃다]

like a duck takes to water (오리가 물에 적응하듯) 아주 수월하게

mallard 청둥오리

meadowlark 들종다리 (찌르레깃과의 새)

menorah (유대교 전통 의식에 쓰이는) 여러 갈래로 나뉜 큰 촛대

murmur 작은 소리로 말하다, 중얼[웅얼]거리다

nuthatch 동고비 (동고빗과의 텃새)

peer 자세히 눈여겨보다, 응시하다

pick on 괴롭히다, 집적거리다

plain 아주, 전적으로

plop 풍덩 뛰어들다

principal 교장

quite 대단한, 상당한

Ramadan 라마단 (이슬람교의 신성한 달로 이슬람력의 아홉 번째 달)

rush 돌진하다

sass 건방지게 굴다, (어른에게) 말대꾸하다

scumball (비속어) 나쁜 놈

scurry 종종[허둥지둥] 가다

shrub 관목

single out 선발하다, 선정하다, 뽑아내다

slump 털썩 앉다, 푹 쓰러지다

sob 흐느껴 울다, 흐느끼다

sparrow 참새

stunned 어리둥절한

tanager 풍금조 (중남미산의 깃털이 아름다운 새)

tease 놀리다, 장난하다

telescope 망원경

thrasher 미무새속(Mimus)의 지빠귀

thumbs-up 승인, 찬성, 격려

treat (특정한 태도로) ~을 대하다

trumpet 자랑스럽게 알리다

unacceptable 받아들일[용납할] 수 없는

unsteady 불안정한

waddle (오리처럼) 뒤뚱뒤뚱 걷다

weird 기이한, 기묘한

with a capital 그야말로, 정말로 (첫 글자를 대문자로 써서 단어의 의미를 강조함)

wrench (away) 비틀어 떼어내다, 거칠게 잡아당겨 떼어내다

Note

어휘력 ●●●●○   문해력 ●●●   사고력 ●●●

Eric
by Shaun Tan

생긴 것도 다르지만 말과 행동 방식도 이해하기 어렵고 좋아하거나 관심을 보이는 것도 매우 독특한 상대를 만나면 여러분은 어떤 생각이 드시나요? 오늘 우리가 함께 읽을 늘 백의 그림책은 주인공과 그의 관심사뿐 아니라 책의 크기까지도 모두 작고 소박하지만, 주변 세상과 사물을 바라보는 우리의 눈을 새롭게 해줄 Shaun Tan의 《Eric》입니다.

　　Eric은 우리 집에 와서 살게 된 외국인 교환학생입니다. 그는 여러 가지로 특별했습니다. 우리는 그를 위해 방을 애써 꾸며놓았지만 그는 주로 부엌의 식료품 저장실에서 지냈습니다. 그런 그를 우리는 이해하기 힘들었습니다. 하지만 그가 방해받지 않고 편안히 지낼 수 있도록 신경을 써주었지요. 우리는 또 그에게 보여주고 싶은 것이 많아 우리가 사는 도시와 근교의 이곳저곳으로 여행을 자주 다녔습니다. 하지만 그가 그것을 즐겼는지는 알 수 없습니다. 그는 늘 예의 바르고 조용했으며 호기심이 많아 질문을 많이 했지요. 그런데 대부분은 기대하거나 예상했던 질문이 아니었습니다. 그는 또 특이하게도 길바닥에서 쉽게 볼 수 있는 작고 하찮은 물건들에 관심이 많았습니다. 병뚜껑이나 단추, 사탕 포장지나 버려진 우표 같은 것들 말이지요. 솔직히 나는 잘 이해가 되지 않았지만 모두 문화적인 차이려니 생각하며 마음 쓰지 않으려 했습니다. 그러던 어느 날 그가 아침 일찍 아무 말도 없이 떠나버립니다. 갑작스러운 상황에 우리 가족은 혼란스러웠습니다. 머무는 동안 즐겁기는 했는지, 실망한 것은 없었는지, 다시 소식을 듣게 될는지 등 여러 가지 생각이 머리를 떠나지 않고 마음을 불편하게 했지요. 그는 왜 갑자기 떠난 것일까요? 그의 방문과 그동안 함께한 시간은 우리에게 어떤 의미가 있는 것일까요? 이 모든 것을 우리는 대체 어떻게 받아들여야 할까요?

리딩 가이드

- ✦ 작가 Shaun Tan의 단편집 《Tales from Outer Suburbia(먼 곳에서 온 이야기들)》(2008)에 포함된 15편의 아름다운 이야기 중 첫 번째 이야기인 《Eric》을 손바닥 크기로 작게 만들어 출간한 책입니다.
- ✦ Eric이라는 이름의 이방인이 남기고 간 작은 선물을 통해 평소에 관심을 두지 않았던 작고 하찮은 것들과 소외된 사람들에 대해 생각하게 합니다. 문화적 차이와 삶의 다른 방식을 대하는 열린 자세와 다름에 대한 인정 및 수용을 강조하고 있습니다.
- ✦ 독특한 분위기의 삽화들과 상상력 가득한 이야기가 많은 생각과 질문을 유발합니다. 특히 각 그림과 글자의 폰트 모양에 담겨 있는 의미와 상징에 유의하세요. 예를 들어 Eric의 이름은 왜 모두 소문자(eric)로 쓰였을까요? 소문자 i의 점은 왜 r 위에 찍혀 있고 색깔도 다를까요? 왜 마지막 2개의 그림에만 컬러를 사용했을까요? 책의 크기는 왜 유난히 작을까요?
- ✦ 책에서는 Eric을 외국인 교환학생(a foreign exchange student)이라고 표현했지만 작가는 그를 외계인처럼 그렸습니다. Eric은 과연 누구일까요? 어떤 존재일까요? 또 무엇을 나타낼까요? 따로 정해진 정답이 있는 것은 아니니 그림과 텍스트 내용을 바탕으로 자유롭게 생각해보고 상상력도 발휘해보세요.

> 당신과 나누고 싶은 이야기

서덕순

　언제부터인가 우리는 유명하거나 크고 편안한 것을 더 선호하며 사는 것 같습니다. 이제는 '소외된, 작은 것의 가치'에 대해 생각해봅니다. 바로 한 손에 쏙 들어오는 아주 작은 책, 《Eric》을 만난 후부터요. 자신만의 문화를 소중하게 여길 줄 아는 Eric. 작은 것을 직접 탐색하고 가꾸며 그 속에서 나만의 가치를 찾는 일이 얼마나 중요한지 깨달았습니다.

　문화적 차이에 대한 메시지를 넘어 부모와 자녀 사이에서 발생하는 관점의 차이를 보는 듯했습니다. 늘 안전하고 넓고 좋은 길을 알려주는 것이 부모의 역할이라고 생각했습니다. 아이들이 그저 잘 따라와주길 바랐지만, 돌이켜 보니 그것은 부모인 저의 욕심이었습니다. 되려 작고 하찮아 보이는 일에 많은 시간을 보내며 탐색하는 아이들, 그들만의 세계를 즐기는 아이들. 기대를 저버리는 듯한 아이의 행동에 때론 실망하고 때론 걱정이 되는 건 비단 저뿐만이 아닐 테지요.

　이 책의 명장면을 뽑으라고 하면 단연코 식료품 저장소에 꾸민 생명력 넘치는 Eric의 미니정원입니다. 작고 보잘것없는 물건들이 가꾸어낸 형형색색의 아름다운 꽃들을 보니 가슴 한구석이 뜨거워져 옵니다. 작은 것에 대한 위대한 가치를 직면하는 순간이었습니다. 버려진 것에도 생명력을 불어넣어 근사한 놀이를 만드는 아이들의 세상에 가슴이 벅차오릅니다. 그 자체로 충분히 가치 있으며, 다름을 인정하고 존중해야 함을 다시금 느낍니다.

　나만의 경험이 이 세상의 기준은 아닐 것입니다. 함부로 속단할 수 없는 관점 속에 나 자신은 물론 아이도 가두지 말아야겠습니다. 어느 날 우리 집에도 이 작고 신비로운 친구 Eric이 찾아와줄까요? 두 아이와 함께 꾸미는 반짝반짝 빛나는 미니정원을 상상해봅니다.

어휘 해설

a number of 다수의

bewilder 어리둥절하게 만들다, 혼란스럽게 하다

bother 신경 쓰이게 하다, 괴롭히다

cannot help but ~하지 않을 수 없다

correctly 정확하게

cupboard 찬장

departure 떠남, 출발

determine 결정하다

disturb (작업, 수면 등을) 방해하다

exasperating 정말 짜증스러운, 화나게 하는

exchange student 교환 학생

expert 전문가

for once 이번만은

fountain 원천

go on/for an excursion 소풍 가다 (cf. excursion 소풍, 짧은 단체 여행)

intensity 강렬함, 맹렬함 (cf. with great intensity 아주 열심히)

mind (부정, 의문, 조건문에서) 언짢아하다, 신경 쓰다

nevertheless 그럼에도 불구하고

pantry 식료품 저장실

polite 공손한

pronounce 발음하다

speculation 추측, 짐작

store 저장하다

thrive 번창하다; 잘 자라다

unresolved 미해결의, 해결되지 않은

Note

The Empty Pot
by Demi

'정직이 최선의 방책이다(Honesty is the best policy)'라는 말이 있습니다. 그런데 정직함을 선택하는 것이 언제나 최선일까요? 최선의 선택이 되게 하려면 어떻게 해야 할까요? 오늘 우리가 함께 읽을 늘백의 그림책은 정직함과 정직을 위한 용기, 삶을 대하는 태도에 대해 생각게 하는 이야기, Demi의 《The Empty Pot》입니다.

먼 옛날 중국 땅에 꽃을 사랑하는 Ping이라는 소년이 살고 있었습니다. 무엇이든 그가 심기만 하면 싹이 트고 꽃이 피고 또 열매를 맺었지요. 사실 왕국의 모든 사람들은 꽃을 좋아하여 어딜 가든 꽃향기가 가득했습니다. 그 나라의 황제도 꽃을 무척 사랑하여 매일 정원을 가꾸었지요. 하지만 황제는 이제 너무 늙어 왕위를 물려줄 사람을 찾아야 했습니다. 어떤 방법으로 왕위 계승자를 뽑을지 고민한 끝에 황제는 왕국의 아이들에게 특별한 꽃씨를 나누어줍니다. 그리고 1년 후 가장 멋진 꽃을 키워 오는 사람에게 왕위를 물려주겠노라 공포합니다. 그 말을 듣고 온 나라의 아이들이 궁궐에 와서 꽃씨를 받아 갑니다. Ping도 꽃씨를 받아 와서 좋은 흙으로 채운 화분에 심고 매일 물을 주며 정성스레 돌보았지요. 하지만 화분에는 아무 변화가 없었습니다. 심지어는 싹도 나지 않았습니다. 그러는 사이 시간이 흘러 왕국의 아이들은 모두 화려하고 아름다운 꽃을 들고 궁궐로 모여들기 시작합니다. 하지만 Ping에게는 여전히 아무것도 없는 빈 화분뿐이었지요. Ping은 이제 어찌하면 좋을까요? 어떻게든 예쁜 꽃을 구해 가져가는 게 좋을까요?

> **리딩 가이드**

◆ 정직이 최선의 선택이며, 불리한 상황에서도 정직할 수 있는 용기가 얼마나 가치 있는지를 보여주는 교훈적인 이야기입니다.

◆ 중국의 민간 설화에 바탕을 둔 이야기로 역사와 문화적인 맥락은 다르지만 메시지가 지닌 보편적인 호소력으로 인해 널리 호평받는 작품입니다.

◆ 속임수를 써서 얻은 성취나 성공보다는 실패와 그로 인한 수치를 무릅쓰고 지켜낸 정직한 양심이 훨씬 더 가치 있음을 보여줍니다.

◆ 정직이 언제나 최선인지에 대해서는 논란이 있을 수 있습니다. 정직함 때문에 어려움에 처할 수도 있고 상황이 악화될 수도 있으며 상대를 곤란하게 만들 수도 있으니까요. 옳다고 믿는 것을 지켜내려면 무엇이 필요한지 생각해보고 함께 이야기 나누어보세요.

◆ 지도자가 갖추어야 할 덕목에 대해 생각게 합니다. (꽃과 식물을 잘 가꿀 줄 아는) 능력과 근면 성실함, (뛰어난 재능과 성과에도 자만하거나 교만하지 않을 수 있는) 겸손함, (거짓과 부정한 것을 미워하고 참된 것을 사랑하는) 정직한 마음 등. 오늘의 책에서는 이 가운데 어떤 것을 채굴해낼 수 있을까요?

◆ 최선을 다했지만 원하는 결과를 얻지 못해 실망과 좌절에 빠져 있던 Ping에게 Ping의 아버지가 해주신 말씀이 마음에 와닿습니다.

"You did your best, and your best is good enough to present to the Emperor."

이 말이 제게는 세상의 이치를 꿰뚫어 보는 현인이 길을 찾는 젊은이에게 건네주는 애정 어린 조언으로 읽혔습니다. 정직이 여전히 최선임을 깨닫게 해주는 통찰 가득한 그런 조언 말이지요.

당신과 나누고 싶은 이야기
이영주

　씨앗 하나를 싹틔우기 위해 얼마나 많은 정성이 필요할까요? 저에게 육아는 Ping의 빈 화분만큼이나 어려운 과제입니다. 저의 인생 밭에 떨어진 아이라는 씨앗은 매일 정성을 다해 보살펴야 하는 존재입니다. 아무것도 모른 채 이 세상에 갓 태어난 아이를 먹이고 입히고 기르는 부모의 정성이 Ping의 노력에 비할 바가 아니겠지요. 다만 하루가 다르게 자라는 아이의 모습은 모든 노고를 행복으로 바꿉니다.

　하지만 육아가 늘 최고의 꽃을 피워내지는 않습니다. 그저 건강하게 자라기만을 바랐던 아이가 학령기에 들어서면 점차 조바심이 나기 시작합니다. 앞서 나가는 아이들과 비교할수록 내 아이가 한없이 빈 화분처럼 느껴질 때가 있습니다. 빈 화분을 보고 있는 Ping의 아버지는 어떤 마음이었을까요? 다른 부모들처럼 화려한 화분을 사주고 싶었을지도 모릅니다. 저는 Ping의 아버지처럼 아이의 빈 화분을 끝까지 기다려줄 수 있을까요?

　Ping의 아버지는 결과에 상관없이 최선을 다했다면 그 노력만으로 충분하다고 말합니다. 아버지의 진심 어린 응원은 Ping의 발걸음을 왕궁으로 향하도록 합니다. Ping의 최선이 인정을 받은 날, 인생 최고의 날을 맞은 Ping은 앞으로 어떤 거짓에도 소신을 지키며 진실한 삶을 살아갈 것입니다. Ping이 진실의 꽃을 피울 수 있도록 지켜보고 응원한 부모의 현명함은 자녀의 성장에 가장 큰 거름이 될 것입니다. 내 아이가 최고보다 최선의 삶을 살아갈 수 있도록 아이만의 빈 화분을 지켜주는 그런 부모가 되고 싶습니다.

어휘 해설

admire 칭찬하다
ashamed (of) (~을) 부끄러워하는
burst into bloom 활짝 피다
by and by 머지않아, 곧
choose 선택하다, 고르다
eagerly 열망하여, 열심히, 간절히
emperor 황제
entire 온, 전체의
exclaim 소리치다, 외치다
expect 예상하다, 기대하다
frown 얼굴을 찡그리다, 눈살을 찌푸리다
greet 환영하다
hang one's head in shame 창피해서 고개를 숙이다
issue 발표하다, 공표하다
one by one 하나씩, 차례차례

overhear (남의 대화 등을) 우연히 듣다
present 제공하다, 건네주다
proclamation 선언, 선포
punish 처벌하다, 벌주다
reward 보상하다
rush 급히 가다
spread over 퍼지다
sprout 싹이 트다
straight away 즉시
successor 후임자, 후계자, 계승자
swarm 떼를 지어 다니다
tend 돌보다, 보살피다
throne 왕좌, 옥좌
transfer (장소나 위치를) 옮기다
worthy (of) ~을 받을 만한, ~을 받을 자격이 있는

Note

어휘력 ●●●●○ 문해력 ●●●○ 사고력 ●●●○

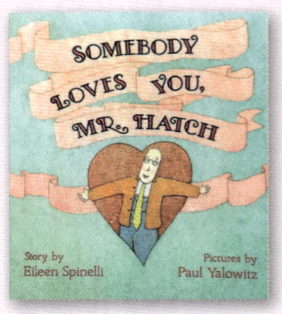

Somebody Loves You, Mr. Hatch

by Eileen Spinelli,
Paul Yalowitz (Illustrator)

'사랑과 기침은 숨길 수 없다(Love and a cough cannot be hidden)'는 말을 들어보셨지요? 다른 사람과의 교류나 사귐 없이 외롭고 단조로운 생활을 이어가고 있는 사람에게 만일 누군가가 정성이 담긴 선물과 함께 예쁜 카드를 보낸다면 과연 어떤 일이 벌어질까요? 오늘 우리가 함께 읽을 늘백의 그림책은 그러한 상상을 흥미로운 이야기로 풀어낸 작품 《Somebody Loves You, Mr. Hatch》입니다.

    Hatch 씨는 매일 아침 6시 반 정각에 집을 나와 공장으로 출근합니다. 점심시간엔 혼자 구석에 앉아 매일 똑같은 음식을 먹고, 퇴근길에는 신문과 저녁거리를 사서 귀가하지요. 그리고 저녁 식사 후엔 신문을 읽고 샤워를 한 다음 바로 잠자리에 드는 일상을 매일 똑같이 반복합니다. 그러던 어느 날 Hatch 씨에게 커다란 소포 하나가 배달됩니다. 포장을 뜯어보니 하트 모양의 사탕 상자와 'Somebody loves you'라고 적힌 카드가 들어 있었지요. Hatch 씨는 선물을 보낸 사람이 누구인지 무척 궁금했습니다. 그동안 늘 혼자였거든요. 그런데 갑자기 누군가 자신에게 관심을 가진 사람이 있고, 그 사람을 만날 수도 있다는 생각이 들자 Hatch 씨는 여태껏 해보지 않았던 일들을 하기 시작합니다. 얼굴에 애프터셰이브 로션도 바르고 새로운 셔츠에 넥타이까지 멋지게 매고 미소를 지으며 거리로 나섭니다. 너무나도 달라진

Hatch 씨의 모습에 사람들은 모두 놀란 표정입니다. 직장에선 점심시간에 식당의 한가운데 앉아 동료들과 초콜릿을 나눠 먹습니다. 퇴근길엔 신문 파는 Smith 씨가 병원에 다녀올 수 있게 도움을 주고, 또 식료품 가게 주인의 딸이 무사히 귀가하도록 도와주었지요. 저녁에는 신문을 읽는 대신 다음 날 직장에서 나눠 먹을 브라우니를 굽습니다. 달콤한 초콜릿 냄새에 온 동네 아이들이 모여들었고, 아이들을 찾으러 온 어른들까지 뒤뜰에 모여 함께 즐거운 시간을 보냅니다. 그런데 당황스럽게도 며칠 후 우체부가 찾아와 실수로 잘못 배달된 것이니 소포를 돌려달라고 합니다. 그 일로 Hatch 씨는 자신이 착각하고 있었다는 것을 알게 되고, 안타깝게도 이전의 우울한 삶으로 돌아갑니다. Hatch 씨를 좋아하는 사람은 정말 아무도 없는 것일까요?

리딩 가이드

◆ 사랑받고 있다고 느끼는 것이 얼마나 기분 좋은 일인지, 그렇게 느끼도록 해주는 일이 얼마나 가치 있는지를 깨닫게 해주는 책입니다.

◆ '내게 관심을 가진 사람이 누구일까?'라는 가슴 설레는 질문에 모두의 기대를 뛰어넘는 답변이 기다리고 있습니다.

◆ 관계의 단절, 외로움과 슬픔, 기대와 실망이 무엇인지 아이들이 쉽게 이해할 수 있도록 도와줍니다.

◆ 누군가의 얼굴에 미소를 띠게 하고 그들의 삶에 긍정적인 변화를 가져다 줄 쉽고도 간단한 방법을 가르쳐줍니다.

◆ Hatch 씨의 마음 날씨에 따라 그림의 전체적인 색상이 칙칙한 회색과 황갈색에서 유쾌하고 명랑한 핑크와 오렌지, 파랑으로 바뀌는 것에 유의하세요.

◆ 너무나 달라진 Hatch 씨를 보고 놀라서 강아지에 걸려 넘어지는 Weed 부인, 페인트칠을 하던 사다리에서 떨어질 뻔한 Dunwoody 씨 등 웃음을 참기 힘든 장면을 놓치지 마세요.

◆ "나를 사랑하는 사람은 아무도 없어. 관심을 가진 사람조차 없는 것 같

아." 혹시라도 이렇게 생각되어 슬프고 우울하십니까? 하지만 잊지 마세요. 누군가가 당신을 사랑한다는 사실을. 환한 미소로 친절한 인사를 건네보세요. 누군가가 당신의 친절한 미소와 사랑에 빠질지도 모르니까요. 살다 보면 자기조차 자신을 사랑하기 어려울 때가 있습니다. 그럴 때는 꼭 기억하세요. 당신 곁에는 슬로우 미러클과 그 가족들이 있다는 사실을.

당신과 나누고 싶은 이야기   문구슬

'나는 참 복이 많은 사람이구나. 행복하다'라고 느껴지는 순간들이 있는데, 생각해보면 학교에서 아이들과 사랑을 주고받았을 때였던 것 같습니다. 항상 환한 미소가 트레이드 마크인 한 아이가 있습니다. 그 아이는 지친 표정의 저에게 많이 힘드냐고 물으며 특유의 밝은 표정으로 다가와 인사를 건네주었습니다. 아이의 미소는 제게 다른 어떤 것보다도 큰 힘이 되었습니다. 주인공 Hatch 씨에게도 밸런타인데이의 선물이 이런 느낌이었을까요?

힘차게 달려와 매미처럼 매달리던 또 다른 아이가 있습니다. 최근 그 아이의 가족에게 좋지 않은 소식이 있다는 것을 알게 되었는데, 아이가 이상할 정도로 괜찮아 보이는 것이었습니다. 복도에서 마주치자 아무 말 없이 다가가 그냥 꼭 안아주었습니다. 제 품에 안겨 흐느끼면서도 울면 안 된다고 혼잣말하는 아이에게, 울어도 괜찮다는 말밖에 해줄 말이 떠오르지 않았습니다. 모두 널 사랑하니 너무 힘들어하지 말라고, 이 책을 읽고 나니 그 아이에게 꼭 이 말을 전해주고 싶다는 생각이 들었습니다.

서로 안아주고 사랑을 표현하는 것, 그것이야말로 이 세상을 살아가는 힘을 주는 행동이라는 생각이 듭니다. Hatch 씨도 누군가 자신을 좋아하고 있다는 사실을 알게 되면서 주변 사람들에게 도움이 되는 일들을 하고 싶은 마음이 샘솟았듯이 말이죠. 우리는 서로 주고받는 관심, 사랑, 도움, 위로로 한 번 더 힘을 낼 용기를 얻는 것 같습니다. 저 역시 누군가에게 그런 사람이 될 수 있도록 살아가고 싶습니다.

어휘 해설

after all 결국

announce 선언하다, 단언하다, 발표하다

bother 애를 쓰다, 신경 쓰다

can wait 급하지 않다

certainly 물론이지

could hardly believe one's ears/eyes 자신의 귀[눈]를 믿을 수 없었다

dab 가볍게 두드리다, 만지다

dusting 청소, 먼지 털기

dustpan 쓰레받기

exclaim 소리치다, 외치다

fetch (가서) ~을 가지고[데리고] 오다

fling 내던지다 (fling-flung-flung)

flutter (빠르고 가볍게) 펄럭이다, 팔랑팔랑 떨어지다

gather 모여들다

get (a lot of) attention (많은) 주목[관심]을 받다

insist (사실이라고) 주장하다

keep to oneself 남과 어울리지 않다, 혼자 지내다

mend 고치다, 수리하다

newsstand 신문[잡지] 판매점

nor 그리고 또한 ~않다

occur (to) ~에게 생각이 떠오르다

overalls 작업복

pat on the head (애정이나 칭찬의 의미로) 머리를 가볍게 두드리다, 쓰다듬다

peek (재빨리) 훔쳐보다

pitcher (귀 모양의 손잡이와 주둥이가 있는) 물주전자

plateful 한 접시(의 분량)

polka dot 물방울무늬

porch 현관

prune 서양 자두; 말린 자두

recall 기억해 내다, 상기하다

recover 회복하다

satiny 새틴 같은, 윤나는, 곱고 보드라운

secret admirer 남몰래 흠모하는 사람

serious 심각한, 진지한

sharp 정각에

shoelace 구두끈

sigh 한숨 쉬다

sniff 코를 벌름거리며 들이마시다

stick up (위로) 불쑥 튀어나오다

stir 휘저어 섞다

streamer (좁고 기다란) 띠

supervisor 관리자

supper 저녁 식사

tear off 떼어내다, 찢어내다

trip over ~에 발이 걸려 넘어지다

turkey 칠면조 고기

uneasy 불안한, 우려되는

upset 속상한, 마음이 상한

찾아보기

- A New Coat for Anna — 398
- A Stone Sat Still — 056
- Alexander and the Wind-Up Mouse — 282
- All the World — 044
- Are We There Yet? — 072
- Bats at the Library — 316
- Be You! — 248
- Bear Is a Bear — 032
- Blackout — 020
- Can I Be Your Dog? — 182
- Can't You Sleep, Little Bear? — 340
- Chester's Way — 390
- Don't Worry, Little Crab — 106
- Elmer — 328
- Emily — 380
- Eric — 428
- Extra Yarn — 332
- Fanny's Dream — 410
- Fish Is Fish — 414
- Franklin's Flying Bookshop — 192
- Fred Gets Dressed — 060
- Grandad's Island — 294
- Grandpa Green — 196
- Grumpy Monkey — 134
- Happy Birthday, Moon — 208

- Harold & Hog Pretend for Real! — 052
- How the Grinch Stole Christmas! — 354
- How to Be a Lion — 200
- Hug Me — 102
- I Like Me! — 024
- I Talk Like a River — 358
- I'll Always Love You — 220
- It Could Always Be Worse — 418
- It's a Book — 154
- Jabari Jumps — 158
- Julius, the Baby of the World — 240
- Just Grandma and Me — 080
- Katy and the Big Snow — 274
- Knuffle Bunny Free: An Unexpected Diversion — 212
- Last Stop on Market Street — 385
- Leonardo, the Terrible Monster — 162
- Love Is — 278
- Love You Forever — 344
- Lubna and Pebble — 084
- Michael Rosen's Sad Book — 236
- Mother Bruce — 204
- Mr. Lincoln's Way — 422
- Mr. Putter & Tabby Pour the Tea — 252
- Nana Upstairs & Nana Downstairs — 348
- Nanette's Baguette — 138

- One — 142
- Outside In — 166
- Papa, Please Get the Moon for Me — 146
- Penny and Her Marble — 244
- Possum Magic — 286
- Rain Before Rainbows — 096
- Round Trip — 088
- Ruby Finds a Worry — 290
- Say Something! — 076
- Snail & Worm Again — 040
- Snow — 064
- Somebody Loves You, Mr. Hatch — 436
- The Bad Seed — 110
- The Bad Seed Goes to the Library — 048
- The Black Rabbit — 170
- The Book of Mistakes — 187
- The Colour Monster — 122
- The Cow Who Climbed a Tree — 150
- The Dark — 320
- The Duckling Gets a Cookie!? — 028
- The Empty Pot — 432
- The Frog Prince, Continued — 372
- The Girl Who Never Made Mistakes — 256
- The Incredible Book Eating Boy — 260
- The Invisible — 228
- The Invisible String — 126
- The Memory Tree — 299

- The Missing Piece — 336
- The Name Jar — 324
- The Paper Kingdom — 264
- The Sour Grape — 362
- The Storm Whale — 174
- The Tomten and the Fox — 304
- The Very Hungry Caterpillar — 216
- The Wolf, the Duck and the Mouse — 232
- There's a Nightmare in My Closet — 178
- This Is Not My Hat — 068
- Those Shoes — 368
- Thunder Cake — 402
- Tidy — 308
- Tiny T. Rex and the Impossible Hug — 130
- Town Is by the Sea — 394
- Unlikely Friends — 114
- Up and Down — 312
- We Are Growing! — 036
- What Is Love? — 118
- When I Was Young in the Mountains — 406
- When Jessie Came Across the Sea — 376
- When Sadness Comes to Call — 092
- Winnie and Wilbur: Winnie the Witch — 269

감사와 헌사

이 책의 출간을 위해 정말 많은 분이 함께해주셨습니다. 보석 같은 감상문을 실어주신 28명의 슬미 작가님들, 책의 내지 디자인을 만들어주신 정광은 선생님, 진심으로 고맙습니다. 지난 4년 동안 함께하며 많은 지지와 성원을 보내주신 슬로우 미러클 가족들과 슬미 키즈들에게도 감사의 말씀을 드립니다. 이 책에 실린 글들을 모두 꼼꼼하게 읽고 책으로 출간되기까지의 모든 과정을 함께해준 사랑하는 그대에게 이 책을 바칩니다.

28명의 슬미 작가들
김경희, 김공주, 김미경, 김수미, 김수연, 김은영, 김지선, 김희연, 문구슬, 문상미, 문설희, 박연주, 배가란, 서덕순, 서춘희, 성경미, 성미진, 윤민이, 이영주, 이예린, 이은주, 임가은, 임수지, 전미양, 정소라, 정채린, 조은영, 채지연